藍學堂

學習 · 奇趣 · 輕鬆讀

THE ECONOMIC WAY
OF THINKING | 13th Edition |

暢銷經典版

經濟學,
最強思考工具

保羅·海恩
PAUL HEYNE

彼得·勃特克
PETER BOETTKE

大衛·普雷契特科 ___ 著　史晨 ___ 譯
DAVID PRYCHITKO

目錄

經濟學教材的革命

道格拉斯・諾斯

　　如果運氣很好，你偶爾會遇到這樣的人，他的生活和行為與我們所宣稱的理想完全一致。我很幸運，保羅・海恩在 1975 年進入我的生活。出人意料的是，這一切始於他寫給我的一封信，信的開頭是這樣的：

　　我會在這個學期末搬到西雅圖，我想在城裡找一所大學或學院教經濟學。這是兩個獨立的決定，在經濟系求職一事無論成功與否，我都會搬到西雅圖。但是我覺得，教經濟學、特別是教經濟學原理課程是我能做好的事，我會把這件事一直做下去。

　　我從 1967 年起擔任華盛頓大學經濟系的系主任，並致力於將它辦成美國最好的經濟系之一。我對於「最好」的定義不僅包括學術聲望，那是我們一直在努力確立的，也包括給予這所州立大學的眾多大學部學生有效而親切的教育。校方對於優秀的教學只有口頭表揚，而薪酬制度仍然與專著的出版掛鉤，所有同事都在努力發表專著，鮮有例外。擔任系主任之後不久，我決定回到經濟學原理課程的教學崗位上，看看我們做得究竟如何。結果令人沮喪，我發現情況跟我讀大學的時候相比沒什麼變化。教材中充滿了經濟學理論的術語，以解釋完全競爭模型、張伯倫和瓊安・羅賓遜的不完全競爭理論和壟斷，邊際分析、各式圖表隨處可見。按照傳統的講法，我在第四講中講授完全競爭，並用美國農業的情況加以例證。課上到一半，坐在後排的一位同學對我所講的內容大聲提出異議。我覺得應該教訓他一下，就請他上台來講自己的觀點。他走上講台，談起價格補助、牛奶行銷法案、食用糖生產補貼等，遍及農業的各個方面，甚為精彩，且並不限於競爭模型。我逃回辦公室，

開始尋找一種更有效的教學方案。當我收到保羅的信時，我已經為此努力了數年。我回信問他，要是他來教，他會怎麼做。以下是他回信的部分內容：

> 我希望能在這樣的學校裡教書：那裡的教師願為大學生的通識教育盡心盡力，並滿懷熱誠；他們會不斷反省通識教育的性質和重要性，並把提供良好的通識教育視為己任；他們會把自己的學科作為基地，大膽進入其他學科，而不是把自己的學科當作一座城堡，在裡面享受清靜的生活。在我夢想的學校裡，所有人都應該達到某些核心要求，因為任何人都能列出一個受過通識教育的人應掌握的特定知識。更為重要的是，如果一所人文學院想要成為一個生機勃勃的知識社群，就必然要有某些共同的核心知識，對於這些核心知識，首先應該要求教師們掌握（我常想，如果每位教師都要修大學生所有的必修課，而且同事們也將對他所開設的核心課程加以評估的話，那麼全體教師的課程設置討論就會更有成效了）。

保羅放棄了南衛理公會大學的終身教授職位，來到華盛頓大學做一名沒有終身教職的教師。直到 2000 年 3 月去世時，保羅仍然保留著這個職銜。我不知道我們現在是不是符合保羅心中對理想教授的期待，但我知道，改變了我校經濟學教學方式的不是我們，而是他。他改進了大學部的教學計畫，徹底修訂了經濟學原理課程，並定期和研究生助教討論如何改進教學品質。不僅如此，對於我們這些注重高品質的大學生通識教育的人來說，保羅始終是一種鼓舞和激勵。

《經濟學，最強思考工具》這本書表現了保羅處理經濟學以及通識教育的方法。與現行的教材相較，本書是一種根本性的變革。它不僅關注社會問題，更關注經濟學推理澄清這些問題的方式，由此激發學生對經濟學的興趣。此外，恰如本書標題所揭示的，經濟學的力量就在於它是一種思考方式。對這種思考方式的理解曾經是（今後也將一直是）經濟學對社會科學的革命性貢獻，它有助於我們增進對周遭世界的理解。

每年秋天，我在給大一新生開的課堂上都會專闢一節講講保羅這個人：他在神

學院受的教育、他被授予聖職的儀式、他進入經濟學之路，還有他把嚴謹的經濟學和一種對社區及社會福利廣泛且積極的關切結合起來的方式（毫無疑問，保羅的經濟學很嚴謹）。他信奉個人自由，並認為有必要讓有責任心的人擔當起這份自由，他和妻子茉莉就是按照這個信條生活。

於聖路易的華盛頓大學

（本文作者為 1993 年諾貝爾經濟學獎得主）

| 推薦序 |
以經濟學之眼看大千世界

楊少強

　　如果你和我一樣，想找一本能影響你一輩子的書，那麼這本《經濟學，最強思考工具》，或許是你的選擇。

　　我說的可不是此書會讓你頓悟人生或一夜致富——世上沒有這種東西。我說的是：這本書會從此改變你看世界的角度——用經濟學的眼光來看待大千世界。

　　許多人對經濟學有個誤解，以為它是象牙塔學者、財經專家才需要懂的東西。事實上經濟學沒有這麼高傲，它純粹是為了解釋人的行為而存在的：人沒有水不能活，鑽石則可有可無，為什麼鑽石卻能賣得比水貴（本書第 3 章）？為什麼在富人區比在低收入區更難找到保母（第 4 章）？為什麼戲院寧可有空座位也不願意降價售票（第 8 章）？

　　這一切現象皆是人類行為的結果，也是經濟學要解答的問題。而解答方式則是透過一連串概念——也就是思考工具。這正是《經濟學，最強思考工具》所嘗試告訴你的。

　　一般經濟學教科書有個通病，不是充斥專業術語就是圖表模型。《經濟學，最強思考工具》沒有這個毛病：它是面向一般人的著作。事實上本書最初的寫作者保羅‧海恩——他本人是個經濟學家——就是為了讓經濟學「飛入尋常百姓家」而寫的。

　　數十年來，這本書經過多位經濟學家不斷完善，如今它已有了廣大讀者。在國外，不少職業經濟學家坦承，他們因為此書而對經濟學有了更深刻理解，而這些人都有經濟學博士學位。這本書的成就已不須我贅言：至 2018 年為止，此書英文原版已出到 13 版。若不是廣受歡迎，一本書是不可能經過 40 年還能有如此的生命力。

　　《經濟學，最強思考工具》能通過時代考驗，當然有它獨到之處。在我看來，這本書至少具備三個優點：

　　一是「深入淺出」。用淺顯的語言表達經濟學概念。例如，總有人說醫療等是「必需品」——不管價格多高，人們都會買。但這本書第 3 章告訴我們：「任何事物在邊際上都可被替代」。治療糖尿病的胰島素如果變更貴，人們就會尋找更有吸引力的替代方式，不管是禱告或健康食譜。

　　這正是經濟學裡的「需求定律」——價格上漲，需求量下降。教科書說明至此，往往畫一張抽象圖表，鮮少解釋其經濟含義。這本書則用淺顯的語言說明，讓讀者更容易吸收。

　　第二個優點是「務實」。經濟學本就是為解釋人間現象而生的，它從來就不該是不食人間煙火。《經濟學，最強思考工具》這本書，也始終強調用經濟學概念解釋實際問題。

　　例如第 6 章供需規律的應用，它不是只畫出供給與需求曲線相交就收工，還進一步解釋：為什麼西方國家為非洲蘇丹的奴隸贖身，反而造就了更多奴隸？第 8 章談詢價，它用此概念來解釋：為什麼常春藤名校一邊收高學費，又一邊提供獎學金？第 11 章談競爭與政府，它解釋為什麼政府的食品藥物管理局（FDA），更傾向拒絕而非批准新藥上市。在本書一個個實例詮釋下，經濟學的概念不再抽象，而有了活生生的血肉。

　　第三個優點是：這本書始終強調「經濟學說」，而不是「經濟學家說」。這兩者是有差別的。有些經濟學家說要提高最低工資，但這是經濟學家的說法，不是經濟學的說法。這本書會告訴你經濟學是怎麼說的：任何稀缺資源都要以某種方式分配。當最低工資提高，更多人競爭更少的工作機會時，人們找到工作的可能性反而會減少。

　　注重實用的你或許會問：讀了此書、掌握這些概念又如何？對我人生或做生意有什麼幫助？我的答案是：你當然不會立馬變得更美、更有錢，但你能更清楚了解這個世界的運作方式，有助於澄清你常聽到那些胡言亂語的輿論，避免你做出錯誤決策，這本身就是一件極有價值的事。

　　民初大文豪梁啟超在《學問的趣味》中曾說：「古書說的故事『野人獻曝』，我是嘗冬天曬太陽滋味嘗得舒服透了，不忍一人獨享，特地恭恭敬敬的告訴諸君。但我還有一句話：太陽雖好，總要諸君親自去曬，旁人卻替你曬不來。」這也正是我對《經濟學，最強思考工具》的感覺。現在，我也邀請你來一起「曬一曬太陽」，希望你能和我一樣有收穫。

（本文作者為《商業周刊》副總主筆）

教會你用經濟學家的想法思考

劉瑞華

　　我在大學的經濟學系任教已經將近 30 年，曾經想過動手撰寫一本基本經濟學的教科書。這本《經濟學，最強思考工具》很接近我想要寫的書，而且我必須承認，如果我真的寫了，未必能寫得像這本書這麼好。

　　我在 1985 年赴美國攻讀經濟學博士學位，當時世界經濟正經歷過石油危機與之後的停滯膨脹，經濟學界的貨幣學派與凱因斯學派關於總體經濟政策的論戰也漸漸平息。我準備去學的經濟學是正在快速興起的交易成本與產權理論，不過沒想到，經濟學的範圍遠比我所知的更大，經濟問題也遠比我想的更深沉。

　　我這樣一個剛剛到美國才兩個多月的留學生，從電視上得知當年的諾貝爾經濟學獎得主是詹姆斯‧布坎南（James Buchanan），心情相當震驚，因為我當時幾乎沒聽過那個讓他得獎的領域「公共選擇」（Public Choice），更別說這個領域所在之更廣的理論脈絡「新政治經濟學」（New Political Economy）。

　　這些新領域幫我在所處的知識空間裡打開的不只是一扇窗，而是扳倒了一面牆。畢業之後，再進入大學校園，身分從學生變成老師，重新拿起大一經濟學原理的課本，雖然不是當初自己在大一時所念的版本，但是 1990 年代初流行的教科書和我想教給學生的內容還是相差很多，直到我看到這本書。

　　經濟學從 1776 年亞當‧斯密（Adam Smith）出版《國富論》（*Wealth of Nations*）而誕生以來，一直是以闡明市場經濟運行原則為主。兩百多年的發展，除了關於市場機能的正面論述，當然也有不少負面看法。馬克思理論是極端的一種，雖然從中產生了建立社會主義國家的影響力，但現在即使在學術界也顯得落寞。

　　不過，主流經濟學裡關於市場的爭論從十九世紀以來並沒減少。經濟學從建構市場運作的原理，到批評市場功能失靈的狀況，引導出了代替或修正市場的政府經濟政策，前面提到的貨幣學派與凱因斯學派的論戰就是一個主流的高潮。

　　30 年前讓我大開眼界的另一種發展，沒有追逐波濤洶湧的潮流，而是對市場提出了另外的反省。

　　交易成本理論主張市場建立本來就不容易，市場失靈並不是只存在特定的狀況下。交易成本過高的時候，單純的市場不容易順利運作，然而，應運而生的解決方法可能是各式各樣的組織，未必需要政府的干預。一個社會如何產生各種市場與組織，關鍵就在產權制度。

　　即使市場出了問題，政府干預就能解決嗎？這種質疑在經濟學界不僅是自由市場論者的防禦式反擊，也是一股學術動力──探討政府失靈，試圖理解需要什麼樣的制度規範才能使政府做該做的事，或不做不該做的事，以及這樣的目的多麼難以達成。

　　這本《經濟學，最強思考工具》最讓我讚賞的，就是能充分融合上述新的理論發展。不過，這樣的評價對這本書其實並不公平，因為它最原始的版本是在 1973 年問世，與現在這個版本相隔 40 多年，在這期間一本書能夠與時俱進，歷久彌新，更是一個讓我佩服的特點。

　　為這本書奠定基礎的是第一位作者保羅・海恩，他是一位畢生投入經濟學教育工作的經濟學家，他在 2000 年過世，後來的更新完全留給另兩位作者，這本《經濟學，最強思考工具》是保羅・海恩留給經濟學學生的禮物。

　　雖然是一本教科書，但怎麼看都可以看出它不是一般普通的教科書，這是一本很想把學生教會的老師所寫的書，教會什麼？會用經濟學家的想法思考。什麼是經濟學家的想法？那你當然要看完這本書才知道。我注意到有趣的一點，這位想教會學生的老師非常期待學生們的提問，以至於書中經常自問自答，熱烈的討論不同的觀點。我在大學教書這麼久，教室後方會不時放冷箭、舉手發問的學生至今仍未出現。

　　如今我已經打消了撰寫經濟學入門教科書的念頭，最後藉著這個導讀寫下我想教給學生的重要一課。翻開這本書，讀者很快就會學到市場價格是由供給與需求所決定，政府干預價格會破壞市場達成供需平衡的機能，產生政策無意的後果。我們身邊就有一項價格管制，至今已經實施了 70 餘年，仍然沒有要解除的跡象。

　　我所說的就是三七五減租。當你讀過這本書之後，應該很容易看出三七五減租就是政府直接訂定價格上限，限制出租農地的租金不得超過一定的標準。這項在1949 年實施的政策普遍被認為嘉惠了當時眾多租地耕種的佃農。問題是，地主蒙受損失，當然會有許多人打算收回出租地，如此一來，對原本有地可耕的佃農反而更糟，於是在三七五減租條例立法時，就加上了地主不得單方面撤租解約的限制，這個限制嚴重改變了出租耕地的產權。

　　出租農地的租約到期後仍不得單方解約的限制，可能是減租價格管制政策無意的後果，卻成了法律而永久存在。好在後續的「耕者有其田」讓許多佃農成了耕地的所有人，解決了大部分問題。剩下的出租耕地則成了無法自由訂定契約的財產，而且在產權被破壞的情況下一直存在至今。

　　簡單的價格管制，變成產權殘缺，就這樣不合理的繼續了超過 70 年。為什麼執政者不廢止？為什麼民意機構不修改？甚至上到釋憲程序後，大法官會議也不願承擔起責任，解除這項出租農地的產權限制。為什麼？我還在努力尋找答案。目前的答案是，因為台灣有太多人不會用經濟學家的想法思考。

（本文作者為清華大學經濟系教授）

前言

　　《經濟學，最強思考工具》擁有一批堅定而專注的追隨者，40 多年來一直如此。和主流書籍相比，本書在外觀、內容以及閱讀感受上都與眾不同。

　　本書的確與眾不同。

　　本書藉由實例及其運用，向學生介紹經濟學家的技能，甚至展示那些對經濟現象的常見推理中隱含的錯誤，告訴學生何種思考是不當的，應該引以為戒。本書主要是為包含個經和總經一學期內容的「經濟學原理」課程設計的，但也已經成功地用於 MBA 的經濟學課程以及碩士階段的經濟學教育課程，還有人將其用作「個體經濟學原理」的教材。《經濟學，最強思考工具》討論了個體以及總體經濟分析的基本原理，並嚴謹地將其作為分析工具使用，而不是為了講方法而講方法。

　　有些經濟學原理課程教材的作者常常急於展示經濟分析的形式美，無意中可能用抽象的技術細節加重了學生的負擔，這一點可以理解。經濟學家的確都構建模型（我們也運用比喻和修辭），但是缺乏經驗的大一新生未必能分享我們對於模型的熱愛。實際上，大多數新生在課堂上只是希望得到起步之前的基礎訓練。讓我們來告訴他們，為什麼他們坐在下面，而我們卻站在講台上；讓我們來告訴他們，為什麼設計培訓計畫的那些人，認為經濟學是一個重要的學習領域。最後，經濟學並不是關於生產函數、完全競爭均衡、價格接受者或菲力普曲線的學問，經濟學解釋的是優化行為和交換過程的邏輯，是關於周遭日常世界的學問。使用本書的學生不用等到學習結束時才深刻領會到這一點，他們在一開始就會知道。

　　保羅・海恩從不隱瞞他的教學方略。在此前的版本中，他堅持認為：「我們必須從第一天起就告訴他們，經濟學的那些原理是如何從雜亂與紛擾中找到意義，如何澄清問題、系統化分析，並糾正報紙上、政客、別有用心者和咖啡館裡自以為是的那些人的各種日常論斷。」30 多年來，《經濟學，最強思考工具》教會學生們如何看透那些胡言亂語，進而理解他們周圍這個複雜的世界。第 13 版將繼續這個傳統。

本書特色

有捨才有得，本書藉由淡化對嚴格理論模型的強調，得以帶來更多的思考、應用和啟發。但請別誤會我們的意思，本書對於經濟學的探討絕非輕描淡寫，也不像在酒中兌水一樣以假亂真。第 13 版中以扎實可靠的討論闡述了經濟學原理，並將其應用於我們身邊的日常世界，這些應用既富於探索性，又有啟發性。甚至有些專業經濟學家也告訴我們，關於經濟學，他們從這本書中學到了更多，而這是在拿到博士學位之後的事。

本書旨在提高學生的技能，使他們能像經濟學家一樣思考。一旦迷上了經濟學，在更高深的經濟學課程中，會有充分的機會來鍛鍊他們的理論能力。但願學生們都能在這個奇妙的學科中繼續他們的追求，若不能，至少也能保留基本的經濟學知識。

第 13 版的修訂說明

《經濟學，最強思考工具》是保羅·海恩的「孩子」，也是他的教育遺產。阿爾奇安（A. Alchian）和艾倫（W. Allen）曾合著一本《大學經濟學》（*University Economics*, 1972），已絕版多年，該書的產權觀念和協作主義傳統對本書有深刻的影響。本書也具有奧地利學派的眼光，強調市場過程的動態性和企業家的作用，而這些主題是由路德維希·馮·米塞斯（Ludwig von Mises）、海耶克（F. A. Hayek）、伊斯雷爾·柯茲納（Israel Kirzner）以及默里·羅斯巴德（Murray Rothbard）提出的。加上除此之外的其他思想，比如喬治梅森大學的教授詹姆斯·布坎南和戈登·圖洛克（Gordon Tullock）的公共選擇學派──已經逐漸形成了被某些人稱為「維吉尼亞政治經濟學」的學派。

第 13 版中有一些新的特色：

- 在第 5 章經濟行為的協調中，我們討論時間偏好和利率的作用。
- 我們重寫了關於所得分配的一整章內容（第 12 章）。
- 我們在第 13 章加入了對於「沮喪的工作者」的討論。
- 對於貨幣均衡的討論被併入了第 14 章貨幣之中。

- 在第 15 章，我們討論了奧地利學派關於不可持續繁榮的理論，並與第 5 章關於利率的闡述相聯繫，用來分析最近這輪「大衰退」（有位出版編輯提醒，對奧地利學派關於商業週期的討論在此前的版本中並不充分。他要求我們解決這個缺憾並告知大家，我們在第 15 章完成了這一任務）。
- 我們更新了資料，並在每章開頭加入了學習目標。

致謝

我們對已過世的保羅・海恩心存感念。我們也很高興，一代又一代的學生一直有機會從保羅的書中學到知識。

過去 30 年中，如此多的人幫助雕琢並改進過本書。為了表達感謝，我們繼續列出那些對於評閱過較早版本，或者主動提供有益評論的人：

Terry Anderson	Horst Feldmann	Charles Nelson
Yoram Barzel	Robb Freeman	Marilyn Orozco
Robert Beck	Joseph Furhig	E.C. (Zeke) Pasour
Robert Bish	Warren C. Gibson	Benjamin Powell
Walter Block	Andrew Hanssen	Potluri Rao
Samuel Bostaph	Robert Higgs	Reed Reynolds
Barry Boyer	P.J. Hill	Andrew Rutten
Ronald Brandolini	David Henderson	Haideh Salehi-Esfahani
Paul Briggs	Ted Holmstrom	Mark Skousen
Robert Brown	Steve Horwitz	Howard Swaine
Henry Bruton	David Johnson	James Swofford
Gene Callahan	Laurie Johnson	Peter Toumanoff
Art Carden	Thomas Johnson	Stephen J. Turnovsky
Tony Carilli	Edward A. Kaschins	T. Norman Van Cott
Shawn Carter	Ronald Krieger	Wendy Warcholik
Judith B. Cox	Charles Lave	Donald Wells

Paul Cwik	Ian Laxer	Sidney Wilson
Brent Davis	Frank Machovec	Michelle Wyrick
Arthur DiQuattro	John McArthur	Harvey Zabinsky
John B. Egger	Mark McNeil	M.Y. (Zak) Zaki
Theo Eicher	Tom Means	
Mary Eysenbach	Howard Miller	
Matthew Facas	Glenn Moots	

在市場經濟中，如果管理不善，產權就可能會落入更有效的管理者手中，因此我們努力把錯誤減少到最低，為本書增色。然而，資訊從來都是珍貴稀缺的資源，所以我們歡迎讀者的評論、批評和建議，隨時給我們電子郵件：勃特克（pboettke@gmu.edu）、普雷契特科（dprychit@nmu.edu）。

第 13 版的審閱者提出了清楚且細緻的評論，促使我們重新思考比第 12 版更恰當的案例、段落甚至整個章節。我們衷心地對以下各位表示最誠摯的感謝：

Gloria Komer（斯塔克州立大學）；

John Marcis（卡羅來納海岸大學）；

John McArthur（伍夫德學院）；

Lawrence Overlan（溫特沃斯理工學院）；

Michael Carter（傑克遜維爾州立大學）；

Ning Wang（亞利桑那州立大學）；

Paul Cwik（橄欖山學院）。

你也許會注意到，不少審閱者已多次參與本書的寫作了。依我們的淺見，我們認真對待所有評論，當審閱者提出兩種或更多截然不同的建議時，我們總是選擇最有趣且最具有創意的那個。這也意味著有些時候我們承擔了機會成本，可能無法滿足所有審閱者的意見，但是我們盡最大可能做到最好。

我們也不會忘記喬治梅森大學的 Scott Beaulier、Chris Coyne、Isaac Dilanni、

Jeremy Horpedahl、Peter Leeson、Nick Schandler、Solomon Stein 和 John Robert Subrick。自開始第 10 版的修訂以來，他們都曾一次或多次參與追蹤和更新資料的工作。彼得・勃特克的私人助理 Peter Lipsey 在這方面的工作尤為出色，他協助我們更新資料、編輯校對，並按時交稿。Emily Prychitko 也在稿件校對方面給予支持與幫助。

　　在編輯和出版人員方面，感謝培生出版社的組稿編輯 Noel Seibert， 他一直欣賞本書的獨特之處，並多次鼓勵我們推出新版本以適應經濟變化的挑戰。我們同時還要感謝資深主編 Carolyn Terbush 和助理編輯 Emily Brodeur， 他們對我們的出版一直保有耐心並確保它在正確的軌道上。最後，還要感謝培生出版社的助理專案經理 Alison Eusden 和 S4Carlisle 的 Arun Pragash Albert， 確保我們的審稿和校對工作及時和有效。

　　感謝 Atlas 基金會、Earhart 基金會、J. M. Kaplan 基金會及莫卡特斯中心多年來為研究和教學提供慷慨的資金支持，本書第 13 版也得到了它們的支持。

　　彼得感謝妻子羅絲瑪麗，大衛感謝妻子茱莉，如果沒有家人的愛、支持和理解，這項任務是不可能完成的。如果沒有他們，我們做的任何事都沒有意義。

彼得・勃特克與大衛・普雷契特科

保羅·海恩 Paul Heyne
1931-2000

第 1 章

經濟學的思考方式

▌本章你可以學到這些▐

☑ 傳達經濟學的定義

☑ 介紹優化行為的概念

☑ 開始認識個人決策的重要性

☑ 介紹作為經濟遊戲規則的產權制度

☑ 理解並感受社會互動中看不見的手

　　一位優秀的機械師能找出車子的毛病，是因為知道車在**沒出毛病**的時候是如何運轉的。許多人覺得經濟學問題令人困惑，是因為對於一個正常運行的經濟體系沒有明確的概念。他們就像訓練有限的機械師，僅限於檢查那些運轉不良的引擎。

　　一旦長期認為某種東西理所當然，對於那些熟悉的事物，就很難看清真貌。因此，我們很少注意到社會中還存在著秩序，也沒有認識到每天賴以生存的社會互動合作過程。所以，開始學習經濟學的一個好辦法，就是對每天都參與其中的社會協調的成就大感驚異。交通尖峰期就是個絕佳的例子。

1.1 │ 認識秩序

　　看到這個建議，你也許會大吃一驚：「交通尖峰期是社會協調的例子？難道它不是應該被用來說明叢林法則或是社會協調的**崩潰**嗎？」完全不是。如果當別人說到交通尖峰期時，你腦中聯想到的只是「堵車」，那麼剛好支持了前面提到的論點，即我們只注意到失敗的情形，而把成功認為理所當然，以至於都感覺不到它了。尖峰期交通的最大特徵是運轉而不是堵車，正因為如此，人們才日復一日地加

入車流，而且差不多都能到達目的地。當然，交通系統運轉得並不完美（又有什麼東西是完美的呢）。但是，它畢竟能運轉，對於這個驚人的事實，我們要學會有所感受。

　　早上 8 點，成千上萬的人離開家，鑽進他們的車，奔向各自的目的地。他們都自行選擇路線，沒和別人商量。他們的駕駛技術不同，對風險的態度各異，禮貌程度也千差萬別。縱橫交錯的路網構成了城市交通的動脈和靜脈，當這些尺寸、形狀各異的轎車在其中行駛或是進進出出的時候，又有形形色色的卡車、公共汽車、摩托車和計程車加進來。人們駛向各自的目標，幾乎只顧自己的利益，這未必是因為

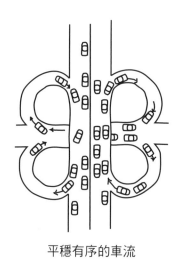

平穩有序的車流

人們都很自私，而只不過是沒人知道別人的想法。關於其他人，每個人所能確知的，僅限於周圍行駛中為數不多的幾輛車的位置、方向和速度。對此還得加上一個重要的假設，就是別的司機也像他們一樣努力地避免出車禍。當然，有一些每個人都得遵守的基本規則存在，諸如紅燈停車或是在不超速前提下盡量快速通行——再簡單不過了。上面描述的所有這些安排，都是對交通混亂的應對處方，否則路上的汽車可能就會變成一堆破銅爛鐵——雖然有時確實會這樣，但那是少數的例外。

　　相反的，我們看到的是平穩有序的車流，如果從高空俯視，甚至會感到一絲審美享受。下面所有獨立運行的汽車，一旦有一點點空隙，旁邊的車就會抓住稍縱即逝的機會突然超車；彼此首尾相接，車距狹小，然而並不碰撞；並前後就差那麼一兩秒，把握不好就會擦撞；車距大的時候就加速，車距一小，便又慢下來。尖峰期的交通狀況（或者任何時候的城市交通狀況）確實是社會協調的巨大成果，而非混亂與無序。

1.2 ｜ 社會協調的重要性

　　每個人都熟悉交通，可幾乎沒有人把交通看成一種協調型的努力，但其實我們對這類社會協調過程的依賴，遠遠超過對通常所認為的經濟商品（economic goods）的依賴。如果沒有促進合作的制度，就不能享受文明的種種好處。霍布斯（Thomas Hobbes）的著作《利維坦》（*Leviathan*, 1651）中有一段話經常被引用：「在這種狀況下，產業是無法存在的，因為其成果不穩定。這樣一來，舉凡土地的栽培、航海、進口商品的使用、舒適的建築、須費巨大力量移動與卸載物體的工具、地貌的知識、時間的記載、藝術、文學、社會等都將不存在。最糟糕的是，人們將不斷處於暴力死亡的恐懼和危險中，人的生活將會孤獨、貧困、卑污、殘忍而短命。」

　　因為霍布斯相信，人們都太關注自保和個人滿足，因而只有強制力（或威脅使用強制力）能避免人們不斷互相攻擊，所以他的著作僅僅強調了社會協調的最基本形式——遠離暴力和搶劫。他似乎做了如下假設：只要能夠誘導人們不對別人做人身攻擊，也不侵犯他人財產，然後衍生出工業、農業、知識和藝術的那些積極協調，就會自然而然發展起來。但會這樣嗎？又為什麼該是這樣呢？

1.3 ｜ 這一切是怎麼發生的

　　我們享用的各式各樣服務和產品，需要經過複雜而互相關聯的活動才能生產出來。那麼人們是怎樣互相激勵，從而準確行動的呢？甚至在古聖先賢的社會中，如果每位聖人不想使自己陷入「孤獨、貧困、卑污、殘忍而短命」的生活，也得用一定的程序來引發積極的合作。畢竟在聖人們能夠有效地幫助別人之前，也得弄清楚「該做什麼」「在哪兒做」，以及「什麼時候做」。

　　自從霍布斯探究社會以來，已經 350 年了。霍布斯可能沒能認識到，這個問題對於理解「集體」生活多麼重要。因為與我們所處的社會相比，霍布斯時代的社會要簡單得多，受到習俗和傳統的束縛更多，而不大有迅速而具破壞性的變革。事實上直到 18 世紀中期，才有一批思想家開始思索，為什麼這樣的社會能夠「運

轉」——個人在資訊極其有限的情況下追逐自身利益，不但沒有造成混亂，反而形成了井然有序且成果豐碩的社會。

　　在這些 18 世紀的思想家當中，亞當・斯密無疑是最有影響力的一位，也是最敏銳的人之一。在亞當・斯密生活的時代，大多數受過教育的人都相信，只有統治者的精心籌畫才能使社會免於退化到混亂與貧困。斯密不同意當時這種公認的流行觀點。但是，為了反駁這一觀點，他必須描繪出所觀察到的社會協調過程。在他看來，這個過程不僅不需要政府的持續關注就能運作，甚至常常能抵消政府錯誤政策的後果。亞當・斯密於 1776 年把他的分析著書出版，即《國民財富的性質和原因的研究》（*An Inquiry into the Nature and Causes of the Wealth of Nations*），簡稱《國富論》，並以此確立了他「經濟學之父」的聲譽。他並沒有發明「經濟學的思考方式」，但是他比前人更全面地發展了這項思考方式，並首次運用於對社會變革和社會協調的綜合分析。

1.4 ｜智力工具：經濟學家的技能

　　我們所說的**經濟學的思考方式**到底指的是什麼呢？簡要地說，正如這個說法本身所提示的，它是指一種方法，而不是一套結論。

　　但是，這種「思考技巧」又是什麼呢？要把它既明確又簡潔地描述一番，並非易事。等你自己有了實際經驗，就知道是怎麼回事了。或許它可以概括為由下述基本假設推導出的一套概念：**所有社會現象均源於個體的行為和互動，在這些活動中，人們基於期望額外效益（benefits）和成本而做出選擇。**

　　這是個相當具普遍性的論斷。所有社會現象？沒錯。事實上，不妨在一開始就承認，經濟學家認為他們理論的解釋範圍非常廣，並不局限於人們平日談及社會的「經濟部門」時所想到的事情。經濟學不僅僅是關於貨幣、利潤、商業和金融的學問，也不單是對人類競爭行為的研究。實際上，經濟學研究人們的選擇及其無意的結果——未預期到的副作用。尖峰期交通和國際貿易都能用經濟學的思考方式來研究，非營利性組織、關注社會的慈善機構以及政府機關也可以。如果我們已經找到一種方法來解釋沃爾瑪和通用汽車這些公司中人的行為，為什麼不能將其用於美國

國稅局和農業部呢？像社會團體一樣，政府的各個部門也都是由個人組成的，而這些個人的抉擇是基於他們期望的效益和成本。

不要誤會，經濟學理論並不是假設人人自私、物質至上、目光短淺、不負責任、一心向錢看。「人們基於他們期望的效益和成本做出選擇」這個假設，並沒有暗示以上任何一項。一切都取決於人們把什麼東西看作效益和成本，以及他們以怎樣的相對價值衡量這些效益和成本。經濟學理論不否認慷慨、公益精神及其他美德的現實性或重要性。經濟學家如果真的否認事實，那就太遜了。事實上，亞當・斯密關於美德同樣寫過一整本書。

優化行為

經濟學的思考方式在使用過程中會關注三個方面：第一，**行為**（actions）；第二，**互動**（interactions）；第三，**結果**（consequences），不管這些結果是有意還是無意的。對行為的關注強調了**優化**（economizing）和**權衡**（trade-offs），或者說取捨。「優化」意味著使用者最大限度地從資源中獲取想要的東西，而稀缺性使得優化有其必要。儘管有些人手裡掌握著無限的資源，似乎沒有優化的必要，但是人都會死，所以時間對於所有人來說都是稀缺資源，錢多得不知怎麼花的人也需要優化。你在山上滑雪一週，就意味著這一週你不能去海邊曬太陽，無論你賺多少錢，都必須選擇。甚至臉書的老闆馬克・祖克柏，也得選擇如何最好地利用他的時間和財富——下個月他是尋找更多的投資機會呢？還是到一個遙遠的小島上享受一次假期呢？即使是他，也不能同時擁有一切，也要權衡取捨。事實上，當他要決定多賺來的 1 億美元該做什麼的時候，也面臨權衡或者說選擇：他是該把這些錢塞到床墊裡呢？還是投資再建一家線上公司呢？或是像以前一樣捐給公立學校？他的選擇可能和你迥然不同，但有一點和你一樣，就是他也得面對稀缺性的問題。我們將在後面的章節中看到，經濟學的思考方式闡明了優化過程，即在稀缺性約束之下的選擇行為。

經濟學的思考方式，也能澄清**人與人**互動中一些重要而令人困惑的問題。如果說個體經濟行為的核心問題是稀缺性，那麼群體互動的核心問題，就是**個體計畫的多種多樣、甚至互不相容**。我們藉由優化以應對稀缺的問題；至於需要與成千上萬

我們甚至不認識的人合作，則需由參與協調過程（coordinating process）來應對。城市交通的例子能同時說明這兩個方面：當上班族規畫行駛路線、考慮何時併線、決定綠燈變黃燈時是加速還是減速時，他們是在進行優化或者說做出選擇，即在特定的情形下做出他們認為最好的決定。他們的行為藉由一個過程得到協調，這個過程本身並不僅僅是所有人行為的簡單加總。沒有一個司機（也沒有一個行控中心交通調度員）能夠控制這一過程中所有人的互動，然而這個過程卻能協調所有的個人決策。儘管過程從不完美，但大多數人還是能成功地抵達目的地。

這就使得我們思考**無意的結果**這個觀念。每個司機都想到達各自的目的地，一路上都要不斷做決定，都在路上與他人協調。但是整體的交通運行，卻不是某個人有意設想的結果，不受任何一個司機的控制。要保證有序的交通，也不需要一個虛擬的交通指揮來指示每個人應該做什麼。複雜的交通形態是自發呈現的，是人們「各顧各開好車」的無意結果。有人會問：「作為人們各自逐利行為的副產品而非有意設計的結果，這類有序的形態是如何產生的呢？」正是這類問題的提出，激發了經濟學的思考方式。

亞當・斯密解讀的分工與專業化

在現代工業社會中，專業化程度已經很高，人們的優化行為就發生在這樣的背景之下。專業化（或者按照亞當・斯密的說法叫「勞動分工」）是增加產出的必要條件，而由此而來的產出成長，在幾個世紀以來極大地擴充了「國民財富」的積累。但是缺乏協調的專業化帶來的則是混亂，而不是財富。人們只是按照自己獨特的資源和能力，追逐各自感興趣的特定目標，與此同時對旁人的利益、資源和能力幾乎一無所知；但自己的計畫要想成功，卻又依賴與他們合作，這一切是如何成為可能的？

在回答這個問題，或是解釋亞當・斯密所謂的**商業社會**（commercial society）不可思議的運轉時，經濟學理論常顯得不同凡響。在《國富論》中，斯密早就觀察到：

分工一經完全確立，個人自己勞動的生產物，便只能滿足自己欲望的極小部

分。大多數的欲望，須用自己消費不了的剩餘勞動生產物，交換自己所需的別人勞動產出的剩餘部分來滿足。於是，人都要依賴交換而生活，或者說在一定程度上，所有人都成為商人，而社會本身也成為完全的商業社會。

社會互動：交換

在這樣的社會裡，每個人的生存都依賴於專業化和交換，成功相互合作是一項相當複雜的任務。想想看，為了你今天吃頓早飯，有多少活動需要精密的協調。早上吃的麥片和麵包要經過生產、加工、運輸、分銷等若干環節，農夫、卡車司機、建築工人、銀行經理和超市收銀員，只是在這些環節中付出勞力的人裡頭的少數幾個（繼續往下想，事情就更不可思議了：礦工挖掘鐵礦煉鋼，鋼材製造卡車，卡車拉磚，用磚蓋廠房，工廠生產拖拉機，農民用拖拉機來收麥子。關於生產農民使用的拖拉機，就可以寫整整一本書來談論其中涉及的無數個人和組織，即便如此都無法涵蓋所有人員）。這些人怎麼就會在適當的時間、適當的地點正好做了適當的事呢？經濟學理論基本上是源於試圖回答這些問題，並從中逐漸成長起來。儘管近些年來經歷了「經濟學帝國主義」的擴張，經濟學的主旨仍然是解釋「商業社會」的運作；而大多數人談到「經濟」的時候，其實腦子裡想的也就是這個。

1.5 │ 藉由協調進行合作

經濟學理論主張，你的選擇和計畫會改變他人可供選擇的機會，而人們在交互中所產生的淨效益會不斷變化，社會協調就是對其持續相互調整的過程，這是個很抽象的觀念，我們不妨再回到交通的例子，具體闡述這問題。

設想一條雙向四車道的高速公路，所有入口和出口都在右邊。為什麼不是所有人都擠在最右邊的車道呢？既然必須從右邊上高速公路，還得從右邊下高速公路，為什麼有些人還要開到最左邊的車道去，難道不嫌麻煩嗎？任何在高速公路上開過車的人都知道答案：最右邊的車道因為有車輛不斷進出、速度慢，車流常常受到阻擋，所以有急事的人都盡快離開這條車道。

選擇車道的行為

他們會選擇剩下的哪條車道呢？儘管不能預測某一個司機的行為，但我們試圖理解可能出現的總體模式，仍然可以知道，人們將盡量平均地分散到其他三條車道中去。❶可是，為什麼會這樣呢？這是如何發生的？答案之前已經解釋過了，就在於**存在一個相互調整的過程，持續調節個人行為產生的不斷變動的淨效益**。人們對於每條車道的淨效益都很敏感，隨時準備離開較慢的車道，進入較快的車道。這樣，原來較慢的車道就會變快，而原來較快的車道則相對變慢，直到所有車道的車速相當；或者更準確地說，直到沒有人認為能從改變車道中獲得淨效益為止。這一切發生得很迅速，且從不間斷，比在入口指定每輛車走哪條車道有效得多。

同樣的道理也適用於社會的其他方面。每個人基於他們期望的淨效益選擇，他們的行為又或多或少地改變了他人心中衡量的相對效益和成本。當某一行為的期望效益對期望成本的比率變大時，人們就會多做點；反之，當這個比率下降時，人們就少做點。❷幾乎所有人都認為錢越多越好，這個事實是社會協調機制中極其重要的潤滑劑，對社會協調過程有巨大的幫助。當人們用貨幣來衡量特定選擇的效益和成本時，一點適度的變動就會使很多人改變他們的行為，並與其他人正在做的事更趨一致。這是社會成員們合作中，使用已有的資源滿足人們的需要時，所依賴的主要機制，也就是市場經濟的主旨所在。

1.6 ｜ 交通號誌

人們需要接受資訊才能成功地相互協調和適應他人。我們必須能傳達行動和計畫。在馬路上，這一切都很清楚。出口標誌指示我們往哪走。路燈告知我們何時行進、減速或停止。燈光幫助每個人知道下一步該什麼（你是否遇過十字路口的號誌壞掉？你會如何行進？或者想像一下，如果所有的燈號都不小心變綠燈，司機又不知道！）。

交通號誌也有轉彎燈號（這最明顯）、剎車燈等形式。就像剎車燈一樣，我們

1　作者注：這與收銀台前排的隊一樣。
2　作者注：高油價預估會減少勞動節假期旅行的人數。

通常不會意識到自己正在與駕駛直接交流（亦即通知他們放慢速度），並將這個訊息傳達給其他人。我們通常沒注意到自身的簡單行為如何傳播給他人。經濟也是類似的過程。生產者和消費者，買家和賣家，公司和求職者，都必須找到協調行動計畫的方法。本書的主題之一、也是經濟學家想解釋的，就是市場形成的價格如何傳達給參與者有用的訊息。價格有助於我們搞清楚該生產什麼、如何生產以及為誰生產，使我們的選擇和交易變得明晰。少了價格，我們就會在黑暗中摸索。

1.7 | 遊戲規則

人們追求各自目標和決策並相互協調，所依賴的方式和手段即經濟體系，是由「遊戲規則」塑造的。在本書中，這句話將反覆出現。人們是有效利用還是糟蹋稀缺性資源，經濟遊戲的規則對解釋這個問題大有助益。

規則影響誘因。以美國職業棒球大聯盟為例，為什麼國家聯盟的投手要練習打擊，而美國聯盟的投手就不練呢？因為兩個聯盟的競賽規則中對投手的規定不同：國家聯盟的投手在比賽中要上場擊球跑壘，而美國聯盟用指定打擊代替投手跑壘。指定打擊規則的存在，使得美國聯盟的投手沒有誘因成為好的打擊手。

所有的互動行為都預設一些遊戲規則

不管「遊戲」指交通、商業、政府、科學、家庭、學校、棒球還是下棋，遊戲的參加者至少要通曉規則並同意遵守，否則遊戲就無法進行下去。規則必須相當穩定。儘管規則總會隨著時間發生變化，但還是得有相當程度的穩定性，以便人們了解規則並按其行事（試想，如果指定打擊規則在一場美國聯盟的棒球賽中，甚至在一個賽季中途被取消會出現什麼問題）。參與者常常需要一定時間來理解並適應新規則。例如，最近在美國職業棒球聯賽中，裁判擴大了好球帶範圍，這樣球員就需要調整自己對壞球和好球的判斷；相對地，他們要根據規則的變化調整擊球策略，投手和捕手也要調整自己的策略。

大部分社會互動是由參與者了解並遵守的規則引導和協調的。當規則有爭議、不一致或是不清楚時，遊戲就傾向於崩潰。不單小孩子玩的「撿紅點」撲克遊戲、

職業棒球比賽是這樣，生產和貿易也是如此。20 世紀 90 年代，中歐和東歐的幾個國家試圖從中央計畫、官僚控制的經濟體制，過渡到分權的、市場協調的經濟體制，它們面臨的最大困難，就是在玩新遊戲之前，缺乏一套明確的、普遍接受的規則。如果你曾到一個文化背景截然不同、語言又不通的外國旅遊，就會大致理解，在一個遊戲規則突然劇烈變化的社會將會發生什麼。人們不知道別人對自己期待什麼，也不知道自己對別人該期待什麼。在這樣的環境下，社會協調會很快瓦解，原先規則下互惠互利的交換會變成對新規則的觀望，最糟糕的情況則是演變為破壞性爭鬥，只追逐對自己有利的規則。

1.8 ｜ 產權作為遊戲規則

在大多數人日常參與的社會互動中，產權（property rights）是相對遊戲規則中的一大部分，具有重要的地位。市場交換經濟的基礎是**私有產權**，即法律以所有權的形式把權利指派給特定個體，明確地界定誰在法律上擁有什麼。作為私有產權所有者，未經許可，其他任何人不得使用你的財產，也不得改變其物理屬性。不經過你的同意，鄰居不能把你的車開走，也不能在車上蹦蹦跳跳、亂塗亂畫，不能重新噴漆，不能放掉輪胎的氣，甚至也不能給你的車裝一套更好的音響（當然，未經他的同意，你也不能開著車在他漂亮的院子裡轉來轉去）。此外，在**自願**的前提下，私有產權 ❸ 可以和其他商品或服務的類似產權**交易或交換**。在經濟學的思考方式看來，你買一輛車或者一包食品，都是產權的交換。現在，你獲得了車或零食等物品的所有權，賣方則獲得了現金的所有權。

在計畫經濟體制當中，公民通常擁有消費品（如衣服、食品、收音機等）的私有產權，但是生產資料——自然資源、土地、工廠、機器以及生產過程中的其他物質投入品只具有**社會產權**。在此，**所有權被法律指派給全「社會」，而不是指派給具體哪個人。社會產權不能自由交換**。在這種規則下，對於全社會擁有的財產，沒有任何人在法律上有明確的權利逕行處置。誰來決定一家社會（全民）所有的工廠

3　編注：私有產權即法律以所有權的形式把權利指派給特定個體，明確地界定誰在法律上擁有什麼。

應該生產小汽車還是卡車？輪船還是炸彈？擴大規模還是縮小規模？繼續生產還是停產呢？（又得經過什麼樣的決策程序呢？）**真的**能指望「全社會」做出這些決策嗎？不僅是一家工廠的運作，**所有**那些「社會擁有」的生產資料的使用，真能指望「社會整體」可以做出那些必要的決策，以促進經濟成長和繁榮嗎？

私有產權正是藉由準確地決定何物在何種情況下屬於何人，為社會成員提供了可靠的資訊和動機。但是一個產權足夠清楚的體制不可能一夜之間形成，而幾乎必然是隨時間演化的過程，其間法律、習俗、道德、技術、日常實踐相互作用，直至建立起一種可靠的模式。廢除社會主義運動意味著廢除舊產權，但不一定創造出新產權。 其後果可能是混亂而非市場協調。 過去 20 年來，前蘇聯集團國家由官僚控制經濟到市場經濟，路途艱險，有許多坑洞、缺失、崩壞及和未能探測的部分。

根據經濟學的思考方式，明確界定並嚴格執行的產權確實能夠促進現存稀缺資源的有效使用。清楚的私有產權還能直接促使人們努力發現新資源，引進新技術以降低成本，開發新的才能和技巧。在第 2 章裡，我們會證明，產權的自由交換還能增加交易雙方的機會和財富。當然，經濟衰退也是有可能發生的。資源的巨大損失會縮減一國的生產可能曲線（例如，想想 2003 年伊朗大地震對生命和財產的巨大破壞；同年對巴格達的轟炸；或者是 2005 年「卡崔娜」颶風對美國造成史無前例的損失；2011 年日本發生的大海嘯）。

1.9 | 經濟學理論的偏頗：缺點還是優點

現在你可以學著像經濟學家那樣思考問題了。但是，有一點要注意，關於社會的理論既不完美，也不是沒有偏頗（你知道有哪個理論既完美又中立嗎？）。經濟學理論並不提供沒有成見的觀點，既能顧及**所有**事實，又能對**所有**價值觀一視同仁。回憶一下前面提到過的經濟學理論的基本假設，即所有社會現象均源自於個人的行為和互動，在這些活動中，人們基於自身期望的效益和成本做出選擇。

個體與選擇

難道這不正是一個帶有偏頗的視角嗎？我們以對**選擇**的強調為例。經濟理論如

此專注地研究選擇，以至於有人曾批評經濟學竟然假設人們會選擇失業或貧困的生活。等到後面討論貧困和失業問題的時候，你可以自己判斷，看這種說法是中肯的批評還是對理論的誤解。但是毫無疑問，經濟學理論試圖解釋這個世界時，其假設就是社會現象都是人們選擇的結果，特別是無意的結果。

只有個體能進行選擇

　　經濟學理論重視**個體**，這與關注選擇密切相關，在這點上我們的日常語言常常會犯錯誤。因為實際上只有個體能進行選擇，所以經濟學家在試圖剖析企業、政府、國家等集體的決策時，總是落實在其中個人的選擇上。例如，你選擇上你現在的學校，但是學校本身並沒有「選擇」收你做學生。學校本身是由一群不同角色的人組成的，他們各有各的責任。事實上，是學校中的一些人以學校的名義錄取了你。運動場管理員、秘書、大多數的教師和學生對錄取你為新生可能不起任何作用。同樣，不是微軟、紅十字會、紐約市或者蓋達恐怖組織做選擇，而是那些集體中的個體做選擇（如果這些組織不是由一個個人構成，你能設想它們能做出決策嗎？即便你認為可以，對於解釋這些組織的運作，能帶來有價值的洞見嗎？）。這就好比一個物理學得好的學生，能夠超越日常語言所說的太陽「升起」還是「落下」，要知道其實真正在動的是地球，是地球的自轉使得太陽看起來會升起或落下。同樣的道理，一個經濟學學得好的學生，應該很快就能懂得是個體在做決策和選擇，而不是組織本身。

比較效益和成本之後做出選擇

　　也有人批評經濟學思維的錯誤或誤導，是因為經濟學強調優化過程、衡量計算和目的與手段的一致性。經濟學家假設人們在行事之前，心中先有一個目的，即比較所有可行選擇的期望效益和成本，並從錯誤中吸取教訓，避免再犯。但是，人們真的是這樣計算的嗎？很多行為難道不是出自非理性潛意識的欲望和未經選擇的衝動嗎？每個行為一定是為達到某個目的的手段嗎？一定是對於一個明確界定的目標的追求嗎？儘管經濟學家並未聲稱人們什麼都知道，也沒說人們從來不犯錯，但經濟學的思考方式確實假設人們的行為是在比較了效益和成本之後做出的。這強調了

人類行為的工具理性，並有意忽略了一些事實，即很多重要的活動，比如一回熱烈的談話，或者一場友好的網球賽，並不是另有目的而採取的手段。

另一項針對經濟學的思考方式的指控，是說它具有對市場制度有利的傾向。這類批評讓大家注意到了經濟學理論一個真正的、明顯的特徵，儘管這個特徵也許完全不像表面看起來的樣子。經濟學理論源於對市場和複雜交易過程的研究，而且這些年來，經濟學家對交易運作好壞所依賴的條件已經有更多的認識。所謂經濟學家被指責具有對市場制度有利的偏見，也許更應該看成是他們對某些社會制度和遊戲規則的偏好，這些制度和規則能使人們在交易中互惠並使生產更有效率。總之，所有參與者都能從中獲益。

1.10 │ 偏頗還是結論

上面說到的那些真的是偏見或者成見嗎？我們不如稱其為「信念」（或者乾脆就稱其為「結論」），並承認經濟學家藉由觀察稀缺性、選擇、權衡及其結果來解釋社會現象，因為這些可以幫助我們理解社會現象。物理學家說，能量既不能被創造、也不能被消滅，能說這是一種偏頗嗎？生物學家假設 DNA 分子控制有機體發育，能說這也是一種偏頗嗎？

經濟學所面臨的稀缺性問題

我們現在提出的問題很重要，而且很有意思，但是不能繼續深入，否則導論章節就會變得太長。作者長久以來認為以下這點顯而易見：對任何知識的探索，都必然是從求知者一方的某種**約定**開始的，不可能帶著一個完全開放的頭腦去接觸世界，因為我們不是昨天才剛出生。不管在什麼情況下，完全開放的頭腦意味著完全空白的頭腦，什麼也學不到。任何討論、探尋甚至每次觀察都根植於信念，並從中萌芽生長。我們必須從某處出發，頭腦中也必然有些現成的東西。即便是經濟學家，也得面對有限的資源做出選擇和權衡。我們首先要知道自己在哪裡，然後以認為真實、重要、有用或者有啟發性的東西為基礎向前走。當然我們的判斷可能是錯的，的確，我們在某種程度上總是錯的，因為每個所謂「正確」的陳述都必然遺漏

或忽略大量同樣正確的資訊。即使最詳細的地圖也是對現實必要而有用的簡化版。

　　有些人建議用避開理論的方法來避免這種風險，對此我們不敢苟同。**經濟學是關於選擇及其意想不到後果的理論。**❹ 有些人嘲笑是「花俏的理論」，更願意依靠常識和日常經驗，其實這些人常常成為極端模糊和籠統假設的犧牲品。常識可能會讓人相信，抽大麻會導致將來吸食烈性的毒品，因為烈性毒品吸食者往往是從抽大麻開始的。然而，很多抽大麻的人從前都喝牛奶，那麼是不是能推論出喝牛奶會導致抽大麻呢？即使牛奶含有大量能導致上癮的 L－色胺酸（火雞裡也含有同樣的胺基酸，會導致人昏昏欲睡），當然這樣的「事實」本身並不能證明某一事實是另一事實的原因。再想一想所謂的「超級杯效應」。財經記者經常報導在超級杯賽事期間的一連串有趣的事實：當來自國家聯盟的球隊贏得超級杯時，那一年道瓊工業指數的表現就好，而當來自美國聯盟的球隊獲勝時，道瓊指數表現就差。直到1998 年國家聯盟的球隊奪下獎杯時，上面的結論持續有效。據說現在這個結論八成有效。**有什麼效呢？**國家聯盟獲勝後道瓊指數好，國家聯盟失敗後道瓊指數差，這**事實**並沒有提供關於金融市場和道瓊指數的深入見解。超級杯比賽的結果並不一定會引起（或「導致」）股價的上漲或下跌。如果你僅憑事實之間的關聯和統計相關性就認為其間存在某種因果關係，就會淪為這種極其平常而又完全錯誤的推理的犧牲品。事實上，這可能只不過是個巧合。

1.11 ｜ 沒有理論就是糟糕的理論

　　這一點很簡單，也很重要。我們能觀察事實，但必須用理論來解釋其原因——要用因果關係的理論把相關和不相關的事實區分開來（這樣，儘管多數抽大麻的人以前的確喝牛奶，這一事實未必就與抽大麻的解釋相關；類似地，超級杯基本上也和華爾街那些人無關）。實際上，在我們對世界的觀察當中充滿了理論，才能從紛亂擾攘的世界中找到意義。事實上，我們所「知道」的東西當中，只有一小部分是直接觀察得來的，有的看起來像暗示，有的又感覺是建議。其餘部分要靠我們用所

4　作者注：定義經濟學。

持的各式理論補足：狹窄的或寬廣的，模糊的或精確的，經過仔細檢驗的或未經仔細檢驗的，普遍的或特殊的，經過縝密推理的或只是含混認知的。

當學生們發現經濟學理論令人困惑且冗長乏味時，我們越來越覺得，這主要是因為我們經濟學家想教給他們的東西太多。於是我們才寫了本書。本書寫作的宗旨很明確，就是要事半功倍。本書圍繞一組概念展開討論，這些概念共同構成了經濟學家的基本知識工具箱。這些工具，實際上也就是技能，與前面討論過的基本假設有密切的聯繫，而且數目少得令人吃驚。但是其用途極為廣泛，能解開諸多謎團，比如匯率、追求利潤且願賭服輸的公司、貨幣的本質以及「同一」商品定價不同等等。通常認為，解開這些謎團是經濟學的傳統議題。但是，這些工具也能解釋一些通常被認為不屬於經濟範疇的事情，比如交通堵塞、環境污染、政府運作、大學管理者的行為，在後面的章節中對這些方面的討論會更多。

然而，僅靠經濟理論本身並不能回答任何有趣或重要的社會問題，知道這一點很重要。經濟學的思維方式要補充其他領域的知識：歷史、文化、政治、心理學以及塑造人們價值觀和行為的社會制度。僅僅學習經濟分析的技術本身，要比合理並有說服力地將其運用於複雜的實際社會問題容易得多，後者是一種藝術的掌握。最好的經濟學家和經濟學學生不是純粹的技工，而能把經濟學的思考方式運用自如。

現在就擔心經濟學理論的應用總是很難且有不確定性，未免為時過早。本書的首要目的是使你能開始像經濟學家那樣思考問題，我們相信，你一旦開始就停不了。經濟學的思考會讓人上癮，一旦深入理解一些經濟學推理的原則，並將其內化，你就會發現運用的機會層出不窮。你會注意到，很多關於經濟和社會事務的言論或文章都是好壞參半。你開始「突破常規的框框」想問題，這是一種稀有、強大並能帶來回報的智力技能。

● ●
● ●

連連看

你可以將這四點以首尾相連的三條線連起來嗎？（提示：突破常規的框框來思考）

本章回顧

社會理論家創造經濟學的思考方式為的是解釋秩序與協調產生的原因，因為從表面看來，個體間的互動並未協調，人人都追逐自己的利益，對於自己合作夥伴的利益幾乎一無所知。經濟學是關於選擇及其意想不到後果的理論。

經濟學的思考方式的基本假設是：所有社會現象均源於個體的行為以及與他人的互動，其間人們根據各自期望的效益和成本進行選擇。只有個體的選擇，他們可能會自己做決定，也可能因為在集體（家庭、企業、政府機構等）中與他人相互合作而做出決定。但是這不應該使我們忽略下述事實：以集體名義的選擇實際上是由個體做出的，他們在追求自己目標和計畫的過程中衡量取捨並優化。人們因為資源稀缺而篩選優化，這為他人創造了多種選擇機會，他們的行為產生不斷變動的淨效益，而對此淨效益持續的相互調整過程協調了個體間的互動。

經濟學理論在研究人類行為和協調互動的時候，非常重視個體的選擇。個體一直在比較期望的額外效益與成本，我們常常稱為優化行為。儘管這種角度有些偏頗或局限，但是若要理解複雜的社會生活現象，理論必不可少。

經濟學的思考方式還強調遊戲規則的重要性，以及遊戲規則影響我們選擇的方式。產權是遊戲規則的一個關鍵要素，它藉由法律來指定稀缺物品的所有權。「社會產權」是指把所有權指派給全社會，而不是某個特定的人。但問題在於社會自身並不能做出選擇或決策，只有個體才可以。私有產權制度把所有權指派給特定的個體，產權可以自由交易。正因為如此，私有產權能釐清不同的選擇和機會，同時也構成了市場交換經濟的基礎。

效率、交換與比較利益

▎本章你可以學到這些 ▎

☑ 區分好貨、稀缺品和劣品

☑ 解釋經濟效率的概念，及其與主觀價值的關係

☑ 理解自願交易的互利好處

☑ 使用生產可能曲線分析比較利益

☑ 探索中間人在降低交易成本和提供稀缺資訊上的作用

☑ 介紹對長期經濟成長的解釋

　　經濟學家普遍支持自由貿易，然而長久以來，貿易在西方世界的名聲不佳。這大概是源自一種根深柢固的偏見，即僅僅藉由交換並沒有**真正**收穫什麼東西。農業和製造業被認為是真正生產性的行業，因為能創造出新事物，某些額外的東西。但是貿易只不過是用一種東西交換另一種東西。這似乎能推論出，商人從貿易中得到的利潤，就相當於他們在對全社會徵收某種稅。農民和工匠（artisan）付出辛勞得到所謂的真實產品，並從中獲得工資或其他利潤，所以他們的收入在某種意義上說是名正言順的；換句話說，他們種瓜得瓜，種豆得豆。但是，商人似乎什麼都不種就坐收果實；他們的活動看起來什麼也不創造，卻能得到報酬。所以會有人認為，貿易就是社會的浪費，典型的無效率。

　　這樣，對商人的古老敵意藉由對「中間人」的不信任表達出來。人們常常想繞過中間人，把中間人看成一種合法的強盜，他們被授權在貿易高速路上向每一個過路人強行索取一定比例的費用，走到他們這邊來的人不是愚蠢就是倒楣（在市場經濟體制中，人們常常有不經過中間人的自由，但是人們多數情況下還是會選擇使用中間人的服務）。

　　無論「貿易是非生產性」的觀念有多麼古老，多麼根深柢固，它完全是一種誤解。「生產性」一詞所有能應用於農業和製造業的正面意義，無一不能應用於貿易。交換具生產性！這是因為交換有助於更滿足人們的需要。

　　私有產權的交換是市場過程的基礎。本章探討人們自願進行商品和服務貿易的根本原因，將論證貿易能增加參與各方的財富，甚至是生產性的。我們會介紹第一張經濟學圖表——生產可能曲線。圖解是一種有用的工具，可以助你辨識其中的權衡取捨，弄清藉由專業化和交換而形成的財富成長。

2.1 | 好貨和劣品

　　基本上，合作性的交換行為就是雙方同意互換產品和服務的產權——所有權。你在路邊小店買了橘子，才有機會享用這些橘子，店主才能按照他認為適合的方式支配你付給他的錢。原來是他的東西（橘子），現在成了你的；你原來的東西（3美元），則是他的。我們在很多日常交換行為中都不會有白紙黑字的書面合約（只不過橘子現在明確是你的）。而在其他一些交換行為中，比如買房、買車、租一間公寓，就得起草合約、契約，對誰擁有什麼及財產如何使用做出明確規定。

稀缺品必須付出代價才能得到

　　經濟學家對每天日常的「商品」（goods）交換著迷，謝天謝地，儘管是同一個單詞，我們對**好貨**（good）有非常明確的定義。按照經濟學的思考方式，如果某項東西在選擇者眼裡**多多益善**，那就是**好貨**，就這麼簡單。我們還可以進一步分析這個概念，即在其中區分「免費品」和「稀缺品」。**免費品是不用付出代價就能獲得的好貨；稀缺品則必須以別的有價值的東西當成代價才能得到。**

　　例如，你自願買橘子，說明橘子對你而言是好貨，同時它也是稀缺品，因為你以你認為有價值的某種東西（3美元）為代價換取了橘子的所有權。你的室友願意排隊領取「免費」音樂會票，說明這些票對她而言是稀缺品。她願意以時間為代價換取這些票，而這些時間本來能做其他她認為有價值的事情。這麼說吧，如果某人必須付出**代價**才能得到一個東西，那它就是**稀缺**的。

　　一個東西只在不需代價就能獲得時才是免費品。免費品不大容易想像，但確實存在。其實這只是個上下文問題。對帶著氧氣瓶的潛水伕來說，空氣是稀缺品，但對大學課堂裡的學生來說空氣則是標準的免費品。溫暖的熱帶陽光對巴哈馬群島土生土長的孩子來說是免費品，但對從密爾瓦基出發去熱帶度寒假的一家人來說則是稀缺品。

　　要是所有東西都是免費品就好了！那樣就沒有人要面對稀缺性問題，沒有人要付出代價，也沒有人需要權衡或選擇了。只要我們能想到什麼，就能自動擁有什麼，天堂就常常被描繪成這樣。問題是，我們在人間，就得面對稀缺性，不能想要什麼就一下子都能得到，我們必須選擇。

　　不僅如此，還存在經濟學意義上的「劣品」。如果好貨是多多益善，那麼你一定已經猜到了，**劣品就是越少越好的東西**。夏天的蚊蟲叮咬、洛杉磯的光化學煙霧、「9·11」的恐怖攻擊，就是劣品的例子。別忘了，經濟學意義上的好貨和劣品的概念都是主觀的。以本書三位作者為例，勃特克討厭藍草音樂（Bluegrass）❶，而普雷契特科則很喜歡。我們無法確知保羅·海恩對這種音樂是愛恨分明還是持無所謂的態度。一個人認為是劣品的東西，在另一個人看來很可能是好貨，對第三個人則可能無所謂好壞。

2.2 | 對物質財富的誤解

　　如果我們想要說明貿易，進而是一般情況下稀缺物品的市場交換可以創造「財富」，最好先澄清「財富」這個詞的含義。

　　財富是由什麼組成的？僅僅是錢嗎？或者股票和債券？不動產？你的財富包含哪些東西？很多人習慣性地認為經濟體系只創造「物質財富」，如約翰迪爾（John Deere）拖拉機、馬丁（Martin）吉他、蘋果 iPad 或 iPhone。但是，除非某個人認為這些東西有價值，它們才能稱為「財富」。**按照經濟學的思考方式，財富就是人們認為有價值的任何東西。**

1　編注：一種美國民謠。

財富是對選擇者有價值的東西

　　價值是選擇者眼中的價值。A-Rod 與洋基隊成功簽了 2.75 億美元的合約，但我們又想起佛陀的一無所求——這正是他擁有的很重要的東西，因為他已經找到了他想要的，財富已經大大地增加，他已經證得涅槃。不同的人可以（也確實）有不同的價值觀。額外的水對想要灌溉的農夫來說是額外的財富，而對遭受密西西比河水災的農民來說就不是。兩尺高的新雪對滑雪勝地的老闆來說是額外的財富，對道路清潔工來說大概是個會把腰累斷的負擔。手風琴對一個波卡（polka）樂隊的樂手來說是財富，對重金屬樂隊來說就不是。

　　經濟成長並不在於生產更多的東西，而在於生產更多的財富。當然，有形的東西能對財富的產出有所貢獻，而且從某種意義上來說是必要的（手風琴是用某些物質材料做成的，而造雪機可以人工造雪）。甚至像健康、愛和心靈的寧靜這類「非物質」的東西，最終也有某種實體。但是，財富的成長和物質產品的體積、重量或數量成長沒有必然的聯繫，我們必須從根本上拋棄「財富等於有形物質」這一見解。這講不通，而且會妨礙理解經濟生活中的各種面向，比如分工專業化和交換，而它們正是亞當‧斯密所謂「商業社會」的核心。

2.3 ｜ 貿易創造財富

　　對貿易的懷疑至少可以上溯到亞里斯多德。這些懷疑傾向於認為，自願的交換總是（或**應該是**）等值交換。其實反過來才對：自願的交換從來就不是等值交換。**如果是的話，交換就不會發生了。**交易雙方互相合作，都得到了獲得**更大價值**的機會。對於雙方來說，這種獲益的機會就是一種誘因。在一個自由達成的交換中，雙方都期待藉由放棄某種價值較小的東西，來獲取某種價值較大的東西。如果傑克用自己的籃球向吉姆換取棒球手套，就表明傑克認為手套比籃球價值大，而吉姆認為籃球比手套價值大。我們觀察到，人們都是以一種自己認為有價值的東西為代價，自願換取另一種他認為價值更大的東西。從任何一方來看，交換都不是平等的，因為雙方對價值的判斷不一樣；否則，他們就不會重新安排籃球和手套的產權（「現在手套是**你的**了」）。而這正是貿易的生產性的根源。傑克的財富比以前多了，吉

姆也一樣。交換是生產性的，因為雙方的財富都增加了。

「不對，」教室後面傳來一個愛爭辯的聲音，「財富並沒有真的增加。傑克和吉姆感覺比原來好，這沒錯；他們可能更高興，僅此而已。但是，交換並沒有生產出什麼，還是一只棒球手套和一顆籃球，不管新主人是誰。」

是的，交換是沒有「製造」出什麼新物質。但究竟什麼是製造（manufacture）呢？我們立刻會想到工廠、投入的原材料、工人們的汗水和辛勞，以及成品的包裝。只想到了生產的技術性因素——這僅僅是常規的表象。我們還忽略了一點，就是棒球手套和籃球的製造商，試圖在技術上把這些材料重新配置，做成**更有價值的組合**。他們試圖**增加**價值，這才是經濟學意義上的核心意義，也是廠商製造它們的根本原因。這只需要突破常規想一想。

用籃球換手套沒有製造出什麼新東西——這並不需要另外的高深技術，但確實製造出了一種雙方（傑克和吉姆）都認為更有價值的新模式，這就是他們開展貿易的原因，它增加了雙方的價值和財富。不妨把交換看成是另一種生產方式，傑克把籃球作為「投入」，得到棒球手套作為「產出」；吉姆則把手套作為「投入」，把籃球作為「產出」。

每個人都用一種稀缺而有價值的東西換取另一種更有價值的東西，每個人都付出了成本。實際上，任何選擇或行為都伴隨著代價，某個被捨棄的機會。按照經濟學的思考方式，**獲得某物的成本就是獲得它必須付出的代價的價值**。為了強調，我們稱為**機會成本**。❷ 傑克認為籃球有價值，但他自願用籃球為代價換取了他認為更有價值的手套。吉姆認為手套有價值，但他用手套為代價換取了他認為更有價值的籃球。每個人都認為效益大於成本，他們都享有淨效益——財富的增加。

這種額外的效益是從哪裡來的？如果傑克在交易之後享有更多財富，看起來這額外的效益一定來自吉姆。但要知道，吉姆也享有更多的財富。這不可能是從傑克那裡拿走的。相反，自由貿易是一個機會，能同時為交易**雙方**創造更多的財富。每個人在交換中合作，都能找到一個增加自己財富的方式。

這一生產性過程（交換）的結果是雙方產出的價值都比投入的價值大，這項生

2　作者注：任何選擇都有代價，即機會成本。

產性的活動不需要別的什麼了。交換擴大了真正的財富。如果雙方想得到更多他們想要的東西，這是一個高效的方式。

2.4 │ 值不值得？效率與價值

　　經濟學家常把效率掛在嘴邊，來回答這個問題：一輛車每加侖汽油能跑 18 英里，另一輛車每加侖汽油能跑 45 英里，哪輛車效率高？初看起來，好像跑得多的必然意味著高效率。在某種技術性意義上沒錯。同樣是 1 加侖汽油的「投入」，「燃油效率」高的車能跑的里程就多，即有更大的「產出」。而那些數字，即所謂的「客觀資料」，在某種程度上是對潛在購車者的重要資訊。但是，決策者一定會問一個問題：「值不值得？」畢竟燃油效率越高，車的成本也越高。在做決策的時候，人們總是傾向於權衡所有期望的額外效益與額外成本。

　　要買每加侖汽油能跑較多里程的車，就會有額外的成本，這對於購車者而言也是重要資訊。假設每加侖汽油能跑 45 英里的車要賣 3 萬美元，而每加侖汽油只能跑 18 英里的車賣 2.4 萬美元，多數潛在買主也許會感到前者雖然單位里程比較省油，但不值得這個價。對他們來說，買這種車的額外成本超過了節約燃料帶來的額外效益。車型大小同樣重要，對四個孩子的家庭來說，可能節油的車不夠用，他們願意犧牲燃油經濟性以換取舒適性。安全性，比如掌控雪地路面的能力，以及其他額外的任何考慮都會影響選擇。「技術效率」的概念只關注客觀資料（比如每加侖汽油能跑多少英里），並沒有考慮決策者賦予投入和產出的價值。經濟學家的效率概念——為了強調，他們稱為「經濟效率」，從決策者的角度比較額外效益和額外成本。如果決策者判定期望的額外效益超過了期望的額外成本，就稱這個決策或行動計畫是經濟上有效率的。

　　簡單地說，個人層面「值不值得」這種問題，問的就是經濟效率，對此的回答可能因人而異。❸ 辦公室裡，有一位員工開車來上班，第二位坐地鐵，第三位騎自行車。每個人都會比較額外的成本和額外的效益，然後選擇他們認為最好的交通方式。第一位願意承受購買和維護車輛的費用，因為他更看重舒適性；第二位希望躲

3　作者注：若一項計畫或專案的額外效益高於額外成本，那麼就被稱為有經濟效率。

避高峰期堵車，喜歡在地鐵上看看書喝杯咖啡；第三位自認很環保，並且喜歡運動。每個人都在追求一種「有經濟效率」的上班方式。總之，每個人都揭示了自己的偏好和價值觀。他們在辦公室裡對哪種上班方式最好看法不一致，其實是因為價值觀不同。

　　的確如此。對某些問題，經濟學家無法給出確定的回答。例如，問：「哪一個更有效率，護理學士學位還是哲學博士學位？手機還是固定電話？砍光樹林還是有選擇地砍伐？」事實上，問題要是都這麼提，**就沒意義了**。一切都取決於實際情況。

　　價值觀決定了我們對效率問題的看法。社會上對於某個特定專案的相對效率的爭議，往往是對某種東西是相對有價值還是相對沒價值的爭議。❹ 了解這一點本身並不能解決任何爭端，但是如果連爭端是什麼都不知道，那麼解決爭端勢必就更加困難。

　　問題不在於「**到底哪個效率更高**」，而是「**誰有權**做出某個特定的決策」。鑽出睡袋然後爬山，這對於一個並不想尋求挑戰、白天能偷懶就偷懶、只是盼著晚上鑽回睡袋的人來說，無疑是極端的無效率。登山愛好者肯定會極力反對這種看法，但這並不會引發社會衝突，因為我們都同意，一個人應該有權決定自己度假時露宿山頂更有價值，還是睡在床上更有價值。只有當我們對「誰擁有哪些權利」意見不一的時候，才會激烈地辯論某種做法是不是「真」有效率。比如耗竭森林或採光煤礦，或者「在一個自然資源迅速消耗的世界上」，一輛汽車只坐一個人這個普遍現象是不是「不可思議的無效率」。

　　在遊戲規則建立起清楚和有保障的產權的同時，也決定了用什麼樣的程序來衡量期望的成本和效益，以達到決策目標。在寒冷的冬日，如果媽媽打開窗戶，**同時**又開暖氣，那麼只要她對所使用的資源有無可爭議的支配權，她就是有效率地使用資源；如果她是把別人房間的熱氣放掉，或者是別人在替她繳暖氣費，她的產權就要受到挑戰。這樣一來，雖然媽媽按照她的意願對房間做了如此的安排，但事情卻不再是看安排有效率與否，而是看她是否有絕對的權利來衡量她的行為涉及的投入和產出的價值。

4　作者注：關於效率的爭議，實際上是關於價值觀和產權的爭論。

　　當產權是明確、穩定而且可交換的時候，稀缺資源會產生一個能反映其相對稀缺性的貨幣價格，然後決策者會使用這些價格資訊追求（其所認為的）效率——這就是後面幾章內容的主題。當有人批評某些價格沒有反映特定成本或效益的真正價值，而且市場失靈的時候，等於反對決定這些價格的市場過程，這並非對「效率」概念本身的批評，而是對現存產權制度安排和其所構成遊戲規則的批評。有些反對者雖然激進，但是卻能很清楚地意識到這些，但其他批評者對此往往缺乏深入的理解。

2.5｜學會權衡：比較生產的機會成本

　　經濟學家可以肯定地說，個人之所以自願交換，是因為他們認為值得，他們認為交換是增加財富的高效率方式。我們來看下面的例子，把這個問題想得深一些。

生產可能曲線

　　瓊斯住在榆樹街，他生產兩種啤酒：淡啤酒和黑啤酒。每季他能生產 10 加侖優質淡啤酒**或** 5 加侖優質黑啤酒，或這兩者的任意線性組合。圖 2-1a 表示的是瓊斯的生產可能曲線（production possibilities frontier, PPF）。**生產可能曲線表示瓊斯在一定的資源和能力條件下所能生產的淡啤酒和黑啤酒的最大組合。**

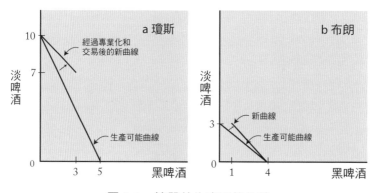

圖 2-1　簡單的生產可能曲線

注：這兩個圖指的是瓊斯和布朗的生產可能曲線。如果瓊斯專門生產淡啤酒（10 加侖），而布朗專門生產黑啤酒（4 加侖），然後瓊斯以 3 加侖淡啤酒向布朗交換 3 加侖黑啤酒，雙方就可以享有超過原先各自生產可能曲線的產品組合。

　　布朗住在橡樹街，他也生產淡啤酒和黑啤酒。按照他的技術和資源，每季只能生產 3 加侖優質淡啤酒或 4 加侖優質黑啤酒，或這兩者的任意線性組合。圖 2-1b 畫出了在布朗的資源和能力下他的生產可能曲線。最後，假定瓊斯的淡啤酒的口感和布朗的淡啤酒一樣好，黑啤酒也一樣。

　　乍看之下，瓊斯釀酒的效率較高，無論是釀淡啤酒還是黑啤酒。畢竟，哪種酒他生產的都比布朗多。**但是，生產能力本身並不能衡量效率**。必須比較**代價**和**收穫**，因為兩種啤酒都不是免費品。換句話說，我們必須看生產淡啤酒和黑啤酒的**機會成本**，並對瓊斯和布朗的機會成本加以比較。

　　那麼，瓊斯的生產成本是多少？假設瓊斯決定只生產淡啤酒。他可以生產 10 加侖，**但他要以生產 5 加侖黑啤酒的機會為代價**。這就是他釀製 10 加侖淡啤酒的成本。他為了生產 1 加侖淡啤酒，就要以生產 1/2 加侖黑啤酒的機會為代價（反過來，假設瓊斯只生產黑啤酒。他可以生產 5 加侖，但他要以**生產 10 加侖淡啤酒的機會為代價**。為了生產 1 加侖黑啤酒，他放棄了生產 2 加侖淡啤酒的機會）。如果布朗只生產黑啤酒，他可以生產 4 加侖，但是要以生產 3 加侖淡啤酒的機會為代價。為了生產 1 加侖的黑啤酒，布朗要以 3/4 加侖的淡啤酒為代價（類似地，布朗生產 1 加侖淡啤酒的代價是 4/3 加侖黑啤酒）。

　　我們把這些資訊列在表 2-1 中。

表 2-1　瓊斯和布朗的機會成本 ❺

釀酒商	黑啤酒（加侖）		淡啤酒（加侖）	黑啤酒的機會成本	淡啤酒的機會成本
瓊斯	5	或	10	2 加侖淡啤酒	1/2 加侖黑啤酒
布朗	4	或	3	3/4 加侖淡啤酒	4/3 加侖黑啤酒

　　現在，問一個重要問題：**誰生產淡啤酒的機會成本相對較低？**答案就在表 2-1 裡，是瓊斯。他的代價是 1/2 加侖黑啤酒，而布朗為了釀 1 加侖淡啤酒需要放棄

5　編注：機會成本相對較低的生產商即擁有「比較利益」。

4/3 加侖的黑啤酒。**和布朗相比，瓊斯是機會成本較低的淡啤酒生產商**。按照經濟學的思考方式，瓊斯在淡啤酒生產上有「比較利益」。和布朗相比，瓊斯生產淡啤酒的效率更高。

我們得出了瓊斯是效率較高的淡啤酒生產商的結論，這可能不會使你驚奇。但是，和瓊斯相比，布朗是效率更高的黑啤酒生產商！注意，布朗生產 1 加侖的黑啤酒的成本是 3/4 加侖淡啤酒，而瓊斯要用整整 2 加侖淡啤酒才能生產 1 加侖黑啤酒。和瓊斯相比，布朗是機會成本較低的黑啤酒生產商。釀製黑啤酒是布朗的比較利益。

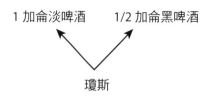

1 加侖淡啤酒　　1/2 加侖黑啤酒

瓊斯

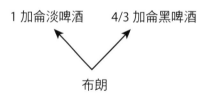

1 加侖淡啤酒　　4/3 加侖黑啤酒

布朗

我們可以想像他們各自會做何選擇，就好像他們在岔路口一樣。走了這條路，就不能走另一條路。瓊斯可以選擇生產淡啤酒，也可以選擇生產黑啤酒。他生產 1 加侖黑啤酒（選了**這條**路）意味著以第二種機會——生產 2 加侖淡啤酒（**放棄**的那條路）為代價。布朗也面臨類似的選擇，但是他的成本就不一樣了。對他來說，生產 1 加侖黑啤酒的成本只有 3/4 加侖淡啤酒。這就是機會成本的含義。

2.6 | 從專業化和交換中獲利

只需稍做分析，就能知道瓊斯肯定是成本較低的淡啤酒生產商，布朗是成本較低的黑啤酒生產商。如果他們都**專門**從事各自擅長的生產（因而也是相對高效率的生產），並彼此開展貿易的話，會出現什麼情況呢？❻ 例如，假設瓊斯在城裡的家庭啤酒作坊供應商那兒遇見了布朗，並交流了釀酒經驗。一番商談之後，他們達成了如下協定：瓊斯只生產淡啤酒，布朗只生產黑啤酒，然後進行一對一的交換。瓊

6　作者注：把選擇想像成站在岔路口。

斯將用 3 加侖的淡啤酒向布朗換取 3 加侖的黑啤酒。

　　3 個月過去後，瓊斯把 10 加侖淡啤酒裝了瓶，布朗也把 4 加侖黑啤酒裝了瓶，雙方都從事有比較利益的生產。注意，在圖 2-1 中，原先他們各自受到生產可能曲線的約束。但是，當他們完成 3 加侖淡啤酒對 3 加侖黑啤酒的貿易後，**雙方享有的啤酒組合都超出了原先的邊界**。瓊斯得到了更多他想要的東西，他的財富增加了，現在他有 7 加侖淡啤酒和 3 加侖黑啤酒，**原先他自己做不到這一點**。布朗的財富也增加了，他現在有 3 加侖淡啤酒和 1 加侖黑啤酒，**原先他自己也做不到這一點**。

分工與貿易擴展了生產

　　還需要注意一點：兩家啤酒生產商並沒有使用或消耗額外的資源，卻產出了更多兩種商品的組合。他們使用相同的資源，卻享受了更多的產出。**在遵循各自比較利益的情況下，他們更富生產性地使用了稀缺資源。**而藉由擴展各自的生產可能曲線，他們都擴展了財富，即消費可能性邊界。

2.7 │ 為什麼要專業化

　　專業化是「追求比較利益」的另一種說法。現在我們要理解分工專業化的動機。人們追求專業化是因為這樣做能增加他們的財富。專業化使生產者能藉由貿易，獲得那些若自己生產要花費更多的產品，從而擴大其生產可能性，市場經濟的規則允許人們用這種方式交換他們的私有產權。這是經濟學思考方式的基礎，經濟學家把這叫作「比較利益法則」。比較利益解釋了專業化的動機，也解釋了由此帶來的經濟成長。這也說明了人們為什麼不願做「三腳貓」，而要從事高度專業化的職業，如會計、護士、演員、飛行員、木匠、牙醫、碼頭工人、教師、水電工甚至職業殺手。比較利益可能來源於天生擅長或不擅長某事的差異，也可能源自練習、經驗和專注而習得的技能。不管哪個來源，人們期望在自己認為具有比較利益的領域專業化，從而享有更多財富（更多他們覺得有價值的東西）。如果你自問：「我學什麼專業好呢？畢業以後會有什麼樣的機會呢？」你就已經問了一個關於自己的

比較利益的問題。

2.8｜從人際貿易到國際貿易，再到人際貿易

在故事裡，很明顯，瓊斯和布朗都從專業化和交換中獲利了。儘管他們都沒聽說過「比較利益法則」，卻很想遵循這一法則。英國經濟學家大衛·李嘉圖（David Ricardo）是亞當·斯密的繼承者，在他 1817 年的著作《政治經濟學及賦稅原理》（*Principles of Political Economy and Taxation*）當中，首次明確表示了比較利益法則，並用它來解釋國際貿易中的一些問題。事實上，我們已經看到這個法則可以應用於普遍的專業化和交換。例如，如果願意，我們可以說瓊斯家「出口」淡啤酒，並「進口」黑啤酒，兩者的交換比率（exchange rate）是一比一。相對地，布朗家以同樣的比率出口黑啤酒，進口淡啤酒。我們立刻注意到，**雙方最終都是以出口的東西支付進口的東西**。

即使是辯論，也要服從效益遞減法則，如果要繼續沿著這個思路往下想，可能就要「過猶不及」了。前面說到，瓊斯住在榆樹街，布朗住在橡樹街。如果我們說，「橡樹街從榆樹街進口了淡啤酒，榆樹街從橡樹街進口了黑啤酒」，這種說法是越說越明白還是越說越糊塗？再換種說法，「榆樹街和橡樹街開展貿易」，又如何呢？**這和說瓊斯和布朗開展貿易是同一回事**。嚴格地說，街道之間不做貿易，鄰近的地區之間也不做貿易。只有個體之間做貿易，並從中獲利。

如果瓊斯住在堪薩斯州，而布朗住在賓州，他們倆坐在家裡，上網聊起家庭釀酒作坊的事，然後做了同樣的交易，又怎樣？也許我們會說，「堪薩斯州從賓州進口黑啤酒」，或其他類似說法，這種說法是越說越明白還是越說越糊塗？這和說瓊斯和布朗開展貿易還是同一回事。和街道、鄰近地區一樣，州和州之間也不做貿易，而是人與人之間跨越市、縣和州的邊界做貿易。

個人才是選擇的主體

那麼，說美國和芬蘭、德國、加拿大或是亞洲開展貿易是什麼意思呢？這是說，美國公民和另一個國家的公民開展貿易。不是芬蘭這個國家生產諾基亞手機，

也不是它出口的；而是芬蘭人生產，芬蘭人出口。其實，說**街際貿易**、**市際貿易**、**縣際貿易**、**州際貿易**、**國際貿易**也沒什麼錯（也許，有一天甚至會說星際貿易，儘管作者對其可能性持懷疑態度）。經濟學家經常被召集討論複雜的國際貿易問題，這種討論也有不同的複雜程度。說美國和芬蘭開展貿易只是為了**方便**表示，我們心中則要時刻謹記，這種說法只不過是一個簡略表示，後面隱含著為數眾多的人之間有著數量龐大的交易。其中很多人跨越了不同的地區和政治邊界，以大型機構的名義從事交換行為。

2.9 | 交易成本

已經夠複雜的了，是不是？在後面的章節還有很多機會來討論國際貿易政策。我們的基本思想不會動搖。自願的貿易是互惠互利的，否則貿易就不會發生。在一個私有產權體系中，人們有強烈的動機專業化，因為比較利益能產生個人財富。遊戲規則鼓勵這些活動。

我們的故事討論並比較了生產的機會成本。但**尋找**交易夥伴有沒有成本呢？剛才我們故意假設這個成本很低，瓊斯和布朗住在同一個區域內。如果瓊斯和布朗住在一個國家的不同地區，要發現一個交易機會就沒那麼容易了。地理阻隔可能會阻礙交易；同樣，不知道現有的貿易機會也會**阻礙**交易。我們把這些稱為交易成本。**交易成本是指在相關各方之間安排合約或契約，或者廣義上說安排交易的成本。**

和其他類型的成本一樣，交易成本對增加財富是真實而重要的阻礙。在瓊斯和布朗這個例子中，如果他們一個住在堪薩斯州，一個住在賓州，那麼網上的討論就能有效地降低交易成本。沒有網路，他們就找不到潛在的交易機會。

2.10 | 降低交易成本的激勵：中間人

假設你手上有 10 股谷歌股票要賣掉。你可以找朋友，向他們推銷，也可以在報紙上做廣告。但如果你使用中間人（在這個例子中是股票經紀人），甚至在付了佣金之後，你仍然可能賣一個更好的價錢。毫無疑問，如果你的廣告做得時間足夠

長、範圍足夠大，也能找到一個買主，願意出股票經紀人為你提供的價格。但是，你自己找買主的成本低於經紀人佣金的可能性微乎其微。此外，新技術普及後，出現了網路股票經紀人，他們正是藉由大幅壓低佣金來和傳統的股票經紀人競爭。

中間人擴展了更多的選擇機會

對很多自以為節儉的人來說，「批發」是一項受歡迎的消費。也可能真的是吧。如果他們以找便宜貨為樂趣（很多人確實是這樣），就能從中得到好處，那是他們的選擇。自由市場允許這些購買策略的存在，但對於大多數人而言，零售商能提供我們有用的資訊，是一個重要的、低成本的資訊來源。供應商和中間人之間的市場競爭，促使他們尋找潛在消費者傳達資訊的管道，同時降低交易成本。零售商的貨架告訴我們有哪些商品可供選擇，通常從其他任何途徑都難以得到這一訊息。

同樣的道理也可以應用於職業介紹所。人們經常對私人職業介紹所收取的介紹費感到憤怒，除非預期職業介紹所提供的資訊比介紹費更有價值，否則他們大概也不會去職業介紹所。但他們還是去了，一旦他們和用人單位建立聯繫管道，職業介紹所好像就沒什麼用了，介紹費也就顯得像是一種不正當的強迫徵稅。

我們習慣於把實際情況和雖然更好、但並不存在的情況相比較，對中間人的不良評價很大原因是由此造成的。我們所做的交換有時對我們不太有利，當然要是什麼都知道，我們就能做更有利的交換。因此結論是，中間人利用了我們的無知。但為什麼要這麼看呢？用同樣的論證，你可以說醫生利用了你的病，他們不應該收錢，因為如果你一直不生病，他們就一分錢也賺不到。這沒錯，但和問題無關。我們既不可能一直不生病，也不可能什麼都知道。醫生和中間人都是真正的財富生產者，因為他們創造了更多令人滿意的選擇機會。

2.11 ｜ 中間人創造資訊

一個將在本書反覆討論的話題是：在自由市場的過程中，供需創造了價格，而價格作為一種「資訊」，可以讓人們評估不同商品和服務的稀缺程度，更好地協調人們的生產和消費計畫。這有一個極重要、但又極不受重視的優點，就是市場參與

者可以從中獲取高品質、低成本的資訊。中間人是這個過程中的重要角色，過程反映了他們的比較利益。

　　某些市場是「有組織的」，比如股票市場和商品市場，意思是說，在一個廣大的地域中，許多潛在的買方和賣方的報價被集合在一起，為某類相當單一的物品創造出單一的價格。另一些市場，比如給單身男女約會的酒吧，即便是最沒經驗的人也能看出是缺乏組織的：對每一筆交易來說，待交換的商品和交換的條件都得經過協商，因此交易成本非常高。相對而言，二手家具市場是沒有組織的：因為買方和賣方沒有廣泛接觸，所以交易的價格會有很大變動。日用雜貨的零售市場則與之相反，是最有組織的市場之一。所以，對某一個地區來說，牛肉的價格變動要遠遠小於二手家具的價格變動。

　　有時候，人們會說股票市場和商品市場比雜貨市場和二手家具市場更接近「完美」。這種差異描述是一種誤導，因為這個說法的言外之意就是雜貨市場和二手家具市場應該被改變（完美比不完美好）。然而，只有在改善市場能降低交易成本，並且改善市場的效益超過改善市場的成本時，這種說法才有意義。可是我們不知道用什麼方式才能改善一個特定的市場，有時交易成本太高，都不值得去改善了，事情往往就是這個樣子。此外，某些政府為「改善」市場所做的努力看起來似乎是為了滿足某些人的特殊利益。在第 9 章裡我們還會舉一些例子。

　　每一個價格都是一則具有潛在價值的資訊，人們可以用它來判斷有沒有適合的機會。這樣的價格越多，價格的表示就越明確、越準確，知道的人就越多，可供人們選擇的機會也就越多。總之，人們的財富就越多。這不正是我們對財富成長的闡釋嗎？人們有更多機會可以選擇，更能做自己想做的事。

具比較利益的中間人降低了消費者的交易成本

　　中間人是組織市場的專家，也是創造有價值資訊的專家。他們之所以能從事這樣的專業活動，大概是因為認為自己在資訊生產方面具有比較利益。想想拍賣網站 eBay。開發 eBay 的人發現了一種方式，可以幫那些使用其服務的人降低交易成本，並提供有價值的資訊。簡而言之，中間人可以減少交換過程中的障礙，從而為他人進一步提供專業化和交換的機會，無論他們是否能充分意識到這一點。感謝零

售商——中間人，一位西雅圖的會計師找到了為她的家人提供牛奶的另一種方式。她其實可以自己養牛、擠奶，但她不選擇這麼做，而是發揮自己的比較利益，並用一小部分收入換取零售商的服務。她不用學著如何自己養乳牛，也不用開車到威斯康辛州的乳牛場去買牛奶。[7]當地的零售商安排了背後的一切交易，卸掉了會計師的負擔，那些養牛的農民也不必再費心為數萬加侖牛奶找買主了。

2.12｜市場作為發現過程

　　這正是市場體制的動機。沒有市場交換過程，經濟學家幾乎不可能知道某個人的比較利益是什麼。事實上，經濟學家對於良好的市場運行作用不大！市場中的個體從事他們自己認為有比較利益的行業，人們根據行為衡量相對的成本和效益，經濟學家則試圖解釋指導人們選擇的邏輯和原則。我們的圖表是為了協助大家理解人們在現實世界中使用的邏輯。在非市場經濟體制中，產權不歸個體所有，也不能交易，而是歸「全社會」所有。一個中央經濟計畫者為了改善全社會而生產、派送產品和服務，他得畫圖表，也得做所有這些令人頭大的計算，來協調數以百萬計的人和他們各自的計畫和目標，那麼他能從哪裡得到所有必要的資訊，讓自己算得又快又好呢？

　　在現實世界裡，人們只需要在所有事情當中選擇對他們最具吸引力的事情，就能發揮他們的比較利益。小威廉絲（Serena Williams）曾經嘗試去演戲，但是轉行打網球；R. L. 史汀（R. L. Stine）寫小孩看的恐怖故事，而不是寫美國史教材；傑伊・雷諾（Jay Leno）主持電視節目《今夜秀》（*The Tonight Show*），而不是管理哈雷機車公司；歐普拉（Oprah Gail Winfrey）有能力成為內華達州合法妓院的老鴇，但如今是一名成功的脫口秀主持人。美國進口亞洲生產的襯衫，亞洲購進美國生產的穀物，這一切都是因為它們相信這是獲得想要的東西的最佳方式。比較利益以及因之產生的效率，不是在黑板上**發現**，而是藉由產權在現實市場中的交換裡發現的。

　　在多數這類決策中，相對價格提供了基本資訊。對於我們能做的不同事情，要

7　作者注：從商店買牛奶是自己生產牛奶的另一種方式。

考慮能力和能獲得的報酬，選擇某個工作，是認為對推進我們感興趣的事業最有幫助。例如，學生們想知道他們的政治學學位、護理學學位和哲學學位將來會有怎樣的職業生涯和發展機遇，也想知道它們有哪些局限性。這些想法都不意味著他們只重視價格，或者說他們學某個專業「只是為了錢」，人們的行為方式不會這麼荒謬、這麼令人無法忍受；而是說在其他因素等同的前提下，相對價格會影響人們的決策。美國的服裝店發現亞洲貨比美國生產的同樣品質的襯衫便宜。亞洲農民選擇不種麥子，是因為他們知道，只要種的麥子不能比市場上的美國麥子賣得貴，那麼再怎麼種也賺不到令人滿意的生活。簡而言之，他們的行為準則是，為達到一個確定的目標，最廉價的方式就是最有效率的方式。這樣，他們不斷互相合作和互相調節的過程就構成了經濟。

2.13 ｜ 一窺全貌：對於經濟成長的初次思考

無論你相信與否，綜觀人類歷史，除了極少數享有特權的人以外，貧窮幾乎一直是人類社會的規律，而不是例外。所以，經濟學的一大問題就是什麼東西使一些人先富有了，而不是問什麼東西讓人們一直很貧窮。為什麼在約莫 300 年前，位於亞歐大陸西北角的幾個國家突然開始了所謂的經濟成長的過程？為什麼會出現經濟成長？為什麼在歐洲先發生？為什麼很長一段時間之後，在歐洲以外只在那些受到歐洲治理過的國家發生？[8]

2.14 ｜ 尋求一個解釋

到底發生了什麼？亞當・斯密考察了 18 世紀末的情況，並在《國富論》第 1 章中總結道：

> 在政治修明的社會裡，造成擴及最下層人民的那種普遍富裕情況的原因，是各行各業的產量由於分工而大增。

8　作者注：貧窮和稀缺性並不一樣！

換句話說，財富來自分工專業化造成的產量大幅增加。經濟成長是商業社會發展的結果，在商業社會中，每個人都從事專業化活動，並靠交換生活。

19 世紀研究經濟成長的最傑出學者用的是另一套術語，但得出的結論差不多。卡爾‧馬克思（Karl Marx）把 18 世紀和 19 世紀發生在某些國家的巨大產出成長，歸因於商品生產體系的發展。馬克思用「商品」一詞指那些資本家為了獲利而不是為了消費所生產的產品。當然在分工全面延伸到社會的各個層面之後，事情的確是這樣。斯密所謂的商業社會在馬克思那裡叫作資本主義社會。看他和恩格斯合寫的《共產黨宣言》：

> 資產階級在它不到 100 年的階級統治中所創造的生產力，比過去一切時代創造的全部生產力還要多、還要大。自然力的征服、機器的採用、化學在工業和農業中的應用、輪船的行駛、鐵路的通行、電報的使用、整個大陸的開墾、河川的通航、彷彿用法術從地下召喚出來的大量人口——過去哪個世紀能夠料想到在社會勞動裡蘊藏有這樣的生產力呢？

關於生產力，馬克思與斯密的見解不謀而合

馬克思認為，他看到了一個以資本私有和為獲利而生產為特徵的社會的大缺陷，這個缺陷最終將摧毀這個社會，但是他並不懷疑這個社會生產財富的能力。在《共產黨宣言》出版後的一個半世紀裡，資產階級或商業社會的成果遠超過馬克思和恩格斯在 1848 年所觀察到的。

2.15 ｜鼓勵專業化和交換的規則的演進

但是，不能說這些國家只是藉由專業化就變富有了，事情並沒有這麼簡單。如果專業化真的是解決貧困問題的方法，你一定會問：要是世界上每個國家都採用勞動分工，這樣不就都能富裕了嗎？答案是，抽象的「國家」本身若想「採用」諸如商業社會這麼複雜的體系，並不是其想採用就能真正達成的，甚至對個人來說也是

如此。亞當‧斯密在《國富論》第 2 章中簡潔地闡明了觀點：

> 引出上述許多利益的分工，原不是人類智慧的結果，儘管人類智慧預見到分工
> 會產生普遍富裕，並想利用它來實現。

無人設計的演進歷程，複雜的商業社會逐漸形成

分工的發展是緩慢的、漸進的，沒有人設計這個歷史演進的過程，甚至沒有人想過要設計它。獨立的個人希望從專業化中獲得好處，所以他們用各自的方式進行專業化的活動。他們的決策使他人的決策變得更容易。同時，人們逐步完善社會制度，使交換變得更加容易，交易成本逐步降低，人們也從中獲得了更多利益。

貨幣就是這些制度之一，而且是特別重要的制度，我們在後面會講到。但是儘管重要，貨幣制度其實並不是被誰發明的。和勞動分工的發展一樣，貨幣體系也是在個人推進他們自己感興趣的事業，以及與他人的合作過程當中逐漸形成的。亞當‧斯密的老師之一，亞當‧弗格森（Adam Ferguson）在他 1767 年出版的著作《文明社會史論》（*An Essay on the History of Civil Society*）中的觀察是正確的：「國家現行的體制往往源於偶然的發現，這當然是人類行為的結果，但並非任何人類設計的執行」；人類社會常常經歷「最偉大的變革，而這些變革的本意往往並非求變」；甚至政府官員也「並不總是知道，他們的計畫會把國家引向何方」。❾

這不是說預見不重要，更不是說政府無法為經濟體系的成功發展做出什麼貢獻。亞當‧斯密不相信這些。他堅持認為，只有「在一個政治修明的社會裡」，才有廣泛專業化的發展、產量的增加以及「普遍富裕」。政府必須提供一定的條件，讓商業社會得以發展。斯密在 1755 年的一份手稿中指出（這份手稿成為後來《國富論》的基礎）：「從最卑下的野蠻行為演變到最高級的富裕狀態，並不需要什麼特別的條件，只要和平、稅賦較輕、政府有相當的公義即可，其餘的事都由事物的自然過程產生。」

9　作者注：複雜的社會制度演變——沒有預畫藍圖。

私有產權與法治社會的建立

這樣，我們就又回到了第 1 章介紹的重要概念——**遊戲規則**，以及它在經濟學中最重要的特徵——明確界定並得到充分保護的產權。[10] 如果沒有對產權的合理保障，人們就不會為將來投資，也不會制定什麼有用的計畫或是創立某種昂貴的事業。這意味著在實務上，政府至少必須保護社會成員免遭他人盜竊和搶劫，維持一個相對公允和可預測的司法系統以解決人與人之間的爭端，並保證政府不會掠奪公民財產或獨斷專行。我們當中的許多人在以「法治」為特徵的社會裡生活了一輩子，因而常常不知道能達到這些標準要求的政府其實很少。

合理保障的產權及其重要推論——產權交換的自由，是商業社會成功發展的必要條件。在這樣的社會裡，人們可以有效地合作，創造並利用各種資源以滿足彼此的需要，如此經濟才會成長。如果沒有這樣的條件，貧困就不可避免，除了也許有極少數人可以藉由榨取大多數人的勞動享受豐裕的生活。

其他因素也有影響。當一個民族努力改變他們的生存狀況時，氣候是重要的促進或阻礙的因素；自然資源也是一個影響因素，即使不像有些人想像的有那麼大的影響；戰爭是一個極其重要的因素，會使捲入戰爭的國家遭受巨大損失，同時會使一部分人屈服於另一部分人的獨裁和剝削。如果我們在看過歷史之後問現在應該做些什麼，那麼有一件事至少是明確的，就是政府必須建立法治社會，使其治下的人們有望得到他們的投資和努力的效益（當然也要付出代價）。沒有法治，商業社會無法成功發展。

本章回顧

商品交換主要是所有權的交換，或產權的交換。產權是「遊戲規則」的一個重要部分，用來規定誰擁有什麼以及財產應該如何使用。如果一個社會體系有明確的產權，且對產權交換約束較少，那麼這個社會就能產生價格機制，幫助那些追逐自己比較利益的人們發現他們的優勢到底在什麼地方。市場過程能告訴人們機會在哪

10　作者注：私有財產和法規。

裡，這樣他們就能利用這些機會發現有效率的方式來創造淨效益。

　　好貨就是多多益善的東西，相反，劣品是越少越好的東西。稀缺品必須以某種好貨或選擇者認為有價值的別的東西為代價才能得到；而免費品，則是可以不藉由任何代價就能得到的好貨。所以稀缺品只有藉由選擇、挑揀和某種權衡取捨才能得到；免費品則不是選擇的對象。經濟學是關於選擇的理論，關注的是稀缺品的生產和交換。我們如果生活在沒有稀缺性的世界裡，也就無所謂經濟學問題了。

　　按照經濟學的思考方式，**機會成本**一詞常被用來強調一項行為的成本是人們賦予次優機會的價值，人們在選擇這一行為時，以次優機會為代價。

　　在最廣泛的意義上，財富指人們認為有價值的任何東西。人們自願交換產權，是因為他們感到這是創造個人財富有效率的方式。自願的交換，總是包含以價值較低的東西（投入）為代價換取價值較高的東西（產出）。從來不存在等值的交換。和製造業或農業一樣，交換也是創造財富的過程。事實上，交換是生產的另一種方式。

　　經濟效率取決於對價值的評估。儘管物質和技術方面的事實可以直接決定效率，可是並不能確定相對於其他生產過程的相對效率。對於一項計畫或活動，決策者總會問自己，是否值得付出一定的成本，這和問這項活動是不是有經濟效率是一個意思，只不過方式不同罷了，因為經濟效率的概念就是權衡期望的額外成本和期望的額外效益。

　　從根本上說，對某個過程或安排是否有效率的爭議，就是對不同人的評價應賦予多大權重的爭議；因此經常也是對遊戲規則的爭議，對誰應該對什麼資源擁有什麼權利的爭議。

　　機會成本決定比較利益。人們從事專業化活動是為了交換，進而增加財富。他們從事自認為有比較利益的活動。有些產品和服務，他們認為自己生產的成本太高，所以自己不生產，而是藉由交換獲得。生產可能曲線描繪了過程中財富的成長。無論人們從事的是地區貿易還是國際貿易，「比較利益法則」都有效。

　　資訊本身是稀缺品，這導致了交易成本的增加，很多經濟活動都可以理解成對資訊稀缺的一種回應。交易成本是安排合約、契約和貿易的成本。生產資訊的成本對每個人來說都不一樣。如果可以發展出一個具有適當誘因機制的系統，特別是市

場過程，人們就可以專門從事具有比較利益的資訊的生產了。

　　備受詆毀的「中間人」在某種程度上是資訊生產的專家，他們能降低交易成本。這是中間人的比較利益。就像街角雜貨商能在潛在買主和潛在賣主之間牽線搭橋一樣，eBay 或是亞馬遜網站也這樣做。中間人認為，他們的比較利益在於能提供某種資訊進而降低交易成本，能協調跨地區的市場交換，並把地方性市場整合到更大的經濟體系中去。

　　遊戲規則決定了我們彼此協調（和競爭）的方式。確認私有產權的法治也允許產權的自由交換，激勵人們專門從事他們有比較利益的活動。市場專業化和勞動分工的出現為經濟成長創造了條件，也解釋了為什麼某些國家的財富比另一些國家多。

無處不在的替代：需求的概念

本章你可以學到這些

☑ 建立論證：所有的稀缺品都有替代品

☑ 觀念介紹：選擇都是在邊際上做出的

☑ 介紹並解釋需求法則

☑ 明確地區分需求和需求量

☑ 探討影響需求曲線的因素

☑ 建構並運用需求的價格彈性

到目前為止，對於選擇已經做了不少討論，我們知道，**大多數物品是稀缺的**，這就是說，只有藉由以其他有價值的東西為代價才能獲得。在這一章裡，我們將考慮稀缺性進一步的含義——**任何事物都有替代品**。沒錯，任何事物都有。由此才會衍生出「明智的選擇」——從現有的資源中盡可能地獲取自己想要的東西，以及「經濟化的過程」（ecominizing choice）——比較各種選擇的期望額外成本和額外效益。**日常的選擇需要權衡取捨**。我們將提出「消費者需求」的概念來解釋買方是如何面對選擇，以及市場上的價格訊號是如何鼓勵買方進行優化。

3.1 │ 關於所謂的「需要」

剛才說到人們會面對「權衡」（trade-offs），人們也常常提到會有確實的「需要」（needs），這兩者之間是什麼關係？請看下面四句話：

- 一個普通人平均每天需要喝 8 杯水以維持最佳健康狀態。
- 所有公民都應該得到他們需要的醫療服務，無論是否負擔得起。
- 糖尿病人需要胰島素。
- 你需要讀你的經濟學教材。

　　這四句話都談到了某種**需要**（necessity）。雖然經濟學的思考方式不否認人們有確實的需要，但是仍然認為這四句話可能產生嚴重的誤導。我們可以稍微「突破常規」思考一下。

　　先來看最後一句話：**你「需要」讀你的經濟學教材**。教授把這句話寫在課程大綱裡，他當然認為這是對的。的確，不能跟上課程進度常常是成績糟糕的原因。如果你的教授有博士學位（英文的「博士」和「醫生」一樣也叫「doctor」），那麼作為學生，收到教授的指令就如同病人收到醫生的處方一樣。但是，事情不僅僅是教授認為你為了藉由這門課需要做什麼，而是學生們實際上將要做什麼。學生們面對稀缺性，因而面臨一系列的選擇。你有沒有注意到有的學生因為書太貴了，甚至連教材都不買；另一些學生倒是花錢買了書，可是一學期下來連翻都不翻（他們一定是將花的這筆錢看作是「沉沒成本」——這個概念在後面幾章中會討論）。還有些學生勇敢地嘗試去讀經濟學教材，但是他們還「需要」讀微積分教材、哲學教材、物理學教材，這樣他們就只能粗略地看，而不是仔細地讀那些指定的章節。物理的期中考試近在眼前，抬高了讀經濟學指定章節的成本。

讀書？　　　做練習題？

　　所有的學生都會面臨這樣的問題。**讀經濟學教材需要付出代價**。隨著代價或成本的升高，學生們讀得就少了，他們轉而尋求替代品。例如，你可能會問一個讀過這一章的同學書上的要點是什麼；或者你可能把書放在枕頭底下，希望睡覺的時候能吸收一點書裡的內容；或者指望考試時走運；或者，假如你有足夠的勇氣，也可能會在老師詢答的時候請求老師解釋書裡的內容，向他暗示你已經看過這些內容，只是還沒有完全理解（這些小花招，我們都一清二楚）。這些都是讀書的替代品。

　　上面這些可能會與你的經驗產生共鳴，那麼第一句話又怎麼樣呢？**一個普通人平均每天需要喝 8 杯水以維持最佳健康狀態**。當然，醫學權威相信這是對的。現

在討論的是人們的**健康**，而不僅僅是學生的分數。不過另一方面的事實同樣成立。同樣，「普通人」也會願意少喝水，而代之的是喝咖啡、喝啤酒、喝汽水或者吃橘子。這些都不是水，而是水的**替代品**（順便問一句，近來你是否足量攝入了每日所需的蔬菜和水果呢？如果沒有，為什麼？）。那些現在每天喝 8 杯水的人又怎麼樣呢？比如說，如果水價上漲到 2 美元一杯，他還會每天喝 8 杯水嗎？如果漲到 5 美元一杯呢，50 美元一杯呢，還喝不喝呢？

　　現在來看第二句和第三句，顯然這兩句更難處理。**所有公民都應該得到他們需要的醫療條件，無論是否負擔得起**。但是，每個人需要多少醫療服務呢？如果一位女士得了嚴重的闌尾炎，自己又付不起醫療費，可能我們都會同意用納稅人的錢來給她做闌尾切除手術。如果換成一個少年想治青春痘，症狀並不嚴重，我們會同意嗎？醫生的服務和其他醫療資源是稀缺品。即使要求每個醫生免費給病人看病，醫療資源仍然是稀缺品。如果每個人有一丁點小病就找醫生，那麼有多少醫生都不夠。的確，看病的價格越低，人們看病的次數就會越多，而從醫生那裡得到的建議可能不過是睡睡覺、多吃水果和蔬菜、放寬心或者耐心等待。人們可以想像得出，降低看病的費用肯定會使**其他種類**的成本變高，比如排好幾個小時的長長隊伍或是門診幾分鐘就被打發走等，因為醫生的服務是稀缺品。

稀缺品必須以有價值的東西為代價進行交換

　　糖尿病人需要胰島素，沒有胰島素的話，會非常難受，甚至可能會死。對於一個糖尿病患者來說，他當然可以用別的東西去替代每天的 8 杯水，也可以用和同學討論來替代自己讀書，但是他肯定沒有東西可以替代胰島素，對不對？結論別下得太快。一般來說，他可以用健康的食譜和適度的鍛鍊來替代。「全面照護」和「有機藥物」越來越受歡迎（即使這些不像胰島素那麼有效，人們確實已經用它們來替代胰島素治療，不像那個完全不讀書、只想著考試走運的學生）。因為胰島素對大多數糖尿病人來說也是稀缺品，使用胰島素也需要**權衡**，或者以他們認為有價值的**其他東西**為代價交換。

3.2 │ 邊際價值

　　水和鑽石相比，哪一個更有價值？很多人在回答這個問題時都不假思索地說：
「水。」但是，接下來的問題稍有一點變化：一杯水和一杯鑽石相比，哪一個更有
價值？這時，人們就開始猶豫了。如果他們嘴上還是回答是「水」，我們就會問，
如果一杯水和一杯鑽石放在面前讓他挑，他會拿哪一個？實際上每次都會挑鑽石。

　　在面臨選擇的時候，人們都會毫不猶豫地拿走鑽石而不是水，那他們又怎麼會
說水比鑽石更有價值呢？因為他們會說，水對於生命是必要的，而鑽石不是必要
的。對，如果在沙漠中心快要渴死了，水當然比鑽石更有價值。這個回答混淆了不
同的情境中不同的選擇，我們的選擇是在特定的背景下做出的。**我們的選擇依賴於
所面臨的處境。**

　　如果你要打死一隻蚊子以免感染上黃熱病，一張舊報紙肯定要比莎士比亞全集
更有價值。如果玉米皮塞牙縫，你難受得要命，一根牙籤肯定比一台電腦更有價
值。**在特定的情況下**，任何東西都可能比其他東西更有價值，因為和我們的選擇一
樣，**價值也依賴於情境。**

效益是什麼？代價是什麼？

　　經濟學家用自己的方式來說同樣的事情。**重要的價值是邊際價值**。經濟分析本
質上就是邊際分析。很多經濟學家甚至用**邊際主義**這個詞來取代我們所謂的「經濟
學的思考方式」。**邊際**（margin）意味著「在邊緣上」（這一頁的「邊際」就是頁
邊）。邊際效益或邊際成本就是**額外**的效益或成本。經濟學理論就是邊際分析，因
為理論假設了人們的決策，是藉由比較期望下額外的效益和額外的成本做出的，效
益和成本都是站在決策者所處的邊界上來衡量。在經濟決策當中，除了邊際效益和
邊際成本，其他的都不重要。

3.3 │ 分岔路口：日常選擇就是邊際選擇

　　這也太抽象了吧！那好，假設男朋友晚上 9 點打電話給妳，那時妳正在拚命準

讀書？　　　陪朋友？

備第二天的物理考試（妳已經放棄了經濟學課指定的必讀材料）。他想過來待一會兒，妳說妳還得念書。

他再三懇求，妳說不行。他很傷心，問：「難道物理比我還重要嗎？」這時，如果妳掌握了經濟學的思考方式，就可以毫不猶豫地說：「單單在邊際的意義上，是這樣。」

如果還是止不住這種抱怨，那就告訴妳的朋友，讓他下學期修一門經濟學課程，然後接著看妳的書。在這種情況下，不是朋友和物理孰重孰輕的問題，而是在這個邊際上（特定的晚上），**多**花兩個小時和朋友一起過與看物理書相比，哪個更值得。

妳的朋友犯了一個常見的錯誤：用「非此即彼」的方式想問題。要麼是「我」，要麼是「物理」。當朋友在妳考試前一天晚上打電話來時，妳的選擇不是「非朋友即考試」。事實上，當我們被要求做出選擇的時候，也很少面臨這種非此即彼的選擇。通常，當被要求做出選擇時會發現，從我們的角度看，情況往往是此多彼少或者此少彼多。經濟學的思考方式拒絕用非此即彼的方式想問題，而是注意邊際效益和邊際成本。對於想優化**任何**稀缺品（包括水這樣的「必需品」）的人來說，這樣做是正確的。

3.4 ｜ 需求曲線

「需要」的概念增強了非此即彼的思維方式，卻沒有充分理解邊際思維。人們**確實**有需要。然而，在一個充滿了稀缺性的世界裡，人們要權衡利弊──少選擇一點甲，是為了多選擇一點乙。正因為如此，經濟學家才發展出了「需求」的概念。需求這個概念把人們想獲得某種東西的數量，與他們為了得到這些數量要付出的代價聯繫在一起。這一概念是邊際分析的深入且極其重要的應用。

例如，在一個「典型」的美國小鎮上，人們的計畫用水量因價格不同而異，如表 3-1 所示。

表 3-1　價格因用水量而不同

每加侖水的價格（美元）	每日用水量（百萬加侖）
0.07	23
0.04	40
0.02	80
0.01	160
0.005	320

　　我們都同意，每個人的確需要用水。但是，仔細看一看這張表格。它展現了一種有趣的關係：當水價變動時，人們的計畫用水量也隨之變動。如果水價是每加侖 7 美分，每天會用掉 2,300 萬加侖的水。當水價下降時，原因姑且不論，人們就計畫用更多的水。當每加侖 2 美分的時候，人們每天計畫消費 8,000 萬加侖；如果水價降到每加侖 0.5 美分，人們每天就要消費 3.2 億加侖（**消費**一詞並不一定意味著每天要喝掉那麼多水！只不過是說他們要**獲取並使用**這麼多水，用於**各種各樣的用途**）。

　　把這些表 3-1 裡的資訊畫成圖 3-1，事情就變得更有意思了。縱軸表示可能的水價，單位是美元每加侖；橫軸表示人們在不同的價格下計畫購買的水量。把表 3-1 中的數字標在圖中，並連接起來，我們就得到了一條向下傾斜的曲線。

需求量：在特定的價格下，消費者計畫購買的數量

　　經濟學家稱該曲線為**需求曲線**。需求曲線表示了**消費者在任意給定的價格下計畫購買的數量**。我們「閱讀」需求曲線的方法是：選取一個特定價格，並在橫軸上找到相對的點。那個數量就代表了人們計畫購買的數量，我們稱為**需求量**。例如，圖 3-1 中的需求曲線顯示，如果水價是每加侖 0.5 美分，每天人們就會用掉 3.2 億加侖。這就是他們的需求量。他們會卯起來用水，好像水不要錢似的，更精確地說，好像水價只有每加侖 0.5 美分，因為那正是他們為了得到水而必須支付的價格。當水價相對較低時，人們當然不但會用來飲用、洗澡、做飯、洗衣服，還會

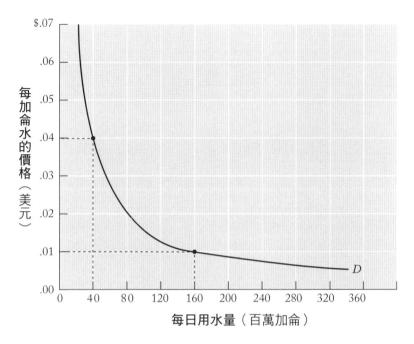

圖 3-1　一個「典型」美國小鎮的自來水需求

用於不勝枚舉的**其他用途**，如注滿游泳池、澆草坪、洗車等（這些也都是**消費**行為）。很多人在修剪完草坪後不願意掃地，而是直接接上水管沖馬路和邊溝；每用一次馬桶就沖一箱水；沖一個澡也要好半天；洗衣機裡也放滿了水，儘管衣服數量還不到洗衣機容量的 1/4。

　　但是，把這個價格加倍，即每加侖 1 美分，這時大家的行為就會大不同了。人們會**改變計畫**，需求量會改變。他們會放棄那些不太重要的用途，根據圖 3-1，每日的用水量會減少一半。把水價再加一倍，即每加侖 2 美分，他們就會更省了。同樣的道理，當水價漲到 4 美分一加侖時，用水量又會減半。現在每天的用水量只有4,000 萬加侖，很多人會降低洗車和澆草坪的頻率，洗衣機只有裝滿了髒衣服的時候才開。有些人可能會決定不在自己家裡游泳，因為水價太貴。注意，即使水價漲到 7 美分一加侖，人們也不會完全不用水。每天還是會消費掉 2,300 萬加侖，可能都是用於「最重要」的用途或者在每個選擇者眼中最有價值的用途。

對於不同用途，水有不同的替代品

　　從圖 3-1 中你能確定這個社區**需要**多少水嗎？經濟學的思考方式對回答這個問題沒什麼幫助，我們把這個問題留給生理學家去解決，這是**他們的**比較利益之所在，不是我們的。但是，需求的概念以及對水的需求曲線的圖示，的確提供了深刻的見解，即經濟學家對於**邊際分析**的強調，但這一見解尚未得到足夠的重視。在這個例子中可以發現：**消費者對於水價變動做出了邊際調整，他們一般不會做出非此即彼的選擇。**

　　當人們面臨高昂的價格時，作為**進行優化的個人**，他們會把水**保存**起來。**他們會找出水的替代品。**當水變得越來越貴時，會努力「減少水的浪費」，甚至會**決定，再也不把水用作某些用途了。**他們會找出**更有經濟效率**的方式來實現原先的目標（不要忘記你在第 2 章裡學到的觀點！）。那些原先用水沖馬路的人，現在可能會用掃帚掃。為了在洗澡時省水，更可能會裝上淋浴蓮蓬頭。為了可以少澆幾次草坪，從長遠考慮，可能會種幾棵樹給草地遮蔭。游泳池可能會被後院的跳跳床代替。在這些情況下，我們可以說，掃帚、淋浴蓮蓬頭、樹（廣義地說，甚至跳跳床）都被用作水的替代品。

3.5｜需求法則

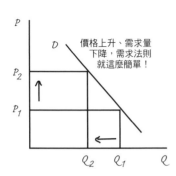

　　上面所說的這一模式極為重要，以至於一些經濟學家願意把它稱為「法則」，即**需求法則**。之所以稱其為「法則」，是因為它不僅對水適用，而且對一切稀缺品都適用。其表示如下：**當其他條件不變時，物品價格上漲，則需求量下降；類似地，當其他條件不變時，物品價格下跌，則需求量上升。**

P：價格；Q：需求量；
D：需求（以下圖表同）

需求法則：當其他條件不變時，物品價格與需求量呈現反向變動的關係

　　需求法則指出，在人們想買的東西的數量和要為此付出的價格（代價）之間，存在負的亦即反向變動的關係。❶ **價格和需求量朝相反的方向變動**。價格較高的時候，消費者就會計畫少買些；價格較低的時候，他們就會盡量多買。你覺得這樣概括性的推論能被稱為法則嗎？你能想出例外嗎？（胰島素是不是例外？等會兒再說，先賣個關子！）真有人會對他們要付出的代價無所謂，或者反而認為代價越高越好？如果真是這樣，他們會在價格上漲的時候買更多的東西，而這與現實相反。當其他條件不變時，899 美元的平板電腦賣得比 599 美元時少；費率降低時，更多人願意簽綁約手機；當商店全面打折時，那裡更可能會擠滿急切的顧客；當學費不斷上漲時，更多學生會重新考慮是不是要讀大學。

3.6 ｜需求和需求量

　　在使用需求概念時必須小心：注意除了價格變動以外，有沒有其他因素變動的可能性。避免犯錯的最好措施，就是清楚地掌握**需求**和**需求量**的區別。經濟新聞的評論員常常將**需求量**簡稱為**需求**。我們在後面將看到，這樣做可能而且確實導致了不少錯誤。

　　經濟學理論中的需求是兩個變數之間的關係：價格和人們想買的數量。對任何物品，你都不能說「需求」為某個數量。需求是一種**關係**，把不同的價格和人們在不同的價格下願意購買的數量聯繫起來。我們把這一事實稱為：需求是一個明細表或一條曲線。從明細表的一行變到另一行，或者從曲線上的一點移動到另一點，應該被稱為需求量的變化，而不是需求的變化。**請注意我們對需求法則的表示**。例如，我們不說價格下跌的時候**需求**變大，而是說**需求量**變大。

　　在圖 3-1 當中，一切都很清楚。如果價格被定在每加侖 1 美分，然後降到每加侖 0.5 美分，則**需求量**會從每天 1.6 億加侖增加到 3.2 億加侖。在 4 美分的價位上，**需求量**每天只有 4,000 萬加侖，這正是各個家庭在 4 美分這個價位上想購買的

1　作者注：需求法則：當其他條件不變時，價格和需求數量之間呈反向關係。

數量。但在這整個過程中**需求**並沒有變，因為**需求是整條曲線或整個明細表**。

需求是條曲線，需求量是特定價格的購買數量

　　請注意，在圖中，需求曲線並沒有移動、偏移或是改變，**我們是在沿著給定的需求曲線運動**。需求曲線本身表示的是消費者在各個價格願意購買的不同數量。也許明確這一區別的最佳方式，就是牢記提到需求的時候可以稱為「需求**曲線**」或者「需求**表**」。如果在某種狀況下，說了「需求」卻不能將其替換為「需求曲線」，你就犯了一個常見的錯誤。你要說的可能不是**需求**，而是**需求量**。

3.7 ｜ 需求自身也會變

　　「你是在告訴我們需求本身**從來不變**嗎？」教室後面傳來懷疑的聲音，「你不是說當水變貴的時候，人們可能會買更多的蓮蓬頭或別的節水設備嗎？他們買那些東西是因為**水**更貴了，而**不是**因為蓮蓬頭更便宜了，對不對？所以所謂的『淋浴』需求法則不適用於淋浴蓮蓬頭——因為人們買了更多的蓮蓬頭，但是蓮蓬頭的價格沒變！」

　　這個學生提的問題很好。而且，儘管他的結論是錯的，他至少對到現在為止所講的一切都很關注，這樣很好。現在請繼續集中注意，我們要把需求的概念向前再推一步。

　　需求法則仍然成立，適用於各種情況。需求法則是說，**當其他條件不變時**，如果物品的價格變化，那麼對這種物品的需求量也會隨之變化。這裡的關鍵之處在於**其他條件不變**這句話。價格對選擇有重要影響，但是我們也認識到，**除了價格本身，還有其他影響因素**在鼓勵人們增加或是減少對商品或服務的消費。**如果人們的購買意願發生了變化，即使物品的價格保持不變，那麼對該物品的總體需求就必然發生變化**。需求曲線本身也**可以**移動，對某一特定物品的需求**可以**增加或者減少。

需求增加，整條曲線向右移動

　　回到前面的例子，繼續考慮鎮上的人對水的需求。我們一直假設唯一的重要變

化是水價的變化。至於其他影響人們買水意願的因素，我們都認為是保持不變的。需求量的變化**僅僅**是由於水價的變化。為了使總體的**需求**增加，必須得有什麼事發生，使得在所有的價格水準下，家家戶戶都願意買比從前更多的水。在每加侖 0.5 美分的價格水準下，人們可能會選擇消費比原先的每天 3.2 億加侖**更多**的水，比如說因為天氣乾旱，他們想多澆幾次門前的草坪，**需求（曲線）會**向右上方**移動**。或者反過來，假設社區在水源中發現有某種污染物，家庭就會減少用水量（還喝嗎？不喝了。還用來洗澡嗎？可能隨便洗一洗就算了。還用來游泳嗎？不游了。澆草坪？這還可以）。如果這種情況發生了，人們就會比以前減少對水的消費，無論水價是多少，總體需求就會下降，**曲線自身**就會向左下方移動。

如果你想畫出對水的需求成長，那麼請把表 3-2 中第二欄資料描成圖（儘管在書上畫，這是你的書）。如果你想畫出對水的需求的下降，就用第三欄資料。你將看到，無論哪種情況，對於任意一個給定的水價，需求量都比以前上升或下降，需求法則仍然成立，仍然能畫出一條向下傾斜的需求曲線。在這兩種情況中，價格和需求量之間都是反向關係，但是曲線本身卻移動到了一個新位置。

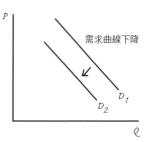

需求量上升：需求曲線向右移動；需求量下降：需求曲線向左移動。

表　3-2

每加侖水的價格（美元）	每日用水量（百萬加侖）	每日用水量（百萬加侖）
0.07	40	15
0.04	60	25
0.02	140	55
0.01	240	100
0.005	400	200

3.8｜任何事物都依賴於其他事物

我們能夠明確分離出導致需求變動的一些影響因素，也就是能導致「需求曲線移動」的因素。每個經濟學的好學生都必須注意到這些因素，讓我們從最明顯的開始。

消費者（需求者）數量的變化。 在我們研究的這個鎮上，人口增加會導致用水量增加，人口減少會導致用水量減少。隨著越來越多的小孩取得駕照，他們開始向大人要車開，從而增加了司機總人數，對汽油的需求也會隨之上升。而一個日趨老齡化的社區則與之相反，對汽油的需求壓力會逐漸變小，但對家庭護理服務的需求則可能會上升。

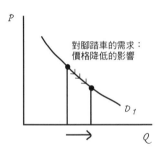

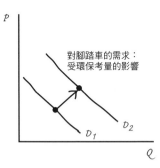

消費者口味和偏好的變化。 十多年前，提倡低碳水化合物的阿金減肥法（Atkins Diet）風行一時，對奶油甜甜圈的銷售造成了傷害，需求大幅下降，因為那些在乎健康的人會避開這種食物。他們不買並不是因為甜甜圈的**價格**上漲了，之所以買得少，是因為口味改變了，現在他們要吃碳水化合物含量較低的食物（對於低糖啤酒的總體需求上升差不多，也是同樣的原因）。你們班上會有一些同學曾經是小賈斯汀的超級歌迷，但是現在即使能免費下載，他們可能也不會考慮他的新專輯了。對於他們來說，需求曲線向左邊移動得如此之遠以至於完全消失了。隨著時間的推移，人們的口味會變，而且的確在變，這就會導致需求的變化。

需求會受到所得影響

所得的變化。 當然，需求不僅受口味的影響，而且也受所得影響。一般情況下，我們可能會有這樣的預期，所得增加會導致對某種特定商品或服務的需求增加，而所得減少會導致需求減少。在暑假打工的時候，你可能傾向於多買幾件好衣

服；而當你又回到學校整天上課，所得減少時，你就會少買點（需求曲線向左下方移動）。當經濟狀況良好、人們所得增加的時候，很多人會去迪士尼樂園玩；在經濟蕭條時，失業的人比較多，需求自然就會下降。

　　但是這裡要注意，**所得變化和對「正常品」（normal good）的需求變化呈正相關**，這就是我們如何定義「正常品」：所得和需求曲線同方向變動。更高的所得使得需求曲線向右邊移動；更低的所得則使需求曲線向左邊移動。

　　但不是所有的東西都是「正常品」。有一系列東西，其價格和需求的變化模式就與前面所說的相反，經濟學家稱其為「劣等財」（inferior goods）。**如果人們的所得增加了，但是對某種東西的需求反而變小，這樣的東西就是劣等財。如果人們的所得減少了，他們對劣等財的需求就會變大。**舉個例子，學校裡的窮學生經常吃起司通心麵或者泡麵。畢業之後，他們找到了第一個好工作，花錢方式就會與以前不同，不再吃起司通心麵，而更常上餐廳，現在他們能吃得起了。對**這些**學生來說，通心麵加起司就是劣等財，當他們的所得增加時，對這種東西的需求減少，需求曲線左移。

　　但是別忘了，價值是選擇者眼中的價值。對這個消費者來說是劣等財的東西，可能在另一個消費者眼中是正常品。**劣等**這字眼真是倒楣，因為看上去像是在暗示這個東西是品質低劣的。但是，「劣等」這標籤和品質**並不**存在必然聯繫。不管好還是不好，姑且用這個標籤吧。**經濟學家區別正常品和劣等財的唯一方法，就是看消費者對所得變化的反應如何。**再回到瓊斯和布朗的例子，就是第 2 章中那兩個自製啤酒的鄰居。假設他們的所得顯著提高。現在瓊斯有能力把孩子送到社區學院念書了，他家對這服務的需求上升了。而布朗現在則鼓勵孩子離開社區學院，去申請常春藤學院（高學費的優秀學院），他們家對社區學院的需求現在降低了。所以，對瓊斯家來說，社區學院是一種正常品，而對布朗家來說，則是劣等財。

替代品的價格變化

　　經濟學的思考方式認為，萬事萬物都是互相聯繫的。經濟學家喜歡說，**任何事物都依賴於其他事物**，他們的確是這麼看的。現在我們已經看到，消費者購買某種東西的意願與東西的價格以及消費者的口味、偏好還有所得相關。但是還有其他因

素。當消費者面臨不同的選擇時，也會**比較其他**物品的價格。其他物品的價格變化，很容易引起對消費者正在考慮的物品的需求發生變化。總之，**任何單一物品的價格，只有在消費者與大量其他物品和服務的價格相比時才有意義。**

　　這就把我們引向了影響需求的第四個因素：**替代品的價格變化。**來看看當小鎮的水價上漲時會出現什麼情況：能省水的淋浴蓮蓬頭的需求上升了。人們買更多的淋浴蓮蓬頭，不是因為它的價格下降，而是因為**水價**上升了。或者舉漢堡和牛排的例子，假設開始的時候漢堡每磅 2 美元，牛排每磅 4 美元。假如只有漢堡的價格上漲了（原因姑且不論），會發生什麼事呢？假設漢堡漲到了每磅 3 美元呢？需求法則表明，人們會少買漢堡，需求量會下降。同時，很多人會傾向於買牛排，它是漢堡的替代品。此時，對牛排的需求就會上升。或者再換另一個例子，進口便宜的外國車會降低對美國車的需求。毫無疑問，美國的汽車製造商會堅持用進口配額制度和高關稅來提高外國車的價格。在其他條件不變的情況下，一種物品的價格升高（或降低）會導致對其替代品的需求上升（或下降）。

　　讓我們想更多例子。假設非有機蔬菜的價格不變，而有機蔬菜價格下跌，非有機蔬菜的總需求趨向於下跌——需求曲線左移。假設進口哥斯大黎加咖啡的價格下跌，需求法則認為人們的購買量會增多，即需求量增加。但這同樣會降低進口咖啡替代品的需求，如星巴克和 Dunkin' Donuts 咖啡。同樣的，便宜的進口汽車會**降低**國產車的**需求**。無怪乎美國的汽車製造商堅持一系列的配額或課稅政策，以提高國外競爭者的售價。**其他條件保持不變，某種商品的價格上升（或下降），會增加（或減少）其替代品的需求。**

互補品的價格變化

　　互補品的價格變化也會導致需求變化。互補品就是一同消費和使用的商品，就像熱狗和夾熱狗的麵包、水和游泳池、iPod 播放機和 iTunes 音樂下載服務、汽油和 SUV 一樣。如果小吃店老闆特價銷售熱狗，就會賣掉更多的熱狗。這是需求法則在起作用：熱狗的需求量會上升，他也會賣出更多夾熱狗的麵包（互補品），即使不特價也會如此。買熱狗的多了，買麵包的也就多了。夾熱狗的麵包價格是固定的，對其的總體需求會上升。水價高可能會使對游泳池的**需求降低**。油價高會降低

對高油耗的汽車的需求，使得需求曲線左移。**在其他條件不變的情況下，某種商品的價格升高（或降低）會導致對其互補品的需求下降（或上升）。**

預期的價格變化

最後，**一種商品期望價格的變化**會導致對其總體需求的變化。恐怖分子襲擊紐約和華盛頓特區的那天，對汽油的需求暴漲。人們**對未來油價**的預期突然間發生了急遽的變化，他們當時預期油價會大漲。根據新預期，人們一窩蜂地搶購汽油，希望在漲價之前把油箱加滿。換句話說，他們**對汽油的需求在「9·11」那天上升了**。那天，美國上下普遍如此（事實上，對汽油需求的暴漲導致了油價的暴漲！）。或者，我們來看另一種情形。假設你正考慮購買高畫質電視。你正在商場購物，準備今天就抱一台回家，此時遇到了一個在商場工作的同學，她悄悄地告訴你，這種電視下週就要降價促銷了，在現價的基礎上降價 20%。你會怎麼做？如果你決定**等到降價以後再買**，根據對**下週較低價格的新預期**，你**現在對高畫質電視的需求**就因此而**下降**了。

3.9 ｜ 通貨膨脹導致的錯覺

很多人覺得需求法則起不了作用，一個主要的原因是因為忘了考慮通貨膨脹效應。在通貨膨脹嚴重的時期，很多價格表面上確實漲了，但根本不是真正的價格上漲。通貨膨脹的性質、原因和後果在本書後面會有詳細討論（從第 13 章開始），但是通貨膨脹嚴重扭曲了我們對相對價格和成本變動的感知，所以最好先考察一番，然後再往下講，些許的未雨綢繆就可以避免更多的混亂。

通貨膨脹是指**商品平均貨幣價格的上漲**。但是，因為我們已經習慣性地把一種東西的價格，認為是為得到它必須付出的金錢數目，所以很容易地推論出雙倍的貨幣支出，意味著雙倍的成本或是雙倍的代價。然而，如果雙倍的金錢數目只有一半的購買力，事情就不是這樣了。如果每種商品（包括勞動力以及人們出售或出租以換取金錢的各種東西在內）的貨幣價格都加倍，那麼除了錢的價值減半以外，其他所有東西的真實價格都沒變。所以，汽油價格加倍並不一定導致人們少用汽油──

如果所得和使用的所有東西的價格也都同時加倍的話。

通貨膨脹造成價格變化

　　我們來看一個很簡單的情形。假設你在學校圖書館打工，每小時的工資是（稅後）7 美元。假設 1 美元能買 5 包泡麵，漢堡肉 3.5 美元 1 磅。你工作的價值，具體地說就是工作帶來的收入，使你有能力最多買 35 包泡麵**或** 2 磅漢堡肉。又假設所有東西的價格，包括每小時工資在內都加倍，現在你每小時賺 14 美元。**其他條件不變**，原來每小時賺 7 美元的人，現在都賺 14 美元了。但是，如果別人提供的商品也漲價，那麼事實上你並沒有比原來更富有。以你現在 14 美元的工資，你最多還是只能買 35 包泡麵或 2 磅漢堡肉。在這個簡單的例子裡，我們清楚地看到，你的勞動、泡麵和漢堡肉的**相對價格**都沒有變。通貨膨脹使得價格訊號顯得混亂。❷

　　事實上，隨著通貨膨脹的發生，並不是所有東西的價格都同比例地增加，這正是通貨膨脹造成諸多問題的原因之一。但是，各種價格還是傾向於一起變動，所以如果想要檢驗某一種商品價格上漲的後果，首先得剔除價格普遍上漲的因素。油價在過去的幾十年裡顯著上漲。其平均價格在 1970 年是每加侖 36 美分，當修訂本書的時候，價格是每加侖 4 美元，漲了 11 倍。但這個倍數在某種程度上是誤導性的，因為我們還沒有考慮通貨膨脹的因素。僅僅由於通貨膨脹本身，在 1970 年需要花費 36 美分購買的東西，今天大約就需要花費 2.15 美元。而在本書成書時現實油價為每加侖 4 美元，這意味著以現實價格計算，油價在過去的 40 年裡實際上只翻了一倍。

3.10 ｜ 時間站在我們這一邊

　　相對價格應該上漲多少，人們的汽油消耗才會降低呢？答案很清楚，這取決於允許調整的時間有多長。人們會買油耗低的汽車、會把家搬到離公司近的地方，或者會找幾個人合開一輛車去上班，但他們不會立刻這麼做。對於製造汽車的工程師

2　作者注：聽爺爺講古：「在過去那些好日子，看一場電影只要 50 美分。」（但是爺爺，你那時候不是一個小時只能賺 50 美分嗎？）

來說，他們需要時間來提高汽車的燃料效率；汽車運輸公司和航空公司也需要時間擴充營運時間表，給開車的人們提供更多更好的汽油替代品。在短期內，我們肯定會遇到麻煩。但是隨著時間的推移（從長遠來看），我們會找到汽油的替代品（幾個人合開一輛車、使用六缸或四缸的發動機、縮短旅程等）。我們會找到新的優化方式。

前面所用的例子差不多全是家庭決策，這有可能使我們忽略一個重要的事實，即生產者和家庭一樣也是顧客。公司也要用水、用汽油，有的時候，公司還用得特別多，以至於對價格變化極端敏感。如果忽視生產者對很多商品的需求，那麼就會忽略許多導致需求曲線向下傾斜的重要因素。以水為例，很多工廠的選址決策經常是根據期望水價做出的，這些決策又影響到不同地區的需求量。

使用替代品需要時間

對顧客來說，發現替代品並開始使用替代品都需要時間。生產者也需要時間來開發、生產和推廣替代品。因此，價格變動時人們多買或是少買的數量，大都取決於觀察這一調整的時間長短。有時，幅度相當大的漲價（或降價）在一**開始**的時候不會導致消費量顯著下降（或上升），這有時候甚至會使人得出價格對消費量沒有影響的結論。這是個完全錯誤的結論！這個世界上沒有什麼東西是立刻發生的。人們是自身習慣的產物，必須得花一定的時間，才能發現某種東西有替代品。

3.11 │ 需求的價格彈性

「價格變動時人們多買或是少買的數量」，這樣的表示實在是很麻煩。但是，這的確是一種重要的關係，有很多種應用。所以經濟學家就發明了一個特別的概念來總結這種關係。這個概念的正式名稱是**需求價格彈性**，這個名稱恰如其分，彈性指的是敏感度（當用三號鐵杆擊球時，高爾夫球比大理石球更有彈性）。如果某種東西價格只微幅變化，人們買的數量卻有很大變化，就說這種東西的需求有彈性。而如果某種東西價格變化很大，但需求量卻沒有什麼變化，就說這種東西的需求缺乏彈性。

需求的價格彈性其定義是：**需求量變化的百分比除以價格變化的百分比。**❸ 這樣，如果雞蛋的價格上漲了 10%，使得人們想買的雞蛋數量減少了 5%，需求的價格彈性就是 5% 除以 10%，即 0.5（如果要說得完全正確，應該說是 -0.5，因為價格和購買量向反方向變動。但是為了簡單起見，我們省略了負號，把所有彈性係數都看成是正的）。

只要彈性係數大於 1（忽略符號），即需求量的變化幅度**大於**價格的變動幅度，就說需求是有彈性的；只要彈性係數小於 1，即需求量的變化幅度**小於**價格的變動幅度，就說需求是缺乏彈性的。心急的同學一定想知道，當需求量的變化幅度正好等於價格的變動幅度時，也就是彈性係數正好是 1 時應該怎麼說，這樣的情況叫作**單位彈性**。

彈性受三個因素影響：

時間（已經討論過了），人們對價格變化調整的時間越長，需求彈性就越大。

已知替代品的可使用性和相似性。消費者在面臨更高的價格時，藉由尋求替代品以達到優化的目的。任何東西都有替代品，但有些東西比其他東西有更多的已知替代品。替代品越多，需求彈性越大；替代品越少，需求彈性越小（你能看出時間和已知替代品的可使用性之間是如何聯繫的嗎？我們常常需要時間來考慮和發現適當的替代品）。

預算中被用於某種東西的比例。預算中被用於某種東西的比例越小，消費者對價格變化的敏感度就越低，需求就越缺乏彈性。如果預算中被用於某種東西的比例較大，消費者就會更精挑細選，他們對價格變化的敏感度就越高，因此需求就更有彈性。

可以用下面的幾種情況來判斷需求是不是有彈性，以便熟悉這個概念的使用。每種情況在下面幾節都有討論。

3　作者注：需求價格彈性＝需求量變化百分比 ÷ 價格變化百分比

- 「鹽的價格要翻倍了，我還是要買這麼多 —— 所謂需求法則也不過如此。」
- 對運動型多用途車（SUV）的需求。
- 對美國產 SUV 的需求。
- 對雪佛蘭 SUV 的需求。
- 「如果大學的學費降低 20%，那麼大學收到的學費總值就會上升。」
- 對胰島素的需求。

3.12｜對彈性的思考

「鹽的價格要翻倍了，我還是要買這麼多——所謂需求法則也不過如此。」 在許多吃鹽上癮的消費者眼中，幾乎沒有什麼東西可以替代鹽。此外，很多買便宜貨的消費者，如鹽、牙籤、泡麵，可能還有鉛筆，他們對價格變化並不敏感。與其說是因為「便宜」使得這些商品的需求高度缺乏彈性，還不如說是因為預算花在這些方面的比例太低。如果鹽在你每年購買日用雜貨的預算中只占一小部分，那麼鹽在你每年總預算中的地位就更不必說了。如果在沒有準備的情況下問，你每年在鹽上面花多少錢，你可能根本不知道。對於買鹽這件事來說，你缺乏動機去成為一個細心、「挑剔」的顧客。但是，我們敢肯定，你心裡一定很清楚每年在學費或房租上花多少錢，因為它們可能在預算中占了相當大的比例（當然，如果是父母在為你出這些錢，你可能就不知道了，但是他們一定知道）！

如果鹽的價格從每磅 0.5 美元漲到每磅 1 美元，多數人還是會像以前一樣買鹽，他們不會有激烈的反應。但是，注意兩件事情：

（1）這並不違反需求法則，因為這也在整個價格空間中展示出了某種關係。如果鹽的相對價格一直往上漲，比如說每磅 5 美元甚至 10 美元，家庭會不會仍然像往常一樣買那麼多鹽呢？

（2）其他使用鹽的人，比如某些餐館或是製作半成品的商家，鹽在他們的預算中占的分量比較大，所以他們更可能在鹽漲價的時候節約開支。美國東北部那些放很多鹽在洋芋片中的企業，會更加仔細地節省。

SUV 替代品有哪些？

　　對運動型多用途車（SUV）的需求。來看這個例子和下面兩個例子，以便探討已知替代品的可能性。你能舉出一些東西來替代運動型多用途車嗎？這個清單上可能會有大貨車、旅行車、小轎車、公共交通工具，甚至是馬和自行車。如果運動型多用途車的價格**普遍**上漲，人們就會去尋求這樣的替代品。

　　現在來看對**美國產運動型多用途車的需求**。請注意，我們已經縮小了產品範圍。如果**只是**美國產 SUV 的價格上漲，會出現什麼情況？人們會轉向剛才在清單中列的那些替代品。但是，現在實際上有比剛才**更多**的替代品。我們現在可以在清

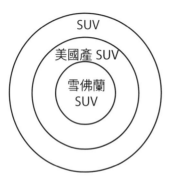

單上增加豐田、馬自達、鈴木等其他外國產 SUV。

　　最後來看**對雪佛蘭 SUV 的需求**。產品集合更狹窄了，但這就意味著替代品的數量必然更大了——我們可以在清單上增加福特、吉普、通用等。雪佛蘭 SUV 的需求曲線會比對美國產 SUV 的需求更有彈性，這就表明，如果只有雪佛蘭 SUV 價格上漲，那麼消費者對此會更加敏感。

3.13 ｜ 彈性與總收入

　　「如果大學的學費降低 20%，那麼大學收到的學費總值就會上升。」大學的學費收入是學費和入學人數的乘積。如果學費降低了 20%，而總學費收入仍有增

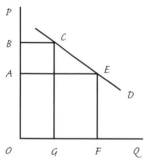

在 C 點和 E 點之間需求是有彈性的，因為 OBCG < OAEF。

加，說明入學人數必定有比 20% 更大的成長。需求量的成長幅度超過了價格的變動幅度，所以需求是有彈性的。

　　這一點給我們的啟示是，有更簡便的方式來考慮彈性問題。想一想，需求量總是與價格的變動方向相反。**如果價格變化導致總收入與價格反向變化，那麼需求必然是有彈性的。**需求量的變化幅度必然比價格的變化幅度大，因為總收入正好是價格和數量的乘

積，這可以作為需求有彈性的定義。**如果價格變化導致總收入與價格同向變化，那麼需求必然是缺乏彈性的。**需求量的變動幅度不足以超過價格的變動幅度，這正是需求缺乏彈性的含義。

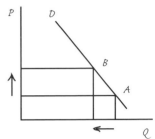

不要認為大學降低了學費，同時需求又有彈性，就能得出大學總會有更好的經濟狀況這樣的結論。沒錯，在需求有彈性時降低學費會使收入增加，但是入學人數的增加也同時會引起總成本的上升。在這種情況下，大學就必須決定總收入的增加是不是超過了總成本的增加（但是，定價策略的問題留到第 8 章再討論）。

A 點和 B 點之間需求缺乏彈性。

另一方面，彈性和總收入的關係使我們質疑這樣一個常見的錯誤：很多人認為，公司為了「賺更多的錢」，唯一需要做的事情就是漲價。但是，一個公司如果把價格提高了 20%，而需求量下降超過了 20%（需求法則！），總收入反而會下降。

3.14 | 對垂直需求的誤解

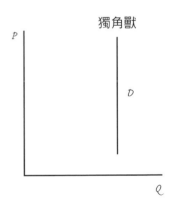

獨角獸

在**整個**價格範圍內，需求曲線不會是**完全無彈性**的。世間萬物無一例外。完全無彈性的需求曲線是一條垂直的線，表示對某種東西來說**不存在替代品**。你要是明智的話，就不要到現實世界中去尋找這樣的需求曲線，這就像是在馬群中尋找獨角獸一樣。

我們在前面提到的**對胰島素的需求**，又該做何解釋呢？它的需求曲線是一條垂直的線嗎？我們已經討論過，健康的食譜和全面照護可以作為胰島素的替代品，如果願意的話，還可以在這個清單上加上禱告、正向思考的力量以及其他很多東西。你可能仍然有所懷疑，讓我們暫時假設，糖尿病患者統統不將這些考慮為替代品。**假設胰島素的需求曲線是絕對垂直的，這意味著什麼？**這意味著糖尿病患者將**完全不考慮要為胰島素付出多少錢**，只要醫生開藥，他們就會買。如果每週的藥要花 3

美元，他們買；如果同樣的藥每週要花 30 美元，他們也買；如果每週要花 300 美元，還是照買不誤。**他們真的會買嗎**？對人們的行為如此假設合理嗎？經濟學的思考方式認為，在胰島素價格逐漸上漲的情況下，人們會認為禱告是一種越來越有吸引力的替代方式。

換個角度看一看。假設原來胰島素的價格是每週 30 美元，現在一下子降到了每週 1 美元。使用胰島素的糖尿病患者會不會增多呢？會。但是**這說明了什麼呢**？在自付成本較低的時候，糖尿病患者更願意按處方用藥。當他們所付的錢變少時，需求量上升了。這當然意味著胰島素的需求曲線是**向下傾斜**的，並不是一條垂直線。事實上也的確如此。

需求法則可以用彈性來表示：**對整個價格範圍而言，不存在完全無需求彈性的東西**。大多數購買者對於購買成本的變化至少會做出一點點反應，對於足夠大的成本變化，所有購買者都會做出反應。如果覺得這個結論實在是太淺顯了，根本不值一提，那麼請看看報紙，就會知道這個結論並非對每個人都是淺顯易懂的。善心人士和一些心眼不那麼好的人常常談論「基本需求」「最低要求」和「絕對必需品」。但是，需求曲線幾乎從來不像他們設想的那樣缺乏彈性。當然，這並不是說需求總是很有彈性，而是要具體問題具體分析，才能回答這個更加困難的問題。在後面就會看到，這個問題對於判斷經濟體系是否正常運行至關重要。

3.15 ｜ 需求應當扮演何種角色

我們現在用來分配稀缺貨品和服務的主要方式，是市場價格和人們相對的支付意願，無論是水、SUV 還是胰島素。

分配稀缺品的多種方式

如果某種東西是稀缺的——人們如果不以某種他們認為有價值的東西為代價，就不能得到想要的數量——就必須建立某種規則或制度，好對那些要求得到稀缺品的人加以區別，決定誰該得到多少。允許人們藉由對商品的支付意願表達需求是一種規則，但是實際上也使用其他方式，這是個**產權**問題。

　　一種方法是直接配給。「按需分配」的想法可能是很多人的本能反應，但是對讀過本章前半部分的人來說就不會如此了。只要稍微想想就能看出，如果要在全社會推廣使用，這個方式會變得多麼模糊、主觀、隨意、相對、不確定，而且有被濫用的危險。另一種方式是「先來先得」。無論何時，只要看見人們在排隊購物，你就觀察到了這種分配體系的運作，這通常是作為支付意願的一種補充。抽籤是另一種可選擇的方式。這激發我們很多人的共鳴，認為是分配稀缺品的一種公平方式，因為所有想要的人中沒有人比其他人更有機會得到。有時也用人人平等的原則來分配稀缺品，我們把蛋糕或披薩切成同樣大小的小塊，然後每人吃一塊。動物在爭食屍體的時候，通常用「強權就是公理」的原則來分配稀缺品，人類有時候也這樣做。人類有時候也以功績作為標準，即把稀缺品分給值得享有它們的人，不論原因是什麼。你能不能舉出按照政治權力分配商品和服務的例子？

　　每種方式都有其優點。但是，這些做法如果作為普遍方式來分配稀缺品，每種方式都有嚴重的缺點，在亞當‧斯密所謂「商業社會」的成員中分配尤其如此。如果大多數商品都按照「先來先得」的方式分配，人們就要花費極多的時間用來排隊。抽籤本身是公平的，因為沒有人對稀缺品有特別化的要求權，但是完全憑偶然性來分配，忽略了人們願望和條件的多樣性。平均分配的困難在於，有時候某種東西很難被分割得很均勻，有時候每一份的價值太低，以至於對人沒有意義。「強權就是公理」的原則有明顯的缺陷，不光是對弱者，對強者也一樣，人們被迫花費寶貴的資源來攫取並捍衛自己的那一份。如果將美德作為分配標準，這就需要所有人都能對什麼構成美德，以及藉由什麼程序決定某人擁有多少美德達成共識。這些條件在很小的社會圈子（比如關係緊密的家庭）之外幾乎無法滿足。

　　最重要的是，所有這些原則都沒有考慮**供給**的問題。很少會有天上掉下來的禮物，能供給多少商品，大都與產權及相關遊戲規則有關。大多數商品都是人生產的，而人們都想讓他們的努力得到回報。如果一種稀缺品的分配方式不能使生產這些商品的人們得到適當的回報，那麼這種分配方式最終一定會崩潰。但是，我們把對供給的討論延到第 4 章，這一章只關注需求的概念。即使只看需求這一面，一個鼓勵自由交換稀缺品產權的系統，即把稀缺品屬於邊際上願意出最高價格的人，這一系統也有常常被人忽視的重要優點。其中最基本的是，它允許人們根據各自特定

的情況優化，從而擴大人們的自由和權力。想想汽油的例子。

每種優化的機會成本都不同

有很多種方式來節約汽油：多走路、坐公車、騎自行車、幾個人合開一輛車、搬到離公司近一點的地方住、在高速公路上開慢點、調節引擎、取消純粹的兜風、更周密地計畫、把幾次旅行合併在一起、不去離家太遠的地方度假，或者買一輛小點的、更省油的車等。每種優化方式的成本或代價對每個人來說都不一樣，有時甚至有很大的區別。有些人住的地方周圍有方便的公車，改乘公共汽車可能代價並不大，除非他們會暈車。有些人可能會和同事比鄰而居，這樣他們幾個人合開一輛車的成本就比較低，除非有些人喜歡在上班路上獨自思考問題，而有些則喜歡把音樂開得很響。有些人正在考慮買車，他們可以很方便地改買一輛小點的車，放棄買大車的計畫，除非他們有一大家子人，或者經常要搬運樂器和音響設備。沒有一個公式可以適用於所有人，也沒有一種最好的方式讓人們優化。歐洲人很久以來就允許住宅和商業建築的混合規畫，很多歐洲人的住宅和辦公室要麼就在一棟樓裡，要麼距離不遠，這樣搭電梯或者步行就可以上班。如果我們認為節約汽油很重要，而節約方式本身也不能代價太大，就應該善意地看待汽油相對價格的上漲。

當一個東西的價格上漲時，並不需要**告訴**使用者要節省，**他們此時不需要經濟學家指點該做什麼**。相反，他們會找到最符合**自身**利益的方式來優化——即使從來沒有聽說過這個詞。不用告訴他們首先要減少浪費，儘管對於什麼是浪費可能各有各的看法。也不用盯著確認是否真的在節約，因為此時「騙人」最終是在騙自己。提高水費就會使人們努力去找漏水的地方並堵住漏洞。多數情況下，人們不需要花很大力氣就能完成「自己分內的事」，因為他們自然會選擇那些代價最小的方式進行優化；既然這比別人更清楚自己的狀況，就會在所有可能的方式當中選取最好的那種。

3.16 ｜ 只有錢重要嗎？貨幣成本、其他成本和經濟計算

我們在本章的討論中從來沒有暗示說，對於購買者而言，在花錢購買某種東西

的時候，以貨幣表示的價格就是衡量成本的全面標準。有的時候，貨幣價格確實是一個不充分的標準。在這點上，經濟學家懂的並不比其他人要少。需求的概念絕對沒有向人們暗示，金錢是對人唯一重要的東西。

認定人們在價格上漲的時候會少買某種東西，這並不意味著**僅僅**看重錢，也不意味著人們是自私的，同樣也不意味著對社會福利的重視不會影響人們的行為。

貨幣能夠計算效益與成本

經濟學的思考方式建議對這個問題持如下的看法：**一項行為的機會成本上升時，選擇者會傾向於少發生這種行為；一項行為的機會成本下降時，選擇者會傾向於多發生這種行為**。人們不僅僅對期望的**效益**變化做出反應，還會比較期望的額外效益與額外成本，**無論用什麼方式來計算此成本**。在商業化的市場經濟中，貨幣是一個通用的度量單位，相當於「尺度」，很容易被理解。更準確地說，貨幣使人們能夠**計算**相對的效益與成本。每個人都會注意錢，因為所有人都能用錢推進他們感興趣的任何事業。

如果人不能光靠吃飯活著，那麼人也不能光靠錢活著，但這並不意味著飯或者錢不能給人帶來重要的利益或用處。貨幣價格的變化是協調人們生產和消費計畫的有用訊號，這也正是經濟學家如此重視價格變化的原因。

本章回顧

選擇，選擇，再選擇——大多數物品是稀缺的，意思是它們只能藉由以其他物品為代價才能獲得。

任何物品都有替代品。人們在追求自己的目標時有多種方式，他們比較各種方式期望的額外效益和額外成本，從而在各種稀缺品之間選擇，這就是優化的含義。邊際效益和邊際成本是在現有條件下的期望額外效益和期望額外成本。

「需要」這個概念所忽視的內容正是「需求」這個概念強調的內容：達到目的有多種方式以及選擇的重要性。

「需求法則」斷言，人會對需求進行優化。對於任何商品，在價格高的時候會少買，在價格低的時候會多買。

對某種商品的需求表達了價格和數量的關係：前者指為了得到該商品必須支付的價格，後者指人們要購買這種商品的數量。需求是一條曲線，不要和特定價格下的需求量混淆。

不要把需求量的變動和總體需求的變動搞混！如果某種商品的價格變了，而其他條件不變，那麼只有該商品的需求量會發生變化。在圖形中，僅僅沿著既定的需求曲線移動。

當經濟學家說需求自身也會增加或降低時，意思是整個曲線的右移或者左移，總需求曲線移動的原因一般有六個。其他因素不變，需求將**增加**，如果：①消費者數量成長；②消費者口味和偏好發生變化，使得商品更加為人喜歡；③所得增加（當這種商品是正常品時）或者所得減少（當這種商品是劣等財時）；④替代品的價格上漲；⑤互補品的價格下跌；⑥消費者預期商品未來會漲價。

同樣，需求**下降**的原因包括：①消費者數量減少；②消費者口味和偏好的變化，使得商品不那麼為人喜歡；③所得減少（當這種商品是正常品時）或者所得增加（當這種商品是劣等財時）；④替代品的價格下跌；⑤互補品的價格上漲；⑥消費者預期商品未來會跌價。

當價格變動時，人們對某種商品的購買意願會相對地發生變化，增加或減少的程度由需求價格彈性的概念來表示，即需求量變化的百分比除以價格變化的百分比。

當需求量變化的幅度大於價格變化的幅度時，我們說需求是有彈性的，價格變化會使得對該商品的總貨幣支出往相反方向變化；當需求量變化的幅度小於價格變化的幅度時，我們說需求是缺乏彈性的，價格變化會使得對該商品的總貨幣支出往同一方向變化。

購買者對價格變化究竟有多敏感？某種商品需求的價格彈性主要取決於替代品的供應。替代品的供應越好，商品需求的價格彈性就越大。通常，發現或找到替代品是需要時間的，所以時間在決定需求價格彈性的過程中也發揮作用。此外，某種商品在某人的預算中所占比例對彈性也有影響。消費者一般對便宜或低於預算的商

品價格變化不太敏感，而對昂貴或超出預算的商品價格變化就非常敏感。

　　在市場中，人們藉由在價格上的支付意願，來表達自己獲取稀缺品的計畫。儘管很多標準都能用來分配稀缺品，以決定誰得到什麼，但是藉由私有產權的自願交換和貨幣價格標準進行分配，可以促進經濟自由並提高個人的力量。這些規則以及它們形成的價格訊號，使得人們可以計算，並根據各人的獨特情況和實際條件優化。

第 4 章

成本和選擇：供給的概念

┃本章你可以學到這些┃

☑ 複習機會成本的概念

☑ 區分沉沒成本和邊際成本，探索成本導向行為的特性

☑ 探討機會成本如何影響供給決策，用生產可能曲線推導供給曲線

☑ 解釋影響供給曲線的因素

☑ 分析供給的價格彈性

從本質上來說，經濟學的供給理論和需求理論沒有什麼區別。兩種理論都假設決策者面臨一系列不同的方案，並要從中選擇一個。他們的選擇反映了期望效益和期望成本間的比較。對於生產者來說，他們也要優化，邏輯和消費者是一樣的。下面要討論的是，機會成本和市場價格如何影響廠商生產並供給稀缺品的誘因，以及市場價格如何反映機會成本並把相關資訊傳達給我們。

4.1 │ 對機會成本的複習

首先來看一下，你能不能用前幾章講過的機會成本概念來解釋一些常見的、令人困惑的事情。

同樣是從一個城市到另一個城市，為什麼窮人更願意坐長途汽車，而富人更願意坐飛機？簡單的回答是，坐長途汽車更便宜。但事實並非如此。對那些時間的機會成本很高的人來說（想一想一位鐘點費一小時 100 美元的律師），長途汽車其實是極其昂貴的交通工具；對窮人來說，他們時間的機會成本一般要比高收入者低得多。

　　要找一個十幾歲的小保母顧小孩，為什麼在富人區比在低收入人群區常常要更加難找？找不到小保母的夫婦可能會失望地抱怨鄰居家的孩子都太懶，這種解釋很難聽，而且完全沒必要。任何一對夫婦，只要願意支付相對的機會成本，不愁找不到十幾歲的小保母。找十幾歲的保母看孩子，意味著讓他們放棄覺得最有價值的其他機會。如果一個地區因為富人們經常要外出對保母的需求很大，同時當地的年輕人手裡都有很多的零用錢，與幫人顧小孩的普通收入相比，他們更看重約會或休閒的價值，那麼找保母顧小孩的機會成本很高，也不是什麼了不起的事了。

　　為什麼在經濟不景氣的時候，有更多的大學畢業生繼續讀研究所？工作前景不好使得待在學校裡的機會成本降低了，因此更多的學生傾向於再花一兩年拿碩士學位或是 MBA，而不是找一份 24 小時加油站的夜班工作。

　　為什麼來自低收入地區的年輕人更願意從軍？你能解釋嗎？

4.2 ｜ 成本和行為，與事物無關

　　從上面這些例子可以明顯看出，成本並非和事物相關。成本總是與行為、決策和選擇相關。正因為如此，經濟學的思考方式不承認什麼「客觀成本」，這一點和常識不一致。常識告訴我們，事物確有所謂「真實成本」，這個成本是由物理學定律決定的，而不取決於人們反覆多變的心理。戰勝常識很難，但我們必須試一試。同樣，跳出常識的框架思考可能會有收穫。

　　我們可以指出，「事物」根本沒有成本，這大概是解除常識武裝的最快辦法。只有行為才有成本。如果你非要認為事物的確有成本，並且準備用例子來證明觀點，你可能是偷偷引入了一個行為，以給所舉的事物賦予「成本」。

　　例如，一顆棒球的成本是什麼？你說：「10 美元。」但是你的意思是說，在當地一家體育用品店裡，**購買**一顆大聯盟官方指定的棒球的成本是 10 美元。因為購買是一個行為，這個行為需要以放棄其他機會為代價，從而發生了成本。請注意這裡偷偷引入行為的概念。棒球的成本，因行為的不同而改變。**製造**一顆棒球的成本就因行為而不一樣，**銷售**又是另一項成本，在球場上**抓**一顆球的成本又是多少呢？想一想，在 2003 年總決賽當中，那個無意間與外野手搶球的球迷對自己、對

芝加哥小熊隊做了什麼啊！

有行為，就有成本

　　考慮大學教育的例子，成本是多少？回答是，「大學教育」這個東西本身沒法有成本。首先要區分，**獲得**大學教育的成本和**提供**大學教育的成本分別是多少。做出這項區分之後，我們還應該注意到，在本章和前面幾章中關於成本所說過的一切都隱含了一個事實：成本總是對**某人**而言的成本。獲得高等教育的成本通常是對學生而言的成本，但是也可以指對學生家長的成本，這是不一樣的。或者如果錄取某個學生需要拒絕另一個學生，那麼對於約翰（沒被錄取）來說，成本甚至可以是瑪莎被錄取為一年級新生。所有這些成本都不一樣。

　　關於事物的「真實成本」有大量無效的辯論，這都是因為人們沒能認識到只有行為才有成本，而行為對不同的人來說有不同的成本。❶

4.3｜我現在該做什麼？「沉沒成本」的無關性

　　在第 3 章中，你學到了商品的價值總是在邊際被決定的道理。例如水的價值，不是人們在不買就沒水用的前提下願意付出什麼代價而決定的，而是根據所處的實際情況，願意為額外一定數量水支付的代價。對於成本，同樣可以應用這種邊際分析的原理。在分析好貨或效益的時候，很多人把某種好貨或效益的總價值和邊際價值混為一談。在分析成本的時候，最常見的錯誤是把**以前**發生的成本和邊際成本（即額外成本）搞混了。在計算成本時，正確的立場不是往回看，因為過去的都是沉沒成本，是不可恢復的。正確的立場是往前看，立足當下的機會。

　　瑪麗的父母為女兒的婚宴支付了一筆 5,000 美元不可退還的保證金。兩週之後，瑪麗和她的父母發現她的未婚夫是個騙子、卑鄙小人，他們取消了婚禮和喜宴。這家人是否因為取消了喜宴而損失了 5,000 美元呢？常識讓我們相信，是的。但如果決定取消婚禮但保留喜宴，那筆錢能**要得回來**嗎？不能。投進去的保證金代

1　作者注：不存在「客觀」的成本。所有成本都是對某人而言的成本，他要對被放棄的機會賦予價值。

表了產權的交換。從付錢的那一刻起，這筆錢就不再屬於瑪麗的父母了。

假設你在一家自助餐館排隊拿了一份鮪魚義大利麵，付了 5 美元給收銀員。你願意付這些錢，是因為你期望從麵條中獲得的滿足感，比把錢花在其他地方所能獲得的滿足感更大。然後你吃了第一口，立刻意識到自己犯了嚴重的錯誤。**麵條太難吃了**。如果現在把麵條剩在盤子裡，你要付出多大的成本？

不是 5 美元。你付給收銀員的現金已經不是你的了，而是餐館的。錢回不來了，就算你把盤子裡的麵條吃完，宣布「對得起那筆錢了」，那錢也不會回來。一旦你把錢付給了餐館，拿到了麵條，**你就面臨一系列新的選擇**。你還想不想上下一

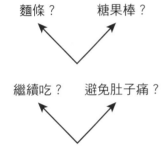

麵條？　糖果棒？

繼續吃？　避免肚子痛？

節課了（吃這些麵條可能會讓你生病）？你還想不想要命了（可能你會害怕不把這些麵條吃完會遭天打雷劈）？或者乾脆放棄這些麵條，雖然會覺得有點罪惡感，因為沒把盤子裡的麵條吃乾淨，但至少減少了生病的可能性。這些都是選項，但關鍵在於：你面臨著新的選擇，不管你怎麼做，那 5 美元再也回不來了。

沉沒成本對未來經濟決策沒有影響

你付的價錢正是經濟學家所謂的沉沒成本。沉沒成本是與經濟決策無關的。過去了就是過去了。決策過程中唯一重要的成本是邊際成本，即額外的成本，而且**邊際成本都是將來的事**。和你那 5 美元一樣，在剛才的例子裡，瑪麗婚宴中那不能退的 5,000 美元訂金**在支付之後**也是沉沒成本。把它當作人生的重要一課牢記吧，現在你站在一個新的分岔路口上。❷

當然，在決定把某項成本看作與決策無關之前，先要確定它是否真的或完全是沉沒成本。有個學生花了 100 美元買了微積分教材，期中以後又去退課，即使他通讀全書，也無法取回這筆錢。但是他可以把書再賣給學校的書店，比如說賣了 20 美元。**這就是他現在面臨的選擇**：繼續擁有這本書，還是把所有權轉讓給學校的書店。這個學生的沉沒成本不是 100 美元；其中 20 美元是可挽回的，他的沉沒成本

2　作者注：新的分岔路口就是新的邊際選擇點。

是 80 美元。

　　按照經濟學的思考方式，沉沒成本是歷史的一部分，因為它不能代表未來的選擇機會。它可能會讓你（對微積分老師、書店或你的大學生活）感到遺憾或悔恨，但它在任何意義上都不再是一個與當下決策相關的「成本」。它只是一個資訊，或是生活中的一課。別誤會我們的意思，這堂課本身當然不能說是不相關，只是這項成本已經與現在無關了。問題是，你現在該做什麼？

4.4｜生產者的成本作為機會成本

　　當考慮生產者的成本時，例如，我們會自問，為什麼生產一輛越野自行車會比生產一張紅木野餐桌花費更高的成本呢？首先，得思考生產每種東西時都用到了什麼。我們會想到原料以及耗費的勞動時間，可能還會想到必備的機器或工具。我們用貨幣單位來表示投入的價值，並假設越野自行車或桌子的成本就是以上各項成本的總和。這麼算並沒有錯，但有兩個問題被漏掉了：其一，為什麼越野自行車或桌子的生產者恰好選擇了這些投入，並按照這種組合生產？其二，為什麼生產者使用這些投入就得花這麼多錢？

　　在生產過程中和在消費過程中一樣，任何事物都有替代品。技術為我們要做的事創造了各種可能性，同時也設下了種種限制，但並沒有宣稱生產某種東西只有一種正確的方式。在新德里，男人用短把的鋤頭挖高架橋的地基，女人把土裝在籮筐裡頂在頭上去倒掉。想像一下這是怎樣的場面，**為什麼要選擇這種方式呢？**是工頭選擇了這樣的技術，因為他們覺得這是挖掘和搬運土方成本最低的方式。在印度，用人力運土要比用重型機械成本低，因為在印度用極低的工資就能找到勞動力，用重型機械來挖土反而太貴。

　　為什麼在印度非技術勞動力的工資這麼低？原因在於，在這個國家裡有如此多潛在的勞動供給者，他們並沒有機會用自己的勞動以某種途徑為他人創造有價值的東西。機會成本的概念是，生產者要為其所使用的人力資源和物質資源支付多少錢，取決於資源擁有者能從**其他人**身上獲得什麼，而這又取決於用這些資源能在別的領域創造出多大的價值。

未來的生產決策與機會成本

所以生產一輛越野自行車的成本，取決於生產者為了獲得適當的資源要支付多少錢。因為這些資源還可以應用於其他的生產機會，所以生產者支付的價格必須與「最佳用途」的價值相匹配。於是被放棄機會的價值，就成了生產一輛越野自行車的機會成本。

想想野餐桌的例子。野餐桌的生產成本一部分是紅木的價格。假設最近對新住宅的需求上升了，於是建築承包商就多購進紅木木材。如果這導致了木材價格上漲，那麼生產野餐桌的成本也就隨之上升。沒有什麼因素影響到生產一張野餐桌的物質投入，但是生產的成本上升了。因為用紅木蓋的房子比以前值錢了，桌子的製造商就必須為製造野餐桌的紅木支付更高的機會成本。

一個有技術的工人，比沒有技術的工人能賺更多的錢，因為（而且只要）這些技術能使這個工人在別處更值錢。一個會安裝車輪輻的工人，如果同時能倒立，還能哼著小調，那他一定是技藝非凡。但是假如他不尋常的天分在別處值不了更多錢的話，越野自行車生產商就不需要為此付給他們額外的補償。確有可能如此。馬戲團可能會為這種本事出高價，如果工人從馬戲團得到的報酬比生產自行車更高，那麼對於生產商來說，工人的機會成本就變高了。在這種情況下，生產商會對他們說「再見，祝你好運」，然後用其他機會成本較低的工人取而代之。

當全美籃球協會（NBA）和美國籃球協會（ABA）1976 年合併為一個聯盟之後，雇用一名 7 英尺高、身體協調性高的運動員的機會成本會變得怎樣呢？在兩個聯盟的體制下，每個運動員都有兩支球隊為其加盟報價。其中一方爭奪這個球員的成本是由另一方願意出的價格決定的，如果雙方都認為這名球員會讓票房收入大增，那麼雙方一定會同時出高價搶他。但是當兩個聯盟合併為一家後，雇用球員的權利只歸一支球隊所有，這時雇用一名又高又有協調性的好手的機會成本就下降了。如果後來球員工會（在某些場合下）保護了球員自由轉會的權利，這時雇用籃球明星的機會成本就又上升了。所以職業球隊的老闆更願意把兩個聯盟合而為一，還一個勁地論證球員的轉會權會破壞球隊間的均衡，影響比賽的品質，這些現象就沒什麼稀奇了。

來看一個更普通的例子。假設一家需要雇用很多人的大公司（如沃爾瑪或

Target）到一個小鎮拓點，當地雇用雜貨店員工、銀行出納、秘書和加油站服務員的成本就會上升。為什麼？因為雜貨店、銀行、機關和加油站必須支付職員的機會成本，而這些人有可能在新的企業裡找到更好的工作機會，這可能意味著更高的工資、更好的工作條件，以及更好的醫療保險計畫，新企業會以這種方式吸引潛在的職員。例如，加油站老闆可能會發現留住工人，或是以原來的工資招募新員工都變得更加困難，因為工人們在其他地方找到了更有價值的工作機會。如果一個招募新兵的機構進駐這個地方，沒法把人們從現有雇主身邊吸引過去，它就要面臨現實的人手難題了。

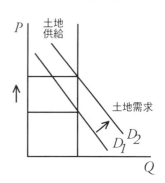

需求如何影響買地的成本

土地開發的機會成本

最能闡明機會成本概念的資源大概是土地。假設你要買一畝地蓋房子，你買地得花多少錢？這得看這塊地用作其他用途時價值有多大。別人是不是也想在這塊地上蓋房住呢？這塊地有沒有潛在的商業或工業開發價值呢？如果你不買，這塊地會不會成為牧場呢？買地的成本要看人們認為這塊地皮有哪些其他用途，然後才能決定。

4.5 │ 邊際機會成本

如果你現在正在想，機會成本和邊際成本有什麼關係，顯示你問對問題。**所有機會成本都是邊際成本，而所有邊際成本也都是機會成本。**機會成本和邊際成本是同一回事，只不過看問題的角度不一樣罷了。機會成本關注的是一項行為所放棄的機會的價值，而邊際成本關注的是一項行為會使現在的情況發生怎樣的變化。和決策有關的任何成本，全名就是**邊際機會成本**。

機會成本必然是邊際成本

所有這樣的成本都是行為或決策的成本，都和某個具體的人相關，並會在將來發生。

4.6 | 成本和供給

　　現在來到本章的核心——用邊際成本概念來解釋市場上商品和服務的供給決策。正如需求曲線表示的是人們為了獲取某種特定的商品願意付出的邊際成本或代價，供給曲線表示的是為促使潛在供應商生產某種特定的商品，所必須支付的邊際成本。在圖 4-1 中，我們用熟悉的生產可能曲線來說明邏輯。

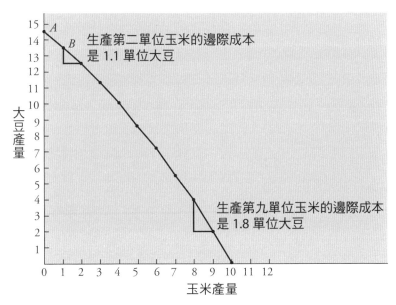

圖 4-1　邊際成本逐漸上升的生產可能曲線

注：該圖是史密斯生產大豆和玉米的可能曲線。他最多能生產 14.5 單位大豆（0 單位玉米）或 10 單位玉米（0 單位大豆），或邊界上任一點表示的大豆和玉米組合。請注意這條邊界的弧度，它表示生產玉米的邊際成本越來越高。

　　愛荷華州有個農夫，姑且稱為史密斯吧，今年正準備種玉米和大豆。如果他在所有的土地裡都種了大豆，能收穫 14.5 單位的大豆；如果他全種玉米，能收穫 10 單位的玉米。在土地總面積、土壤肥力、農業機械與耕作技術等條件給定的情況下，這兩個組合與其他所有可能的組合一同組成了其生產可能曲線。表 4-1 列出了史密斯生產可能曲線上所有實際的組合（你也許已經注意到了，圖 4-1 中的生產可能曲線是曲線，而不是直線。這表明史密斯種植每種作物的機會成本都是逐漸增加

的。如果他想擴大玉米的產量，就必須放棄種植和收穫大豆的機會。此外，他往後只能使用農場裡那些越來越不適合種植玉米的土地耕作。沿著這條邊界的變動代表著史密斯面臨的權衡取捨，即機會成本）。

表　4-1

大豆產量	玉米產量	大豆產量	玉米產量
14.5	0	7.0	6
13.5	1	5.4	7
12.4	2	3.7	8
11.2	3	1.9	9
9.9	4	0	10
8.5	5		

市場價格使得優化更有效率

　　簡單起見，假設大豆的價格是每單位 1 美元（在這個例子中會一直保持這個價格不變）。史密斯能利用的資訊不止於此。對史密斯來說，重要的是大豆對玉米的相對價格。他用這一資訊比較他生產的邊際機會成本，進而決定種多少玉米和種多少大豆。舉個簡單的例子，假設玉米賣不出去，即每單位玉米的價格是 0。史密斯應該全種大豆，最後收穫 14.5 單位大豆。為什麼？如果他種了 1 單位玉米，就只能種 13.5 單位大豆（我們在沿著生產可能曲線往下移動）。他的邊際成本是 1 美元（即少生產的那 1 單位大豆的價值），**他得到了什麼呢？** 1 單位玉米，市場價值是 0。重點是，生產第一個單位玉米的邊際成本是 1 美元。如果每單位玉米的價格是 0.90 美元，結果會怎樣呢？假如史密斯願意生產 1 單位玉米，他會額外得到 0.90 美元的收入，但是額外的成本是 1 美元，就是少種的那 1 單位大豆的價值。在這種相對價格下，史密斯是不會種玉米的。

　　假設玉米的價格也是每單位 1 美元。現在史密斯會生產 1 單位玉米，但**不超過** 1 單位。他最多計畫生產 13.5 單位大豆和 1 單位玉米，即沿著生產可能曲線往下移動，從 A 點到 B 點。他會放棄價值 1 美元的大豆，換取價值 1 美元的玉米。

　　史密斯生產第二個單位玉米的邊際成本是多少？他將不得不把大豆的產量從

13.5 單位降低到 12.4 單位，差了 1.1 單位，市場價值是 1.10 美元（我們仍然讓大豆的價格保持在每單位 1.00 美元）。**只有當玉米的市場價格能補償史密斯生產玉米的邊際機會成本時，他才會考慮生產第二個單位的玉米，比如此時玉米的價格是每單位 1.10 美元。**史密斯生產第三個單位玉米的邊際成本是多少？他得以 1.2 單位大豆為代價，市場價值是 1.20 美元。只有當**這項**額外成本得到補償時，史密斯才願意把玉米的產量提高到 3 個單位。**只有當玉米的市場價為每單位 1.20 美元的時候，史密斯才會考慮生產第三個單位的玉米。**

　　我們把所有這些總結在表 4-2 中。

表　4-2

玉米產量（單位）	邊際機會成本 （大豆價格保持在每單位 1 美元）
1	1.00
2	1.10
3	1.20
4	1.30
5	1.40
6	1.50
7	1.60
8	1.70
9	1.80
10	1.90

　　現在可以得到三項重要的結論：第一，當生產者決定生產什麼、生產多少的時候，會考慮邊際成本；第二，對於可行的生產計畫，相對價格給了關於邊際成本與邊際效益的進一步資訊；至於第三個結論，將在下一節中闡述。

4.7 │ 供給曲線

　　第三個結論最好用圖 4-2 包含的資訊來表示。圖 4-2 只不過是把表 4-2 中的資

訊畫成了圖。柱狀圖上的橫線表示史密斯種植玉米的邊際機會成本，以給定大豆價格為 1.00 美元時相對的市場價值衡量（第一個柱形的高度是 1 美元，第二個柱形是 1.10 美元，依此類推直到第十個柱形，高度是 1.90 美元）。我們已經看到，如果玉米的相對價格在每單位 1.00 美元以下，他是不願意生產玉米的；只有當玉米的價格漲到每單位 1.00 美元時，他才願意供給 1 單位玉米；如果價格漲到了每單位 1.20 美元，他可能願意生產 2 單位的玉米。這條向上傾斜的線就是史密斯的**玉米供給曲線**。每一個柱形都表示了生產玉米的邊際成本，在供給曲線下方的面積，代表了史密斯的**總生產成本**（即所有邊際生產成本的加總）。

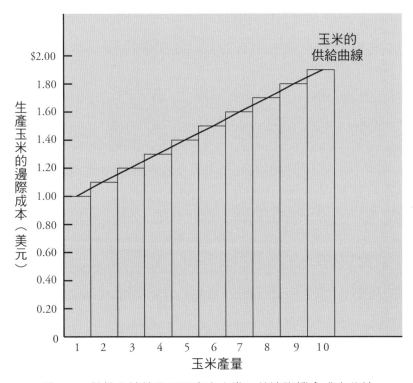

圖 4-2　供給曲線就是不同產出水準下的邊際機會成本曲線

注：圖中的柱形表示生產每單位玉米的邊際成本（以美元度量）。史密斯想確認玉米的價格能補償他生產的最後一單位玉米的成本。因此，如果玉米價格是每單位 1.10 美元，他就生產 2 單位玉米；如果價格是 1.80 美元，就會鼓勵他生產 9 單位玉米。這樣，就可以畫出一條向上傾斜的玉米供給曲線。價格越高，供給的量就越大，這反映了供給法則。

供給曲線：不同價格水準下的供給量

　　供給曲線表示了某種商品在不同可能價格水準下的不同供給量。❸ 在我們的例子裡，它代表史密斯在不同的玉米價格下的計畫產出量。因為他的生產面臨越來越高的邊際機會成本，所以只有期望到會有更高的玉米價格來補償時，他才會多種玉米。如果他預計每單位玉米能賣 1.90 美元，就會生產 10 單位玉米。

　　這個例子用簡化的方式說明了所有供給曲線的基礎，供給曲線就是某種商品在不同產出水準下的邊際機會成本曲線。當人們願意為這種產品支付更高的價格時，這個較高的價格就會促使擁有或掌控資源的人們供給產品，只要供給產品的邊際機會成本低於這一價格即可。當其他條件不變時，產品價格的上漲會增加供給量，但總的供給曲線不變。

4.8 ｜ 供給自身也會變

　　供給曲線自身也會變。一旦生產的邊際成本發生變化，則整個供給曲線也會變化（或者說移動）。生產要素的價格上漲（或下跌）會抬高（或降低）邊際成本，從而導致總的供給曲線移動。較高的邊際成本會使供給曲線向上向左移動；較低的邊際成本會使供給曲線向下向右移動。至於技術的變化，比如使邊際成本降低的技術創新，則會使總供給增加。反過來，資源的減少則會減少總供給。

　　從圖表中可以看出，其他可供選擇的產品相對價格的變化，會導致供給曲線的變化，因為這會影響生產者重新考慮選擇。例如，假設大豆的價格從之前的每單位 1.00 美元降到 0.50 美元。大豆的市場價值降低了，所以農民種植玉米的邊際機會成本也降低了，如表 4-3 所示。生產每單位玉米的邊際機會成本降低了一半。這會使玉米的供給曲線向下向右移動，即總供給增加了。和以前相比，種植玉米的農夫現在願意以較低的價格賣玉米。我們也可以換種方式來看這個問題：在任一價格水準上，農夫都願意供給更大量的玉米。也許你願意把玉米供給的這一成長畫成圖，那麼請把表 4-3 中的數字畫到圖 4-2 中。

3　編注：供給量是在特定價格下所生產的特定數量，供給是在每種價格下生產多少數量。

表　4-3

玉米產量（單位）	邊際機會成本 （大豆價格保持在每單位 0.5 美元）
1	0.50
2	0.55
3	0.60
4	0.65
5	0.70
6	0.75
7	0.80
8	0.85
9	0.90
10	0.95

　　還記得嗎？在之前的章節裡講過消費者對未來價格漲跌的預期是怎樣改變需求的，對生產者來說也是同樣的道理。我們都是基於預期行動的。**生產者對於產品價格變化的預期，會改變產品的總供給**。如果生產者預期 6 個月之後產品的價格會降低，他們就會努力**增加**市場上產品的供應，以便「趁著價格比較高的時候多賣點」。類似地，如果預期 6 個月之後產品的價格會上漲，他們**現在**就會選擇**較少**的供給量，從而使供給曲線向上向左移動。延遲當下的供給並不意味著必須要減少**當下的生產量**，因為預期未來價格比較高，減少的是**當下供應市場的數量**。

競爭者數量與供給曲線

　　最後，供應商總數的變化也會使市場的供給曲線移動。更多競爭者的加入會增加總供給，競爭者的退出會減少總供給。一般來說，預期的利潤會鼓勵競爭者加入，進而增加市場供給。預期的虧損會鼓勵競爭者退出，進而減少市場供給，因為生產者會為其資源另尋其他有利可圖的方向。我們將在第 7 章裡更全面地討論利潤和虧損的問題。

4.9│邊際成本和平均成本

　　別把邊際成本和平均成本搞混，這一點很重要。如果你本來就很清楚，下面講的或許會給你錯誤的暗示，我們希望不要發生這種事，再來看看史密斯這個農民的故事吧。表 4-4 列出了史密斯生產前 3 個單位玉米的總成本（邊際成本的加總）、邊際成本和平均成本（總成本除以產量）。

表　4-4

玉米產量 （單位）	生產玉米的總成本 （美元）	邊際成本 （美元）	平均成本 （美元）
0	0	0	0
1	1.00	1.00	1.00
2	2.10	1.10	1.05
3	3.30	1.20	1.10

　　很明顯，邊際成本可以和平均成本大不相同。但是，指引史密斯選擇種植更多玉米的不是平均成本，而是邊際成本。他應該再多種點？還是少種點？邊際成本是行為的結果，也應該是行為的指南。

　　這樣商人對平均成本就不感興趣了嗎？除非有足夠多的銷售收入以彌補成本，否則他們是要虧本的。除非預期有能力彌補總成本，否則不會心甘情願地從事某種生產活動。他們可能會這樣來看問題，即比較預期的每單位生產成本和售價。但是請注意，任何決策的**期望**成本實際上都是**邊際**成本。邊際成本並不一定指一單位產出的額外成本，它也可以指一批產出的額外成本，或者是關於整個生產過程的某個決策期望的額外成本。決策常常以這種「一批一批的」（lumpy）形式進行。

　　例如，沒有人建一家汽水瓶裝廠僅僅是為了裝一箱汽水。大多數商業領域裡都有關於規模經濟的重要問題，除非商人看準了一條能大量生產的路，否則他們連一個產品都不會生產，甚至不會進入這個領域，根本也不會建這個瓶裝廠。建還是不建？建多大規模？用什麼方式建？在做出決策的時候都是一種邊際決策。記住，所謂邊際上的增量可能很大，也可能很小。這種一批批計算的邊際產出，甚至可以是

你喜歡的聚會場所營業到凌晨兩點的營業額，相較提前一小時就打烊的收入。

　　無論商人是否將問題轉化為用平均成本考慮，其決策本質上是由邊際成本指引的。在事情發生之後，可以回過頭來算一下平均成本，看看事情進行得怎麼樣；如果未來真的和過去相似的話，還可以從中預測一些未來的事。但這些都是歷史了，不可否認研究歷史是有益的，而經濟決策總是立足當下並面對未來做出的。

4.10 | 志願役制度的成本

　　來看一個和玉米供給截然不同的例子，這個例子很合時宜。1990 年代末（正值經濟繁榮的時代），美國軍方面臨徵兵的短缺，同時也面臨著延長現役人員服役期的難題。1999 年，眾議院軍事委員會主席佛洛德‧斯賓塞（Floyd Spence）曾聲稱，軍隊正面臨「絕望的困境，而且每下愈況」。他提議廢除全志願[4]役制度（即募兵制），恢復某種形式的強制徵兵制。美國從 1970 年代初就沒有強制徵兵了，而在 2001 年世界貿易中心和五角大廈被襲擊之後，恢復徵兵制的呼聲日漸增高。

　　徵兵制——強制身體符合條件的青年男女在軍隊中服役，可能是達到需要（「需要」而不是「需求」？）的兵員數量「比較便宜」的方式。當然，徹底的強迫常常奏效，但這樣做一定是組織軍隊較便宜的方式嗎？

　　可能有一些很好的論證支持徵兵制，但聲稱要靠募兵制組成一支足夠數量的軍隊過於昂貴，卻不是什麼有力的辯護。國防部和其他人擔心徵兵和志願役的相對成本，他們很輕易迴避了一個問題，即這是對誰而言的成本。我們是在討論對誰的成本呢？納稅人嗎？被徵募的對象嗎？國會？五角大樓？它們各不相同。

　　一個年輕人當兵的成本是多少？最好的方法就是用錢「誘惑」他們並不斷提高價格，直到接受為止。如果馬歇爾願意為了每年 5,000 美元從軍，卡洛爾需 8,000 美元才願意，而菲力普需 60,000 美元才願意，這些價格就代表了馬歇爾、卡洛爾和菲力普的機會成本。對這三人來說，招募入伍的成本是 73,000 美元，政府當然可以強制他們入伍服役，並發放低得多的軍餉以掩蓋這些事實。

4　作者注：在某些情況下志願者是指無薪工作的人。志願役的情況並非如此，支付有吸引力的工資是其成功的關鍵。

　　機會成本是關於放棄了的其他就業機會及所有其他價值的函數，後者又包括生活方式的偏好、對戰爭的態度、勇敢或膽怯的程度等。當政府需要軍事人員時，可以把報酬提高到正好能招募到所需的兵員數量，重要的是，事實上政府實現了徵兵的成本最小化：因為招募到的正好都是服役機會成本最低的人，他們都是馬歇爾而不是菲力普這樣的人。而在強制兵役制下，除非有可能性極低的巧合，否則這種情況不會出現。圖 4-3 是對這問題的簡潔論證。

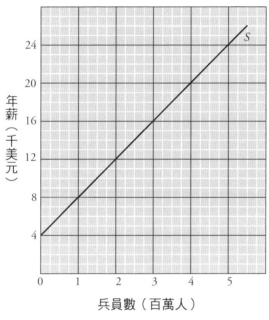

圖 4-3　志願役的供給曲線

　　這張圖畫的是志願役的供給曲線。它總結了不同的價格和供給數量的對應關係。有人說，人們不會自願拿性命冒險，這已經被實際行動推翻了——不僅是當兵，警察、高空作業工甚至滑雪者，這些職業都有危險。不管曲線的位置在哪裡，也不管其斜率具體是多少，反正這條線一定是向上向右傾斜的。有些人（他們認為其他的選擇沒什麼價值）會在工資很低的情況下選擇當兵。但是，基於我們的假設，只有當年薪高到 16,000 美元時，才會招夠 300 萬志願役。這就是說，每年要支付 480 億美元的工資。但是納稅人不願意加稅，國會也不願意批准這類巨額撥

款，而國防部非常在意國會議員喜歡或不喜歡什麼。他們可以把這筆令人沮喪的支出砍掉一半，每人只付 8,000 美元，強制入伍就行了。現在公布出來的成本只有 240 億美元了，為減掉的成本歡呼吧！

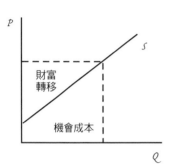

　　但是對構成國防力量的這些人來說，成本又是多少呢？根據我們的假設，對募兵制來說，成本是 300 億美元。這就是募兵 300 萬人時供給曲線下方的面積，也是入伍青年放棄的其他機會的價值總和。政府總支出中剩下的 180 億美元，是一種財富的轉移，即從納稅人向一部分志願役的轉移──這些人本來為了較低的工資就願意從軍，然而他們得到了較高的工資，但這一工資水準是募到 300 萬名志願役所必需的。

　　在徵兵制下，這樣一支軍隊的成本有多高呢？具體多高我們不知道，只能說肯定比志願役部隊高。除非正好招到募兵制下願意服役的那些人，成本才可能低到 300 億美元。這種事情可能性極低。從供給曲線上方而不是下方徵來的人越多，對於被徵服役者的成本就越高。比如一個人願意在年薪 9,000 美元的情況下當志願役，但現在只能得到 8,000 美元年薪。他拒絕從軍，後來也沒有徵到他。而一個在年薪 24,000 美元的情況下才會當志願役的人卻被徵召入伍，拿 8,000 美元的年薪。結果是納稅人省了 16,000 美元，因為在志願役制度下，這個人的服務原本每年要付 24,000 美元，現在只需付 8,000 美元了。但是一個機會成本 24,000 美元的人取代了一個機會成本只有 9,000 美元的人，站在服役者的角度上，這意味著增加了 15,000 美元的成本。徵兵制度沒有減少建立軍隊所需的「成本」，只是把成本從納稅人頭上轉嫁到服役者的頭上。在你看來，或許覺得徵兵制還有其他更大的問題，或者是認為與你設想的其他優點相比，這點缺陷瑕不掩瑜。但是，至少經濟學家可以指出這一後果。

　　這時，教室後面又傳來了那個搗亂的聲音：「那麼愛國呢？難道我們不是都該盡自己的一份力嗎？」

　　可能我們都應該盡自己的一份力。但是，事實上我們沒有。即使在戰時，適齡人群中也有半數以上或是因為身體或職業原因免於服役，還有人因為各種各樣的情

況緩徵。如果我們能夠按照工業界的做法，按機會成本支付給志願役，我們都可以更好地「盡自己的一份力」。而且事實上，我們大多數人確實有愛國的情感。如果真夠愛國，我們或許能募到把服役看成愛國責任的志願役，他們願意以零成本或象徵性的成本服役。這樣的人應該不少，但是肯定遠遠少於我們所「需要」的兵員數目。即使考慮愛國，我們所講的一切其實同樣成立。前面幾小節中曾提到，機會成本是其他機會和「其他各種價值」的函數，愛國就是價值之一。愛國情緒越高漲，吸引志願役入伍服役的貨幣成本就越低。

4.11 ｜ 供給的價格彈性

　　彈性的概念對於供給和對於需求來說是同樣重要的，正式的定義也一樣，**供給的價格彈性等於供給量變化的百分比除以價格變化的百分比**。[5] 根據供給曲線，價格和數量是同向變化的，這反映了要想促使供應商提供更多，就要出更高的價格。如果供給量變化的百分比大於價格變化的百分比，供給就是相對有彈性的；如果供給量變化的百分比小於價格變化的百分比，供給就是相對缺乏彈性的。

　　本書把完全無彈性的需求曲線歸於天方夜譚——這是個不存在的現象。完全無彈性的供給曲線則是另一回事了。儘管當商品價格上漲時，需求量立刻就會變少，但是供給量卻需要過一段時間才會變大。即使某個商品在價格上存在顯著的漲幅，也不會立刻增加供應量。隨著時間的推移，潛在的供應商會重新組織他們掌握的資源，最終得以面對較高的價格提供更大的供給量。

接近完全彈性的供給曲線

　　為了生產某種特定的商品，如果不需要付出更高的成本就能得到額外的生產資料，這種商品的供給曲線就是接近完全彈性的。在這種情況下，價格的輕微上漲便會使供應商增加大量供給。

　　圖 4-3 中描繪的志願役的供給曲線是一種中間情形。價格彈性沿著曲線不斷變

5　作者注：供給價格彈性＝供給量變化百分比 ÷ 價格變化百分比

化，從 7,000 美元和 9,000 美元之間的 2.0 下降到 23,000 美元和 25,000 美元之間的 1.2（如果你想自己檢驗數字的正確性，在計算變化的百分比時，把變化的兩個價格和數量之間的平均值作為比較的基礎）。

暫停一下，先確認你已經理解了供給的價格彈性這一概念。在下一章會看到，正是供給曲線和需求曲線的相對彈性，決定了不斷變化的情形對商品交換的數量和價格有何影響。

4.12 │ 用成本論證正當性

對於警覺性不夠的人來說，針對成本的經濟分析是一件很不可靠的事，因為成本常常具有倫理和政治的面向。很多人似乎相信賣方有權收回成本，無權把價格定得遠高於成本，如果把價格定得比成本高或者比成本低，就儼然是在追逐某種不正當的利益。這種以成本論證**正當性**的思考方式，已經滲透到法律當中。例如法定的價格管制，通常在成本上升的時候允許漲價，而禁止出於成本上升原因之外的漲價。如果政府機構認定一家外國公司在美國以「低於成本」的價格銷售商品，那麼這家公司就會被指控 「傾銷」而受到處罰。在這種情況下，成本變成了事後合理化的包裝，而不再是決策的真正原因，此時所有關於成本的陳述都必須加以檢驗，看看是不是某種故意忽略對自己不利之事的詭辯。

一般認為價格應該和成本密切相關，因為相信成本代表了某種真實的、不可避免的東西。連那些強烈支持管控房租的人在原則上都會同意，當暖氣燃料價格上漲的時候，應該允許房東提高房租。如果僅僅是公寓的需求比供給成長得快，他們絕對不同意提高房租——如果同意，他們也就不會支持管控房租了。因為和成本無關，漲租金就被視為「敲竹槓」、「囤積居奇」和「剝削」。但是和暖氣成本上升帶來的租金上漲一樣，這種由於需求上升帶來的租金上漲同樣是和成本相關聯。當租一間公寓的需求上升時，房客為了租到有限的空間而競價，這就增加了房東把房子租給某一特定房客的成本。一個新的求租者為了租到一間三樓的公寓願意出的價錢，就是房東和現在房客續租的邊際機會成本。這種情況看起來和燃料漲價不同，但實際上是一回事。燃料的成本，最終也取決於互相競爭的用戶和供應商之間的關

係。成本永遠是供給和需求共同作用的產物，後面兩章還要繼續討論這個主題。

本章回顧

供給曲線和需求曲線一樣，都反映了人們對可能機會價值的預估。任一商品的供給量和需求量，都取決於衡量了所有可選機會之後的優化選擇。

成本是某人放棄機會的價值。要協調對某一決策成本的不同意見，往往先要就「討論的是誰的成本」取得共識。

當下的決策無法影響過去的支出：它們是沉沒成本，與決策無關。所有與決策相關的成本都與未來相聯繫。

機會成本必然是邊際成本：它們是一項行為或決策帶來的額外成本。

供給取決於成本（又有什麼不取決於成本呢）。但是，供給的成本是由於供給這種東西而放棄的其他機會的價值。經濟學理論把這種成本概念表示為：所有與決策有關的成本都是機會成本——選擇這條路（而不是另一條）放棄的機會的價值。

供給曲線向上向右傾斜，這是因為要說服資源擁有者放棄當前的活動，轉向其他願意為之付出的機會，必須出價越來越高才行。

能改變生產的邊際成本的因素都會使供給曲線移動。如果供應商的價格預期發生了變化，或者一個行業內供應商的總數量改變了，市場的供給曲線也會移動。

供給的價格彈性，是供給量變化的百分比除以價格變化的百分比。

認識到「事物」本身談不上成本，可以平息很多對某種東西「真實」成本的爭論。只有行為才會帶來機會上的取捨，所以只有行為才有成本。

切記要經常提醒自己：「對誰而言的成本？」「做什麼事的成本？」這樣做會使你像經濟學家一樣思考。

第 5 章

供給與需求：協調的過程

▎**本章你可以學到這些**▕

☑ 哪怕生產一種產品，都會牽涉百萬人，解釋市場是協調他們的計畫的過程

☑ 使用供給和需求的模型分析市場

☑ 區分短缺和過剩，解釋自由市場的價格如何調整，以產生市場結清的結果

☑ 描述自由市場價格如何傳遞關於稀缺性的資訊

☑ 解釋貨幣如何降低交易成本

☑ 分析利率在協調經濟行為中的作用

在世界上所有已知的富裕社會裡，分工與專業化都是標誌性的特徵。亞當・斯密在反思 18 世紀英國開始出現的經濟成長時，曾觀察到如下現象：

在一個政治修明的社會裡，造成擴及最下層人民的普遍富裕情況的原因，是各行各業的產量由於分工而大增。

斯密認為，當一個社會的成員掌握了有效的專業化能力，能在勞動上形成「分工」，這個社會就會變得富裕。

勞動分工（即專業化）是如何形成的？在第 1 章中，我們將其作為經濟學的核心問題提出來。在第 2 章中，開始回答這個問題：我們考察了專業化和交換的誘因，以及專業化帶來的機會和財富的增加，稱之為「比較利益法則」。但是，生活在富裕的、高度專業化的商業社會中的人們，究竟是怎樣互相激勵，才會採取這些互相關聯的行動，最終生產出不可思議的一系列產品和服務以供人們享用的呢？

一枝鉛筆的生產過程

　　其中基本的難題在於我們的所知極為有限。「專家」，顧名思義，不是什麼都知道（你能否舉出一個人，不管是不是專家，他**真的**知道所有事情的做法；或者至少能有效地**發號施令**，讓每個人高效率地生產商品及提供服務？）。事實是，每個人**的確**有一定的知識和技能，**同時**對無數其他的知識和技能一無所知。❶ 想一想，即使簡單如一枝普通的 2B 鉛筆，世界上可能也沒有單獨一個人知道如何從頭到尾把它做出來，這似乎難以置信，但在現實世界中卻是真實存在的。

　　這事乍聽起來有些不可思議，還是突破常規好好想想吧。在鉛筆廠中，一旦木頭、石墨、橡皮、油漆、膠水、錫的金屬環、適當的工具和機器全部到位，很多專家都知道如何組裝它們。但是鉛筆生產線上的專家，並不知道那些基本的投入品是怎麼生產出來的，這並非他們的比較利益。想想木頭吧，伐木工人需要砍伐樹木。他們要依賴特製的高科技設備，還需要穿衣、吃飯、喝咖啡、看病以及其他種種產品和服務，有了這些才能好好工作。伐木的設備有一部分是用鋼材製成，所以鉛筆當中還有鋼廠工人的一份辛勞，他們本人卻未必知道這一點。鋼材生產又要用到鐵礦石，鐵礦石多半是從密西根北部半島的鐵礦開採的，首先通過蘇必略湖與伊什佩明鐵路（Ishpeming Railroad）以及加拿大國家鐵路，然後由輪船沿蘇必略湖和密西根湖而下，運到五大湖周邊的各個港口。火車是誰造的？還有鐵軌、輪船、船員們吃的各種食物，又是誰生產的？更不必說衣服和盥洗用品之類的了。是誰生產了燃料，建造了港口，發明了複雜的船隻導航通信系統？答案是無數**其他**專家，他們追求各自的比較利益，依照有限的知識和技能和其他學有專長的人合作。

　　想像一下，為了生產出一枝普通的 2B 鉛筆，無論在國內還是在海外，有多少不同種族、膚色和信仰的人提供不同的產品和服務，他們的意見、技能和目標又有多麼大的差異。人與人之間互相並不認識，甚至說的不是同一種語言，但是 2B 鉛筆生產出來了。而消費者呢，都知道上哪裡能買到便宜的鉛筆。

　　市場的奇蹟，很多人已經有過準確的描繪，就是數以億計的人在互相不認識的情況下能夠合作，不但生產出了 2B 鉛筆，而且生產出數目繁多的、更為複雜精巧

1　作者注：對每個人來說，知識和資訊都是稀缺品。

的產品，而且隨時都供應充足。人們的合作，並非服從於某種全國性綜合經濟規畫的命令，比如源自「國家辦公用品管理局」。政府的角色要有限得多，回想亞當·斯密所說的「在一個政治修明的社會裡……」，政府的重要職能在於監督貫徹私有產權以及合約的履行。只有這些基本的遊戲規則確立之後，那些不計其數的交換才可能發生。

市場價格傳遞了重要的資訊

人們經常認為這個井然有序的網絡是理所當然的（你的鉛筆**用完了**隨時可以再買到）。同樣在第 1 章裡討論過平穩有序的車流（也被認為是理所當然的），市場體系當然要比這更複雜。雖然市場的秩序性看起來很神奇，但是它並不神秘。在交通系統中，紅綠燈是協調各種車輛的訊號；在商業社會中，幫助人們協調各種生產和消費計畫的關鍵訊號又是什麼呢？答案是價格。價格在市場中形成，給人們傳遞了各種重要的資訊和訊號，並促使他們按這些訊號行事。市場價格在供給和需求雙方的互動中形成，第 3 章和第 4 章已經分別介紹。在本章中，我們把供給和需求放在一起，描述市場過程本身的原理。

5.1 ｜ 市場是計畫協調的過程

很多人認為，「市場」就是一個**地方**或廣場，就像聖路易的蓋特威中心（Gateway Center）舉辦的棒球卡片收藏展，或是堪薩斯市博覽會上牛的拍賣會，或是華爾街的紐約證券交易所。但所有這些其實只是市場的構成要素，市場遍布全球各個地區，現在已經延伸到了虛擬的網路空間。正式的市場可能發端於中世紀的村鎮市集，但是在當代，如果還把市場僅僅看作一個地方或是廣場是很沒有經濟意義的。

記者和財經專家使用很多混雜的隱喻來描述市場，使得市場聽起來常常像一個人。我們在晚間新聞或是財經頻道裡經常能聽到某專家說，華爾街對於最新的經濟數據感到「興奮」或是「緊張」，還說股票市場「希望」或是「期待」班·柏南克（Ben Bernanke，美國聯準會前主席）啟動另一輪量化寬鬆。也許，當某天條件成

熟時，專家還會報告說：「股市醒過來時發現身上浮腫，後來又劇烈痙攣，頭疼得厲害，今天打電話來請了病假。」儘管這種表示會讓新聞聽起來更有趣，但是按照經濟學的思考方式，只有**個人**才會希望、期待、痙攣或頭痛，而**市場**不會。

就連經濟學家自己也使用一些會誤導別人的隱喻。他們經常說市場體系是「自動的」或是「能自我調節的」，給人的印象好像是市場沒有人的介入就能自動發揮作用了！很多經濟學家的描述讓人以為市場是某種機械化的**東西**，如恆溫器。這樣說是錯的。市場體系**完全**是由需求方和供給方**組成**的，供需雙方都是活生生的人，追逐著各自感興趣的計畫，根據面臨的相對稀缺性優化，並按照各自的目標談判和交換，獲取各自想要的東西。

關於市場的這些常見的錯誤陳述，我們要盡量避免。市場不是一個人，也不是一個地方，或是東西。**市場是買賣雙方計畫協調**（plan coordination）**的過程。**當經濟學家使用**供給**和**需求**這樣的術語時，其實是在討論人與人之間這種持續的談判（negotiation）。

5.2 ｜ 基本過程

現在利用圖表來考察需求和供給的過程，來看看相對便宜的木吉他市場，美國國內的初級和中級樂手會買這種樂器。圖 5-1 描述了木吉他市場，注意，市場的需求曲線是向下傾斜的。這反映了第 3 章的基本內容——需求法則。當吉他的相對價格下降時，人們傾向於買更多的吉他，當其相對價格上漲時，就少買一些。當只有吉他的價格變化時，**需求量**會發生變化，而總的需求曲線不變。然後，注意向上傾斜的供給曲線。在第 4 章中講過，供給曲線一般都是向上傾斜的，這說明生產更多的吉他需要更高的邊際機會成本。製作更多的木吉他，需要投入很多特殊的資源，從各種等級的雲杉、桃花心木到高級技工的勞動。對於吉他生產者來說，他們要獲得更多的雲杉和桃花心木，就得在競價的時候**壓過其他**用途，比如做聖誕樹、原木櫥櫃、香案以及其他木製品。人們用這些木料總能做其他的東西，較高的吉他價格會使生產者製作更多的吉他。

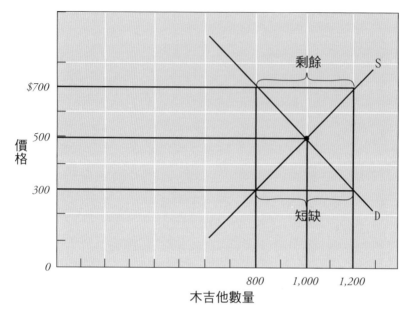

圖 5-1　木吉他市場的供給與需求

注：市場在 500 美元的水準結清。在 700 美元的水準下，會有 400 把吉他過剩；在 300 美元的水準下，會短缺 400 把吉他。

供給曲線和需求曲線的交點是市場結清點

　　注意供給曲線和需求曲線的交點。交叉點對應的價格是每把吉他 500 美元，市場上的數量是 1,000 把。在 500 美元的水準上，注意需求量是 1,000 把，正好等於供給量。在這種情況下，吉他購買者的計畫和吉他生產者的計畫是**完全協調**的。

　　在自由市場中，生產者當然可以想賣多少錢就賣多少錢，消費者也可以想給多少錢就給多少錢。我們不妨假設，市場價格遠遠高於 500 美元，比如說 700 美元。如果吉他生產者計畫每把吉他賣 700 美元，結果會怎麼樣？向上傾斜的供給曲線說明我們找到答案。在 700 美元的水準上，供給量會超過 1,000 把，增加到 1,200 把。（只是供給量增加了，供給並沒有增加！）但是別忘了，市場是由兩方面組成的，買方和賣方。賣方在價格較高的時候願意增加產量，這時潛在的買主會做何反應呢？需求曲線說明了**這個**答案：在 700 美元的水準上，人們會減少預計的吉他購買量。需求量（不是全部的需求）會降低到只有 800 把。

生產過剩與生產者計畫的挫折

　　哪一方的計畫能實現？哪一方的計畫會受挫？消費者作為總體，能買到在 700 美元水準上他們願意購買的所有吉他（需求量是 800 把），但是生產者會發現生產得太多了。他們生產並計畫賣掉 1,200 把吉他（供給量），兩者差 400 把，生產者不願看到產品積壓在倉庫裡。這時的市場就不是完全協調的，出現了吉他的**過剩**。❷ **當供給量大於需求量時，就會出現剩餘**（surplus）。在例子裡，吉他剩餘量是 400 把。賣方常常藉由庫存的積壓發現過剩，也就是賣得沒有原來預計的多。

　　生產者怎麼才能處理掉這些計畫外的吉他存貨呢？他們可能掏槍指著嚇傻了的顧客的腦袋，強迫以 700 美元一把的價格買下的吉他，但是這樣做是和自由市場的**規則**相衝突的。也許一家生產商可以燒掉其競爭者的生產設備，這樣他就可以多賣了，但這樣做也違反遊戲規則。也許他們可以影響立法，規定兒童必須學彈吉他，這樣也能增加需求，促進銷售。這樣做是操縱和改變遊戲規則，以朝向有利於他們的方向，但是這需要很長時間，還要有政治策略，是一種開銷支出很大的做法。賣方在自由市場中能做的，也是通常的做法，就是**降價**。

　　的確，我們可以預計市場上吉他的價格會從 700 美元跌到 500 美元一把。❸ 隨著價格下降，潛在的購買者就會更容易接受了：需求量（不是全部的需求！）會從 800 把上升到 1,000 把。同時，供給量（不是全部的供給！）會從 1,200 把降到 1,000 把。這時就沒有吉他過剩了：買方和賣方的計畫完全吻合；市場在 500 美元的水準上達到完全協調的狀態。賣方再也沒有誘因藉由降價與其他賣方競爭了。 ❹

供給短缺與失望的消費者

　　最後，考慮相反的情形。假設當前的市場價格**低於** 500 美元一把。在每把吉他賣 300 美元時，人們會急切地計畫購買 1,200 把（需求量），但是生產者只計畫生產和銷售 800 把（供給量）。當生產者的計畫完成後，很多消費者會失望，他們想

2　作者注：過剩：需求量＜供給量（賣方失望）。

3　作者注：賣方之間的競爭。

4　作者注：問題：「過剩」意味著此商品不再稀缺了嗎？

買吉他，可是發現吉他都賣完了。這時就出現了短缺（shortage），❺和過剩正好相反。**當需求量大於供給量時，就會出現短缺**。消費者會藉由超乎尋常的排隊人龍或空空如也的貨架體會到短缺。而賣方此時會發現他們賣得要比原來預期的多，從而在計畫之外動用存貨。

一個失望的購買者會做什麼事？闖進商店偷一把吉他，那是犯法的。往別人的汽車油箱裡灌沙子，好搶在別人之前買走最後一把吉他，同樣犯法。但是可以出高價買吉他。如果消費者對吉他的報價越來越高，❻賣方會做何反應？他們會生產更多的吉他。注意，隨著市場價從 300 美元漲到 500 美元，供給量會隨之成長，從 800 把到 1,000 把。同時，上漲的價格也使需求量從 1,200 把下降到 1,000 把。不管是競價者真的把吉他的價格抬上去，還是賣方發現可以自己提高售價**並**增加產量，從而替代消費者競價的過程，市場價格總有升高的趨勢，短缺現象會隨之消失。❼

5.3 │ 競爭、合作與市場結清

人們總是說，買方和賣方在市場經濟中是競爭關係。真的是這樣嗎？回到第 2 章中布朗和瓊斯的例子，他們交換淡啤酒和黑啤酒是相互**合作**。難道因為交易只是為了**錢**，交易雙方的合作關係就變了嗎？沒有。如果你自願花 20 美元、200 美元或 500 美元買一把吉他，不管多少錢，反正只要你和賣方找到了互相合作的方式就行。這就是交換的互惠本質，無論是用貨幣還是藉由以物易物的形式，貨幣使這種合作行為能更容易發生。

競爭當然存在，而且與合作一樣，競爭在市場過程當中也是無處不在的。但是，賣方傾向於和其他賣方競爭，買方傾向於和別的買方競爭，而不是買方和賣方之間競爭。

5　作者注：短缺：需求量＞供給量（買方失望）。

6　作者注：買方之間的競爭。

7　作者注：一切都有替代！

買方和賣方在市場經濟中是合作關係

再看短缺的例子。失望的吉他買主互相競爭，或者是出高價競相購買，或者是證明自己在定價更高的時候也願意購買。競價的過程會減少短缺。賣吉他的人當然願意能賣多貴就賣多貴，將商品賣給出價更高的人。相反地，在過剩的情況下，賣方相互競爭，爭相吸引顧客，甩掉多餘的存貨。這不是買方和賣方的競爭，而是賣方和賣方之間的競爭。競爭不是藉由暴力和騷亂，而是藉由降價——只要大家都尊重並執行遊戲規則！「這把吉他別的店裡都賣 700 美元，看你這麼喜歡，給個優惠價，595 美元。再額外贈送一個撥片。」賣主是在尋找一種方式和其他的賣主競爭，同時跟你合作。那個還賣 700 美元的競爭者很快就會發現光送一個撥片已經不夠了，他很快也會降價的（當你去買車的時候，賣主是跟你競爭還是跟馬路那頭的經銷商競爭？你想買便宜點，那麼你是擔心賣主，還是怕自己出價太低，以至於賣主把車賣給比你出價高 750 美元的人？）。

因此，價格在短缺的時候傾向於上漲，在過剩的時候傾向於下跌。競價的過程一直要到短缺或過剩得到緩解為止。在這個例子裡，競價過程會在價格為 500 美元時終止。如果沒有短缺，買方就沒有出高價的動機了；如果沒有過剩，賣方也就沒有降價的動機。經濟學家通常把這一價格稱為**均衡價格**（equilibrium price），因為供給和需求的「力量」形成了均勢，價格沒有進一步變化的趨勢了。但是這種說法顯得有點僵硬，好像市場是某種裝置一樣，我們更傾向稱為**市場結清價格**（market-clearing price）。所謂市場結清，就是市場上既沒有短缺，也沒有過剩。買方的計畫和賣方的計畫完全協調。❽

經濟學思考方式的發展，原因之一就是為了解釋市場結清現象。不僅僅是吉他市場會結清，**任何商品或服務的自由市場都有結清的傾向**。供給和需求的「法則」或原理，能幫助我們理解市場**為什麼**會結清及**如何**結清，資訊有限的個人又是怎樣找到實現他們計畫的途徑。

最後一點，也是很重要的一點：商業社會不需要經濟學專家使市場結清，需要的是有效的遊戲規則，允許人們按照認為合適的方式，來買賣交易財產以協調他們

8　作者注：市場結清：需求量＝供給量（買方和賣方的計畫完全協調）。

的計畫。經濟學家的作用在於解釋市場過程是如何協調個人計畫、產生財富並促使經濟成長——這些事很多人還不太理解。人們常常不明白，市場結清是諸多個體選擇的無意後果。對於買吉他的人來說，他們對市場總體狀況的關注其實少得不能再少，買吉他的前提是價格能承受得起，他們不可能知道有關吉他行業的一切情況。對於賣吉他的人來說也是一樣，追求的也是自己的目標，要賺錢謀生。市場結清的傾向既不是由經濟學家和政府計畫的，也不是由生產者和消費者控制的。人們的資訊和知識有限，這點無法避免，人們藉由競價和合作性的交換來追逐各自的目標和計畫，市場結清只不過是這些活動的**無意**後果。

5.4 │ 改變市場條件

　　現在把問題往前推進一步。之前我們討論的中心是，在給定供給曲線和需求曲線的情況下市場的結清傾向。但是，在第 3 章和第 4 章中已經講過，供給曲線和需求曲線本身也會移動。現在就來看一看，當供給曲線或需求曲線移動的時候，會出現什麼情況。

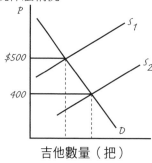

吉他數量（把）

　　例如，假定雲杉的價格下跌，而其他因素（技師的工資、桃花心木和其他材料的價格）不變。首先得確定，這個變化會不會導致需求曲線或供給曲線的移動。雲杉降價會降低製作吉他的邊際機會成本。因此，吉他的產量會上升。還記得嗎？供給曲線是由這些邊際成本的「高度」繪出的。邊際成本降低意味著供給曲線要向右移。當市面上的吉他增多，**總供給**上升，價格會從每把 500 美元降到 400 美元（如果供給增加了，價格還是 500 美元一把會怎麼樣？會出現過剩。賣方會爭相降價，直到過剩消失）。**新**的市場結清價格出現，是每把 400 美元（注意，吉他的需求曲線沒變，當價格從每把 500 美元降到 400 美元時，**需求量**增加了）。

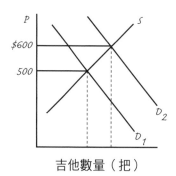

吉他數量（把）

考慮一個不同的例子。如果**電**吉他的價格上漲會出現什麼情況？會對木吉他的市場產生什麼影響？一般認為，電吉他和木吉他是很好的替代品。原來想買電吉他的人，可能會因為價格上漲而改變計畫。有些人會轉而購買木吉他，有些人可能會買伸縮喇叭、手風琴或其他樂器。無論如何，**木吉他的總需求上升了**，我們可以把在圖中表示為木吉他的需求曲線向右移動了。出現了新的市場結清價格，每把木吉他 600 美元。

5.5 ｜ 理解自由市場價格

如果房間裡溫度低，沒有人會責備溫度計，也不會有人說，此時拿根蠟燭放到暖氣開關底下，就能把房間加熱。這是因為這些東西如何運作，人們多少還是知道一點的。但是，人們常常把某種商品的稀缺性歸咎於高價，好像實行了價格管制，稀缺性就沒有了。第 6 章會討論價格管制問題。

稀缺性是需求和供給之間的關係

我們要知道的是：**稀缺性是購買意願和供應水準之間的關係，也就是需求和供給之間的關係**。如果人們不需要以有價值的東西作為代價，就會產生很多欲望，而又不能想要多少就要多少，所以會出現稀缺。市場價格會告訴我們相對的稀缺性，但是，不要把稀缺性（scarcity）和稀有性（rarity）搞混。說某種東西**稀有**，是說只有相對很少的數量可供使用，例如八音軌匣式錄音帶要比光碟稀有。**購買意願不是構成稀有性的要素**。現在誰還要匣式錄音帶啊？沒有需求了，城裡的跳蚤市場上一個老式的匣式磁帶只賣一兩塊錢。同樣的音樂刻在光碟上，要價就高得多。人們願意多花錢買光碟，因此光碟比匣式磁帶更稀缺（如果你還不明白，假設作者之一──普雷契特科在一個棒球上簽了名，他簽名的棒球肯定比 A-Rod 簽名的棒球更稀有，因為只有一個，而 A-Rod 至少簽了上百個。但是，沒有人願意為普雷契特科簽名的球和 A-Rod 簽名的球出同樣價錢。事實上，普雷契特科的簽名可能把棒球的價值減到了零。所以，他簽的球的稀缺性遠遠不及 A-Rod 簽的球）。❾

9　作者注：A-Rod 簽名的棒球一個賣 600 美元；普雷契特科簽名的棒球一個賣 50 美分。

　　緊接著，根據第 3 章的結論，如果某物是稀缺的，就必須確立某種選擇過程（標準），以便從申請者中篩選，決定誰能得到多少。這個標準可以是年齡、辯才、敏捷程度、受公眾尊敬的程度、支付意願或者幾乎其他任何東西。在商業社會中，最常用的標準是支付貨幣的意願，有時候也用別的標準。

　　例如，哈佛大學每年收到的入學申請遠遠多於它能招收的學生人數，所以哈佛大學必須按照高中成績、入學考成績、推薦信和重要校友關係以及其他標準來篩選。喬‧考利奇是學校裡最受歡迎的男生，經常有女生為了贏得他的好感而尖叫，因此他必須分配他的注意力。無論他採取什麼標準，容貌、智力還是溫柔程度，都必須用某種方式來區分這些女生。

　　一旦哈佛大學公布了選才的標準，想上哈佛的學生就要競爭，以滿足哈佛的要求。如果那些急於跟喬‧考利奇約會的女生知道他最看重的是容貌，她們就會努力打扮自己，使自己看上去比別的女生更美。

競爭的產生是因為稀缺性

　　很明顯，競爭不只是在資本主義社會才有，也不只限於使用貨幣的社會。**競爭源於稀缺性，只有消除稀缺性才能消除競爭 —— 當人們努力滿足那些決定的標準時，競爭就發生了。**

　　所使用的標準會造成差異，有時候差異會很大、很重要。如果一個社會按照支付意願來協調計畫，社會成員就會努力賺錢。如果以體格強弱為主要標準，那麼成員就會鍛鍊身體。如果一個社會按照銅管樂器的演奏水準來協調，那麼大家就會學習吹喇叭。如果名牌大學把高中三年的成績作為招生的重要依據，高中生就會看重分數。他們也可能用成績來競爭一些其他資源（比如在同學中的地位、老師的表揚、開自家汽車的機會、使用父母信用卡的機會），但是大學招生的規則一定會激勵高中生努力得高分。

5.6 │ 中央計畫和知識問題

　　社會經濟生活的中心任務，就是要保障社會成員之間的協調，從可用的資源中

獲取最大的利益。社會由很多個體組成，人與人之間互不相識，有效的計畫協調需要以明確、簡單和標準化的交易條件為前提，這樣交易成本才會維持在一個低水準上。

在這個世界上，人們具有不同的技能、興趣、價值觀和偏好；資源有各種用途，而且機會成本各異；日常生活中充滿了持續變化和新發現。想像一下另一種經濟制度——計畫經濟，所有的生產資料，包括各種資源、機器、工廠等都不是私有，而是歸全社會所有，這些稀缺資源的最佳用途的決策權掌握在一批經濟學家、社會學家、化學家等專家手中，這些人組成了中央計畫委員會，決定生產什麼、怎樣生產、給誰生產。整個計畫經濟就像是一個巨大的國有企業（如國有郵局）在運作。市場被廢除了，因此貨幣也沒有用了。**中央計畫部門依據什麼資訊和訊號，來有效安排各種商品和服務的生產和配給，以滿足廣大人民的需要呢？**

中央計畫委員會裡的工程師當然可以說，用黃金做公共汽車、用白金做鐵軌、用錫做結婚戒指，在事實上都是可行的。在自由市場經濟中，公共汽車生產商、鐵路建築商和珠寶商也可以這麼做，他們在政治上和經濟上都是自由的。

經濟計算怎麼形成的？

那麼在市場經濟中，怎麼沒見到有人這麼做呢？**因為這麼做肯定會賠得一塌糊塗**。把市場上這些資源的價格和人們願意支付的價格比一比，就可以讓生產者在生產**前認清**這麼做的後果很可能是虧損。所謂的經濟計算，就是這麼一回事。[10] 這些價格是透過無數人在日常的市場過程中的自願交換和談判產生的。但是，計畫經濟取消了市場過程。那麼制定計畫的人拿什麼資訊和訊號來參考呢？他們手上可能有很多的工程原理和公式，倉庫裡的原料堆積如山，一大群適合工作的勞動力，還有複雜的電腦系統運算一大堆數據，但是這些東西對經濟計算能起多大作用？數據會顯示，錫的結婚戒指很少。是不是該多做一些呢？還是少做點？成本應該有多高？**錫的結婚戒指到底有多麼稀缺？白金比鋼的摩擦力小，這是不是會讓制定計畫的人認為白金比鋼更適合於做鐵軌？白金還有什麼用處，把白金用於製造醫療器械、鐵**

10　作者注：經濟計算讓人們認識到商品和服務的相對稀缺性。

軌或其他東西的成本各是多少？如果生產一根鋼軌的材料、人工可以用於建醫院、做烤麵包機、鉛筆或是其他種種稀缺的商品和服務，那麼生產一根鋼軌的相關成本會是多少？沒有貨幣和市場定價的過程，制定計畫的人就沒法有效地進行經濟計算。❶

　　計畫經濟的滅亡正好驗證了經濟理論一直以來的看法：中央經濟計畫制定者，即使他們很聰明並且熱愛人民，也不知道該怎麼有效地管理商業社會中的日常業務。問題不在於找一個更內行的人來為經濟成長獻計，而是要形成更有效的制度和遊戲規則，來鼓勵人們發現自己的比較利益，使他們掌握的有限知識、資訊和資源得到最有效的利用。

　　市場定價的缺乏還導致了巨大的交易成本，造成了供需雙方合作的失敗。蘇聯的中央計畫經濟解體時，經常有報導說農作物沒有人收成，任由腐爛，同時城市裡的商店貨架上空空如也。怎麼會有這樣的事發生？為什麼沒有人把糧食運進城市，滿足人們巨大的需求呢？官僚體制的崩潰不足以解釋這一切。人們應該有能力收成糧食，送到饑餓的人手中，這一點即使沒有官員的明確命令也應該能做到。

　　人們或許會說，這事應該能做到。但請再想得仔細點、具體點。這些要被糟蹋的糧食是誰的？誰有權來收割這些糧食？誰擁有收割設備？誰又決定了設備的使用權？誰有卡車把糧食運到城裡去？卡車用的燃料歸誰所有？糧食運到了城市由誰來配給？一邊是要腐爛在農田裡的糧食，一邊是城裡饑餓的人們——光憑這樣的事實並不能使糧食從農田運到城裡的糧倉。適合做這事的人，首先應該得到適當的資訊和誘因。

　　交易成本能解釋「浪費」的情況。**浪費**一詞是加了引號的，因為事情是不是浪費還不清楚。如果把糧食運到消費者身邊的成本高於糧食本身的價值，那就應該任由糧食腐爛在農田裡，這不是浪費。很顯然，事情就是這樣。交易成本是實實在在的，一點也不比收割和運輸的成本遜色。

11　作者注：計畫經濟不用經濟計算，也就無法了解稀缺性等訊息。

5.7｜產權和制度

這樣的事在美國不大可能發生，因為美國的土地、糧食、農業機械、卡車、糧倉和零售店都是私有的，這是一種不同的遊戲規則。在產權明確的制度下，消息靈通的人們就會有強烈的動機掌握需要的資源，把糧食從沒用的地方運到有用的地方。並且在產權可以自由交換的制度下，有些人能使這些必要的資源物盡其用，將資源迅速而廉價地聚集到自己手中。

明確的私有產權與自由交換制度

關於美國在颶風受災區域的救災和重建工作中，調配所需人力、拖車、建築設備以及其他物資的方式比較一下。關鍵的差別在於，美國有成熟的、界定清楚的產權體系，人們有充分的自由按照自己的選擇交換產權。在美國，多年以來形成了龐大的制度網絡，有營利性的，也有非營利性的。有了這些制度，人們的各種交換，無論是經常性的，還是偶爾為之，交易成本都能夠保持在一個較低的水準上（善於思考的讀者會敏銳地注意到，人們之所以頻繁地、有規律地進行某種特定的交易，只是**因為**交易成本低）。

再想一想，要是你餓了，買一份喜歡的披薩有多麼容易，這其中要經過很多交易：建造披薩店、種青椒、運橄欖、給乳牛擠奶，還有給這些活動安排必要的信用額度——一切的一切都要協商。協商成功是因為交易成本夠低，交易成本低是因為這些交易是在一大套制度中發生，這些制度隨時間逐漸發展，其間市場參與者致力於降低所從事交易的成本。想想那些專業的生產商、專業的零售電商以及各種服務的專業提供者；財務會計的原則、行業的規則，還有各行業的貿易慣例；銀行、信用評級機構以及高度組織化的證券交易所；每天報紙上的不同欄目、電話公司的黃頁以及看一眼就能查到的經紀人和供應商的名冊；民法的原則、貫徹這些原則的警察、解決爭端的法院，還有補強法律系統的私人仲裁機構。

在計畫經濟已經失敗的國家中，市場體制似乎正在萌芽。市場體制已經取得的成就面臨著巨大的障礙，差不多每個轉捩點上都會遇到交易成本高的問題，這是因為很多關鍵的制度還沒有到位。那些成熟的市場經濟，在幾個世紀中自然形成了各

種制度，在這些原來實行計畫經濟的國家中，個體的交易者（普通人）能不能設計並創造出這些制度呢？這些制度在別的國家是藉由緩慢、漸進的方式逐漸確立的，原來實行計畫經濟的國家能不能很快地複製這些複雜的制度呢？他們能不能盡快克服高交易成本的問題，滿足人民的渴望呢？人民已經迫不及待地要享受市場經濟應許的成果了。

5.8 ｜ 延伸閱讀：貨幣和利息的協調作用

貨幣：一般的交換媒介

為什麼市場經濟中幾乎所有交換都依賴貨幣？為什麼人們不以物易物，直接用生產出來的產品換取需要的東西呢？為什麼人們賣東西或提供服務都要收錢，工人們領的工資也是錢，即使錢**本身**沒什麼用。

對這個問題的回答是：貨幣能降低交易成本。**貨幣是交換的一般媒介**，貨幣遍及各種市場，不管是合法的還是非法的。和僅僅依賴以物易物的市場相比，使用貨幣的市場有明顯的優勢。如果社會上沒有貨幣促進交易過程，安排交易的成本就會高得多，因此我們的財富也就相對少得多（別忘了，財富的定義不是金錢或僅僅是物質財富，而是指**一切**人們認為有價值的東西）。在一個只有以物易物的經濟體系中，人們得花費大量時間尋找願意和自己交易的人。製作吉他的琴師要尋找農民、生產衛生紙的人、磨坊主人、製造工具的人、製造膠水的人、建築承包商等，他們中間每一個人都得願意接受吉他，並以自己的產品作為交換。所有用來尋找交易夥伴的時間都不能用於製作吉他，這樣吉他的產量就會銳減。同理，所有**其他**商品的產量也會減少，因為其他生產者也得尋找適合的人交換產品。

每一次以物易物都伴隨著高昂的交易成本，認識到這一點，人們就會努力嘗試自給自足，即自己生產自己需要的一切東西。如果一個社會受到以物易物的限制，沒有貨幣促進交易的話，其專業化的程度就會大大降低，人們就會變窮。在幾乎所有已知的社會當中都存在某種貨幣體系的演化，即使在對貨幣極其不利的條件下，貨幣依然存在，這本身就有力地論證了使用貨幣的優勢。

貨幣還有另一個重要的優勢。交換中支付的貨幣量可以做微小的調節，也可以

做極大的調節。想像一下，做吉他的琴師在一個純粹的以物易物的經濟中想得到一張音樂會門票。他能用 1/10 把吉他去換音樂會門票嗎？然後用剩下的 9/10 把吉他去換半打啤酒、麥當勞漢堡、炸薯條、汽油或是其他想要的東西，行嗎？或者他可能還得先把吉他換成 10 張音樂會門票，**然後**再設法把其中 9 張門票換成想要的其他東西？想一想，這裡面的交易成本大得出奇！所以佛陀才放棄一切，什麼都不要。但是，如果做吉他的琴師把吉他賣掉，收回來的是錢，那他就可以買他想買的東西，多買點或者少買點都無所謂，沒有絲毫困難。如果他覺得顧客們願意比以前多出一點錢，他就可以把吉他的交換價值——貨幣價格提高一點；如果想確保銷量或者多賣出去幾把，也可以把價格稍微降一降。

**兩個一半不等於
一個整體**

在商業社會中，微調的能力對於協調是至關重要的。以一加侖汽油為例。如果我們要在星期二下午 5 點半的時候在自助加油站把汽車油箱加滿，這就需要有恰當數目的人，具備恰當的能力，對恰當的資源有恰當的控制，並在恰當的時間以恰當的方式合作，去勘探、鑽井、採油、輸油、煉油、裝車、儲存。這個複雜的系統，主要是靠人們對貨幣價格的調整做出的反應來協調。那些人之所以能完成上面這些豐功偉績，並不是因為有多麼愛我們，知道我們是多麼需要汽油，而只是在推進他們碰巧感興趣的計畫而已。他們的努力之所以能互相吻合，是因為有貨幣價格發出不斷變化的訊號來協調這些努力。

再次強調，貨幣價格對於社會運作的極端重要性，並**不能**對公民們的性格特徵或道德水準做出任何推論。只要人們想優化，就要關注價格，從他們掌握的資源中盡可能地獲取認為有價值的東西。貨幣價格說明消費者建立預算並弄清自己的選擇，幫助生產者計算預期的成本和預期的收益。當然，人們並不**僅僅**關注貨幣價格，光看不做沒什麼意義。相對地，當價格變化的時候，人們隨之調整自己的行為，以便從價格指示的新情況中「獲益」。[12] 就這樣人們之間產生了協調，自利（重申一下，不一定是自私）的行為變成了合作。

12　作者注：貨幣計算的功能。

貨幣與利息

最近有個財經記者寫道，「如果美國聯邦準備理事會的班·柏南克提高利率，那麼貨幣價格將會上升」。不幸的是，從經濟學的思考方式來看，這樣的論述是完全錯誤的。利息不是貨幣的價格，也不是使用貨幣的報酬。償還利息並不是因為使用了貨幣，而是因為**借用了貨幣。借貸意味著我們獲取了尚未擁有的購買力。**以銀行為管道，借方說服貸方提供貸款，並承諾以後償還本金和利息。雙方達成了協商一致的合約。這筆交易稱為貸款，利率反映了貸款的價格。❸

思考一下學貸。你為什麼願意支付利息？當前的資源通常比未來的資源更有價值，這是因為現有的資源通常可以增加機會，讓我們能做更多的事情，使獲利能力隨時間而提高，隨之在未來獲得更多的資源。在這種情況下，一旦看到了這樣的前景，便希望得到貸款，投資於自己的教育。如果非得借款不可，我們願意支付一個溢價（即利息），只要其少於所期望從貸款獲得的收益。商人也會這樣做。

時間偏好

利息是現在和未來之間商品價值的差額。過去的幾十年裡，許多經濟學家認為，這兩者間的差異可以用預期的資本生產率來解釋。不僅如此，人們還表現出**正的時間偏好傾向：**❹ **我們往往認為當下的快樂比未來遙遠的快樂更有價值，**我們經常將未來打折，哪怕只有一點點。

這裡有幾個小測試，你可以藉此檢驗自己是否有正的時間偏好傾向。假設餓了，你可以選擇從現在起用餐一小時，或是在幾個小時之後享用同樣的一餐。如果你選擇盡快用餐，那麼你具有正時間偏好傾向。或者假設奶奶帶給你一個驚喜，寄來了 100 美元的支票，你當然很高興，但它的兌現日期是下個月。如果你因此而失望，更希望今天能夠兌現支票，那麼你的時間偏好傾向就是正的。❺

這便成為了一個取捨的問題。如果未來有個更大的機會來補償你，那麼你可能

13　作者注：利息不是「貨幣的價格」。

14　編注：正的時間偏好傾向是指人們今天對某項資產的評價，永遠高於對該項資產在未來特定時間的評價。換句話說，就是明天才會實現的承諾，一定不會比今天就要達成的承諾更有價值。

15　作者注：如果你將現在的 1,000 美元的價值視同一年後的 1,250 美元，你的時間偏好率為 25%。

願意延遲當前的消費機會。例如，如果會享用一頓更加美味的晚餐，那麼你可能會選擇不吃午飯。再或者，作為一個學生，你可能願意現在以較少的收入生活，只要你相信學位會在未來提供更多的收入。

儲蓄帶來借貸機會

再回到利息的金融含義。支付利息是為了誘使人們放棄當下對商品的享受。畢竟，貸款人也面臨著取捨。約定償還的貸款利息可以彌補貸款人的機會成本，這樣他可以在未來享受更多的商品和服務。

這就是很多家庭願意儲蓄的重要原因。為了未來的消費機會，他們願意放棄眼前的消費。銀行借錢給客戶，同時來自家庭的儲蓄實際上為貸款人創造了貸款機會（藉由美國聯邦準備理事會創造的額外貸款是一個非常重要的話題，將在第 14 章討論）。儲蓄存放在銀行，承諾一定的利息，再由銀行借出，向貸款人收取更高利率，將差額作為潛在的獲利機會。

貸款由銀行提供，卻來自家庭儲蓄，是一條利率的上斜曲線。其他因素不變，利率更高，刺激貸款供應增加。家庭和企業等貸款人之間的借貸需求和其他的需求曲線一樣，是向下傾斜的。其他因素不變，人們更傾向於以較低利率借款，而不是較高利率。假設市場利率（你可以把它當作信用的價格或貸款的價格）為 5%，它將出現在供需均衡處。如圖 5-2 所示。

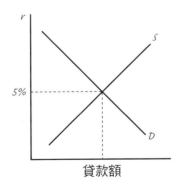

圖 5-2　貸款市場的供給與需求

注：5% 的市場利率由儲蓄和投資決策來決定。如果家庭希望更多儲蓄，信貸供應將增加，利率將下降，並且將有更多貸款發生。

如果家庭願意在現行利率下有更多的儲蓄（如果他們的時間偏好傾向降低），整個貸款的供給曲線將會左移。這將使市場利率從 r_1 降低到 r_2，並為其他家庭，更重要的是投資者，提供更多的借貸機會。我們可以把更多的儲蓄看作是為企業開的綠燈，使他們能借款，並承諾更多具有時效性、更長的生產流程。在未來，這些投資將給家庭提供更多的消費機會。

利息中的風險因素

我們所說的市場利率反映了時間偏好傾向，但它也包括不同大小的風險溢價。和那些信用記錄較差的客戶相比，信用良好的客戶一般支付的利率較低。我們可以把它看成是一種保險費，是銀行從預期損失中收取的，是收集信用記錄的成本和違約成本。如果銀行不能承擔風險溢價，那麼就會拒絕提供高風險類別的客戶貸款。

實質利率與名目利率

你在市場上看到的合約裡，其中載明的利率還包含了另一個因素，那就是彌補借方貨幣購買力的預期損失（即通貨膨脹）。如果借方想獲得每年 3% 的收益，預期通貨膨脹率是零（即貨幣購買力保持穩定），那麼他會向貸方收取 3% 的名目利率（這個名目利率便是實際在合約中載明的利率，也就是銀行員背後牆上掛牌的利率）。如果貸款到期，他也真的能在這筆貸款上賺到 3% 的收益。如果借方預期通貨膨脹率是 2%，造成貨幣的購買力降低或貨幣貶值，那麼他就會收取通膨溢價，將名目利率提高到 5%。在 2% 的通貨膨脹下，如果借方收取 5% 的年利率，那麼考慮到通膨，他實際的回報率是 3%。

計算實質利率的公式是：

實質利率＝名目利率－通貨膨脹率

在前面的例子中，計算實質利率時，是把預期的 2% 的通貨膨脹率從 5% 的名目利率中扣除，得到的就是 3% 的實質利率。

本章回顧

在勞動分工程度很高的社會中，各類決策的協調是相當複雜的過程，需要日復一日不斷協商，還要執行數不清的協定以達成交易。

市場應該被看成競價的過程，而不應被看作一個人、一個地方或一個東西。供給與需求是一個互動的過程，相對價格在此過程中被決定。這也是一個互相協調、互相接納的過程。

當買方和賣方的計畫互相協調時，換句話說，當需求量等於供給量時，市場得以結清。當價格低於市場結清價格時，就會發生短缺；即需求量超過了供給量。市場價格會傾向於上升，以減少短缺。當價格高於市場結清價格時，就會發生過剩；即供給量超過了需求量。市場價格會傾向於下降，以減少過剩。市場結清是買方和賣方追求他們各自計畫的無意結果。經濟學家對於解釋這一過程的發生原理是有助益的，但是如果沒有經濟學家，自由市場照樣有效運行。

交換是一種相互協調的活動。買賣雙方對交易的條件達成一致，這就是協調。買方和買方競爭，藉由競價或者其他非貨幣手段爭取得到稀缺品，在市場發生短缺時尤其如此。賣方和賣方競爭是爭奪利潤，在市場發生過剩的時候，一般會爭相降價。

稀有不是稀缺，不要搞混。如果某種東西的數量很少，那它就是稀有的，比如普雷契特科簽名的棒球或勃特克簽名的網球拍。

稀缺性是購買意願和供應水準之間的關係，也是供給與需求之間的關係。只有當人們不用付出任何機會成本就可以得到他們想要的東西時，商品才能擺脫稀缺性。

在物質匱乏的世界裡，必須不斷發展並設計遊戲規則，包括區別篩選的標準，以確定誰獲得什麼。不管使用的區別篩選的標準為何，為了滿足此標準的嘗試，即競爭。

在一個開放的市場中建立的價格體系可以傳達重要的資訊，即關於商品和服務的相對稀缺性的資訊。中央計畫的經濟藉由政府行為廢除了私有產權、貨幣和市場，也破壞了市場的訊號，人們就無從發現他們各自的比較利益，也無法有效地使

生產計畫和消費計畫相協調。

有效市場經濟的一個重要特徵就是數目眾多的各種制度，它們不斷演進從而可以降低交易成本，並促進自願的交換。交易成本是在供需雙方之間安排交易合約或協定的成本。貨幣是交換的一般媒介，可以降低交易成本。在高度專業化的經濟體系中，依照供需關係隨時調整的貨幣價格體系，可以提供相對的資訊，使人們能有效地協調各自的計畫。

簡單地說，利息代表現在和未來之間物品價值的差額。換另一種說法，即人們表現為正的時間偏好傾向：事不宜遲。這就是人們願意支付利息向他人借款，從而獲得當下的物品控制權的原因之一，也是為什麼人們會要求利息作為回報，因為如果未來能得到更多的補償，他們願意放棄當下的物品控制權。

市場利率是由貸款的供給和需求決定。利率本身並不是貨幣的價格，而是貸款的條件。具體的條款包括由於風險因素造成的溢價，以及預期通膨率帶來的溢價。實質利率是名目利率減去預期通貨膨脹率。

無意的後果：
供需規律的更多應用

▌本章你可以學到這些▐

☑ 區分行動計畫有意或無意的後果

☑ 探究影響、塑造誘因的方式，以及誘因如何影響供需決策

☑ 觀察及解釋價格管制如何造成短缺和盈餘

☑ 論證「價格決定生產成本」

☑ 列舉非經濟學家是如何錯誤地進行供需分析並預測錯誤的例子

　　蘋果落地，這事用不著物理學家操心。所有的蘋果好像都是自己掉下來的，不管有沒有物理學家，蘋果都會掉下來，這是一個自然的過程。物理學家發現了過程背後的原理，並叫它萬有引力定律。經濟學的思考方式關注的是人們的選擇以及這些選擇的結果，並要發現在其背後起作用的原理，在這個意義上，經濟學和物理學有某種相似之處。人們各有各的計畫和目標，他們在市場上藉由競爭與合作協調各自的計畫，經濟學能幫助我們理解這一切。正如在第 5 章中強調的，市場達到結清過程不必由經濟學家指揮，這一過程是藉由供需規律實現的。

　　經濟學家還有一個作用很重要，就是要澄清對市場過程常見的誤解。他們常常是突破常規思考的。我們從第 1 章開始就在澄清一些誤解。本章中會繼續說明澄清，並探討一些新議題，比如價格管制、對酒類和藥品的禁令、稅收，當代的奴隸貿易與圍繞成本和價格關係的種種偏見。

6.1 │ 自然災害時供需的迷思

在第 5 章的探討中，教室後排的那位批評者保持著非常大的耐心和安靜。或許那位學生僅僅是在開小差，要不就是他願意承認自由市場過程在日常協調供給者與需求者的計畫時，可以起到足夠（或許不是非凡的）的作用。市場結清，或者說系統性的計畫協調，是人們在自由市場經濟中追求各自目標時**無意的結果**。這一機制確實在一般情況下運作良好。「但如果理性、全面地來看，在大災難時它又能如何表現呢？」教室後排的那位批評者又開口發言了。

自由市場制度失靈了嗎？

這是一個很棒的問題。當一切形勢都失控的時候，比如說遇到自然災害時，我們還能合理地期望自由市場制度有效地協調計畫嗎？當颶風來襲之後，不是常常觀察到偷竊、搶劫或其他暴力行為數字至少暫時地上升嗎？這些難道不是社會失序或者合作失敗的例子嗎？

你可能確信它們就是，但請仔細思考。搶劫或者其他暴力行為本身並非市場交換機制的失敗，相反，它們代表了自發的**漠視**先前主流遊戲規則，違反諸如私有和公共產權。雖然市場不能完美地協調各方的計畫，政府同樣也無法完美地保護財產權。這種社會失序反映的是政府的不完美：它此時無法有效地監管和執行私有或公共的產權制度。

但國會議員們幾乎不會成立專門委員會去調查搶劫這類突發的違法行為；相反，他們會去調查災難中出現的投機或漫天要價的行為，他們需要解釋價格飆漲的原因（價格飆漲當然不能被很多政治人物所接受）。2005 年 8 月「卡崔娜」颶風襲擊過後，他們又一次這麼做了。

「卡崔娜」颶風是美國歷史上最嚴重的天災，造成了大約 1,500 億到 2,000 億美元的損失，紅十字會估計大約 35 萬所住宅被完全摧毀，另有 50 萬所受到損壞。現在面臨的問題是價格飆漲與投機行為之間的關係。究竟是什麼原因導致這個地區的汽油、原材料、合板及其他木材產品價格飆漲，有些甚至在風暴來臨**之前**就已經上漲？並且在風暴過後價格上漲得更高，對受害者來說簡直雪上加霜，甚至**其他**並

沒有遭到風暴襲擊的地區，相關產品的價格也開始上漲。國會議員認為這些難以理解，但是經濟學家不這麼看。

6.2 ｜天災發生時供需的協調

　　讓我們首先考慮合板的供需。美國人每天使用 150 億到 200 億平方英尺的合板：其中很多是由美國國內廠商生產的，不過也有大概 8% 是從巴西進口的。「卡崔娜」颶風登陸的前幾天，合板的價格躍升了 10%、20% 直到 30%，這是為什麼？是因為賣家突然同時變得非常貪婪？如何才能測度評估（這種貪婪）？好在經濟學家知道，作為最後的手段，人們都去購買合板密封家裡的門窗以保護財產，於是需求本身向上躍升（需求曲線右移）。準確地說，合板一夜之間變得更加珍貴了。可以預見到，需求的上升將拉高合板的市場價格。進一步地，當供給者預期到價格的上升，他們會立刻撤回一部分供給——第 4 章介紹過這樣的邏輯：「保留一部分商品，等到價格上漲得更高時再出售。」供給暫時的減少與需求的激增一同作用，**即使颶風還沒有來臨**便可以拉高合板的市場價格。圖 6-1 中闡釋了這個過程。

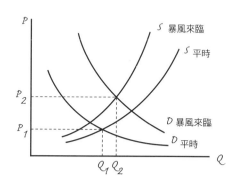

注：合板原來的價格是 P_1，但當風暴來臨時，人們開始計畫膠合板加固門窗，這時需求曲線右移。而經銷商則選擇將合板儲存起來，等到風暴過後再賣個好價錢，供給曲線左移。結果是風暴還沒來臨時合板的價格就已經上升了，從 P_1 上升到 P_2。

圖 6-1　暴風雨前的平靜嗎

　　為了趕在颶風之前撤離，數以百萬的汽車都去加油，這導致颶風來臨之前汽油的價格同樣飆漲。災難來臨時人們的**計畫與平時顯然不同**：需要更多的合板來密封門窗，然後需要更多的汽油來離開災區。兩種情況下需求曲線均向右移。**如果**這是所謂「貪婪」的迸發，那麼買方和賣方一樣脫不了關係。

　　非經濟學家和批評者們將這種內生的價格上漲稱之為**敲竹槓**（price gouging）。這樣的用詞有何用意？誰又被「敲了竹槓」？是消費者嗎？這樣的價格上漲最初就是由消費者自己引發的！**價格上漲反映了市場機制正在起作用：需求的上升和供給的減少會導致價格的上漲**。更高的價格反映出此時合板、汽油這類商品**相對更加稀缺**。在風暴肆虐之前、之中乃至過後，這類商品都會變得更稀缺，因而更有價值。

災後重建需求與建材供給增加

　　更高的價格促使計畫進一步調整，**直至**達成協調。災害過後，合板的價格至少上漲了 50%，其他建築材料如鋼材、釘子、板材甚至 PVC 管材價格也都翻倍。這些還只是全國的平均值，在那些直接受災的區域，價格漲得**更高**。隨著時間的推進，**更多**的資源從其他地區被**運到**墨西哥灣。設想你是一個國內建材的分銷商或國外建材的進口商，是會把貨物運去別的省市或是什麼不知名小鎮，還是將其投入墨西哥灣地區的供給？你會有怎樣的行為動機？除了危急時為國家出一份力，或許更大的誘因是，你可以將這些建材在災後重建中賣出更好的價錢。

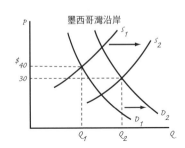

風災過後建築需求繼續上升，但已開始被增加的供給所滿足……

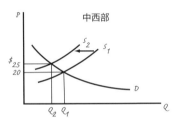

……增加的供給來自其他合板價格較低的地區

　　多虧各種產品和服務相對價格的變化所傳遞出來的訊號，市場不僅鼓勵生產者為國（**也為**自己）出力，同樣也調動了其他地區的消費者：板材等的高價格會讓別處的屋主們延遲翻新住宅，於是可以將有限的資源配置到紐奧良州那邊更有價值、同時也是開價更高的用途上去。信不信由你，用於製造 PVC 管材所需塑膠樹脂的價格上漲，促使西雅圖的一位義大利麵分銷商，削減了需要用塑膠袋包裝義大利麵的進口，這樣更多的塑膠原料可以用作製造 PVC 管材，並用於重建鄰近墨西哥灣的幾個州。這樣的例子不勝枚舉。

批評價格上「敲竹槓」的人們不僅沒有給這個說法一個準確的定義，而且沒有理解市場所傳遞的資訊和動機。價格系統在災害情況下與平時運作得一樣有效。有些人鍥而不捨地要求對「敲竹槓」者罰款、收稅，甚至乾脆監禁，如果真的被一貫而又毫無保留地施行，反而會破壞國家危急時人們相互協調計畫的能力。這樣協調的任務就落在政府部門如聯邦緊急事務管理署（Federal Emergency Management Agency, FEMA）的身上，與價格機制相比，其績效記錄並不能稱得上傑出。

6.3 ｜ 限價的衝動

價格管制的效果又如何呢？汽油是人們生活中不可缺少的東西，就以它為例。修訂這一章的時候，美國一加侖普通汽油的平均價格已經超過 4 美元（其他很多地區的價格更高），我們就把這個平均價格當作全美汽油市場的結清價格。

作者和你一樣，都在抱怨油價太高了。或許現在是做點什麼的時候了：忘掉「市場力量」和「市場過程」吧。**立法**實行價格管制如何？我們可以改變遊戲規則──干預自由市場，要是還有人敢於超過聯邦政府規定的價格上限交易，那就是**違法！**

價格上限是保護消費者嗎？

一加侖汽油的合理價格是多少？2.5 美元？1.5 美元？99 美分？**對誰而言**的合理？忘掉供應商吧，我們人數占上風。對消費者來說，多少錢才是合理的？假設我們最終同意（**且不說怎麼同意的？如何論證？**）一加侖汽油「合理的價格」是 2 美元。然後，經過冗長而爭論紛紛的政治程序，新政策出現了：加油站不得以高於每加侖 2 美元的價格出售汽油。經濟學家把合法的最高價格稱為**價格上限**──價格不允許**超過**一定的水準。❶ 我們先讓汽油價格上限的法案通過，可能以後還要規定啤酒、食品、衣服、藥品、吉他或者伸縮喇叭的價格上限。

但別太激動了，**想像**一加侖汽油只要 2 美元是一件樂事。但是，如果將想像與

1　作者注：價格上限本意為幫助消費者而經立法授權的最高價格。

現實看作兩種消費品，它們之間既非「完全互補」（perfect complements），甚至連相近的「替代」（close substitutes）都不是。我們還是得運用經濟學的思考方式，考慮一下市場過程和它的無意結果，這才是明智之舉。圖 6-2 是一個好的開始。

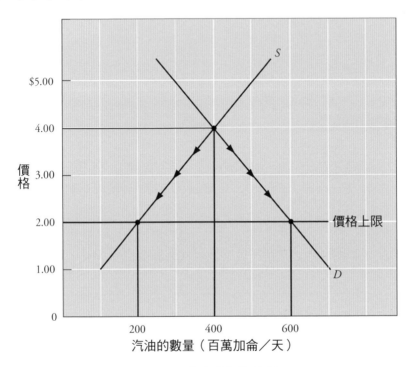

圖 6-2　汽油的價格管制

注：市場在每加侖 4 美元時結清。價格上限設定在每加侖 2 美元。需求量上升到每天 6 億加侖，而供給量下降到每天 2 億加侖。價格管理的無意結果就是每天短缺 4 億加侖。

有了價格上限的規定，賣方每加侖只能收 2 美元，顧客每加侖也只出 2 美元。現在執行的是新規定。只要高於 2 美元就算違法。結果會怎麼樣呢？人們會計畫多買汽油，享受自駕車遊遍全國的樂趣，不用幾個人合開一輛車上班，不用乘公共汽車上學，也可能會買一輛油耗高的八汽缸 SUV 等。當汽油價格低到每加侖 2 美元時，人們會計畫多買汽油，反映在需求曲線上即沿著需求曲線向下移動，需求量（不是需求）增加到每天 6 億加侖。❷ **但大部分的消費者能實現他們的計畫嗎？**市

2　作者注：價格變了，計畫就跟著變。

場還能保持協調嗎？供給量隨著價格的上升而上升，隨著價格的下降而下降，無論**價格是在自由市場中形成的還是用法律規定的**。賣方的存貨會被購買浪潮消耗殆盡，每天的產出會從 4 億加侖降到 2 億加侖。由於新的價格管制，賣方的銷售收入和利潤都會隨之下降，這會讓賣方的日子很不好過（但是，還記得嗎，前面曾經假設不考慮**他們**）。他們的反應是優化，降低產量——如果他們不這麼做，大多數將會破產。我們可以讓供給者暫時賠錢，但是不可能讓他們一直賠錢。在這個例子裡**的確**對消費者關照有加，然而他們會發現作為一個整體並不能實現先前設想的購買計畫。相反，市場上會出現**短缺**，每天的缺口大約是 2 億加侖（需求量和供給量之差）。❸

6.4 | 價格固定時的競爭

在自由市場中，短缺的時候價格會上漲，帶來市場結清作為無意結果。但是，設定價格上限會導致另外的無意結果：汽油的持續短缺。市場相對價格能傳遞關於某種商品相對稀缺性的重要資訊。既然不可多收錢，也不可多給錢，人們會怎樣應對短缺呢？我們一定會看到，購買汽油的**非貨幣成本**會上升，因為汽油是稀缺品，必須被以某種標準分配。如果我們用法律禁止了貨幣價格這一分配手段，就不得不使用其他的分配規則，不管是自然形成還是人為設計。等待購買汽油的人會試圖找出新的分配規則對購油人群加以區別，而且會互相競爭以努力達到這個標準。他們的競爭會使總成本增加，除了價格之外，還要加上購買汽油的非貨幣成本，總成本會不斷增加，直到需求量不再超過供給量。

加油站前的長長隊伍可能是最好的例子。當人們想到，如果汽油的價格被抑制得很低，有可能買不到想要的數量，這時人們可能就會早早地去加油站排隊，以免加不到油。但其他的人也會有同樣的想法，所以隊越排越早，越排越長。❹ 排隊等待無

---

3 作者注：無意的結果是汽油短缺。
4 作者注：消費者之間互相競爭！

疑是一種成本。

限價造成了商品短缺

有些人可能會四處搜索，而不是排隊一直等，甚至雇人排隊，1970 年代在加州就有人這麼做。搜尋時所花的時間和汽油都是額外的成本。還有的人可能會做交易：給加油的工人一筆小費，讓他偷偷比原定多加一些；要不就在加油站停車並支付一筆特別的費用；或是同意在加油站做其他汽車保養維護；直接給加油站老闆送些門票。所有這些競爭方式都會增加買油的成本。成本會持續上升，直到需求量最終降低，和供給量一致。

購買某種商品的欲望，如果在貨幣價格下不能得到全部滿足，那麼人與人之間的競爭就會增加購買這種東西的成本。在這種情況下通常會帶來貨幣價格的上漲；而如果是購買東西的其他某種成本上升，我們就能相當肯定有某種社會壓力（例如法律規定的價格管制）把貨幣價格壓制住了。當這一現象發生時，隊會越排越長，搜尋會越來越難，甚至要用某些特別的安排來分配商品，因為**在當前價格水準下需求量大於供給量**，即出現了商品**短缺**。❺

這與災害時寶貴的價格協調機制有關。2012 年 10 月，颶風「桑迪」對美國東北部海岸造成了前所未有的破壞。風暴過後，嚴重的汽油短缺隨之出現。在紐澤西州，人們要在一英里長的隊伍中排兩個小時給汽車加油。你能猜到這是為什麼嗎？因為紐澤西有反哄抬價格法，隨著需求的成長和價格的上漲，價格上限發揮作用，帶來供需數量的失衡。

經濟學家的短缺概念集中在貨幣價格上。只有當貨幣價格不能在互相競爭的需求者中發揮分配稀缺品的作用時，短缺才會存在。**無論何時，如果發現需要靠非貨幣成本的提升來分配稀缺商品和服務，這時觀察到的就是現實生活中的短缺。**❻

5　作者注：雖然價格被立法限制住了，但是消費者的真實成本並沒有降下來。

6　作者注：稀缺性是不可避免的；而只要讓價格上漲，短缺就可以避免。

6.5 ｜ 恰當的與不恰當的訊號

在商品明顯短缺時，如果法律禁止供應商漲價，那麼供應商該怎麼辦？他們可能會尋求其他手段，使事情朝有利於**他們的**方向發展。汽油零售商可能會決定減少每日的營業時間，週末全天不營業，以此降低成本。如果他們在 20 小時之內就能賣掉一週的量，那他們何必每週營業 120 小時呢？這種供給方對短缺的反應會進一步增加汽油**購買者**的成本：他們會排更長的隊；週末的旅遊計畫不得不取消或縮減；經常會遇到汽車因為沒油料而拋錨，花費額外的成本搜尋、擔心，而如果自己用虹吸管給車加油時操作不當，稍有火星有可能還會危及生命。

佛列德便民服務
我的
為了你的方便
每天營業 24 小時

為了在這個複雜而又相互依賴的社會和經濟中確保有效合作，我們得靠著不斷變化的貨幣價格。當價格受到管制，不能反映相對稀缺的變化時，供給方和需求方就會受到誤導。在扭曲的價格下，人們沒有誘因去尋找、也就找不到更有效的協調方式。而誘因問題如此重要，是因為人與人之間有如此之多大大小小的途徑**可以**相互協調，超過任何中央計畫者的想像；如果不為這樣分散的協調活動提供誘因，最後的結果可能就不是井然有序而是一片混亂。靈活的貨幣價格藉由持續反映不斷變化的供需情況，正提供了這樣的誘因。

6.6 ｜ 想在城裡找公寓？看訃聞吧

現在來看一個比較怪異的例子。在紐約找公寓競爭非常激烈，競爭本身沒什麼怪異的，怪異的是這種競爭所採取的方式相當有創意。例如，人們常常看《紐約時報》和《紐約郵報》的訃聞欄，看看有沒有即將空出來的公寓可以租。他們在找房子的時候並不是向亡魂尋求線索，而是在為一間即將空出的公寓競爭，試圖擊敗對手。❼ 幾十年來，紐約的公寓房一直處於短缺狀態，短缺出現不是因為自由市場不起作用了，而是因為幾十年前紐約市政委員會管制房租，並推行他們認為符合公益

7　作者注：是租客在與租客相競爭。

性的改革，以維持在中產階級看來很低的住房價格。但其實在房租受到管制的公寓
市場上找房子有著高昂的非貨幣成本，看訃聞就是其一。

假設你所在的社區每月租金是 700 美元，近一兩年來由於人口成長，需求增加
推動租金上升，同樣的房子現在租金漲到了 1,000 美元一個月。人們就會對租金上
漲忿忿然，問：「房東做了什麼，憑什麼收這麼多房租？」

圖 6-3 畫出了當前的情況。市場結清價格，在本例中就是房租，是每月 1,000
美元。注意，供給曲線是豎直的，代表總共有 750 間公寓，這個數目是固定不變
的。無論租金是 600 美元、800 美元還是 1,000 美元一個月，短期內供給量總維持
在 750 間。當然，從長期看，供給量可能上升，也可能下降。但是，當下的市場供
給是相對固定的，就像一瞬間看到的。從短期看，供給是無彈性的。

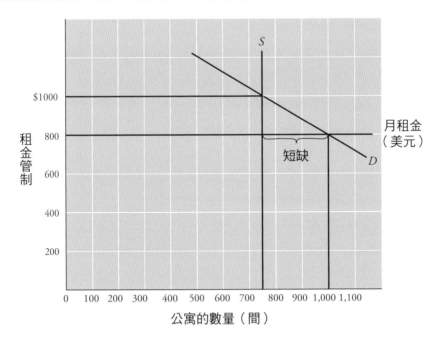

圖 6-3　租金管制的無意結果

假設這個社區裡許多有影響力的人物決定站出來說話，不再僅止於抱怨房租太
高。對於他們的抗議，房東們充耳不聞，他們於是轉而尋求市政府官員的幫助。他

們堅稱人總得有個地方住，官員們也表示贊同，然後駁回了房東們的不同意見（房客的人數畢竟比房東多）。如果房東兩年前對每月 700 美元的租金感到滿意的話，現在拿 800 美元一個月也該滿意了（他們倒也允許房東和通貨膨脹跟高稅賦與時俱進）。

現在房東們的抗議沒人理會了（「你做了什麼事，憑什麼一個月 800 美元還不夠？」）。都市法規實施租金管制，租金不得超過 800 美元一個月。房東和房客可以自行協商租金，低於或等於這個水準都行，但不能高過它。❽

限價與市場結清價格

租金管制的初衷或目的是什麼呢？為了讓更多的人租得起房子。但是看看事情的真相吧。供給量維持在 750 間，和以前一樣，但是需求量增加到了 1,000 間。需求量增加應該做何解釋？當然是因為價格低！所以出現了 250 間的缺口（你明白這是怎麼算出來的嗎？），這是租金管制的**無意結果**。❾ 租房的人踏破了房東的門檻，爭著想得到他們需要的東西——一紙租房合約。沒有租金管制的時候，想租房的人憑租金競爭，而租金就會被推到市場結清價格，即每月 1,000 美元。但現在這是違法的。

公寓稀缺的情況，現在比以前更嚴重。當法律或習慣把租金維持在低於供需相等的價格水準時，其他分配方式就會出現。房東就會按照年齡、性別、種族、生活習慣、家庭規模、證明文件、是否養寵物、在這個社區居住的時間或是是否守規矩來區分求租者。❿

假設房東是種族主義者，沒有租金管制的時候，當然也就沒有公寓短缺這回事，如果這個房東拒絕印第安人、中東人、烏克蘭人或是亞洲人，那麼他就是在拒絕 1,000 美元的房租收入，公寓可能就會租不出去。但是在 800 美元的租金管制下，急著租房的人排成人龍，一個種族主義者房東可以來一個拒一個，即便如此，他還能找到別人租，而且租金還是上限，800 美元。**房東按照自己的偏好來挑房客**

8　作者注：所有需求曲線都是向下傾斜的！
9　作者注：租金管制無意中造成了短缺。
10　作者注：房東將用非價格標準來選房客。

的成本大大降低了。我們預測，有偏見的房東會因為租金管制做出這種事，事實上，觀察到的結果也的確如此。

在租金管制期間，能租到一間公寓的房客非常幸運，他們努力把空間最大化，在度假的時候也會設法把房子轉租給別人或是借給朋友住。同時，房東沒有什麼心思去維護公寓的品質，比如更換漏水的管子、修理有縫的窗櫺和出了毛病的空調，因為這些事對於房東來說是額外的成本。那麼額外的效益是什麼呢？如果沒有租金管制，房客會威脅退租，這時房東就會想到要承擔維修的費用，因為一旦退租，房東就會失去租金收入。而如果存在租金管制，房東說話就很硬：「你不喜歡？搬走啊。要租這房子的人把我家的門都擠破了！」

諸如此類的反應就會產生新的需求，比如行政覆議委員會，或者進一步立法禁止某些房東的做法，而這些都會導致高昂的成本。長期的結果可能是房東最終會消失。因為現有的樓越來越舊，可能拆了做停車場，或者改建成辦公大樓，新的公寓又沒有蓋起來。❶ 如果事情真成了這樣，總供給就減少了。對短缺會有什麼影響？（在圖 6-3 上畫一條新的垂直的供給曲線，比如說，可以幫你預測一下，500間。）

6.7｜烈酒、烈性毒品：犯罪的誘因

當遊戲規則發生變化的時候，誘因也會變化。在某些完全禁酒的地方，成年人生產、銷售酒類是違法的，甚至喝酒都可能是違法的。你有沒有想過，為什麼在禁酒的縣裡有人私自釀烈酒，然後私下賣掉？為什麼不釀啤酒或葡萄酒？是因為一般喝酒的人都**喜歡**烈酒而非啤酒之類的嗎？有沒有想過，為什麼在「興旺的 1920 年代」，啤酒和葡萄酒的產量急遽下降，而同時杜松子酒和威士忌卻能容易地買到？為什麼那時候死於酒精中毒的人要比現在還多？為什麼那時在芝加哥街上經常會發生私酒販子火併的事，而現在沒有了？

回答這些問題不僅僅是社會學家、社會心理學家、歷史學家和研究刑事司法的

11　作者注：無意的結果！

學者們的事，雖然經濟學家也能從他們那裡受到一些啟示，但經濟學的思考方式也貢獻了它獨特的角度。我們剛才提到誘因和遊戲規則，實際上已經提供了線索。記住這一點，還有關於供給和需求的概念，現在我們來解釋這個例子。

　　1920 年代的禁酒令沒有摧毀供需過程，而只是宣布其非法。人們在**地下**市場協調他們的活動，酒類的生產不是由眾多獨立、合法的商戶承擔，而是被幾個勢力很大的黑幫把持著，他們也控制著酒類的批發和零售。按照供給和需求的概念理解，禁令主要影響的是含酒精飲料的供給價格彈性，酒的產出或供給量，不再像酒

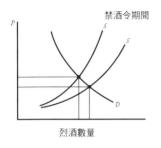

禁酒令期間

烈酒數量

市榮景的時候那樣對微小的價格變化敏感。供給變得非常缺乏彈性，反映了非法製造和分銷中存在著更高的風險。酒的需求曲線在禁令期間則保持了相對穩定，因為人們還是願意偷偷地到一些無證售酒的小店裡去喝一杯過過癮。結果是價格的暴漲與可觀的利潤機會，使得有些人願意鋌而走險，違反法律。

　　人們追逐各自的比較利益，所謂「利益」並不意味著某種評價，這只是一個分析而非描述性的術語，可以合理地解釋事實。**如果生產和銷售都在地下進行，那些在犯罪方面具有比較利益的人就會脫穎而出**，循規蹈矩的人就會在競爭過程中被淘汰。一個成功的私酒販子必須知道**怎樣**犯法，怎樣籠絡朋友，怎樣用暴力去威脅對手或收買對手，知道誰能信任，誰不能信任。他不但要確定誰來記帳、誰來管市場、誰來做交易，還要決定誰去威脅對手、誰負責打人、誰負責殺人，並根據各自的比較利益來選擇同夥。

私釀烈酒的行為反而增多

　　不只是這些，他當然還得知道該生產什麼。啤酒還是威士忌？葡萄酒還是杜松子酒？生產必定會向烈酒傾斜。拉一車啤酒和拉一車威士忌都有可能被抓，那麼，在懂得優化的犯罪分子看來，肯定是生產和運輸威士忌更划算，因為威士忌在黑市上的價格要**高得多**。按照經濟學的思考方式，更危險、酒精度更高的酒在禁酒期間遍地都是，而濃度低的酒卻很少見，這有什麼奇怪呢？死於酒精中毒的人多得嚇人，也就見怪不怪了。

把禁酒的例子跟毒品查緝比較一下，兩者沒有什麼不同——稍等，後者其實更糟糕。**沒有人**願意把一卡車古柯鹼葉走私入境，運輸粉狀的古柯鹼效率更高。針對目前的毒品查緝（每年要消耗 200 億美元），出現了純度更高、更危險的毒品，即所謂強效古柯鹼。我們只能猜測未來會發生什麼事。目前的禁毒法律沒有摧毀毒品的供給，也沒有消滅需求。和對其他真正有害的東西的禁令一樣，其無意的結果往往是催生了更強烈、利潤更高的東西，以取代不太強烈、利潤不太高的東西。毒品現在已經變成 4,000 億美元的產業，這也造就了更大的呼聲以投入更多的金錢，採取更多的行動來應對這場毒品查緝戰。禁酒之戰雖然在數十年前就已經結束，但是毒品查緝戰還會繼續升級——其間幾乎沒有人會愚蠢到宣稱已經獲得勝利。毒品的問題反映的並非市場規律的失靈，相反，即使在非法領域，市場機制仍然驚人地運作；這其實是政府的失靈，是政府未能有效推行它的遊戲規則。

6.8 ｜ 脫脂牛奶、全脂牛奶和「牛奶黑幫」

如果牛奶的生產、流通和消費被禁了會怎麼樣？——開玩笑的，但願不會這樣。如果真的發生了，我們預測這些活動也會轉入地下。對牛奶的需求不會有實質性變化，但是供給會變得相當缺乏彈性，價格會大幅上漲。脫脂牛奶和低脂牛奶會逐漸退出生產，讓位給奶粉，因為冒著巨大風險的犯罪分子會認為，要用卡車或飛機運輸更純、因而也就更貴的牛奶，這樣才會賺更多錢。儘管濃縮加工的牛奶仍然可以強化骨骼和牙齒，人們還是可能會擔心其品質。禁奶令之前，許多好的商人從事這行已有多年，而現在那些在犯罪方面具備比較利益的人就會把好人逐出市場，無論是用威脅還是血腥的暴力。

6.9 ｜ 價格下限與產量過剩

在前面的例子中，我們以汽油和房租的價格管制為例探討了「價格上限」，即用法令限制某種商品或服務的**最高價格**。發現真正有**意義**的價格上限（即將管制價格設定在市場結清價格**以下**），會帶來意料之外的短缺。現在來看幾個「**價格下**

限」的例子。所謂價格下限，是指用**法令規定**某種商品或服務的**最低價格**。原則上說賣方的開價和買方的出價都不得低於規定的下限。設定價格**上限**通常是為了迎合消費者的期望，而設定價格**下限**通常是為了迎合供應商的期望。**價格上限和價格下限的設置都是要把財富從市場上的一部分人手中轉移到另一部分人手中。**

以小麥市場為例，假定市場結清價格是每英斗 4 美元，農會便會怨聲載道。種植小麥的農民覺得，如果每英斗小麥能賣到 6 美元，他們會更加高興，但是現在只能任憑市場擺布。如果政府部門認為他們的意見是合理的，農業部可能會決定設定 6 美元的價格下限以求支撐價格，改善農民收入或享有的財富。

面對小麥漲價，消費者會怎樣反應呢？他們會**少**買，較高的價格使需求量降低了。這只不過是需求法則又起作用了，不管這次漲價的起因是自由市場的競價還是聯邦政府的農業政策。同時，種植小麥的農民會對這一更有利的價格做出什麼反應呢？如果你理解了供給曲線的概念，你就能做出正確的預測，小麥產量會增加。在這個案例中，問題在於**消費者計畫的消費量在下降，而供給者計畫的產出卻在上升**。換句話說，市場會因為小麥產量**過剩**而變得**不協調**。**⑫**

每賣掉 1 英斗小麥，農民就能從消費者手裡收取 6 美元，那麼賣不掉（過剩）的小麥怎麼辦？因為在當前價格下，消費者已經買夠了願意買的數量，那麼政府必須跟進，按每英斗 6 美元的價格買進過剩的小麥（至於政府官員決定如何處置收購的這些小麥，和有效地維持小麥價格這件事沒有太大關係。他們可以把這些小麥送給別的國家，也可以往海裡一倒，只要不把這些小麥以低於下限的價格賣給國內的消費者就行）。

維持農產品的價格**的確**能使生產者受益，但是這部分好處來自他人利益相對的損失。消費者現在要支付高價。納稅人同樣需要勒緊褲帶以承擔更高的稅賦，不僅用於政府購買過剩產出的支出，還要支付監管、存放、處置過剩產出的其他費用。

12　作者注：重申一次，價格變了，計畫也會改變！

6.10 | 供給、需求和最低工資

對生產性資源的需求和其他需求曲線一樣，都是向右下方傾斜的。其他條件不變時，如果價格較低，需求量就比較大；如果價格較高，需求量就比較小。例如，對非技術類勞動力的需求就是一條向下傾斜的曲線。當其他條件不變時，無論是營利性還是非營利性企業，在小時工資率較低時都傾向於多雇用些非技術工人。

非技術類勞動力的供給是一條向上傾斜的曲線。其他條件不變時，每小時工資率越高，勞動力供給越大。非技術類勞動力的市場結清工資由需求曲線和供給曲線交叉處決定。如圖所示，**就是在交點處**。在這一點，勞動力供給量等於勞動力需求量，也就是說所有要價不高於結清工資水準的工人都能找到工作，而所有開價不低於結清工資水準的企業都能找到工人。

最低工資與勞動力過剩

假設市場結清的小時工資率是 6.50 美元。如果聯邦政府法律規定，**最低工資**是每小時 8 美元，這樣對於工人來說不是更好嗎？最低工資是**價格下限**的另一個例子。如果老闆願意支付或工人願意領取的工資比法律規定的最低工資還要低，就是違法的。為了使最低工資制度發揮作用，這一工資水準必須定得比市場結清工資高。但如果真的發揮作用了，反而會帶來無意的後果——**勞動力過剩**，這有兩個原因：其一，工資率漲了，需求量就會變小，也就是說有一部分工人會被解雇；其二，對工人來說，工資更有吸引力了，想找工作的人多了，供給量就變大了。請注意我們說的是尋找工作的人會變多，但是由於出現了勞動力過剩，真正**找到**工作的可能性反而會下降。對於非技術性勞動力市場，這在無意中就造成了**失業**（在第13 章中還會充分討論失業的其他原因）。

最低工資已經存在了幾十年，而且最低工資水準在這些年中也漲過，窮人們真的從中受益了嗎？如果雇主實際支付的比最低工資要高，此時是不起作用的；只有當相關雇主實質支付的比最低工資低的時候，法律才會發揮作用。可是如果這些雇主被迫支付高工資，那他們解雇幾個工人不就行了嗎？即便不解雇的話，他們也可以等待現有職員辭職，不招募新人不就行了嗎？

「儘管要支付高工資，但還有別的辦法，並不一定只能裁員」——這並不能很好解釋企業的行為。但這樣的說法很常見，因為很多人都相信，工資是「從利潤裡出的」——當工資上漲時，只要利潤足夠多，足以應付工資的上漲，企業就可以不解雇員工。這似乎是在暗示，勞動力的需求量是固定不變的，可能是受到某種技術約束，故企業的選擇就只有兩個，要麼支付高工資，要麼乾脆歇業。但是勞動力的需求並不是完全無彈性的，有時還有很強的彈性，因為不管是什麼類型的勞動力，企業在某種程度上幾乎總能找到替代。

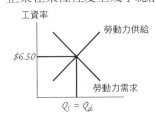

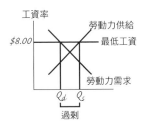

在最低工資這個問題上，大多數贊成者推論的基礎似乎是認為，想找工作的人數和企業想雇的人數都不會變：如果工資低於某個極小值（比如說一小時 4 美元），沒人願意做；如果工資超過某個極大值（比如說一小時 12 美元），那些依靠非技術勞動力的企業就會關門。在這兩個極端之間，勞動力的需求曲線是完全無彈性的。如果事情真的是這樣，那麼就應該讓議價能力強的一方（即供給方）決定工資；為什麼還要將這種權力留給雇主呢？至少讓法律介入制定一個最低標準，好讓雇主支付的工資能讓人活下去吧。

對於較高的法定最低工資，很多經濟學家持一種傳統的（有人會說是惡名昭彰的）敵意，這種敵意根植於信念，他們認為供給曲線是向右上方傾斜的，需求曲線是向下傾斜的。沒有技術的人想找工作，其數量並不是固定不變的，當工資率上漲時，人數就會**增加**。當工資比較高的時候，會有更多的人競爭空缺的職位，而勞動力的雇主則會千方百計地優化他們「需要」的職員數量。**⓭**

最低工資與減少營業時間

例如，一家速食店雇了幾個年輕人，如果法律規定，最低每小時工資率要上調 25%，老闆會怎麼做？開這家店不一定非要用這麼多人，在減少人數方面還有相當

13　作者注：在勞動力市場，仍然是供給方和供給方相競爭。

的調節餘地。一個辦法是減少營業時間。在工資比較低的時候，在顧客不多時營業也是有利可圖的，可是，工資一漲，就不划算了。另一個辦法是降低服務品質，本來多雇一些人可以保證尖峰時的服務品質，儘管不那麼忙的時候這麼多人顯得過剩。如果工資漲了，老闆可以把過剩的員工裁掉，讓顧客在尖峰時段多等一會兒，才能保證效益。對顧客來說，這樣做抬高了用餐的實際成本，速食店可能會因此損失掉部分客源，但是沒有一家明智的企業在給顧客提供服務上會不計成本。❷ 總有各種各樣的方法可以優化勞動力的使用，局外人可能想都想不到；其中一些雇主未必也想得到，除非勞動成本的上漲刺激他們反覆深入地考量。

6.11 | 奴隸貿易再次全球化

當你僅僅能領到最低工資，或者稍微就比最低工資高一點時，你可能會認為自己受到了剝削，變成一個「領工資的奴隸」。但這種說法僅僅是一個比喻，卡爾·馬克思用過這樣的語言，但我們不用，相反地，我們來考察一個奴隸交易**真實**而驚人的例子。

這是蘇丹的例子。信不信由你，蘇丹政府從 1980 年代建立起一個穩固的奴隸交易體系：其中數千人（主要是來自蘇丹貧窮的信仰基督教地區的婦女和兒童）被抓、打上烙印並在奴隸市場上出售。最初在當地市場上的售價是 15 美元一人，價格在西方標準看來低得難以置信。不過蘇丹的人均收入一年只有大概 500 美元，這樣的價格在蘇丹人看來並不算太低，真正有意義的是相對價格。

人道救援與奴隸市場全球化

在 1990 年代消息被報導出來，原先地方或區域性的市場變成了全球性的──西方的人道組織，比如說基督教國際團結聯盟，決定籌集基金為奴隸們**贖身**（可能聽起來有些瘋狂，但

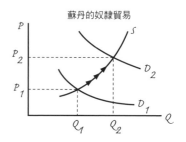

蘇丹的奴隸貿易

14　作者注：再次強調：價格變化時，計畫會隨之改變。

大部分奴隸販子確實遵守契約，並且願意賣給這些機構並在購買後釋放奴隸）。換句話說，在蘇丹市場上出現了為奴隸**贖身**的行為。一些美國的學校也加入了這個本意善良的運動，籌集資金並注入奴隸市場。學區和學生組織誇耀它們預備解放 100 個奴隸，並且計畫著如果能夠籌集到更多的資金，下次將會贖回更多。

用金錢購買直接參與奴隸交易這樣聳人聽聞的勾當，聽起來即使不令人討厭，至少也是一種奇怪的介入方式。確實，你可能會認為這聽起來就像一個經濟學家出的餿主意。但仔細想想，這樣為奴隸贖身的做法雖然用意良善，但是卻帶來了不可否認的無意後果，就像經濟學家警告的那樣：當來自西方的團體花費數千美元幫助數千名奴隸贖身之時，它們不智的正義**增加了對奴隸的需求，並抬高了價格！**在蘇丹，奴隸的價格從 15 美元上升到 50 美元，甚至最高達到 100 美元一人。原先 1,000 美元的捐贈一次可以贖回 20 名奴隸，幾年之後可能只能贖回 10 人了。

由蘇丹之外好心人帶來的需求成長造成了一個全球性的市場。需求的上升帶來了供給量的上升，奴隸價格的上升**導致更多無辜的人被抓並在市場上販賣**。在 1990 年代後期，奴隸的價格大跌，從 100 美元跌到 50 美元甚至更低。但這並非是對奴隸的興趣喪失或需求下降造成的，相反是因為長期**總供給的增加**。由於追逐利潤的供給方與供給方相競爭，雖然價格下降了，但是卻有**更多**的奴隸被出售。

1999 年 7 月，《大西洋月刊》（*Atlantic Monthly*）的一篇文章揭露了這個問題：購買並釋放奴隸的人道主義努力，無意中造成了**更高的價格和更多的奴隸**。令人遺憾的是，這樣行為的無意後果經濟學家其實早就預見到了。

6.12 | 高價的體育、廉價的詩歌：該怪誰

當職業棒球隊的老闆宣布，門票價格會在即將到來的賽季上調時，他們喜歡將原因歸咎於成本上升，特別是給球員支付更高的薪水。他們說的是實話嗎？不全是。首先，為什麼球員能獲得這麼高的工資？這是由於需求，人們願意出高價觀看比賽，球迷渴望有機會親眼看到他們的英雄，因此會願意出更高的價錢。

紐約洋基隊簽下明星球員 A-Rod，在這一驚人之舉後，他們宣布提高門票價格，這也就不奇怪了（他在 2012 年就賺了 2,900 萬美元）。球隊老闆可能會歸因

於 A-Rod，但是他將相當數量的球迷帶入球場。**球迷們非常願意花錢**去看 A-Rod，表現在強烈（如果不說是日益成長的話）的門票需求上，這給老闆提供了許可和動力，開出高價薪資，留住 A-Rod 這樣的球員。經濟學家似乎更願意將矛頭指向成本增加的真正原因。

　　大多數詩人並不富有，僅僅勉強度日。門票價格如此之低，是因為詩歌創作的財務成本低，還是因為對詩歌的閱讀需求低？原因是後者。相反，瑪雅・安吉羅（Maya Angelou）是一個富有的詩人。她的房子大到占滿了整個校園以及其他地方，一次出場費高達幾千美元。她的收費和門票價格一樣，是固定的。如果你認為她的高收費**導致**了高票價，那麼從經濟學的思考方式上來說，你錯了。對與馬雅・安吉羅見面的**高需求**帶來了高票價。相較於本書作者彼得・勃特克的詩歌來說，這永遠是更加稀缺的商品（強調一下，這並不是他的比較利益），這使得瑪雅・安吉羅可以收取高的費用。

6.13｜成本決定價格嗎？

　　不僅洋基隊會這麼做，普遍的情況是，當賣方對消費者宣布漲價的時候，他們喜歡說漲價是由於成本上升造成的。財經雜誌經常登載這方面的通知，絕大多數情況下，這類通知都會有一段話表示深切的遺憾，說成本的升高使得漲價在所難免。[15] 可能沒有一個賣方聲稱漲價是因為人們對其產品的**需求**上升了，他們拒絕把漲價歸咎於顧客。這不是好的生意之道！

　　非經濟學家似乎認為，價格上漲都可以解釋為是因為成本上漲。因此，在我們的日常生活中會到處聽到和看到這樣的說法，即高成本導致高價格。但**成本不僅取決於供給，還取決於需求**。「成本決定價格」的「常識智慧」不算是好的經濟學，經濟學家已經懷疑這個說法很久了，而且他們證據確鑿。

15　作者注：例如「對不起，豬肉漲價使三明治的價格也漲了」。

6.14 ｜「退學者」發行了他們的第一張CD唱片

「退學者」（The Dropouts）是個虛構的龐克樂隊。「退學者」為進錄音室花了 2 萬美元，又花了 2,000 美元製作了 1,000 張 CD 唱片，包裝費用也包含在內。手裡拿著一盒新出廠的唱片，他們開始討論賣多少錢才合適。

斯派克第一個發言。「22,000 除以 1,000 等於 20。我們每張賣 20 美元——我們又不是為了**錢**才唱的。」他很自信地說。

尼德爾糾正他：「22,000 除以 1,000 是 21,000，哦，不對，是 **22** 美元。」

沙夫特問：「那樂器和設備怎麼算啊？這些也加進去。」

「可是，兄弟，那些都已經是沉沒成本了。那些樂器是 5 年前買的。」尼德爾反駁道，其他人也不能肯定**那些東西**該怎麼算。

爭論了一段時間之後，他們都同意了尼德爾的建議，每張 CD 賣 22 美元。然後他們到路上，混在人群中叫賣 CD，每張 22 美元。但是，市場上每張 CD 一般賣 15 美元左右，誰會願意多出 7 美元買**這個**樂隊的 CD ？幾位父母、幾個親戚，還有些看秀時喝醉的人買了。「退學者」還剩 988 張 CD。

沉沒成本再次現身

實際上，這個樂隊真是對得起它的名字，要是樂隊成員一直用這種思考方式，他們就都得從生意場中退出。他們以為生產成本決定價格高低，而根本就沒有考慮**需求**——人們的支付意願！此外，他們考慮的甚至不是正確的成本。尼德爾是對的，樂器的成本是沉沒成本（如果把樂器賣掉，能收回的那部分除外）。但他們沒有認識到，一旦拿到了 CD，錄音室的租金、燒錄和包裝的費用同樣也都成了沉沒成本。現在賣 8 美元、6 美元甚至 2 美元一張，都比開價 22 美元但賣不出去強。和第 4 章裡的例子一樣，把這件事記下來，作為生活的教訓吧。其他的樂隊知道應該怎麼做，他們打算和別人訂定一樣的價格，即一張 CD 賣 15 美元，而且保證成本不會超過這個價格。

6.15｜「山裡有黃金！」[16]那又怎麼樣

　　本書作者之一住在離羅普斯金礦（Ropes gold mine）不到 20 英里的地方。這座金礦在一個世紀以前開採過，20 世紀 80 年代又有過一陣短暫的開採。現在這座金礦關閉了，不是因為金子採完了，那裡的每個人都**知道**礦裡有金子。那礦主為什麼會自願關閉礦井呢？因為黃金市場價格決定了他應該關閉。市場價格藉由供給**和**需求過程確立。如果有人想重新開採的話，我們可以假設，挖掘的成本是每盎司 2,500 美元。但是，現在市場上的金價是每盎司 1,800 美元，所以不可能賣 2,500 美元一盎司。當然，他們可以說，自己的勞動是辛苦而危險的，應該**值**這個價錢，但是他們的金子和別人的沒有什麼不同之處。[17]如果將來對金子的總體需求大幅度上升，把金價拉升到高價位，有朝一日羅普斯金礦會恢復開採。但是，在可以預見的未來，金子的市價一直很低，深諳優化之道的人就會到別處尋求獲利的機會。羅普斯金礦的開採成本和維護成本都太高了。[18]

6.16｜甚至連屠夫都沒這個膽子

　　假設對牛肉的需求突然上升，誰都沒有料到。儘管全國上下普遍出現這種現象，每家肉鋪還是只能藉由自己的銷售看到這一點。牛肉會比預想的賣得快，而且

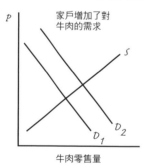

要動用存貨才能滿足顧客的需求。肉鋪的庫存只是應對需求暫時變化的緩衝。如果連存貨也賣完了，就只能給其他中間人（肉類屠宰加工商或分銷商）打電話，增加牛肉的訂貨量。但是，因為顧客的需求是在**整個**市場上增加，所以別的肉鋪的牛肉訂單也會比預期的大，不光是這一家增加訂貨。這就給屠宰加工商的存貨造成了巨大的壓力，他們只能訂購更多的肉牛

16　譯注：原文「There's gold in thar hills!」源於美國西部片淘金熱，一般形容「有利可圖的事情」。但作者此處的意思是：即使山裡有金子，也不一定有利可圖。

17　作者注：定價並不是由成本決定的，而是供給和需求共同決定的。

18　作者注：貨幣計算：開採金礦沒有如預期那樣有利可圖。

以供屠宰。

　　但是，供給是存在限制的。我們希望**最終**的牛肉產品的供給是相對有彈性的，即對價格的微小變化很敏感。雖然肉舖可以按照自己的意願多切或者少切一點賣給你，但是肉牛可不是一夜之間就能長大的；短期之內，肉牛的供給是**沒有彈性**的。因此，對肉牛的需求的增加只會導致屠宰加工商之間的競爭，他們必然會抬高肉牛的市場價格。屠宰加工商們會告訴肉舖，要想拿到牛肉，就得出高價。肉舖想多進牛肉，於是也得出更高的價錢。

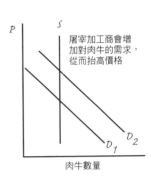

屠宰加工商會增加對肉牛的需求，從而抬高價格

　　肉舖老闆會怎麼做呢？對他而言，牛肉的成本上升了。他會向想買牛肉的顧客要高價，嘴裡還得一個勁兒地道歉：「我的牛肉進價高了，成本上去了，所以，不好意思，漲價也是沒辦法的事。」當然，真正抬高成本的並非屠宰加工商。到底誰應該為高成本負責？是肉舖櫃台另一邊的人們——顧客。

6.17 ｜ 為什麼醫院裡換個便盆都這麼貴

　　為什麼住院費一直在漲？如果制度規定，病人住院和門診的醫療費一樣，病人肯定願意住院。這樣做就等於是在邀請病人住院，增加對稀缺的醫院服務的需求，可以預料，住院費一定會上漲。與在家養病相比，住院的病人當然能受到更好的照料，醫生也能更方便地監控病人的情況。此外，保險公司通常能報銷全部住院費，而門診的花費卻要部分自付。

　　醫院的管理證明了沉沒成本也是有用的。假設一家醫院新增了 200 個床位，又購置了大量精密實驗設備。一旦修建或採購完畢，相關的成本就成了沉沒成本。但是，這並不等於它們對醫院的管理者就沒有用了。如果政府和民間保險公司同意，按照醫院提供給病人的醫療服務的成本撥款，如果醫院能決定哪些費用可以納入成本，那麼每一美元的沉沒成本就都能派上用場了。醫院會以某種方式將成本分攤到每個病人的頭上，這樣既可以盡快地收回那些「沉沒成本」，也不至於引起付費方

的敵意。

這是**對誰而言**的成本？又是**誰**的效益？如果你想知道為什麼執行某項政策，最好的方式就是問一問這項政策會使誰受益，成本由誰負擔。如果醫院擁有了最先進的醫療設備，受益的主要是醫生；如果在這件事上惹他們不高興的話，麻煩要由醫院管理者承擔；再如果政府、保險公司和慈善家們毫無怨言地承擔全部設備採購成本，那麼，儘管昂貴的醫療設備很少使用，醫院也會採購，醫療費用也就漲得非常快。

近年來，給員工購買醫療保險的企業向保險公司施壓，要保險公司控制成本，保險公司又向醫院施壓，要醫生們壓縮診療費。保險公司也在嘗試按特定病種支付固定費用，而不是醫院說的就照單全額報銷。這給醫療服務的提供者帶來了優化節約的誘因，但有時卻讓患者不滿意。既要對每一個人提供足夠的醫療保障，又要使成本的上漲限定在可控制的範圍內，這個問題將在相當長的一段時間內困擾我們。要想對這個問題有清楚的想法，首先要認識到：**需求影響成本，而且用某種方式分配醫療資源不可避免——因為如果病人看病的自付額為零，無論多大的供給量都將被需求量遠遠超越。**

6.18｜延伸閱讀：正確地表示經濟問題

現在給你做一道經典的題目。三個人到一家汽車旅館，開了一間房。總價是30 美元，每人付了 10 美元。他們進了房間以後，櫃台的服務員發現錢收多了。他忘了今晚有特價，25 美元一間。櫃台的服務員不能離開，於是他找來在客房值班的服務員，給她 5 張 1 美元的鈔票，請她到房間去還給那三個人。她在路上想，三個人分 5 美元，該怎麼分呢？她決定只還 3 美元給他們，因為他們又不知道錢收多了，剩下的 2 美元自己收了起來。誰也沒有察覺。

現在請看問題：每個人實際上付了 9 美元，3 乘以 9 等於 27。服務員藏起來 2 美元，一共 29 美元。但是那三個人一開始付了 30 美元，不是 29 美元。**剩下那 1 美元去哪裡了？**

把書闔上。別往下看，直到你自己算明白為止！如果你 15 分鐘或是 20 分鐘

還沒想明白，再打開書往下看（必須承認，本書作者之一花了差不多 20 年才想明白！）。

當心錯誤的問題或誤導性的說明

有些老師會說：「沒有錯誤的問題，只有錯誤的答案。」儘管我們很不情願，但還是得說，這些老師的看法是錯的。上面的問題根本就是**錯誤的問題**（根本就是在亂問，好比問：「藍色的重量是多少？」）。這個問題的問法就是故意要誤導你，但是從這個故事的敘述來看，好像問得挺有道理的。這正是問題的困難所在。「剩下那 1 美元去哪裡？」這個問題根本就沒有答案。

房間的費用確實是 25 美元。那三個人不知道這一點。他們多付了 5 塊錢，也的確從服務員手裡收回了 3 美元。**多付的錢當中剩下的那部分呢？**

這才是正確的問題。現在你可以得出正確答案了。錢進了服務員的腰包。就這麼簡單。

為什麼要舉出這個問題呢？它和經濟學並不相干。因為，在日常生活中有很多涉及經濟事務的分析的表示方式有問題，或者完全就是在誤導人，這有可能是因為無知，也有些像上面的題目一樣，是故意的。經濟學的思考方式的一大作用就是能夠看穿那些胡說八道。我們會舉三個相當平常的例子幫你提高功力。

當心類似「讓數據自己說話」的誤導

假設有人給你一組數據，如下表：

年份	教科書的價格（美元）	教科書購買量（冊）
2000	$100	900,000
2010	$160	1,000,000

這個例子是虛構的，假設這些數據都是正確的，這裡沒耍什麼花樣。考慮到期間的通膨率，大學教科書的相對價格反而增加了。請注意，2010 年較高的價格和較高的需求量。現在我們問：關於教科書的需求曲線，這些數據說明了什麼？

別說**這次**又在問錯誤的問題。這是一個中規中矩的問題。我們關心的是你怎麼回答。

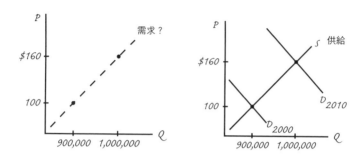

虛構的需求曲線

如果你說需求曲線是向上傾斜的，那就掉進了圈套。儘管問題是中規中矩的，但是，在敘述這個問題時提供的數據給人一種**感覺**，好像需求曲線是向上傾斜的。

數據從來不會自己說話。實際上，數據根本不會說話。就像在第 1 章裡討論的，經濟學家運用理論是為了解釋數據，從數據中發現意義。我們關於供給和需求的理論是經濟學中很重要的一部分。需求法則允許有向上傾斜的需求曲線嗎？不允許（連垂直的需求曲線都不承認）。需求曲線在任何地方總是向下傾斜的。

把這一點記在心裡吧。教科書的價格漲了，買得反而多，你應該怎麼解釋這些數據呢？現在是這樣的：**2000 至 2010 年，教科書的總需求上升了**，這至少可以部分地解釋市場價格的上漲。在過去十多年裡，學生人數已經大幅增加。當你看到人們在一個相對較高的價格上購買更多的東西時，相較於認定「那些數據說明需求曲線必然向上傾斜」，需求的增加顯然是更好的回答。

當心二流研究報告和只做預測的經濟學家

有時候，問題不只是讓數據自己說話。看看美國的報紙，你總是會看到一些信口開河的文章，就像下面引的一段：

近期的寒流繼續為橘子市場帶來災難。在今後幾週內，橘農會面臨更糟糕的局

面。一些期貨商預測，供給降低會使橘子價格上漲。但是他們還是考慮得不夠全面。高價會降低橘子的需求，這對橘農來說是雪上加霜。需求一降，價格很快就會跟著降。橘農的處境真是相當淒慘：一方面是橘子減產；一方面是價格降低。市場不會原諒任何人。橘農要在這種雙重打擊中得以倖存，只有靠運氣了。

希望你已經注意到了，記者在寫報導時用了一種誤導的方式，把市場說得像一個「不會原諒人的」人，這一點我們倒是可以原諒他。文章的其餘部分才是真正有問題的，因為他使用了供給和需求這樣常用的經濟學概念來組織他的文章，文章顯得很自信，很有說服力。

站不住腳的記者預測

供給下降**的確**會導致價格上升。可是橘子價格的上升**並不**像記者所寫的會導致需求下降。當其他條件不變時，價格上升會使**需求量**減少。這會緩解橘子市場上出現的暫時性短缺。但是，記者把需求量的下降和總需求的下降搞錯了，這樣一來，記者的預測根本站不住腳（認真的學生，就像在第 3 章中提到的那個，可能會爭論其他條件已經變了。如果人們預期未來橘子會漲價，總需求實際上會上升，因為各家都想趁沒漲價的時候多買點）。

需求（供給）的變化和需求量（供給量）的變化之間，經常會出現混亂，要時時刻刻保持警惕。報紙和財經雜誌讀得越多，你就會發現得越多，信不信？

這幅圖說明短缺日益嚴重，而且會一直持續下去

論證經濟問題時，畫圖經常是最有效的方式。在這本書裡就用了一些圖。光是在這一章，在講租金管制和稅收負擔的時候就用了圖。圖形可以幫助理解和預測某種政策的結果。報紙很少用圖形，但是政策機構和智庫卻常常用。圖 6-4 就是一例，我們來看一看。

圖 6-4 表示的是美國 1950 至 2050 年石油的供給曲線和需求曲線，兩條曲線相交於 2010 年。從圖中可以看出，美國在前 50 多年中石油是過剩的，但是在 2010

年以後，石油短缺會日益嚴重，而且會一直持續下去。畫這張圖的智囊團於是就提出很多建議，說什麼美國必須制定石油儲備政策，避免發生石油危機。

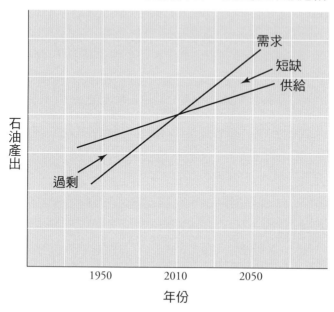

圖 6-4　錯誤的石油供給曲線和需求曲線

　　但是注意，這張圖沒有提供石油價格的資訊。儘管分析家給兩條曲線標明了「需求」和「供給」的名稱，**但這兩條曲線根本不是供給曲線和需求曲線**。我們被要了！供給曲線描述的是價格和供給量的關係，需求曲線描述的是價格和需求量的關係，而圖中的這兩條曲線並沒有顯示出這些關係。

　　圖 6-4 中所謂的「過剩」和「短缺」同樣是誤導人的。[19] **過剩的定義是在某一價格下供給量大於需求量**，而不是在某一時刻「供給」大於「需求」。市場上的價格在過剩的時候肯定會下降。**短缺的定義是在某一價格下需求量大於供給量**，而不是在某一時刻「需求」大於「供給」。市場上的價格在短缺的時候肯定會上升。

　　圖 6-4 沒能說明市場過程中的供需原理。它沒有承認價格在市場過程中的調節作用。同樣的，對「石油峰值」的預測也類似（在石油峰值曲線圖中，在未來的某

19　編注：商品過剩是在某一價格下供給量大於需求量，生產短缺是在某一價格下需求量大於供給量。

個時刻，「供給曲線」會達到頂峰然後急邊向下，以此嘗試說明石油產品最終將減少，而需求曲線繼續上升。因此，供給曲線與需求曲線之間的差距會變得非常嚇人）。

但是，如果在一段時間當中石油需求的成長超過了供給的成長，市場價格就會上升，以反映其邊際價值和邊際成本。不會出現日益嚴重的短缺，也不會持續短缺。相反，價格上漲會讓使用者**節約**石油，尋找並發展替代品。

本章回顧

在本章中我們繼續了之前的主題，探討了遊戲規則藉由塑造誘因，影響供給與需求的情況。

自由市場系統協調供需的特性，在災難等極端條件下和平時日常事務中一樣有效。所謂「敲竹槓」的現象，只不過是由於買賣雙方計畫的巨大變化，導致價格迅速上升而已。

當價格管制等手段加諸於自由市場過程中時，人的誘因會相對改變。當價格管制真正有效時，其會無意間破壞市場的協調。

價格上限是人為立法確立的最高價格。當在汽油或者房屋租賃等完全不同的市場上實行價格上限時，都會造成短缺。原先的價格競爭會被非價格或非貨幣形式的競爭所取代。人為訂立的較低價格，並不能消除，甚至不能降低管制下商品的稀缺性。

價格下限，比如農產品的保護價格或非技術類勞動力市場上的最低工資，屬於立法確立的最低價格。如果有效發揮作用，將會無意間導致過剩。對於農產品的過剩，一般是由政府收購，其間消費者付出了更高的價格，而納稅人承擔了更高的稅收負擔，即財富從他們手中轉移給了生產者。而在最低工資的例子中，過剩不再能被政府像農產品那樣收購，而表現為工人失業。與自由市場下的工資水準相比，那些能夠保住或者找到最低工資工作的人收入雖然改善了，但是失業的人就沒有那麼走運了。

　　對酒精和藥物的禁令會迫使市場過程轉入地下。在競爭過程中，那些犯罪方面具有比較利益的人會成為贏家。

　　沒有任何經濟學法則說生產成本決定價格。我們不能錯誤地認為可以由成本決定價格，或者讓這兩者分別由供給與需求決定，因為所有的費用都是由供給需求過程決定的。

　　藉由不斷調整相對成本以反映變化的情況，供給和需求過程設定了價格，以反映商品的相對稀缺並指示如何最經濟地利用它們。

　　在一個商業化社會中，價格反映著相對稀缺性變化，並協調人們的行為。

　　很多不同的人運用經濟學術語和概念時一知半解，或者誤導了別人，揭發他們似是而非的故事，是經濟學家展現本領的一部分。

利潤與虧損

▌本章你可以學到這些▐

- ☑ 區分勞動收入、財產收入和金融資本收入，以及其他收入形式
- ☑ 解釋會計利潤和經濟利潤的區別
- ☑ 將企業家看作剩餘請求權的擁有者 ❶
- ☑ 分析企業家套利和創新的方法，以及在市場中更好的協調計畫
- ☑ 介紹和解釋期貨市場中商品投機者的協調功能

　　「在討論經濟問題時，大概沒有一個概念或術語像**利潤**這樣，有這麼多約定俗成的含義，讓人眼花撩亂。」這句話是著名經濟學家弗蘭克·奈特（Frank Knight）在 75 年前為一部百科全書的「利潤」詞條寫的開頭。幾十年過去了，事情沒發生什麼大變化。

　　對利潤最常見的定義是**總收益**（revenue）**減去總成本**。大多數的人都覺得，這就是這個術語的直觀定義，到現在為止，我們也一直是這麼用的。換一種說法就是**淨收益**。當企業的所有者支付了所有的成本，剩下來的就是利潤，也就是淨收益。這看起來好像很簡單、很明確。那為什麼奈特還會說這個術語的使用讓人暈頭轉向呢？為了搞清楚利潤這個概念，最好先搞清楚什麼是工資、租金和利息。

1　編注：「剩餘請求權的擁有者」（residual claimant）：當所有事先訂立的合約都已兌現後，企業家有權利獲得剩餘物（利潤或虧損）。

7.1 ｜工資、租金和利息：合約事先確定的所得

有人搞不清市場工資的含義嗎？大多數人已經知道工資是什麼——它是人們勞動服務的報酬，通常情況下，工資是在一家企業的所有者和勞動力的提供者間以契約的形式確定的。沒有人會說，工人的工資也是一種「利潤」。勞動者**事先就知道**工資是多少，這其實是合約的關鍵內容。另一方面，雇主也知道在當前的合約下，他得付多少工資。有了合約，就能避免大量的不確定性（當然，沒有什麼東西是最終確定的，例如，公司將來可能不得不裁人，或者某個工人會辭職，另謀高就）。

透過合約降低了不確定性

租金的情況也一樣。你和房東達成協議，簽署房屋租賃合約，寫明各種條款。房東把公寓租給你，價錢（即租金）已經談妥，你同意每個月付這麼多錢給房東。房東所得的租金也只不過是租金而已，並不是什麼「利潤」。同樣，房屋租賃合約大量降低了不確定性（當然從來沒有什麼是完全確定的，你可能會因為在別的地方找到了新工作，沒交最後三個月的房租就不辭而別了）。

和工資、租金一樣，利息也是藉由合約確定的。放款人的利息收入不是「利潤」，這種回報是事先定好了的。貸款合約中會事先載明本金和利息數額。

簡而言之，工資代表了支付給勞動力的報酬，租金代表了支付給房東或其他財產（比如機器設備）出租方的報酬，利息則代表了支付給放款人金融資本的報酬。在市場經濟中，工資、租金和利息是賺得**所得**的三種重要形式。而工資**率**、租金**率**和利息**率**代表的是**價格：勞動力的價格，出租財產的價格以及貸款的價格。❷** 這些價格是根據勞動力市場、租賃市場和貸款市場的供需條件確定的，在前面幾章已經討論過了。

本章中，我們將關注**利潤**的含義，從過去一直延續至今對它都有一些誤解。我們將給出經濟學家對於**利潤**的明確定義，並討論貨幣化的計算及企業家逐利行為在協調買賣雙方的計畫中扮演何種作用。

2　作者注：勞動契約、租賃契約和借貸契約減少了工人、房東和放款人的不確定性。

7.2 | 利潤：可正可負的所得

利潤是市場經濟中取得所得的第四種形式，但它和工資、租金與利息所得有著很大的不同。**利潤**一般被定義為「總收益減去總成本」，它是**剩餘**，換句話說，是收益和成本的差額。把所有相關成本從收益當中扣除，剩下的就是利潤（有些時候稱為**淨收益**）。此外，利潤可以是正值，也可以是負值。負的利潤稱為**虧損**。不妨和其他三種已賺得所得比一比：名目工資、租金和利息都不可能是負數（只要人們履行契約），但是利潤可能是負數。追逐利潤的企業家和那些出賣勞動力賺工資的人不一樣，他們不知道自己付出的勞動是否能得到回報。不管工作多麼努力，承諾多麼高尚和真誠，還是有可能遭受虧損的懲罰。❸ 關於企業家和不確定性，我們還有更多的東西要講，但我們先來看看利潤是怎樣度量和計算的。

7.3 | 計算利潤：哪些東西應該計入成本

總收益減總成本就行了，粗看起來相當簡單。但問題就在於**成本**這個詞。還記得嗎？按照經濟學的思考方式，「成本」指的是放棄的次優機會。直到現在，**成本**這個詞一直都是這麼用的，我們並不想改變用法。貨幣支出本身並不能反映總的生產成本，至少從機會成本的角度看反映不了。這一點在個體戶身上表現得最明顯。

自己當老闆增加了不確定性

自己當老闆，成本的一部分是業主自身的勞動，即便他們不給自己工資。如果工資是給雇來的人，當然就會計入成本。業主放棄的其他機會儘管不會在會計報表中出現，但確實也是成本。業主的勞動有可能被其他企業看中，而業主放棄了次優的工作機會，就是為了自己當老闆。如果一位女士放棄了在 ACME 社區學院年薪 30,000 美元的教書職位決定自己創業，被放

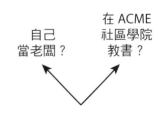

自己
當老闆？

在 ACME
社區學院
教書？

3　作者注：另一方面，追逐利潤意味著承受更大的不確定性。

棄的工資並不構成支出項，故不會在會計成本上反映，但對於業主本人來說的確是一項成本。雖然這筆錢不會在業主的帳本上出現，但是卻存在於她的考慮中，並會影響她的選擇。業主心裡很清楚，自己為了創業付出了怎樣的代價。

7.4 | 經濟利潤和會計利潤的比較

　　問題的關鍵在於，哪些東西應該被包括在總生產成本當中？會計師只關心**外顯**的生產成本，通常是生產某種產品或提供某種服務發生的費用。但是，按照經濟學的思考方式，這些支出不能反映生產的**總**成本。除了各種支出之外，經濟利潤的概念包括生產的外顯成本和**隱藏**成本，即生產過程中涉及的**所有稀缺資源的價值**。**憑藉所擁有並投入自己企業的這些資源，在別處我能賺到什麼？**經濟利潤會考慮到這一點，而會計利潤不考慮。企業所有者不僅僅關心會計利潤，也關心經濟利潤。

　　現在我們舉一個例子。安是秘書，年薪 30,000 美元。假設她有一間小房子，每年可以收 6,000 美元的房租，此外她還有 23,000 美元的存款，年息 10%，即每年有 2,300 美元的利息所得。這些所得都是由**合約**保證的。它們代表的是安的所得金流，減少了她生活的不確定性。

　　現在假設安辭掉了工作，自己創業。她開了一家披薩店，全職工作。她用自己的小房子做店面，取出了她的全部存款，又以 10% 的年息貸款 20,000 美元，用於第一年支付工人的工資、採購和租賃設備以及購買原料，等等。誰也無法保證安會生意興隆。然而，安**已經**放棄了原先的穩定所得，成了企業家，願賭服輸。她盼望著自己的業務能蒸蒸日上。

　　假設一年後安的總收益是 85,000 美元。她的利潤是多少？這要看有哪些東西被計入她生意運作的「總成本」。下面是安的**會計利潤**計算過程：

　　會計利潤＝總收益－總成本（全部外顯成本）❹

　　　　　　＝$85,000－45,000（其中 43,000 是支付工人的工資、

4　作者注：會計利潤：總收益－全部外顯成本

原料費用和設備的租金等，另外 2,000 是貸款的利息）

＝$40,000（美元）

看起來還不錯。但是安**同時**意識到：

- 她自己的勞動不是免費品。此前她當秘書，即她的「次優」全職工作機會，每年能賺 30,000 美元，這就是安的勞動的市場工資價值。
- 她自己的房子不是免費品。此前她作為房東，每年能有 6,000 美元的所得，這是她的房子的「次優」機會的市場租金價值。
- 她自己的存款不是免費品。此前她作為「資本所有者」，每年有 2,300 美元的利息所得，這是她自己的資金在市場上能獲得的利息。

企業主的勞動力也是稀缺資源

安意識到，她自己的資源（勞動、房子以及金融資產）都不是免費品。它們和安做披薩的原料以及用來開店的其他資源一樣，都是稀缺品。❺ **對於安來說**，她**放棄**了工資（30,000 美元），**放棄**了房租（6,000 美元），**放棄**了利息（2,300 美元），這些都是實實在在的機會成本。所有這些（一共是 38,300 美元）代表了安的隱藏成本——這些在帳本上不一定能看出來，因為它們不以貨幣支出的形式出現。然而，這些隱藏成本的確代表了安的稀缺資源的價值。

那麼，安的經濟利潤是多少呢？請看下面的計算：

經濟利潤＝總收益－總成本（所有外顯成本加上隱藏成本）❻

$\qquad$＝$85,000－（45,000+38,300）

$\qquad$＝$85,000－83,300

$\qquad$＝$1,700（美元）

5　作者注：企業家的資源不是免費品，而是稀缺品！

6　作者注：經濟利潤：總收益－全部外顯和隱藏成本

　　請注意會計利潤和經濟利潤的差異。1,700 美元的**經濟利潤**是對安的**企業家才能**的回報。這才是安在支付了所有資源（勞動力、設備、原料、資本，**也包括她自己在內**）的市場價值之後，剩下來的那一部分。這就是為何安會成為一名追求利潤、承擔風險企業家的原因，經濟利潤的存在可能會進一步促使安繼續從事帶有風險性的經營。

　　別誤會我們的意思。經濟學家並不是說會計師在計算企業的利潤或虧損時加減乘除有問題，但我們**的確**認為，會計學的測量方式不能完全反映生產的機會成本。我們**也**認為，像安這樣的企業主，在決定下一步怎麼運用資源時，不會只看會計報表上列示了多少利潤。和其他決策者一樣，企業所有者同樣會考慮選擇的機會成本。

　　因為沒人會保證披薩店一定獲利，安可能會遭遇**經濟虧損**。例如，如果她第一年的收益只有 50,000 美元，會計利潤就只有 5,000 美元，那麼她的企業家才能得到了多少回報呢？換句話說，她的經濟利潤是多少呢？（注意，總成本沒有變。）

總收益－總成本＝ 50,000 － 83,300 = -33,300（美元）

　　作為一名企業主，安遭受 33,300 美元的虧損。在這種情況下，她不會為經營「成果」感到高興。儘管帳面上會顯示有 5,000 美元（50,000-45,000）的利潤，但她作為企業所有者實際上是遭到了懲罰。這會使安認真地想一想，是否需要改變策略，**這也就是為什麼經濟學家總是說經濟利潤（和虧損）才重要的原因！** ❼

7.5 ｜不確定性：利潤的必要條件

　　經濟利潤的存在與否，會影響企業的決策。經濟利潤的計算不僅僅包括企業購買商品和服務的支出，這一部分貨幣費用能在企業的帳面上表現出來，還要包括使用企業自身擁有的任何物品的隱藏支出，如勞動力、土地、資本和之前的資金積累。一旦把所有的機會成本都納入了總成本的計算之後，從這個角度看來，企業似

7　作者注：期望的剩餘（即經濟利潤）影響企業家決策。

乎並沒有必要一定得讓總收益超過總成本，零利潤就足以留在行業內了。這樣的企業甚至可以算是成功的，它們可以靠貸款（而不是利潤）繼續擴張，只要它們的收入足以彌補所有的成本就行了。

行業利潤與期望值

事實上，如果有某種方式能**確保**一家企業在某一行業內獲取的利潤總是超過相應的成本，人們就會紛紛進入這個行業，然後競爭就會加劇，收入和成本的差額會逐漸降到零。如果利潤確定無疑地高於零，必然會吸引新企業加入競爭。新企業的進入會增加產出，根據需求法則，產品的價格會下降，因此總收益和總成本間的差額會縮小。從另一個角度看，新企業的加入增加了對所需原材料的需求並抬高了其價格，從而也會使得利潤減少。只有當期望的總收益和總成本之間的差額消失，即期望的利潤降到零，新的企業才不再有進入的誘因。[8]

不過在不斷變化且永遠存在不確定性的真實世界中，事情並非如此。人們看到某些行業獲利頗豐，但是他們未必知道如何入行。在資訊稀缺的世界上，這種利潤的存在甚至未必能廣為人知。所以**利潤確實存在，而且會一直存在**，並不會被競爭降到零。但之所以能如此，是**因為存在不確定性**；如果沒有不確定性，與謀求利潤有關的一切都會被知道，所有的獲利機會就會被開發殆盡，進而所有的利潤都會等於零。

對於**虧損**，上述論證同樣成立。如果一家公司的總收益小於總（機會）成本，就會出現虧損。如果事先知道總收益小於總成本，沒有人會進入這個行業；進入這個行業的都是衝著期望利潤去的。但是，未來是不確定的，事情並不總像人們希望的那樣發生，往往是做出決定、採取行動之後才發現犯了錯誤，這就造成了虧損。只要人們按合約辦事，名目工資、租金和利息從來都不會是負值。**相反，即使所有的合約和協議都如實履行，企業家的利潤仍然可能是負值。**

因為在沒有不確定性的世界上不存在利潤或虧損，所以我們就認定**利潤（或虧損）是不確定性的結果**。利潤不是為了獲得某種資源要支付給別人的報酬。**利潤是**

8　作者注：所謂「確定無疑的好買賣」，如果別人也知道了，就不會再是好買賣了。

剩餘物，是用收益彌補了所有成本之後剩下來的那一部分，是由於比別人更能預測未來並依此行動的結果。

7.6 | 企業家

　　前面幾章節的論證可能會給人這樣的感覺：人們僅僅憑藉更好的預測就可以獲得利潤，於是利潤只不過是成功推測或者說投機的結果。這種印象非常具有誤導性，追逐利潤時更重要的是積極性和創造力。人們不是僅僅坐著不動，憑空猜測別人活動的結果。他們會嘗試以另一種方式來組織事物，至少一部分人會這麼做。他們會開披薩店、旅館、新技術公司、商業網站，背後的誘因是確信以某種方式重新組織資源會帶來超過成本的收益。這種人叫作**企業家**。這就是我們在前面例子裡把安稱為企業家的原因。

　　「企業家」（entrepreneur）這個詞源自法語，在英語中與之對等的詞叫作**承辦人**（undertaker），這是一個很好的描述方式，可惜這一字眼已棄之不用，現在大都僅指葬禮的承辦人了。企業家就是將社會生活的一部分進行重組的人。和其他普通的社會生活參與者的區別，就是他們要為結果承擔責任。他們實際上是對這項事業的其他合作者說：「不管獲利還是虧損，都由我來承擔。」當所有事先訂立的約定（通常是合約）都已兌現後，企業家對剩餘物有請求權。❾他們把自己置於這樣的位置是因為覺得有能力應付這一切，對自己的洞察力、先見之明和組織能力有充分的自信。「資本主義社會」這一說法可能帶有誤導性，❿亞當‧斯密所說的「商業社會」有時又被稱為「企業家社會」──這種說法強調了企業家的核心作用。

9　作者注：企業家是剩餘索取者。
10　譯注：此處作者的傾向是：在亞當‧斯密所說的「商業社會」中，資本與勞動力、貸款資金等沒有什麼區別，都是透過契約獲取確定性收入的手段；真正獨特的是企業家精神，可以在不確定性下獲取超過以上那些固定收入（即機會成本）的淨收益（即利潤）──故與強調「資本主義社會」相比，稱其為「企業家社會」可能更為恰當。

7.7 │ 作為剩餘擁有者的企業家

要想理解企業家的角色和剩餘請求權的功能，有個好辦法就是問：「誰是老闆？」生產一種商品需要很多人的協調，每個人都不可或缺。那麼每項特定的操作誰說了算？人們怎樣就問題達成一致？這些都是很重要的問題，因為在很多問題上，人們的意見會產生分歧，利益會發生衝突。假設「東方工業街」[11] 上有一家小手工作坊，阿基里斯堅持認為，每一個物件打 6 個鉚釘綽綽有餘，而赫克托爾則認為要是每件少於 9 個鉚釘，那就是粗製濫造。9 個鉚釘當然會使產品更耐用，但是生產的成本也就更高。耐用的東西會吸引更多的顧客，但因為更高的邊際成本就得開更高的價格，這又會嚇跑一些顧客。赫克托爾覺得，這事情應該是他來做決定，因為他有工程師的學位，但是阿基里斯不把學位放在眼裡，說他有多年的工作經驗。他們可能只是純粹的意見分歧，但如果赫克托爾是鉚釘工人，他的真實目的是想加班，或者阿基里斯是鉚釘工人，他的真實目的是想減輕工作負擔，事情就複雜了。最後到底是誰說了算？再推進一步，由誰來做決定？

簡單的回答是：**剩餘請求權的擁有者**。如果你想當老闆，你就一定得擁有剩餘請求權。[12] 前提是你獲得了團隊中其他人的共識，這需要跟他們談判：「你要什麼條件？」然後企業家保證滿足這些條件。當然，這個保證要得到大家的信任。要想說服別人放棄他們的次優機會，擱置自己的疑慮、異議甚至反感而聽從指揮，企業家就必須提供可信的保證。

7.8 │ 非營利機構

任何以大規模分工和交換為特徵的社會中，擁有剩餘請求權的人都是關鍵人物。一般來說，如果一個組織中沒有人擁有剩餘請求權，就不能像存在擁有剩餘請求權的人的組織那樣有效地運作。以排隊購物為例，在第 6 章中提到，排隊是一種無謂成本（deadweight cost），因為對買方來說排隊是負擔，但對賣方卻不是一種

11　譯注：下文作者用了特洛伊戰爭中死對頭阿基里斯和赫克托爾的例子，命名有意見分歧的工人。
12　作者注：擁有剩餘索取權的意願帶來了決策權。

收益。因為這種負擔對買方是一種實實在在的成本，於是需求量就減少了。你有多少次都是因為隊伍太長，就轉身到別處去了？為什麼賣方不採取措施把隊伍變短一點呢？可能是由於對企業來說，縮減隊伍的期望邊際成本大於期望邊際收益，但也可能是因為在這種情況下沒有人擁有剩餘請求權。沒有人有動機通盤考慮所有的成本和收益，也沒有人有相對的權威正確行事。

因此，我們**預期**郵局的隊伍比雜貨店的長。不是說郵局沒人在乎隊伍的長度，郵局的職員可能跟雜貨店的收銀員同樣關心（或不關心）這一點。之所以有這種差別，是因為在雜貨店，企業政策（policy）是由剩餘擁有者決定的，他有動機去計算排長長隊伍（進而造成顧客流失）會給企業帶來多大的成本，也會計算增加一個收銀員會給企業帶來多大的成本，並有權根據成本比較的結果做出決策。在郵局裡沒有人擁有剩餘請求權，整個郵政服務都沒有。 ⑬

7.9 ｜ 企業家精神與市場過程

到現在為止，我們已經討論了幾個關於企業家精神的簡單例子，並比較剩餘擁有者和非營利機構運作者兩者的動機。現在來討論企業家精神在市場過程中**協調**計畫所扮演的關鍵決策。企業家行為是市場過程內在的動力。

按照經濟學的思考方式，企業家行為分為三種模式：套利、創新和模仿。以下逐一分析。

套利：低價買進高價賣出

第一，企業家能**套利**。他們試圖藉由**低價買進高價賣出**的方式尋找獲利機會。例如，假設佛蒙特州的糖漿賣 4 美元一品脫，但是在紐澤西州要賣到 9 美元一品脫（在第 5 章中學過，這些價格在這兩個地方市場上藉由供需雙方的競爭形成）。於是，就有了潛在的獲利機會。你可以在佛蒙特州買糖漿，並用卡車運到紐澤西州賣掉。你預估這些糖漿運到紐澤西的運輸成本是 0.5 美元一品脫（這當中包含卡車租

13　作者注：（國營）郵局局長通常不是剩餘索取者。

金、你的時間價值以及發生的其他機會成本）。當然，你在佛蒙特州會抬高原先的價格。因為你加入到這一市場中，又一下子要買幾千品脫，會使佛蒙特州的糖漿市場結清價格上升，比如說漲到了每品脫 6 美元。你的行為增加了佛蒙特州市場對糖漿的需求，但是佛蒙特州的本地人會傾向於少買些（他們的**需求量**會下降，因為價格變高了）。你在紐澤西州賣這些糖漿，也會影響當地的市場結清價格，你的行為會增加紐澤西市場的糖漿供給。本來消費者的購買計畫在 9 美元的價位，為了鼓勵消費者多買點（即增加他們的**需求量**），你可能會賣得便宜點，使市場結清，比如 7 美元一品脫。

這樣，每品脫你就賺了 0.5 美元的經濟利潤。你低價買進（6 美元一品脫），又發生了交易成本（0.5 美元一品脫），然後又在紐澤西州以 7 美元一品脫的價格賣掉。你確實抓住了一個可能獲利的機會。你的判斷和預見都是正確的。

還記得經濟學的思考方式是怎樣看待選擇的嗎？既有有意的後果，又有無意的後果。你很幸運，得到了你想要的東西，你獲利了。這一行為的無意後果是什麼？它產生了有用的資訊，並且會進一步促進人們協調各自的計畫。

發現錯誤

企業家精神可以矯正市場過程中的錯誤。或許成千上萬的人並未意識到佛蒙特州的消費者能夠以較低的價格買到糖漿，紐澤西州的居民一般也不知道。他們買一品脫糖漿要出 9 美元，而別的地方買同樣的東西 4 美元就夠了。同樣，佛蒙特州的賣主一品脫只能賣 4 美元，而別處的賣主能賣到 9 美元一品脫。由於交易成本的存在導致的價格差異是一種訊號，顯示出那些買賣雙方確實犯了錯誤，**只不過他們不知道而已**。他們有自由按照自己認為合適的價格買賣，但是發現機會的是企業家，他們發現有機會可以抬高佛蒙特州的售價，**並且給紐澤西州的消費者提供更便宜的糖漿**。企業家對於潛在獲利

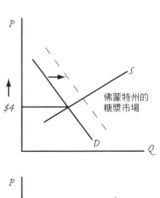

佛蒙特州的糖漿市場

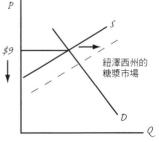

紐澤西州的糖漿市場

機會的敏感，使他們有動力去積極尋找這樣的機會。雖然企業家的本意只是想要獲取利潤，但企業家的套利活動無意中為市場提供了新的資訊。和我們在第 2 章討論的中間人的情形相似，企業家的套利行為促使地方市場整合為一個全國性的市場。這一結果並不是透過什麼「國家糖漿生產和分配管理委員會」達到的，而是藉由逐利企業家的套利行為實現的。在一些地區以低價買進，會促使當地的價格上升；在另一些地區以高價賣出，會促使當地的價格下降。套利行為的無意後果，是使**各區域市場間的價格趨同**——即使有些許差異，那也是反映了交易的成本。

套利活動會使產品重新分配，把它們從低價值的用途轉到高價值的用途。在第 6 章中分析過，這一點在諸如「卡崔娜」颶風這樣的自然災害來臨時表現得很明顯。

創新的追求

第二，企業家能**創新**。企業家作為創新者是開路先鋒，總是在尋求更好的方式以滿足消費者的需求：不管是品質、耐用程度和性能的提高，或是產品和服務的價格有所降低。創新可能是新技術的引進（如 iPod、黑莓機或高畫質電視），也可能是新的組織戰略（如沃爾瑪和 Target 之類的標準化連鎖超市，或者像 eBay 這樣的線上拍賣網站）。企業家在追逐利潤的過程中，尋求一種比較便宜的方式，把稀缺資源集中起來生產更有價值的東西，使消費者得到更大的滿足。他們能發現新的成本結構，能用**更有效**的方式來生產和提供稀缺的產品或服務。

在某種意義上，企業家的創新（還有下面要講的模仿）都伴隨套利的成分。考察一下智慧型手機的發明：創新者發現了新的方式，把技術與非技術類勞動力、電子線路、塑膠、晶片以及其他資源組合在一起，而且重要的是可以以低價買進這些資源，經過創造性的重組，再以高價賣掉最終的產品，並從中獲利。

模仿

第三，企業家**模仿**在前面開路的企業家。福特創造了大批量產汽車的生產線。其他企業家迅速得到消息，發現他們也能用福特的方法降低生產成本。IBM 是個人電腦的最早製造商，這一創新具有巨大的影響力。很多個人電腦生產商隨即模仿

了，或者說**學習了** IBM 的成功經驗，創造了自己的個人電腦，叫作 IBM 的「複製品」。蘋果公司也跟進了，其發明並不是個人電腦的替代品，而是更高級的版本。無意之中，一個新的產業誕生了，更滿足了消費者的需求。新的知識也出現了。多數人發現，汽車的效率比傳統的馬車高，電腦的效率比傳統的打字機高，而這些都要歸功於企業家的創新和模仿。人們紛紛購買新產品，拋棄舊貨，這一切大家有目共睹。

7.10 ｜ 只碰運氣？

但是，並不是每個企業家都能獲利。實際上，弗蘭克・奈特甚至暗示，企業家作為一個群體，其利潤可能是負的。福特公司的很多競爭者都失敗了，和 20 年前相比，那些模仿個人電腦的企業也所剩無幾，更別提打字機和磁帶生產商了。套利者和投機者都面臨著巨大的不確定性，可能一損失就是上百萬，當他們賠了錢，就會成為新聞。總之，我們不應該忘記，市場經濟是關於利潤**和**虧損的經濟（一如本章標題），利潤和虧損只有在充滿不確定性的世界中才會出現。

運氣與市場經濟商業社會

教室後面又傳來那個已經等得不耐煩的聲音，他插話道：「企業家獲利只不過是運氣罷了，虧損的那些則是該倒楣的。他們傳達給我們的資訊只不過是：他走運，她倒楣。運氣是經常會變的。這種資訊有什麼用呢？」毫無疑問，任何時候都會有部分利潤或虧損，僅僅是由運氣或偶然因素造成的，沒有人否認這一點。「卡崔娜」颶風來襲之後電力中斷，酷熱難耐，那些碰巧在墨西哥灣外庫存有大量冰塊的人，當然運氣夠好賺了一筆。但如果運氣果真是企業利潤的主要來源，我們無法設想市場過程會變得更加整合，這與在現實世界中的觀察相反。在亞當・斯密和其他經濟學家的努力下，經濟學思考方式的出現，就是為了理解和闡述真實世界中的事實。如果人們的計畫（包括企業家的計畫在內）僅僅靠運氣就能實現，那麼有秩序的市場過程（正如有秩序的交通模式）就不會出現了，而前 6 章中討論過的諸如胰島素、玉米、吉他、汽油、醫療等市場上，供給與需求要想更好地協調也就都不

可能了。相反，我們看到的只會是一片混亂，也就不存在什麼運作良好的商業社會需要我們解釋了。

7.11 ｜ 利潤與虧損作為協調的訊號：貨幣計量的作用

在商業社會中，人們更能協調他們的生產和消費計畫的傾向，即市場結清的傾向，是基於比純粹運氣或偶然更基本的因素。**市場創造資訊**。人們在自由交易產權時，會受到市場過程中出現的價格訊號的指引，並從中獲取資訊。[14] 成功的企業家在這方面具有比較利益：他們能從價格的差異中發現套利機會，即低價買進、高價賣出的營利機會。企業家運用市場價格來判斷經營活動的期望成本和期望收益。換句話說，市場價格是用於估計某一商業行為前景的關鍵：是一家錦上添花的披薩小店，還是一個革命性的技術創新；是否能更有效率、更有利可圖地整合稀缺資源，還是恰恰相反。用金子做的公車即使不說沒有，也一定很少，即使生產者想用的話完全有這個自由。為什麼？金子做的公車或許獨一無二，但用所能得到的價格資訊預期，這一定會賠死的。這樣，他們還會虛擲**自己的**財富嗎？

產權制度與遊戲規則

制度和遊戲規則影響很大！只有在產權私有、存在市場交換和使用貨幣的制度下，才能進行貨幣計算。

每天企業家對**預期**利潤的計算提供了有用的資訊，以決定是否參與套利或建立一個新的企業，他們的**實際**利潤或虧損會進一步告訴我們企業家遠見的準確性。計算這個市場過程，有助於**發現**消費者需要什麼，從哪裡購買，何時需要，這個過程可以讓我們發現**如何**為消費者利益提供最好的服務。對剩餘價值，即經濟利潤的期待，為企業家提供了動力，藉由得到利潤，獲得更多的財富。但同樣重要的是，對於利潤潛力判斷失誤的企業家，以及遭到經濟損失的企業家，他們毀掉了自己的財富。這樣的企業家由於沒有有效利用資源而嘗到惡果。

---

14 作者注：市場創造資訊與按此資訊行事的誘因。

這些稀缺資源會被重新分配給其他人，這些人相信自己可以找到更有利可圖、更有效的使用方式。❶許多年前，錄音帶工廠的老闆學到了教訓，儘管現在仍可以自由生產錄音帶，但消費者並不如以前買帳了。如果繼續營業，只會進一步減少老闆的財富。他們選擇退出市場，不再生產這些產品，那麼土地、勞動力和其他稀缺資源，就可以用來生產比錄音帶更有價值的東西，無論是藍光播放機、智慧型手機，還是無線滑鼠。

7.12 ｜ 小心專家

一個穩健而有效的市場過程，關鍵在於自由進出——這一點顯而易見，卻被嚴重忽視了。**自由進出**使得認為自己在企業活動方面（如套利和創新）有比較利益的人們能夠進入市場，並按照他們認為合適的方式交易。如果判斷是正確的，他們就會獲利，這樣賺取的利潤就會促使**其他**企業家也進入市場，模仿這些成功者。結果，消費者的需求就會得到更好的滿足。但同樣重要的是，如果那些在經商方面曾經擁有比較利益（或至少以為自己擁有）的人面臨虧損並想另謀高就，遊戲規則也允許他們退出市場。那些虧損的肇因，同樣指向對稀缺資源價值的誤判。

比較利益會隨時間改變，而且往往某人專業領域中的成本和效益一變，比較利益就會隨之變化。我們強調企業家的能力，並不是想要讚揚某位特定的企業家，捧上一個特別的社會地位以免於批評。我們強調的是，企業家行為在促進市場交易並改善協調方面的作用。重要的是認識到自由進出**這樣的遊戲規則**的效果——它允許人們按照意願開展企業活動。❶當然，經濟學家也沒有特權來指定某人將來會成為成功的企業家，或者某個當下成功的企業家將來還會成功。政府官員也不行，沒有人掌握這一類的資訊。相反，商業社會中的參與者依靠公開的市場過程來獲取資訊，並藉由計算期望值和實際的利潤與虧損，考慮對個人財富的影響而做出決策。

15　作者注：期望利潤與實現利潤。
16　作者注：自由進出幫我們發現自身的比較利益。

檢驗專家的話

如果這麼說你覺得有點抽象，那麼請看下面的判斷和預測，是由相關領域的專家和權威做出的：

- 「不可能做出比空氣重的飛行器。」──開爾文勳爵（Lord Kelvin），英國皇家學會主席，1895 年。
- 「鑽探石油？你是說打一口井去找石油嗎？你有毛病吧！」──愛德溫・德雷克（Edwin Drake），為其採油雇用的鑽井工人對他這樣說，1859 年。
- 「所有能發明出來的東西都已經發明出來了。」──查理斯・迪尤爾（Charles Duell），美國專利局局長，1899 年。
- 「我們不喜歡他們的聲音，而且吉他音樂快過時了。」──德卡（Decca）唱片公司拒絕披頭四合唱團（Beatles），1962 年。
- 「將來的電腦可以輕於一噸半。」──《大眾機械》（*Popular Mechanics*）雜誌，1949 年。事實上，他們說對了！
- 「我認為將來世界市場只要 5 台電腦。」── 湯瑪斯・沃森（Thomas Watson），IBM 董事長，1943 年。
- 「不可能人人家裡都想買台電腦。」──肯・奧爾森（Ken Olson），迪吉多（Digital）設備公司的董事長、總裁和創辦人，1977 年。
- 「640K 應該對所有人都夠用了。」──比爾・蓋茲，1981 年。

市場的自由進入讓以上這些言論得到檢驗，潛在的開拓者可以去檢驗先前的開拓者和權威的判斷，並按照自己認為有利可圖的機會行事，發現他們的比較利益，並增加消費者的選擇。

企業家精神是社會變遷的動力。只有那些能察覺到現實與可能之間的差距，並發現藉由填補這些差距可能帶來利潤機會的人，才能稱得上是企業家。企業家需要掌控資源，他們藉由使用別人的資源來填補這種差距。資源所有者把控制權交給了企業家，換取企業家的回報。這些支付的總和，加上企業家自己機會成本的估計值，構成了企業家的總成本。這些成本和企業經營總收益的差額，就是企業家的利

潤；當然，如果企業家的判斷失誤，結果就是虧損。公開市場允許不同的人依據自己的知識行事，形成對未來的預期，並追逐他們認為有利可圖的營業項目。封閉市場則以法律禁止潛在的企業家進入市場，遏制了競爭，並限制了市場過程產生資訊和協調計畫的功能。至於誰可以進入市場、誰擁有哪方面的比較利益、誰能夠最有效率地為消費者服務，諸如此類的決策，都交給了個別立法者和官僚有限的資訊和預測，而他們即使犯了錯誤也不會影響到自己的財富。

7.13｜延伸閱讀：期貨市場上的獲利

企業家投機行為的結果

現在假設，在初夏時有證據顯示，玉米枯葉病正逐漸蔓延到美國中西部的玉米主要產區，預計本年度玉米將大幅減產。認為這事可能發生的人，進而會預期秋季玉米價格會上漲。這樣的預期會使一部分人減少當前玉米的消費，儲存到秋季，他們認為那時可以高價出售。這就是投機。

多方都參與了這樣的投機：農民以別的飼料來餵家畜，不再用玉米，以使他們的玉米儲存量保持在一個較高的水準，這樣既可以避免以後用高價買玉米，也可以在價格上漲之後賣掉；工業用戶則在現在價格相對較低的時候增加庫存；可能連玉米和大豆都分不清的商人，也會在便宜的時候多買，等貴的時候賣掉，以從中牟利。一些組織良好的商品市場可以為這樣的交易提供便利，人們在那裡買賣「期貨」。所有這些活動的效果都是減少當前市場上玉米的數量，於是玉米就會漲價。正如批評的人所說，天災還沒到來，價格已經漲上去了。

投機與避險

但這只是事情的一個面向。這些投機活動使得玉米可以在**不同的時期間轉移**，即從相對供應充足的時期，轉到一個比較稀缺的時期。這樣到了秋天，當枯葉病真的來臨之後，玉米的價格會比沒有這些投機活動時低。投機者調整了不同時期間商品的消費並減少了價格波動。因為價格波動會給那些種植和使用玉米的人帶來風險，故投機者實際上是降低了別人的風險。更準確地說，投機者為牟利買進的是風

險，而其他風險厭惡者願意放棄一部分期望的收益支付給投機者，以降低自身的風險。這正是投機者的比較利益，而那些為降低自身風險而將風險出售給別人的人稱為**避險者**（hedger）。

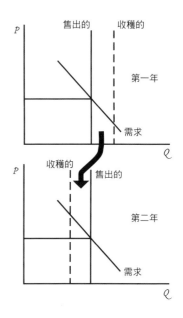

商品投機者和期貨市場

亞當・斯密曾經將穀物投機者比作審慎的船長，後者一旦發現船上食物不足以維持全部航程，就開始給船員定量供應。斯密論證說，穀物投機者藉由在豐年提高價格，促使消費者提早節約，以此減少了災年時的危害。這同樣是職業商品投機商的最重要貢獻之一。我們看看原油期貨的投機，就知道是怎麼回事了。

紐約商品交易所有一個專門的**輕質原油**期貨市場，這是一種最常見的原油等級。每份合約都規定以當前約定的價格，在未來的某個月買進或賣出 1,000 桶原油。參與這個市場的供需雙方中，一方面是石油的生產者，他們希望以此減少未來石油價格下跌造成的損失；另一方面是石油的消費者，他們則希望減少未來價格上漲造成的損失。

例如，航空公司的經理人雖然期待夏季旺季的客流高峰，但在 5 月就會擔心需求帶來的燃油價格上漲，會抵消他們期望的利潤。航空公司可以藉由採取某種保險以降低風險、對抗可能的不利情形，即在 5 月為夏季每個月購買原油期貨。如果航空公司在 5 月以 100 美元的價格購買了 8 月的原油期貨，這樣就**規避**了 8 月可能的油價上漲。如果由於原油價格的上漲，導致航空燃油的價格上漲了 10%，航空公司的營運成本就會上升，進而影響到利潤。但是航空公司在 5 月買了 8 月的期貨合約，利潤的下降會被期貨合約升值的 10% 抵消，因為期貨合約的價格會隨著交割日期的來臨而調整到與實物交易的價格一致。**就好像**是期貨合約的賣方在 8 月真的把原油按照當初約定的每桶 100 美元的價格交付給買方，然後期貨合約的買方（即航空公司）又按照 8 月的現價每桶 110 美元轉手賣出，這個價格比 5 月普遍預期的

價格要高 10%。

我們都面臨著一個不確定的未來。價格可能升，也可能降，也可能保持不變。**期貨市場允許人們按照他們認為合適的方式分配風險，處理不確定性。**那些希望減少風險的人（經濟學家稱之為「風險規避者」）可以選擇避險；而那些希望增加風險的人（經濟學家稱之為「風險愛好者」）可以選擇投機。

避險可以減少風險。如果石油製品降價了，航空公司能賺到額外利潤，但是航空公司放棄了，主要是為了避免石油漲價給自身造成損失。石油公司則相反，5 月要出售 8 月的期貨來避險，這樣對於合約上規定數量的 8 月期貨，就可以將其鎖定在 5 月的價格。他們這樣做是針對油價下跌加了保險，而航空公司則是針對油價上漲有個保險。如果石油生產商在 5 月以 100 美元銷售 8 月的期貨，而 8 月的價格卻比預期上漲了 10%，雖然他們可以藉由 8 月的現貨銷售賺到比預期更高的利潤，但是其中一部分要被履行期貨合約帶來的虧損抵消，即期貨合約的價格已經漲到了每桶 110 美元，實際這就相當於他們要在市場上以每桶 110 美元的價格買進石油，再按照合約規定的每桶 100 美元的價格賣出。當然對於生產者而言，期貨保值操作的目的在於防止產品在 5 至 8 月跌價而造成損失。他們放棄了產品漲價帶來的利潤，並為跌價時帶來的損失保險。

投機者拓展了市場

職業投機者在這當中會起什麼作用呢？首先，投機者拓展了市場。他們保證了想買賣期貨的人能在市場上找到交易夥伴。假設一大群石油消費者擔心未來石油會漲價，都想要買石油期貨。沒有理由相信，石油生產商會願意出售所有消費者想購買的期貨。但是，當缺少賣家的時候，期貨價格就會上漲，這時就會吸引職業投機商進來，這些人擅長打聽從事期貨交易對應商品的消息。他們進來之後，謹慎地承擔風險，因為他們相信專業知識能讓他們比別人更準確地預測出未來的價格走向。**投機者以雙方都同意的價格把風險接收過來，而避險者正是要避開風險。**這就是為什麼經濟學家說期貨市場給人們提供了分配風險的機會。

投機者的作用遠遠不只幫助避險者避免風險。對於任何會影響石油供需進而影響油價的因素，職業石油投機商都保持著高度敏感：諸如新油田的發現、軍事對

抗、革命、石油輸出國組織（OPEC）成員國之間的衝突與和解、海上油田遭遇的風暴、可能會影響政府能源政策的政治變動、會導致石油需求量下降的工業國的經濟衰退、對環境的態度轉變等等。當他們相信石油會變得更加稀缺時，就買進期貨，這會使石油期貨漲價。當其他人注意到石油期貨漲價時，就會得出結論說，那些擁有最好資訊的人已經把錢都押在石油漲價上了，因此他們會據此調整自己的行為，這對大家是有幫助的。

例如，當預期石油價格上漲時，那些擁有大量存貨的企業就會減少當前的銷售，囤積石油並在以後價格高的時候再出售，這樣現在的供給量就會下降。那些計畫將來購買石油的人會加速採購過程，以便先於預期的漲價完成採購，這樣，現在的需求就會上升。供給量下降和需求上升兩方面的共同結果是當下油價的上升，而這是由投機者看漲，導致期貨價格上漲引發的。預期未來價格上升會立刻導致**現貨**價格上升。而現貨價格上升則會使使用石油產品的人積極省油，包括那些從來不知道期貨價格在報紙哪一版的人們。石油產品的最終使用者會對石油當前價格的上漲做出反應，現在開始節約使用石油。

這樣好還是不好？假設投機者的行為是基於對中東地區爆發戰爭的預期，一旦戰爭爆發，供給世界市場的石油就會受到嚴重的影響。該怎麼辦，怎麼選擇更明智？是沒有事先的預警，毫無防備，等到事情真的發生了再應對？還是有預警，現在就開始節約，未雨綢繆，手上多存點油以防備突發事件的衝擊並順利渡過難關？

與未雨綢繆相比，我們看不出來毫無防備的應對有什麼好，除非投機者預測得不對，這當然是有可能的。如果預測錯了，那麼他們導致的石油及石油製品的價格上漲，就是基於對一次並未發生災難的預期。在還沒有必要節約的時候，我們就已經節約了，努力省下來的這些石油將會降低未來的油價。投機者如果錯估形勢，反倒會自己擾亂供需均衡從而造成價格波動。

但是他們正確的時候遠遠多於失誤的時候。如果**他們**玩的是自己的財富，那麼判斷正確就是分內之事；而如果老是出錯，就不能長留這一行。此外，如果**確實**判斷失誤，就會很快吸取教訓修正行為，否則就會被踢出期貨市場。而不像那些不必為自己的錯誤付出代價的人，即使任何明智和中立的人都能看出預測錯了，那些人仍然可以固執己見。

投機者提供了價格資訊

　　職業投機者是我們的遠端預警系統。他們提供更好的資訊和按此行事的動機，從而使我們能夠避免危機。他們買進或賣出期貨合約的價格，提供了對未來價格預期的不斷修正，從而使我們在當下能做出更好的決策。和中間人一樣，投機者是一種有價值的資源。如果來自政治的敵意威脅要把他們「趕盡殺絕」，那麼對於期貨市場和投機者職能的深入理解有助於保護他們。❼

預言家和虧損

　　但是，以上所有這些都假設了投機者的預期是正確的。如果玉米大豐收呢？枯葉病沒有出現，天氣又特別適宜玉米的生長。如果是這樣，投機者就是把玉米從一個不太充裕的時期轉移到了一個非常充裕的時期，從而加劇了價格波動。這當然是一種不好的資源重分配，即放棄了現在高價值的玉米，換來的卻是將來同樣數量的低價值的玉米。這對誰都沒有好處。

　　但同樣投機者也就無利可圖了！他們會遭受損失，儘管期待的是獲利。所以他們**並非有意要這麼做**，只是由於資訊不完全。投機者並非無所不知，他們當然會犯錯，否則就不會被叫作投機者了。既然生活在這個不確定的世界上，我們就別無選擇，只能在不確定性的前提下行事，無論是拒絕做事或者拒絕預測未來，都無法擺脫不確定性，也無法擺脫資訊不完全的後果。如果我們自認為知道的比投機者還要多，那麼我們可以在市場上與他們一爭高下，打賭看誰能賺到錢。耐人尋味的是，有些人嘴上批評投機者對未來的預期是如何錯誤，但這些人很少進入市場，用實際行動表明他們所謂對未來更好的洞察力。當然，事後諸葛總是大有人在，相對也就非常廉價。

市場經濟的選擇

　　投機者給所有人提供看得見的資訊，他們是市場過程創造的另一個重要資訊來源。他們的買賣，傳遞了對未來和現在關係的判斷。他們的活動，創造出來的價格和其他價格一樣，都是價值的指數：對決策者來說，都是關於現在和將來的機會成

17　作者注：期貨市場在暴風雨來臨之前提供關於稀缺品的未來價格的線索。

本的資訊。與那些喜歡賭博的人相比，這類資訊對於總是想降低風險的人來說至少同等重要。的確，當投機者預測失誤的時候，他們提供的是「劣質」的資訊。但老在這一點上指指點點，只不過又是在拿不理想的情況和一個較好但卻無法達到的情況做比較而已。如果我們認為能比投機者更好地預測未來，可以在市場上用交易行為表達看法，用我們的洞察力獲利，在此過程中還能使其他人受益。自由市場給了我們那樣的選擇。

同時，對於那些日常業務涉及期貨交易對應貨物的企業，投機者創造的價格資訊確實有用。農民會參考商品交換的期貨市場上預測的價格制定計畫，工業用戶也是一樣。有些企業的日常業務並不涉及傳統認為的投機性商品，它們也能利用投機者創造的價格資訊。我們都認為價格是一種資訊，而價格所反映的競價行為，很大原因是基於對未來的推測和投機。在美國，類似乾旱、病蟲害和反季節霜凍等自然災害，對於穀物、水果和蔬菜的價格和獲取影響微乎其微，這要歸功於投機者，他們的先見之明，成為反覆無常的大自然和要求絕對可靠供給的食品業間的有效緩衝。

總之，**中間商**傾向於協調不同地區間的市場，並把地方市場整合到高度複雜的全國經濟體系乃至全球經濟體系中；而**投機商**則傾向於協調**不同時期**的市場，不管自己是否充分認識到這一點。他們使得供給量趨近於需求量，而且不僅是當下的供需計畫，也包括可預見的將來。[18] 作為企業家的中間人和投機商，發揮他們認為的比較利益，在自己看來似乎僅僅是為了謀取利潤，但經濟學的思考方式跳出了「僅僅是牟利」的框框，分析所創造的提供資訊與分配風險的機會。對於我們這些比較利益不在此處的人來說，這些專家構成重要的稀缺資訊來源。

本章回顧

利潤的定義是總收益減去總成本。計算會計利潤時，總成本只包括外顯成本（比如各種支出）。經濟利潤的定義也是總收益減去總成本，但在計算總成本時，要把**所有**的機會成本都包括在內。

18　作者注：中間商協調不同地區的市場；投機商協調不同時期的市場。

利潤源於不確定性。如果沒有不確定性，期望的總收益和總成本之間的所有差距都會隨著競爭加劇而消失，利潤會變為零。

獲得經濟利潤的可能性，激勵了企業家的活動。企業家負責對社會生活的一部分進行重組，並相信他們的重組行為帶來的收益會大於成本。企業家的利潤是剩餘：在企業家的營業項目中，支付了為保證計畫完成所有勞動者報酬之後的結餘。剩餘請求的制度促進了社會協調，它使得人們在一個共同專案中可以達成共識，決定每個方面由誰負責。

一個由私有產權、市場交換與貨幣構成的制度使人們得以使用貨幣來計量：人們可以藉由作為訊號的市場價格來評估某項活動潛在的獲利能力。貨幣計量也使得企業家可以計算相對決策的期望效果。

企業家精神表現為三種形式：套利、創新和模仿。從本質上説，企業家的創新和模仿是套利的複雜形式：察覺到價格高低差異，以低價買進稀缺資源，並重組後以更高的價格賣出。

當「真相大白」時，企業家的利潤就會消失。一旦企業家的活動顯示出利潤是怎麼來的，企業家及其模仿者的收益就會下降。如果某種稀缺的關鍵資源阻止了別人對企業家的模仿，針對這項資源的競爭就會抬高價格，直到期望的總成本等於期望的總收益。

不確定性是生活中的事實。如果無法確知所有可能選擇的未來結果，這樣資訊不完全的情況下的決策者就是「投機者」，在一個不確定的世界中，每個人在此意義上都是「投機者」。

職業投機者認為他們有承擔風險的比較利益，有協調不同時期市場的能力。

期貨市場使人們有分配風險的機會。避險者藉由與投機者做期貨交易，可以減少他們的風險，而投機者則增加他們自己的風險。

有些人認為自己更懂得稀缺品在當前和將來價值之間的關係，他們會在一段時間內買進，在另一段時間賣出。如果他們是對的，就可以憑著高超的洞察力獲利，並把商品從不太稀缺的時期轉移到比較稀缺的時期；如果預測失誤，他們就會逆勢把商品從比較稀缺的時期轉移到不太稀缺的時期，並承擔交易的損失，這是對預測失誤的懲罰。

詢價

▌本章你可以學到這些▐

- ☑ 定義詢價
- ☑ 分析價格、邊際收益和邊際成本的關係
- ☑ 將詢價運用到差別定價中
- ☑ 探詢差別定價的策略
- ☑ 在資訊不完全的情況下，從詢價的角度，探討成本加成定價法

　　詢價者如何找到他們正在尋找的價格？找到之後又會發生什麼？在這一章將要討論的是，詢價者首先計算邊際成本和邊際收益，然後試圖制定價格，這個價格能讓他們賣掉所有的產品，不多也不少；按照這個價格，邊際收益應該超過邊際成本。企業追求利潤，消費者尋求交易，議價過程的結果是，競爭過程使得邊際成本與邊際收益相等。邊際成本和邊際收益相等是市場競爭過程的結果，而不是在這個過程之前的行為假設。這聽起來複雜嗎？這就是淨收益（或者說總收益減去總成本）[1] 最大化過程的邏輯。但商業企業在實際中會如此行動嗎？這聽起來太理論化了，像是經濟學家空想出來的，現實中的銷售者聽起來可能一頭霧水。

1　作者注：淨收益的定義：總收益減去總成本。

8.1 ｜ 定價的流行理論

　　大多數人並不認為價格是用這種方法制定的。簡單的成本加成理論是對這個問題的一個常見解釋：成本加成理論是指商業企業計算單位成本，再按比例加成，詢價者多半會用成本加成理論解釋如何制定價格。他們的觀察值得重視，但這並非令人信服的證據。很多人其實也無法正確描述他們認為稀鬆平常的一些活動到底過程是怎樣，比如大多數騎單車的人，並不知道自己是如何保持單車平衡的。假如有人問，他們會說，每次在車子往一側傾斜的時候，他們會略微傾斜或移動重心，以保證車子不會翻倒。假如他們真的靠這種方式**保持平衡**，根本無法騎過一個街區，實際上他們主要靠控制方向而不是傾斜來保持平衡，靠無意識地輕微轉動前輪，用離心力抵消傾斜的力量，靠這種方式保持筆直騎行。假如有人問他們是如何讓單車**轉向**的，大多數人可能會回答說靠轉動前輪，可是實際上，他們是靠**傾斜身體**讓單車轉向的（不然，放開雙手騎車的人怎麼能轉向呢？）。他們並不知道自己正在從事事情的原理，但這一事實並不妨礙他們去做這些事情。雖然只有沿著一連串特定的曲線蜿蜒向前才能保持平衡，這些曲線的曲率與前進速度的平方成反比；但很多人即使不懂數學也仍然是單車好手。

成本加成理論的質疑聲音

　　我們有足夠理由質疑成本加成理論。其中一個理由就是我們無法從中得到關於加成規模的任何資訊。❷ 為什麼選擇 25% 的加成而不是 50% 的加成？為什麼不同的公司按照不同的比例加成？為什麼同一家公司在不同時期，對於不同產品，在賣給不同買方的時候要改變加成比例，甚至有時候在賣給同一個買方不同數量的時候也是這樣？為什麼有時候銷售者的定價**低於**單位成本呢？

　　另外，如果企業可以在成本上升的時候按比例提高價格，那麼為什麼它們不在成本上升**之前**提高價格呢？為什麼在能夠獲得更多獲利的情況下，卻滿足於較少的淨收益呢？眾多價格制定者總是抱怨沒有賺到足夠多的利潤，如果真能按成本價定

2　作者注：為何家具店的加成比例比雜貨店高那麼多？

價，結果與這種抱怨是不相符的。我們也都知道企業有時候因為成本提高而被迫停業。可是假如每個企業都能「加成」價格以抵消成本上升的話，停業這種情況是不會發生的。❸

　　流行的價格制定理論顯然還不夠，它無法解釋我們都熟悉的種種現象。又回到這個問題上來了：既然如此，為什麼這麼多人，包括詢價者自己，都仍堅持這一理論？只有在了解經濟學家對詢價過程的解釋後，我們才能回答這個問題。

8.2 ｜ 艾德・賽克登場

　　簡單的案例最能說明基本原理，我們來研究艾德・賽克這個虛構的例子。艾德・賽克是一名大二學生，他在常春藤學院半工半讀，在學生會負責特別活動管理。艾德的工作之一是管理針對學生的週五電影放映活動，主要工作就是定票價。

　　讓我們假設，每放映一部電影，艾德需要支付如表 8-1 所示帳單：

表　8-1

電影租賃費	$1,800 美元
場地租用費	250 美元
放映員	50 美元
票務員	100 美元
總計	$2,200 美元

　　售票的全部收入都計入艾德的預算。電影放映場地能容納 700 人，艾德藉由某種方式發現了他所放映電影的確切需求（稍後會放寬這個有些誇張的假設）。需求如圖 8-1 所示，其中值得注意的是，電影票的需求與所放映影片無關。在這樣的情況下，艾德該如何定價？

3　作者注：如果家具店的加成比例如此高，為何會宣布停業？

目標：淨收益最大化

要回答這個問題，必須先知道艾德的目標。假如他的目標是要將所有座位填滿，那麼 3 美元會是最好的價格。這個價格能使電影票的需求數量剛好與場地的可容納人數相等。反對 3 美元定價的一個可能理由是，每放映一部電影，就要虧損一次。因為每放映一部電影的總成本是 2,200 美元，但是總收益只有 2,100 美元。

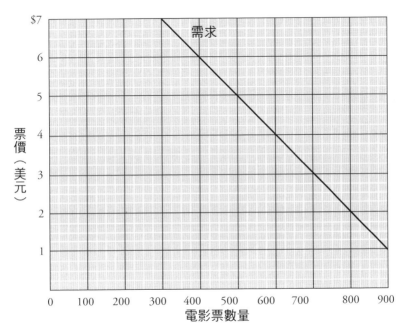

圖 8-1　每週電影票的需求

這未必是一個有說服力的反對理由。也許因為有人認為電影對通識教育有很大幫助，所以學生會願意補貼電影的放映。如果艾德不必藉由售票收入收回所有成本，那麼就會出現各種可能性。例如，

價格 （美元）	需求量	總收益 （美元）	淨收益 （美元）
3.00	700	$2,100	-$100
2.50	750	$1,875*	-$325

* 記住：座位只有 700 席

他可能把價格定在 2.5 美元。這會導致需求量超過供應量，但是這也可能讓艾德成為學校裡非常受歡迎的人──即使週五晚上的電影座位已經「賣光」了，這個人也能幫你搞到票。

現在讓我們假設，艾德不僅必須藉由售票來收回成本，而且還奉命賺取盡可能多的淨收益。在這種情況下，艾德該如何定價？

8.3 | 淨收益最大化的基本法則

再看看本章第一段中所說的基本法則，如果詢價者的目標是獲得最大的淨收益，那麼所有詢價者都會遵循這樣一條法則：他們制定的價格要能剛好出清所有產品，按照這個價格，期望邊際收益應該超過邊際成本。❹

你在前面遇過邊際成本了，它是銷售者期望帶來的額外成本。在這個例子當中，這樣的行為是**多賣出一張電影票**。來看看艾德・賽克的成本資料，對他來說，多賣一張電影票的額外成本是什麼？由於不論艾德賣出多少張電影票，都必須支付 2,200 美元的成本，因此根據我們的假設，多賣一張電影票的邊際成本為零。如果你想在圖 8-1 上畫一條邊際成本曲線，這條曲線將是橫貫表格的一條水平直線，位於 0 美元的刻度上。

8.4 | 邊際收益的概念

然而，什麼是邊際收益？**邊際收益是期望帶來的額外收益**。對艾德・賽克來說，邊際收益是多出售一張電影票的額外收入。

如果看圖 8-1 中的需求曲線，你一眼就會發現，艾德・賽克的淨收益取決於他制定的價格。定價 3 美元時，總收益為 2,100 美元，淨收益則為 -100 美元。定價 6 美元時，2,400 美元的總收益減去 2,200 美元的成本，得到 200 美元的淨收益。如果票價定在 4 美元，淨收益也是 200 美元。根據我們給出的資料，票價定在多少時，能夠使淨收益最大化？

答案是 5 美元。如果價格定在 5 美元，就能賣出 500 張電影票。總收益為

4　作者注：要想最大化淨收益，應該這樣定價：使你正好能賣出所有產品，並期望在此價格下邊際收益大於邊際成本。

2,500 美元，淨收益為 300 美元。這是艾德能獲得的最大淨收益了。

怎麼知道的呢？找出答案的方法之一是把每個可能的價格都試驗一遍。而更好的辦法是確定在邊際收益等於邊際成本時的電影票需求數量，然後再找出可以讓電影票賣光的價格，這辦法提供了我們想要解釋的這個過程的邏輯。

價格 （美元）	需求量	總收益 （美元）
7	300	2,100
6	400	2,400
5	500	2,500
4	600	2,400
3	700	2,100

邏輯很簡單。艾德賣出的前 500 張電影票中的每一張，對其收入的貢獻都超過了成本的增加（記住在這個特殊的例子中，這是**不會**增加他的成本的；不論他賣出多少張電影票，邊際成本都為零）。但是艾德賣出的電影票要是超過了 500 張，那每多賣一張票，成本都超過了收入。其實這**並沒有帶來更多成本**，但是減少了總收益，因為邊際收益在賣出 500 張票之後就變成負值了。❺

8.5 │ 為什麼邊際收益會低於價格？

乍看起來，這似乎不可能是正確的。因為在超出 500 張票以後，艾德賣的每張票還是收了錢，多賣一張票的額外收入，或者說邊際收益，看上去似乎是正的。但是，這種表面現象是錯誤的，它忽略了很重要的東西。為了賣出更多的票，艾德必須降低價格。當他這麼做時，他不僅對新顧客，也對原本會以較高價格買票的顧客降價。他從新顧客身上獲得的額外收益，被從老顧客那裡的損失抵消了。在他賣掉 500 張票之後，損失的收益超過了獲得的收益，因此邊際收益變成了負值。

讓我們仔細看圖，驗證這種說法。假設艾德把價格定為 5 美元，以這個價格，他賣出 500 張票，總收益就是 2,500 美元。如果他決定賣出 550

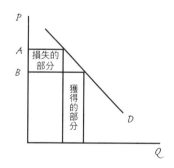

注：把價格從 A 降到 B，從更多銷售中獲得了部分收益，但是由於所有購買者都支付了更低的價格，也損失了部分收益。

5　編注：成功詢價的法則是讓邊際收益和邊際成本相等。這意味著只要銷售的額外收益超過額外成本，就繼續銷售。

張票，會發生什麼事呢？要這樣做，他必須把價格減低到 4.5 美元。這樣這 50 位「新」顧客每人都多給他帶來 4.5 美元，總計多收入 225 美元。在艾德以 4.5 美元出售電影票之前，500 位「老」顧客每人都願意花 5 美元買票，艾德的做法會讓他在每位還未支付票價的「老」顧客身上損失 50 美分。50 美分乘以 500 就是 250 美元。這超過了多收入的 225 美元。實際上當艾德決定將電影票銷售量從 500 張擴大到 550 張時，他的總收益減少了 25 美元。超過 500 張之後邊際收益是**負的**。

甚至可以更精確點。因為多賣出 50 張票的額外收益是 -25 美元，我們可以說，當艾德想要將電影票銷售量從 500 張擴大到 550 張時，每張票的邊際收益是負 50 美分。將其標注在圖 8-1 上，我們可以在 525 張票（500 和 550 之間的中心點）的位置上標注邊際收益為負 50 美分。

問問自己，當艾德將電影票銷售量從 450 張擴大到 500 張時，會發生什麼情況？以此檢查你對上述基本思想的理解。需求曲線顯示，每張票賣 5.5 美元，他可以賣出 450 張。為了賣出 500 張票，他必須把價格降低到 5 美元。因此當他賣出 450 張票的時候，總收益是 2,475 美元，當他賣出 500 張票的時候，總收益是 2,500 美元。當艾德將電影票銷售量從 450 張擴大到 500 張時，每張多賣出的票的額外收益或邊際收益是 50 美分。因此，我們可以在 475 張票的位置上標注邊際收益為正 50 美分。

如果把這兩個點連成一條直線，得到的邊際收益曲線和邊際成本曲線剛好會在 500 張票的位置上交叉。因此可以說，如果艾德沒賣到 500 張票就心滿意足，他就犧牲了部分潛在淨收益，因為一些邊際收益高於邊際成本的票他沒賣掉。如果艾德賣出的票超過了 500 張，他也犧牲了部分潛在淨收益，因為他賣出了一些邊際收益低於邊際成本的票。他賣 500 張票的時候，可以使他的淨收益達到最大，在這個數量上，邊際收益和邊際成本正好相等。而且需求曲線告訴我們，票價定為 5 美元，可以賣出 500 張票。

8.6 ｜ 讓邊際收益等於邊際成本

如果片商不是按照 1,800 美元毛額收取片租，而是轉為 800 美元加上每張票

2 美元的分成，要是你同樣能分析這類情況，就說明已真正掌握了這套理論。

關鍵的差異，在於艾德的邊際成本從零增加到 2 美元。現在每多賣一張票，就讓總成本增加 2 美元，邊際成本曲線將是位於 2 美元位置的一條水平直線。因為艾德為了獲得最大淨收益，必須賣掉所有邊際收益大於邊際成本的票，而邊際成本大於邊際收益的票則一張也不能賣，所以艾德應該按照邊際收益剛好等於 2 美元，這個標準確定價格和銷售數量。

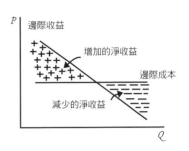

圖 8-2 中畫出了該邊際收益曲線。這條曲線顯示，每多賣出一張票，在不同的價格上能夠為總收益帶來的增量。當賣出 300 張票時，邊際收益為 4 美元，當銷售量上升，邊際收益迅速下降，在賣出 500 張票之後變成負值。我們發現，由於片商的新政策，艾德會希望賣出 400 張票。這個銷售數量能夠讓邊際收益和邊際成本相等。為了賣出 400 張票，艾德應該將價格定為 6 美元。結果是，艾德在新政策下比原來做得更好。現在，總收益為 2,400 美元，總成本為 2,000 美元，淨收益為 400 美元。

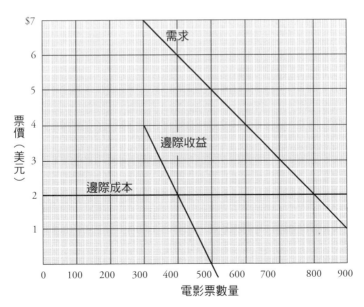

圖 8-2　每週電影票的需求和售票的邊際成本

8.7 │ 那些空位呢?

在新舊兩種政策下，都要有座位被「浪費」。之所以「浪費」要被加引號，是因為在第 2 章中說過，這是一個評價性而非敘述性的概念。在電影觀眾眼中看起來是浪費，對像艾德這樣的放映者來說就是效率。但即使從不同的角度看來，也似乎確實有東西被浪費了。會有一些想看電影的人，願意付給艾德高於邊際成本的錢，但是艾德拒絕了他們。電影愛好者錯過了一次機會，為這個機會他們願意支付邊際成本，艾德從空位上得不到任何收入，而有人願意付給艾德高出他邊際成本的錢。看來有一部分透過交易能夠達成的收益未能實現。

消除空位的「浪費」

這樣的情況很普遍。幾乎任何一場職業棒球大聯盟比賽，體育場裡都有空座位，體育場外面的人為了得到進場的機會，樂意付錢給棒球隊老闆。多一個觀眾不會給比賽增加任何成本，棒球隊老闆每讓一個棒球迷進場，只要不是免費，都能有額外的淨收益。但是，只有棒球隊老闆對「新」顧客降低票價的同時，能夠不對願意付更多錢看比賽的人降價，這種情況才會發生。

8.8 │ 差別定價者的困境

這裡有一個陷阱。只要區別潛在購票者的成本超過了額外的收益，艾德留下 200 或 300 個空座位（在他看來）實際上就是有效率的。看看這是什麼意思。

假設艾德支付了 1,800 美元固定的片租，電影票價定為 5 美元，賣了 500 張票，每週賺 300 美元。一個週五的晚上，他查看了場地，對自己說：「如果我把 200 個空座位填滿，就能增加我的淨收益。我要做的就是把票價降到 3 美元，但是這種降價只針對那些票價更高就不來看電影的人。我每週就能多賺 600 美元，還能多讓 200 人欣賞到這些好電影。」

這是個好主意嗎？第二週，艾德在學校電影售票口掛出了一張新的看板，上面寫著：「票價 5 美元。」然後又加了一排小字：「不願意付更多錢的人，票價 3 美

元。」接著會發生什麼呢？幾乎所有購票者都會買 3 美元的票，因為如果花 3 美元就能買到票，他們都「不願意付更多錢」。最後，艾德只能得到 2,100 美元的所得，這週的活動虧損 100 美元。這根本不是個好主意。

但其實這個問題主要出在執行上，而非想法本身。如果艾德想消除空座位的「浪費」，避免所得損失，他必須找到成本夠低的方法以區別潛在的購票者。他為那些只願意付低價的人定低價，卻不可以讓那些願意支付高價的人也享受這樣的低價。艾德也許能從常春藤學院的招生錄取方式得到啟示。

8.9 | 學校作為詢價者

大專院校的管理層常常抱怨教育費用過高，來自學生的學費只能分擔一半費用，而剩餘半數或超過半數的費用要靠慈善捐贈。你是否曾經奇怪，為什麼私立大學向有需要的學生提供獎學金？如果大學真的那麼窘迫以至於需要依賴慈善捐助，那麼為什麼也同時提供**慈善**獎學金呢？答案是它們提供的本質並非慈善，為有需要的學生提供減免學費的獎學金就是艾德·賽克試圖做的，艾德·賽克沒有成功，但它們卻成功了。

圖 8-3 顯示常春藤學院管理層估計的入學需求。假設多招收學生的邊際成本為零。這個假設雖然不精確，但足以符合我們的目的，並且不會影響所適用的邏輯推論。常春藤學院不是營利機構，但它仍然希望能制定適合的費率以獲得最大的收益。

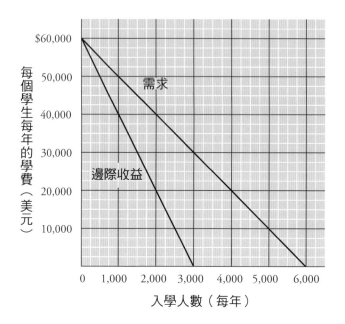

圖 8-3　常春藤學院招生需求曲線

注：你可以用一個簡單的訣竅快速得出與任何直線的需求曲線對應的邊際收益曲線。從需求曲線向價格軸做垂線，將線段一分為二後，把這些中心點連成一條直線。位於需求曲線正下方邊際收益曲線上的點，就是對應數量上的邊際收益。因此，學生人數為 1,500 人時，邊際收益為 3 萬美元，價格為 4.5 萬美元。

高學費的抱怨

　　如果常春藤學院只能制定單一的學費價格，它會把每年學費定為 3 萬美元，招收 3,000 名學生（這個入學人數能夠讓邊際收益和邊際成本相等），獲取 9,000 萬美元的總收益。可是有些學生被這樣的費率擋在了門外，學院也不能從招收這些學生中獲利；同時一些學生原本願意付更多的學費，但現在只須交 3 萬美元。常春藤學院的管理階層，希望能按照每個人真實的支付意願付費。假如他們能得知每個學

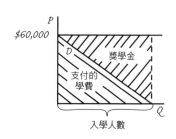

生（或者學生家長）願意支付被常春藤學院錄取的最高價格，那麼他們會將學費定為每年 6 萬美元，然後給每個學生發放獎學金（即價格回扣）。獎學金的數量取決於 6 萬美元和每位學生願意支付的最高價格之間的差價。

　　問題在於如何得知支付意願的相關資訊。學生或家長要是知道，坦誠的代價是更高昂的學費的話，他們不會把上常春藤學院的真實價值告知學校。但是，如果他們的支付意願和財產的多少相關，這個問題就能得到部分解決。常春藤學院宣布學校可以向有需要的學生提供獎學金，申請者需要填寫關於家庭財產和所得的表格。為了有資格能獲得獎學金資助，各個家庭會填寫表格，學校因此能得到可以用於區別（discriminate）的資訊。如果所得和願意付多少學費之間密切相關，如果各個家庭誠實填寫表格，常春藤學院就可以精確的差別定價，將其總收益增加到 1.8 億美元（整條需求曲線以下的區域）。儘管此時學校是定價者（而非價格接受者），邊際收益還是與價格相等。

　　不要輕率批評常春藤學院！請注意這種區別定價政策所產生的某些後果。首先，常春藤學院的所得增加了。假如你認同常春藤名校，那麼它從學費中得到更多所得又有什麼可妒忌的呢？對學生和家長按照他們最大的支付意願來開價，難道不比讓慈善家和納稅人來承擔學校的赤字更好嗎？同樣請注意，在完美的價格區別體系之下，原本會被拒於門外的 3,000 名學生就能夠在常春藤就學了，他們是不會抱怨的。

8.10 | 差別定價的策略

　　與常春藤學院的獎學金計畫一樣，銷售者發展了各種戰略以達到同樣的目標，就是要找到低成本的途徑，用來區別高價購買者和低價購買者，然後專門向只願意以低價購買產品的人提供較低的價格。

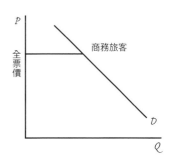

　　例如，雜貨店常常向出示從報紙廣告上剪下來的優惠券的顧客打折。雜貨店為什麼要這樣做呢？打折是為了吸引那些熱中於買便宜貨的顧客，如果沒有打折，他們是不會光顧的。那些沒有出示優惠券的顧客是認為自己對於價格不敏感

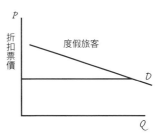

的人，所以他們將支付更高的價格。

航空公司的票價

假如航空公司下調票價，它們能向那些原本會開車去度假的人售出一些機票，把飛機上的空位填滿。可是航空公司並不想對商務旅客下調票價，因為商務旅客想要節省時間，願意支付更高的價錢。同樣航空公司也不願意對用旅費抵稅的人降價，那麼航空公司該如何區分兩類不同的顧客，然後專門對那些沒有折扣就不會搭飛機的人打折呢？一種方法是只對那些早早就購買回程票，並且在外地待的時間超過一週或度週末的人提供折扣票價。商務旅客往往無法在外地逗留那麼久，而且常常是臨時才收到出差通知。這還不是一個絕對精確的差別價格策略，但它成本不高，而且效果出奇地好。

各種娛樂活動通常都會對孩子、學生和老年人提供折扣價格。這是活動主辦方慷慨的表現嗎？更可能的是，它們希望在不對每個人都調降價格的情況下，吸引那些對價格更為敏感的族群，多做生意。銷售者提供特惠價格的主要對象，是那些對商品需求彈性更大的潛在客戶，**但前提是要能用低成本的方法將他們區別出來，而且要能防止他們把商品轉讓給需求彈性較小的族群。**

8.11 | 艾德・賽克找到了辦法

回到艾德・賽克的案例上。假設他收集的電影票需求資料，能幫他把學生需求和教職員需求區分開。我們在圖 8-4 中畫出了兩條需求曲線，分別顯示學生和教職員對週五電影票的不同需求（假如你把兩條曲線相加，即把不同價格下每個人群的需求量相加，你會得到如圖 8-1 所顯示的需求曲線）。問題如下：如果艾德知道這些不同的需求曲線，他能不能為學生和教職員制定不同價格，從而提高淨收益？

直覺告訴我們這個做法是可行的。學生通常所得不多，因此往往會關注價格，想看電影的教職員不太可能因為價格略有升高而改變主意。藉由降低對學生的價格，提高對教職員的價格，艾德可能會做得更好。

回想一下，當邊際成本為零時，艾德給每張票定價 5 美元，賣出 500 張票，因

此獲得最大淨收益。現在他應該**對每個族群分別**制定等於邊際成本的邊際收益。

學生票賣出 175 張時，邊際收益為零（邊際成本）。要賣出 175 張學生票，艾德應該將學生票價定為 3.5 美元。

教職員票賣出 325 張時，邊際收益為零。要賣出 325 張教職員票，艾德應該將教職員票價定為 6.5 美元。

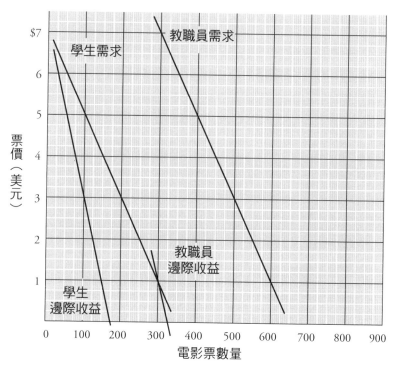

圖 8-4　每週電影票的需求

艾德仍舊會賣出 500 張票。但是現在他的總收益將是 2,725 美元，而不再是 2,500 美元，他的淨收益將從 300 美元提高到 525 美元。

需求彈性的應用

為什麼這種方法會生效？之所以生效，是因為在票價都為 5 美元的時候，學生對電影票的需求彈性大於教職員。學生對價格變化更敏感，教職員對價格變化不那

麼敏感，藉由降低學生票價，提高教職員票價，艾德更有效地針對不同族群按照支付意願取得收益。

　　但是要注意，整個計畫關鍵取決於艾德識別各類族群，並且防止他們轉賣電影票。如果讓學生買了 3.5 美元的票，再把票轉賣給教職員，這個計畫就失效了。如果艾德能以低成本印製不同顏色的電影票，並且在驗票的時候要求出示學生證或者教職員證，那麼他的差別定價系統很可能是可行的。

8.12 │ 不滿情緒與「合理化」辯解

　　當然，艾德也必須讓他對教職員的「剝削」合理化。在這個例子當中，這應該不是個問題。艾德可以說每張票「實際」就值 6.5 美元，學生票 3.5 美元是因為有促進通識教育的特殊補貼。不要低估「合理化」辯解的重要性。這種差別定價增加了艾德的淨收益，也沒有強迫人們超過意願支付，但是這種做法會讓沒有享受到折扣價的人感到強烈不滿。

　　比如幾年前，那些搭飛機從芝加哥到紐約的旅客發現，與從洛杉磯飛到紐約的旅客相比，他們每英里花的錢要更多，於是對此深表不滿。與洛杉磯相較，芝加哥距離紐約更近，為什麼從芝加哥到紐約的往返機票比從洛杉磯往返的機票貴呢？答案在於營運於全美最大的兩座城市間，航空公司彼此的激烈競爭。競爭中各家機票互相構成絕好的替代品，每家航空公司都面臨彈性很高的需求曲線，並讓價格趨近於邊際成本。但是在從芝加哥到紐約的旅客看來，似乎是他們補貼了從洛杉磯到紐約的旅客，他們可並不希望這樣。❻

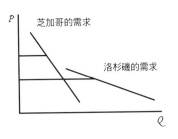

6　作者注：成功地進行差別定價的三個條件是銷售者必須能夠：（1）區分具有不同需求彈性的購買者；（2）阻止低價購買者將商品轉賣給高價購買者；（3）控制不滿情緒。

8.13 ｜ 午餐價和晚餐價

對於同一種食品，餐館在晚餐時收取的價格比午餐時高，餐館的這種普遍慣例能夠詳細說明上面討論的一切。

為什麼既供應午餐也供應晚餐的餐館，晚餐價格要比午餐高那麼多呢？前面介紹的理論從不同的需求彈性中尋找答案。午餐顧客對於價格的升降比晚餐顧客更為敏感。一道午餐主菜漲價 10% 而損失的顧客，通常多於晚餐菜單上同一道菜漲價 30% 而損失的顧客。以下幾個理由可以解釋這種情況。

其一是，顧客上餐館吃午餐的次數更多。那些每週買 5 次午餐的人有很多機會收集相關的價格資訊。由於一個月裡每個工作日都有大約 50 美分的差異，所以人們有強烈貨比三家的動機；在他們認為找到了最好的一家餐館的時候，就會一直去這家；只有在更好的一家出現的時候，才會更換餐館。相較之下，對大多數人來說，到餐館吃晚餐要少見得多，所以他們沒有那麼多機會和誘因收集相對價格的資訊。

另一個晚餐顧客價格需求彈性更低的主要理由是，他們為食物支付的錢通常只是「在外用餐」這整件事的開銷中的一部分。一對夫婦去餐館吃晚餐，要為臨時照看孩子的保母支付 10 美元，為停車支付 3 美元，為雞尾酒支付 15 美元。如果他們每個人為晚餐付出 14 美元，那麼食物只占他們整晚開銷的一半。因此，菜單價格提高 40%，對他們來說，只相當於整晚花費提高了 20%。

控制不滿情緒

因此，我們可以預見，餐館經理會對午餐實施低加成政策，對晚餐實施高加成政策。為了降低人們憤怒和不滿的情緒，除了把倫敦烤肉這道菜的價格從午餐時的 8 美元提高到晚餐時的 14 美元之外，還會做些別的事。他們為晚餐顧客提供了湯和沙拉（午餐顧客只能選擇其中一樣），也許晚餐價格中還包含了咖啡（午餐不含）。於是，6 美元的漲價被也許只值 40 美分的食物邊際成本「合理化」了。然而不同加成的真正理由，在於午餐和晚餐顧客不同的需求彈性特徵。

那些制式批評一切差別定價的人，也許應該用更廣泛的角度來看待這個現實問

題。成功的差別定價當然增加了銷售者的財富，這也是他們這樣做的原因；但是這麼做同時也增加了購買者獲得的財富或福利，因為如果沒有差別定價，他們就無法買到這些商品。有時儘管甲想要獲得乙提供的商品，而且願意支付超過乙供給的成本，然而（在單一價格下）雙方卻無法達成交易，由此會產生「浪費」——差別定價消除了部分「浪費」。

把差別定價看成買賣雙方協調的一種方式，這是很合理的，然而這種協調只在交易成本足夠低的時候才會發生。在差別定價當中，主要成本用於區分不同需求者、防止他們互相交易、控制可能導致潛在購買者流失的不滿情緒。如果不是因為交易成本的問題，我們所能看到的差別定價現象會比實際多得多。

8.14 │ 重新思考成本加成

那麼詢價者如何找到他們所要尋找的價格呢？藉由：（1）計算邊際成本和邊際收益；（2）確定產出水準，以便能剛好賣掉使邊際收益大於邊際成本那麼多的產品；（3）制定價格或一組價格（差別定價時），以便能剛好賣完產出。這聽起來很複雜，確實如此，但邏輯卻很簡單。不過邊際成本很難準確計算，需求和邊際收益尤難準確計算。這就是詢價者名稱的由來，也是他們有時被稱為價格「探索者」的原因。我們再一次強調，邊際成本和邊際收益相等是市場競爭過程的結果，不是我們脫離市場過程單獨施加在經濟行為者身上的行為假設。

正是詢價的複雜和不確定性，可以幫助解釋成本加成理論為何如此流行。每次詢價總要有個出發點，為什麼不從一項商品的批發成本出發，照一定比例加成以彌補行銷成本並帶來合理利潤？假如成本升高了，那經營者為什麼不推論其他競爭者的成本也提高了，並設法轉嫁到消費者身上？假設未來與過去相比沒有根本變化，那麼為什麼不繼續沿用先前運作良好的經驗法則？在這種情況下，人們會試圖根據以往增加的成本粗略地提高價格，最終也會因為競爭，被迫根據降低的成本按比例降價。

總體而言，成本加成的辦法是詢價者的一種經驗法則，為人們提供參照的起點，對於追求一個捉摸不定、變化多端的目標來說，這只是初步的貼近。詢價者只

是把成本加成定價法當成一種詢價的技巧使用，而且在他們發現犯了錯誤後就不再使用了。本章的邊際成本／邊際收益分析說明了詢價者是如何藉由認清錯誤，以及從經驗法則和逐步修正來得到獲利最大的定價政策。

本章回顧

詢價者尋找的定價結構，可以讓他們賣掉所有邊際收益超過邊際成本的商品。

成本加成定價理論的流行在於它是一種有用的詢價技巧，而且人們常常無法正確解釋自己經常採用並成功實施的方法。

對詢價者來說，一個關鍵是能否差別定價：對需求高的人定高價，對太貴就不會購買的人定低價，並且不能讓低價銷售商品影響高價銷售的市場。

經濟學家經常提到的成功詢價的法則是：讓邊際收益和邊際成本相等。這意味著只要銷售的額外收益超過額外成本，就繼續銷售。有技巧的詢價者了解這條法則（甚至在他們還沒有完全意識到在使用這條法則的時候），並且有分辨相關邊際上不同可能性的訣竅。這種可能性是無限的，這讓價格理論成為讓喜歡解決難題的人們著迷的探索對象。

真實世界的銷售者沒有精心繪製的需求曲線，可以讓他們得出邊際收益曲線，與邊際成本曲線對比。然而，如果學生想要有系統地思考，競爭如何影響人們選擇以及如何面對選擇，研究這些曲線是一種很好的練習。

競爭與政府政策

▌本章你可以學到這些▌

☑ 區分完全競爭模型和企業家創業過程中競爭的不同概念

☑ 探討追求利潤的競爭者如何尋求限制市場競爭

☑ 分析有關「低於成本價銷售」和「掠奪式定價」說法的反競爭特性

☑ 從法規的實際運用中辨識反托拉斯政策的目的

☑ 說明為什麼不應該參照理想但無法實現的方法，去評估不夠理想的市場過程

9.1 │ 競爭作為一個過程

在日常生活中用到**競爭**這個詞彙時，我們很多時候是指個體參與的一項活動。老虎‧伍茲在打高爾夫球上極具競爭力，因為他可以結合自己的天賦和後天的勤奮及心理素質，和高爾夫錦標賽上的對手競爭並獲勝。他的目標和所有傑出的體育明星一樣，從來就是獲勝，並且贏得毫無懸念。至於改革創新電視新聞的泰德‧特納（Ted Turner），以及藉由軟體創新降低了電腦使用成本的比爾‧蓋茲，「競爭」的含義也沒有什麼不同。

但很多經濟學家給**競爭**這個詞彙賦予的意義稍有不同，對他們來說，競爭的經濟學含義代表的是一系列事情所構成的狀態。當下列條件滿足時，就可以說存在一個競爭性的市場：

- 有數量眾多的買方和賣方，所以沒有人擁有（可以影響競爭結構的）「市場力量」（market power）。
- 買賣過程的參與者對於可能的各種選擇擁有完全資訊。

- 賣方提供的是同質性的商品。
- 資源的流動與配置可以沒有成本的移動（costless mobility）。
- 參與經濟行為的人都是價格接受者。

完全競爭模型

　　當所有這些條件都成立時，經濟學家稱為「完全競爭」。在完全競爭的邏輯下，可以得到設想中的「資源的最適配置」與「經濟利潤為零」這樣的結果。

　　近一個世紀以來，這個基本模型對經濟學家非常有用。但是就我們對於經濟學的理解來說，它的使用並非沒有高昂的代價。這一模型的發展，模糊了經濟體系運作背後的制度基礎（在第 11 章會討論），還忽略了基於「企業家才能」的調整過程●（在第 7 章中討論過），而這是市場經濟穩健運行的核心和活力的源泉，也是現代社會經濟成長和繁榮的動力所在（本書第 16 章的主題）。在完全資訊下關注的重點在於價格既定行為，那麼很不幸，完全競爭的模型忽視了企業家以及對盈虧的貨幣計算。

　　未特別關注企業家才能的「完全競爭」模型，被經濟學家用來解釋關於供給需求協調過程中的一些命題，在第 5 章中已經探討過了。但經濟行為之間存在一種普遍的相互聯繫，這在對經濟體系不那麼完善的描述中常常被忽略：舉例而言，智利的一場革命會立即影響紐約期貨市場的銅價，這樣的事實是精細的經濟理論所要關注的最重要問題之一。一個成功運作的市場經濟可以給參與者誘因和資訊，以協調他們之間的計畫並發現交易帶來的互惠。但是在完全競爭的條件下，市場可以**完美地**完成協調任務，以致所有由交換帶來的收益都被實現，所有生產中成本最低的技術也已都被使用了。更進一步地，在完全競爭下如果存在一個獲利機會，那麼所有人都會知道，這樣反而沒有人能獲利。這個結論背後的邏輯，給了一個闡釋經濟學思考方式的清楚例證。

　　為了說明這個模型的應用價值，試想平時去你們家附近超市的收銀台都可以看到什麼。當你準備結帳的時候，總會尋找最短的隊去排，其他所有人也都會這麼

1　作者注：「完全競爭」的假設忽視了企業家才能的作用。

做。如果你左邊的隊走得更快，那麼隊尾的人會挪到那邊去，這樣增加了那隊的人數，最終會減緩結帳的速度。顧客們的**移動**就是一個**重新調整的過程**，排得滿的隊伍會縮短而排得少的隊伍會延長，直至最終使得所有收銀台的等待時間相等。

　　這不僅對於在商店等待收銀的隊伍適用，對於高速公路上的收費站排隊和股市上買低賣高的技巧都適用。言之成理的經濟理論都奠基於這一邏輯，但是很不幸，完全競爭的模型忽略這一結果賴以呈現的主動過程（active process）。從定義上來說，這一模型關注的就是調整行為達成**之後**事物呈現的狀態。在此模型中，經濟計畫的協調作為前提假設就存在了，並沒有解釋經濟行為者如何參與交換和生產活動，以確實獲取交換的收益——（這種均衡的假設）如果推演到邏輯的極致，所有潛在的收益都會被挖掘殆盡。200 多年前亞當・斯密探討了市場上討價還價、相互調整的行為，但現代理論卻關注於那些**消除**任何進一步相互調整可能性的均衡條件。我們認為這是一個認知上的重大錯誤，在經濟理論和公共政策上都會帶來誤解和混亂。❷

9.2 ｜ 競爭的壓力

　　任何賣方，只要面對的需求曲線並非完全彈性，即曲線向右下方傾斜的而非水平，都會藉由限制銷售或產出將售價維持在邊際成本之上，以此將淨收益最大化（除非能夠實施「徹底」的差別定價）。

　　從銷售者看來，價格高於邊際成本會帶來一個問題，即這樣的價格相當於對競爭者長期有效的約定。如果一個蘋果派的成本是 50 美分，自助餐廳老闆賣 1.5 美元，老闆可能會堅稱這 1 美元的差價並不是利潤，而只是用來支付營運的所有其他成本：勞動力、稅收、租金、設備維護、損耗、失竊等。這的確是事實，然而每多賣一個 1.5 美元的蘋果派，就會為老闆的財富增加 1 美元。如果鎮上所有其他咖啡館和自助餐廳都是這樣，每位老闆一定都希望更多饑餓的人放棄其他用餐地點，到自己店裡買蘋果派。

2　作者注：「完全競爭」忽略了真實市場行為的特徵，即各方計畫相互調整的過程。

這樣的願望通常會有實際行動，蘋果派的價格可能在下午 3 點以後略微下調，吸引來喝下午茶的顧客。或者在下午 3 點之後，餐廳會掛出一個牌子，告知顧客買蘋果派就能免費喝咖啡。這種戰略存在固有的危險：一些用午餐的顧客會延遲享用他們的飯後甜點，直到 3 點降價的時候再吃。而競爭對手則會使用自己的優惠手段，削弱這種促銷行為的效果。因此每個老闆最終並沒有贏得更多的顧客，也沒有多賣出一個派，價格反而更低了。

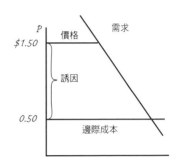

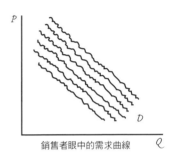

銷售者眼中的需求曲線

其他競爭者的策略

在第 8 章中分析艾德・賽克和其他一些銷售者的策略時，假設了他們以某種方式可以確切地知道產品的需求，這個假設能幫助我們實現簡單的詢價過程的邏輯。當然，實際上銷售者通常必須調查關於產品需求的資訊，並藉由廣告和提供可靠的服務，來刺激和維持這種需求。另外，當在市場上同時有幾家銷售同一種商品的時候，每個銷售者的需求曲線將取決於其他競爭者的策略，包括價格政策。如果隔壁電影院上映更好的電影或者降低價格，如果聯誼會決定在星期五開派對，如果大學籃球隊在星期五晚上主場連勝，那麼對於艾德・賽克放映的電影的需求曲線將會向左下方移動。

市中心地區的任何一家自助餐廳對蘋果派的定價，都會影響其他餐館蘋果派的需求（曲線）。因為每家餐館都要使用對自己需求的計算制定價格，進而影響其他餐館的需求，此時的市場競爭更像下西洋棋或打撲克牌，而不僅僅是一個求解最大化的技術問題。與下棋類似，對任何人來說，**下一步**如何制定最佳價格，取決於對手**上一步**制定的價格。第 8 章建構的簡潔小世界中有著定義明確的曲線，現在它開始變得模糊了。很遺憾，從分析研究的角度看我們必須承認，真實世界並不像書本中的結論那樣編排有序，如果為的是尋求研究形式上的美感則另當別論。

9.3 | 控制競爭

　　為什麼賣方不達成協議，以尋求不競爭、少競爭或者以某種相互都滿意的方式分享市場呢？連亞當‧斯密都在《國富論》中寫道：「從事同宗交易的人們，即便為了娛樂和消遣也很少聚在一起，除非談話旨在不利於大眾的共謀或抬高價格的籌畫。」因此這個問題的答案是，賣方其實非常樂意限制互相間的競爭並且常常試著這樣做，但是這事並不容易。正如交易成本常常妨礙供應者和需求者達成有效的協調，它同樣經常阻礙賣方串通一氣占買方的便宜。首先，相互競爭的銷售者之間維持價格和分享市場的協議在法庭上通常是無效的，而且在美國很多州的法律中以及聯邦法律適用的情形下，這種協議是非法的。單單這一事實大大提高了簽訂不競爭協定的交易成本。另外，想要讓各方都能接受，能夠涵蓋所有主要的可能情況，而且不借助於法院以實施，訂立這種協議是非常困難的。競爭的誘因長久存在，因此總會有人找到藉口避開協議；或者在沒有藉口時，乾脆秘密地架空協議。最重要的是，寡占成員間成功的共謀會吸引局外人的注意，他們會想方設法擠進這個圈子以分享收益。

寡占聯盟的兩個問題：防止成員競爭與限制新競爭者進入

　　因此，那些不知道競爭可以如此多邊際開展的人們，常常會對這些寡占聯盟的脆弱感到驚訝。為了成功地增加成員的財富，寡占必須解決兩個問題：首先，它必須防止成員之間的競爭消耗共謀產生的利潤，不論是源於實際售價的下跌還是行銷成本的上升。其次，聯盟必須找到某種方法限制新的競爭者進入，以免破壞整個聯盟的運作。

　　這就是詢價者甚至價格接收者渴望**立法限制**競爭的原因。❸ 他們試圖改變自己和**別人**的產權，即他們潛在競爭者的產權。他們試圖**限制行業進入**。但是，你可能會想到第 7 章中關於利潤和虧損的討論，自由進入和退出是激發企業家主動和發掘比較利益的關鍵。

3　編注：政府對於定價和其他商業行為的管制通常阻礙了競爭的發展。

在遊說政府禁止價格戰或阻絕新競爭者進入市場的理由上，賣方有時具有超凡的想像力。1845 年，在經濟學歷史上最巧妙的諷刺故事之一中，法國經濟學家弗雷德里克‧巴斯夏（Frederic Bastiat）以蠟燭製造業的名義提出了一項請願，要求清除他們最惡劣的競爭對手：太陽！❹ 這種編造藉口的精神一直延續到現代。這裡有幾則從各家報紙中挑選出來的真實新聞，只不過在有些名稱身分上稍做修改以保護當事人。不妨問問每種情況下誰一定會獲利，誰最可能虧損。

- 華盛頓特區醫學協會發起了一次大型的週末請願運動，反對一項法律提案，該提案鼓勵對合格的助產士、心理醫生、足部推拿和其他非醫生的專業保健人士，授予一些醫院才有的特權。醫學協會認為標準可能會遭到破壞，他們在業務通訊上推測說：「拿著生鏽小刀的童子軍很快就會被允許實施腦部手術了。」

- 所有水電工必須連續 5 年、每年花至少 140 小時，學習高等數學、物理學、水力學和正等軸測繪圖。

- 毛紡製造者認為，精紡毛織物對國防而言非常重要（生產軍裝），因此政府應該對國外進口的精紡毛織物實施配額制度。

- 放鬆對美容師和理髮師行業的管制，會讓本地顧客受到未經過專業教育和不受政府管理的美髮師和理髮師的擺布。這是非常不負責任的，因為現在的美髮師每天都在工作中使用各種非常有害的酸性和鹼性物質。

- 當地有名的電視銷售和服務中心老闆今天說，他歡迎州政府調查電視維修行業，並要求對該行業進行監管。他聲稱：「我們必須減少守衛、消防人員、信差和類似的非專業人士，他們給價格打折扣，提供低劣服務，欺騙公眾。」

- 參議院公共衛生委員會昨天否決了一項議案，該議案允許在眼科和配鏡的診斷中使用多個診所和公司品牌。擁有單一診所的驗光師認為，擁有私人診所的驗光師實際是受雇於他們的病人。如果驗光師在某個公司品牌下工

4　作者注：這份請願書寫有法國禁止日光照射所帶來的所有好處，可以在其 1845 年首次出版的著作《經濟詭辯》（*Economic Sophisms*）中找到。

作，他們的老闆就是他們的公司。

- 有些州政府官員非常固執，認為狗的牙齒只能由持有執照的獸醫才能清潔，因此他們在兩個月前送一隻狗去做臥底，並破壞他們認為是非法的狗牙清潔生意。州獸醫稽查理事會的執行理事說，狗牙清潔者要接觸狗的牙齦，他們是在行醫，可能給狗帶來不必要的痛苦（你認為把手放在狗嘴裡可能給狗帶來不必要的痛苦嗎？）。

9.4 ｜對競爭的限制

通常企業家（或他們雇用的人）試圖用法律手段對市場做出有利於**他們**的限制，以保障獲利機會（和工作機會）。沒有誰比已經入行的企業更加厭惡競爭加劇了。當醫生、水電工、農民、飛行員、療養院院長或者汽車生產商的行業協會，敦促政府限制領域內的競爭時，他們的訴求究竟是怎樣的？❺ 他們試圖透過避免價格戰並阻絕競爭者來降低不確定性，至少是與自己相關的不確定性。如果他們的努力成功了，難道不算是謀得了某種「有保證的利潤」嗎？這裡的「有保證」（guaranteed）與不確定性相對。下面舉一個例子，看看對競爭能力的限制是否真的能產生所謂**有保證的利潤**。

專利禁止競爭與有保證的利潤

假設你偶然發現了一種方法，造出了更好的捕鼠器。既沒有花時間，又沒有用什麼資源，你只是在釣魚的時候靈光一閃，想出了設計圖。你意識到這個發明的價值，就立刻去政府申請專利，準備投產。因為發明更好捕鼠器的人會讓需求者擠破頭，又因為專利禁止競爭者在 20 年內仿製你的產品，所以你要發大財了。這幾乎確定無疑。第一年的成果更證明了你樂觀的預測：淨收益 10 萬美元。你可以自信地預期未來 19 年內每年都能有 10 萬美元進帳。這每年 10 萬美元看起來就像一種**「相當確定的利潤」**。先說到這裡，我們等一下再繼續討論這個問題。

5　作者注：「我們所追求的並非自由競爭，我們想要的是公平競爭。」

這筆所謂的「利潤」源頭在哪裡？當然，在於你的專利權，它避免了競爭，使得你的總成本和總收益的差額免遭侵蝕。但是你有沒有仔細算過，生產這些高級的捕鼠器的真正成本到底是多少？

9.5 │ 對於核心資源的競爭：100萬美元的計程車執照

當計程車司機通過遊說立法，用頒發執照的辦法限制了一個城市中計程車的數量，執照的所有權就變得更加寶貴。對於執照（美國人稱為 medallion）的競爭會把價格抬高，直到駕駛計程車的成本（包括獲得執照或保留執照的機會成本）等於駕駛計程車的收益為止。但這並不是說，計程車司機就沒有從遊說活動中獲益。那些在政府立法限制之前就擁有執照的司機，被廣泛認為確實從他們的執照升值中獲益。❻ 這一升值是他們的利潤，是他們成為「政治企業家」（political entrepreneurs）、遊說政府的利益出發點。但是當遊說成功之後，開計程車就變得更貴了，因為為此持有執照的機會成本升高了（自己不用，拿去賣可以賣很多錢）。在 2011 年，一張紐約計程車執照的價格達到了創記錄的 100 萬美元。

9.6 │ 競爭和財產權

只有存在不確定性時，才會產生利潤和虧損，如果沒有不確定性，利潤和虧損就無法存在。一旦任何與獲利相關的要素可以被確定，無論是藉由增加成本還是降低收益，對於利潤的競爭就會讓利潤消失。得到這個結論並不那麼令人吃驚，根據對於成本和利潤的定義，得出這個結論很合邏輯。關鍵的影響因素是競爭和企業家行為想要獲取可能利潤所採取的種種形式，以及隨後呈現的社會結果，這也是本章想要闡述的內容。

6　作者注：限制參與某項活動的執照抬高了參與的成本。

利潤的競爭與產權制度

對利潤的追逐到底是使人們生產出更好的捕鼠器，還是不讓別人在自己的地盤上賣更好的捕鼠器？是使小麥產量提高還是使麥田漲價？計程車服務會更好還是執照成本增加？消費者支付的價格降低了，還是那些擁有關鍵資源的人所得更高了？繼續探索還是削減費用？技術創新還是社會組織創新？選擇的範圍更寬還是有更多的限制？這些問題的答案取決於遊戲規則，與這些規則下的產權制度。

9.7 ｜ 政府政策的矛盾性

俗話說得好，「狼不能看管羊」。應該依靠政府保護經濟中的競爭嗎？政府干預經濟生活的歷史資料顯示，政府對競爭者特殊利益的關注，至少和對競爭的關注同樣強烈。這兩者並不一樣，儘管日常談話的時候經常而且很容易將它們互換使用。

剛才列舉了一些例子，說明政府主動採取或被促使採取的一系列不同舉措設計，以防止潛在銷售者向購買者提供更優惠的條件或者更具吸引力的機會。不管用何種觀點為其辯護，這些做法構成了對競爭的限制。某項對競爭的限制其最終效果可能是保護了競爭，否則大量的競爭者可能會被迫關門。但是不論這在特定案例中是否是長期效果，重要的是，在評估政府的競爭政策時，一定要知道這條原則：**限制競爭者的法律會限制競爭。**❼

要為此類法律尋求正當性，一條非常普遍的理由是：它們藉由限制「掠奪式」競爭者保護了競爭。

9.8 ｜ 低於成本銷售

你同意以下這段話嗎？

7　作者注：對競爭的關注並不等於對競爭者利益的關注。

為了保護競爭性的經濟體系，我們需要有法律禁止諸如低於成本銷售等不公平的經營行為。大企業能夠經常低於成本銷售產品，直到對手被迫關門。如果它們不受法律限制，最後我們的經濟將被幾個企業財團所把持。

大部分美國人顯然接受這個觀點。我們的法律，不論在聯邦政府、州政府，還是地方政府層級，有很多防止或阻止削價的條款規定。很多州有禁止低於成本銷售的法令，這些法令通常被冠名為「公平交易法」。管制委員會名義上是為了限制公共機構的漫天要價而成立的，但其最終推行的通常是最低限價而不是最高限價。事實確實如此，例如美國所有此類委員會的始祖——州際商業委員會（1887 年由美國國會創辦）就是這樣。

一些商家企業贊成這種立法的原因是非常明顯的：它們想要得到保護，免於競爭。但是為什麼消費者和大眾會贊成這種立法呢？公眾似乎接受了這樣的觀點，即削價會讓競爭者破產，造成「壟斷」。而壟斷當然不會被看成好事。這一節開頭的那段話所說的就是這個基本觀點。這種論斷能否成立？它可能為那些禁止「低於成本銷售」的法律提供一個站得住腳的理由嗎？此時，你腦海中應該立刻浮現很多的問題。

9.9 ｜什麼是適當的成本

所謂不能低於成本定價，指的是什麼成本？在現實中，有人低於成本銷售嗎？以普羅菲塔・希克爾女士為例，她是「精打細算」超市的老闆，訂購了 1,000 磅的熟香蕉。她以 1 美元一磅的價格買下了這些香蕉，因為銷售商希望在香蕉爛掉之前賣掉它們。普羅菲塔做了廣告：香蕉週末特價，2.25 美元一磅。但是之後的週一上午，她發現還有 500 磅香蕉，現在已經開始變黑了。普羅菲塔怎樣才能降低價格，而又不低於成本銷售呢？答案**並不是** 1 美元一磅。這些是**沉沒**成本，因此根本不再是成本了。如果普羅菲塔在週二上午必須付錢讓人把沒有賣掉的香蕉運走，那麼她在週一這天的成本甚至還是負的（倒貼錢）。在這種情況下，放棄這些香蕉對她來說也許有好處。如果即使免費送人也比花錢運走更好，那她做的又怎麼會是定價

「低於成本」的傻事呢？低於**什麼樣**的「成本」？（順便問一句，普羅菲塔是低於成本**購買**這些香蕉的嗎？）

　　或者設想普羅菲塔買了一卡車咖啡：1,000 罐，每罐一磅，單價 3.5 美元。咖啡的牌子不知名，因此當地經銷商給了她一個極其優惠的價格。但結果是她的顧客對咖啡不感興趣。她把單價從 5 美元降到 4 美元，但還是沒能賣掉這些咖啡。在購買這些咖啡 4 週後，仍有 987 罐咖啡堆在貨架上和倉庫裡。如果現在把價格降到 3.5 美元以下，她是在低於成本銷售嗎？她不是。3.5 美元買來的咖啡還是那個咖啡，因此每賣出一罐，就意味著收銀抽屜裡多了 3.5 美元，而超市裡少了一罐咖啡。一磅咖啡的相關成本或許已經為零了。當然，這個相關成本是邊際成本。

　　讓我們看看另一個例子，然後再回頭看普羅菲塔・希克爾的例子。計算一頭肉牛的生產成本可能有用，但是分別計算後腿肉和前腿肉的成本有意義嗎？是否應該讓來自後腿肉牛排的價格收回生產後腿肉的成本，而讓來自前腿肉燉肉的價格收回生產前腿肉的成本？這個問題沒有意義。除非有可能分別生產後腿肉和前腿肉，否則無法分別談論兩者的生產成本。後腿肉和前腿肉，或者牛排和燉肉，是綜合產品，它們擁有綜合成本。我們無法確定聯合產品各自的成本或者「正確」地分攤綜合成本。

　　回到普羅菲塔・希克爾的例子上來。我們能合理分割她的商店賣出的每一項物品的成本嗎？例如，想想她的冷凍食品。冷凍櫃的採購成本和運輸成本，多少應該分攤給蔬菜，多少給中國菜，多少給柳橙汁？當然，沒有冷凍櫃，她不可能保存冷凍花椰菜。但是如果她發現購買和使用冷凍櫃只是用於冷凍果汁銷售才能獲利，而對於花椰菜來說只是恰好有多的空間存放，在這種情況下，說**不必**將冷凍櫃的成本分攤給花椰菜，才是有意義的。

低於成本銷售是真的嗎？誰的成本？做什麼的成本？

　　一位成功的商人不會關心與決策制定無關的成本分攤問題。他知道生產通常是一個產出綜合產品、擁有綜合成本的過程，與真正從事製造的人一樣，商人同樣也是生產者。他感興趣的是與決策相關的額外成本，以及期望的額外收益；對於把綜合成本分攤給銷售的每項物品這種沒有意義的問題，他是沒興趣的。假如在收銀台

旁邊有個可以放雜誌架的位置，有意義的問題是：放置雜誌架會讓總成本**增加**多少？會讓總收益**增加**多少？如果總收益提高，這個雜誌架就有意義，並且雜誌的銷售定價不必考慮收銀機的使用、租金、折舊費，**甚至雜誌的批發價**。

注意上一段中的「雜誌的批發價」。一份早報賣 25 美分，就算是從發行商那裡以 50 美分的價格買進的，也還是能獲利。為什麼？因為報紙的供應可以帶來新顧客，新顧客會購買其他物品，從而增加淨收益——利潤。普羅菲塔・希克爾感興趣的不是她銷售的**每項**物品的淨收益，而是總收益和總成本之間的差額。五金店銷售零星的螺栓、螺釘和螺母，單獨銷售這些東西是虧錢的，但是（大概老闆希望）藉由它們的銷售帶給顧客的好感不僅能夠彌補虧損，還能帶來更多的收益。甚至安——一家披薩店主（第7章中提及），也向顧客「免費」供應紙巾、辣椒粉、帕馬森起司、水和牙籤，不論他們吃了多少披薩（這條街上的中國餐館是安的競爭對手，甚至免費供應煮好的熱茶）。她並不關心提供給顧客的每項物品是否「賺錢」。她關心的是披薩店的整體**利潤**，即**總**收益和**總**成本的差額。

9.10 | 「掠奪者」和競爭

若不是由於廣為流傳的「低於成本銷售」的神話，就沒必要強調所有這一切了。我們的分析揭示，眾多關於「低於成本銷售」的論斷，源於武斷地用沉沒成本和綜合成本衡量所謂的「成本」。當然，企業界常常對低於成本銷售頗有微詞，但是這是因為它們不喜歡競爭，希望政府禁止削價行為，保護它們免受競爭之苦。

但是允許企業按照自己的意願削價不會威脅到競爭嗎？人們常常把保護競爭者和維護競爭混為一談，這是件怪事，但並不令人感到吃驚。❽ 實際上，這兩者更像是截然相反的對立面：競爭者通常受到法律的保護，而這些法律抑制競爭，限制消費者和無特權的生產者，從而有利於有特權者。用於支持這種做法的理由，就是人們對由「長期財力」支持的「掠奪式定價」的恐懼。

8　作者注：保護競爭者與維護競爭是兩回事。

掠奪式定價

掠奪式定價是指把價格降到成本以下，使得對手被迫關門，或者阻止新對手的出現，**其意圖是在之後把價格抬高，彌補所有損失**。對能夠忍受長期虧損或者某些商品短期虧損的大型企業來說，這是它們喜歡的戰略，因為它們有雄厚的資金資源——也就是所謂的長期財力。經濟學理論不否認掠奪式定價的可能性。但是它確實帶來一長串疑問，第一個的就是我們討論過的、如何準確定義單項產品的「成本」。

這樣一項政策要花多長時間才能達成其目的？它花的時間越長，掠奪性企業受到的短期損失就越多，因此如果要證明政策的合理性，長期效益也必須更多。

對於那些被迫關門的企業，它們的實際資產和人力資源會面臨什麼情況呢？這是個重要的問題，因為如果這些資產仍然存在，在掠奪性企業抬高價格收穫其「掠奪」回報的時候，有什麼能夠阻止有人利用這些資產重新生產呢？如果這種情況發生，該企業如何能從掠奪性政策中獲益呢？但另一方面，人力資源可能會分散到其他工作崗位上，要重新召集起來或許成本較高。

為了確保能獲得對應的長期利潤以彌補之前的短期虧損，掠奪性企業需要能夠摧毀足夠多的對手，以獲得足夠強度的市場力量，這可能嗎？對掠奪式定價的指控通常指向大型連鎖店、連鎖藥店和食品超市。但是這些銷售者不僅僅只和小型的獨立競爭者競爭，同時必須和其他大型連鎖店、連鎖藥店和食品超市競爭。也許一家食品連鎖店可以將價格削減得足夠低，長期保持低價，迫使普羅菲塔‧希克爾歇業，但是這對其他連鎖店是沒有用的。普羅菲塔‧希克爾不是那種讓食品連鎖店經理輾轉難眠的人。

我們不否認商業中掠奪式定價的可能性。記錄完備的事例不容易找到，但這種情況確有可能。為「保護一定數量競爭者」的最低價格法案，初衷是消除掠奪式定價成功之後漫天要價的**可能性**（the possibility of higher prices），但卻確確實實地抑制了競爭，帶來了更高價格的**現實**（the certainty of higher prices）——接受一個已知、確定的惡，用於消除某種莫須有、不確定的惡。這可能是一筆好交易，也可能不是。但是它通常受到企業界的支持，很明顯這些企業必定能從中獲利，所以至少應該批判地看待它們的論述。

9.11 | 價格管制

當銷售者面對如此少的競爭，他們可以將價格提高到遠遠超過成本的水準，賺取巨額利潤，這時情況又如何呢？電力或電信服務供應商是典型的例子。在這些公司是私有的國家或地區，政府應該對這些公司收取的價格進行管制，以保護消費者免受剝削之苦嗎？

在這種情況下，管制者如何制定適當的價格呢？當然要根據成本。❾ 價格的制定要讓企業能夠支付成本，並賺取適當的利潤。但是你一定知道了，成本不僅僅是自然事實，它還是經營決策的結果。如果一家企業的經理人知道價格會根據成本的變化調整，還有什麼動機可以讓他們設法降價並保持成本？他們會選擇給辦公室鋪上厚厚的地毯，讓公司購買自己的噴氣式飛機，提高工資，修建紀念碑，享受寧靜的生活。還有什麼動機創新？在這樣的環境下為什麼要冒險？

因此，管制者必須不斷考察經理人的決策。為了有效的考察，管制者對企業必須和經理人了解得一樣多。這意味著其實每個被管制的公司都有兩組經理人。這有意義嗎？在經歷了一段時間之後，第二組人馬的大部分資訊不可避免地源於第一組人馬嗎？他們不會逐漸地採納第一組經理人的想法嗎？誰又來管制管制者呢？行業管制的歷史顯示了令人悲觀的傾向，管制委員會的成員往往反而會被應該受到他們管制的人所「俘虜」，不是藉由賄賂或腐敗，而僅僅是由於他們所負責監管的行業變得熱門了，作為監管機構自己自然面子上好看，這收穫的也是一種利益。

1980 年以前，美國的銀行機構受到政府的嚴密管制。同時它們也受到政府進入限制的保護，免於競爭者的挑戰。於是，銀行上午 10 點開門，下午 3 點關門，從不提供那些在 1980 年後能夠享受到的習以為常的服務——提款機、電話轉帳和更長的營運時間。

1978 年以前，政府管制商業航班的價格，對該行業實施准入制度。儘管在受到管制的那段時間，航班服務奢華得多，但是只有極少數乘客能夠享受到這樣的奢華服務。航空公司根據政府的命令定出高價，並競爭在此高價下相對稀缺的顧客：

9　作者注：管制者如何才能確定企業運行的成本？

包括提供可以讓人舒展四肢的寬廣座椅，供應高品質的飲食，有年輕漂亮的空姐為男性占絕大多數的顧客服務。❿

競爭比管制更有優勢

1980 年代，競爭開始在電信行業中取代管制，各種新型服務隨之湧現。先前這個行業雖然可靠，但是卻停止不前，缺乏創造力；現在突然之間發現了無數種可以藉由電話辦事的方式，我們甚至都不知道還有這些需求。

支持政府管制的標準論點是說，在那些競爭**不能**控制市場力量的領域，政府**必須**管制；否則消費者就只能看貪婪的商家的眼色。這個論點常常妨礙我們思考一個問題：對於那些傳統上受到管制的行業，競爭是否真的不能約束企業的行為。想當然地認為，在交通、通信、金融服務、公共事業和其他一些行業中競爭是無效的，因此從來沒有對這種假設檢驗過。過去近 20 年內放鬆管制的運動沒有解決所有的問題，但是毫無疑問地顯示，與我們先前的擔心相比，競爭其實有著更多的空間；而作為限制市場力量的手段，競爭比政府委員會的管制擁有更明顯的優勢。

9.12 |「反托拉斯」政策

在第 11 章中，我們將討論為何政府會如此頻繁地干預，藉由**限制**競爭損害了消費者的利益——儘管保護消費者利益和鼓勵競爭的論點總是能在言詞辯論中輕鬆獲勝。然而地方政府和州政府，特別是聯邦政府，也會採用**支持**競爭的特定政策。通常支持這些政策的基礎，是認為競爭可以有效地協調經濟活動，但若要維持充分的競爭，還需要政府的某些支持。對於這些法律、實施及後果的評估構成了一項有趣的研究：除了經濟分析，還涉及歷史和法律解釋。但是在這裡要做的，只是試圖提出一些基本問題。

此類法律中最重要的一部是「謝爾曼法案」（Sherman Act），通常被稱為「謝爾曼反托拉斯法案」，該法於 1890 年由國會通過，通過時幾乎沒有任何爭議和反

10　作者注：在下列行業中，顧客在行業受到管制還是不受管制的情況下會得到更好的服務的是：銀行業；航空旅行業；電信業？

對聲浪（其名稱中的「反托拉斯」，反映了19世紀的商人試圖使用合法的信託手段以防止競爭的努力）。由於該法籠統的語言，一些人將其稱為競爭體系的憲法。對於所有限制州與州之間貿易的合約、聯合行為或共謀，以及壟斷任一部分州際貿易的一切企圖，該法都予以禁止。其措辭如此籠統，以至於實際上，適用受到了約束。畢竟，任意兩個合夥人一起做生意，其行為都可能會被視為某種「聯合」（combination），意圖讓競爭者的生意更難做，從而為自己獲得更大的貿易數量。因此聯邦法院認為，聯合或其他意圖壟斷的嘗試必須「不合理」（unreasonable），或對公共福利造成了重大威脅，才能被「謝爾曼法案」所禁止。

9.13 ｜ 解釋和應用

　　為了幫助法院貫徹「謝爾曼法案」，國會通過了其他立法，如「克萊頓法案」（Clayton Act）和「聯邦貿易委員會法案」（Federal Trade Commission Act），並都在1914年頒布施行，後者創建了聯邦貿易委員會作為專家機構，並授權其禁止一系列「不公平」的行為以促進競爭。「克萊頓法案」（以及隨後的修正案）最主要的一項條文專門針對購併問題，禁止一切可能「實質上」抑制競爭的購併。但是重要的難題仍然沒有得到解決。

　　什麼時候購併會實質上減少競爭？購併可能增加競爭嗎？假設兩家鋼鐵公司想要購併，這將是一次**水平購併** ⓫。乍看起來，可能會說這次購併將大大減少這個行業的競爭，因為這個行業已經是由相對少的幾家大公司組成。但假設它們是在不同的地區銷售呢？假設它們各自擅長不同的產品線呢？假設每家公司都接近破產邊緣，而這次購併會達成規模經濟從而讓兩家企業都存活下去？

有爭議的集團購併

　　大量爭議圍繞的是所謂**集團購併**，即產品差別很大的企業集團之間的購併。 ⓬一家電機製造公司收購一家汽車租賃公司，這能讓這家租賃公司更有效地與汽車租

11　作者注：水平購併的例子：兩家煉油廠的兼併。
12　作者注：混合購併的例子：一家煉油廠和一家鋼鐵廠之間的購併。

賃巨頭競爭嗎？這會導致電機製造公司、其供應商和從事汽車租賃的公司之間形成一種特殊的局面，從而減少競爭嗎？不論其對於競爭有何影響，集團購併會導致足夠危險和人們所不願看到的財力集中嗎？

垂直購併是之前就存在某種供需關係的企業之間的購併。[13] 比如當一家超市連鎖企業購併一家食品加工企業的時候，會出現什麼情況？這更可能提高效率，還是會剝奪其他食品加工企業的銷售機會從而減少競爭？

什麼構成非法的不公平貿易行為？一家大公司向其供應商要求折扣是不公平的嗎？供應商給一些購買者提供折扣而不給其他人折扣是不公平的嗎？廣告宣傳的一系列問題又如何呢？大公司在廣告上是否擁有不公平的優勢，或由廣告帶來的優勢？為了公平，廣告必須真實嗎？當然必須真實，這幾乎是公認的。但什麼是所謂的「真相，全部真相，只有真相」？任何嚴肅地或長期思考過問題的人都不得不承認，聯邦貿易委員會對「誤導性」廣告的管制，必然會讓委員會牽扯進關於「目的」和「效果」的複雜問題，以及很多看起來十分武斷的判斷。

對於競爭者的限制

回到根本問題上來：對於競爭者的限制會減弱他們的競爭能力。競爭根本上說是提供了更多的機會，而更多的機會意味著更大範圍的選擇，因而意味著更多的財富。但是企業擴展所提供的機會的方式，會在一段時間後減少其他企業所能提供的機會。在什麼情況下，我們希望政府為了維持更大範圍或長期的競爭狀態，而限制某家企業的競爭行為呢？對政策最有效的壓力不是源於消費者，而是源於生產者的利益，注意到這個事實非常重要。而這些政策太多時候會被生產者的願望所影響，以保護自己免受競爭之苦。

9.14 │ 垂直購併限制：競爭或反競爭

目前對於垂直購併限制競爭的爭議，顯示了許多對立的觀點和矛盾的利益，從

---

13 作者注：垂直購併的例子：一家煉油廠和連鎖加油站之間的兼併。

而使得反托拉斯政策更為複雜。1937 至 1976 年，聯邦立法從「謝爾曼法案」中豁免了州政府認可的製造商和零售商之間的限價協議。當法院開始針對「製造商不能試圖在零售層面控制競爭」這條原則給出例外裁定時，國會就立刻撤銷了上述豁免，使這些協議再次自動成為非法。國會隨後的反應是試圖禁止它曾經鼓勵過的事情，相對立法被反覆提起討論，以大幅削減製造商對於產品分銷者的控制能力。

　　當製造商拒絕零售商低於某種「建議零售價」銷售，或者在特定區域內，限制允許產品上架的零售店數量——這有可能有利於消費者嗎？對於消費者來說，這樣的行為似乎只會帶來更高的價格和更差的服務。但當問及為什麼會有製造商想要阻止零售商降低售價，或是限制自己產品銷售門市的數量，剛才那個結論就變得不那麼確定了。❶

製造商的售後服務

　　製造商有時得出這樣的結論，除非消費者得到足夠大範圍的銷售服務，比如更好使用產品的資訊，操作程序的後續指導，或者快速可靠的維修服務，他們就無法成功地銷售其產品。而只有能夠增加其自身的淨收益時，零售商才會願意提供這些服務，也就是說需要提供這些服務帶來的銷售增加高於相對的成本。

　　只要零售商能夠搭上其他零售商提供服務的「便車」，他們就不會提供這樣的服務，因此製造商的產品也不會得以成功銷售。試想個人電腦的例子。如果銷售時沒有給予足夠的指導說明，個人電腦是無法像現實中被迅速地引入辦公室和家庭的。指導工作就是銷售工作，也許是最為有效的一種銷售努力，這才是重點。那些教導人們如何有效使用某型號個人電腦的零售商投入了成本，但很容易被其他競爭者「搭便車」，後者並不提供指導服務，但是利用了別人創造出來的需求。

　　製造商制定最低零售價格或者限制一個區域內的零售店數量，是想要保護真正合作的銷售商免於「搭便車」者造成的損害。他們的利益在於有效地銷售產品，而並不在於減少零售競爭。當然，如果從「完全競爭」的意義上定義競爭的話，製造商的行為**可能**會限制競爭。但是沒有這些行為，競爭甚至可能更少，因為商品根本

14　作者注：為什麼會有製造商希望零售商抬價（進而損失了銷售）？為什麼會有製造商希望減少經銷自己產品的零售商數量？

無法得以有效銷售。

是否應該允許製造商限制零售層面上的競爭，以此作為銷售其產品合理努力的一部分？近些年來，法院針對一個個的個案，通過審查這種「垂直購併」限制的背景、意圖和可能的影響後允許這樣的行為。這並沒有讓所有人高興。被製造商撤銷或限制的銷售商已經向國會抱怨，而一些國會議員用相對議案（bill）做出了回應，要求嚴格限制該領域製造商的權力。這些法案的支持者論證說他們希望增加競爭，反對者則回應說這會嚴重削弱製造商和經銷商制定並統一行銷的能力，從而造成競爭的減少。

9.15 ︱ 不同的觀點

對於競爭來說，「反托拉斯」法整體上或許更多的是一種阻礙而不是一種幫助？有些人得出了這樣的結論。另一些人──看上去似乎大部分集中在經濟學領域──贊同「謝爾曼法案」以及「克萊頓法案」的反購併條款，但對於剩下的其他法規不以為然。在這些支持者中，部分認為「謝爾曼法案」和「克萊頓法案」對保護競爭性經濟做出了重要的貢獻；部分認為，如果這些法規被認真地執行，它們能夠起到更大的作用。然而仍有人認為，這些法規最多也只是些無害的言辭，更糟的情況是成為無知政客手中的武器，給經濟帶來眾多危害。羅伯特·伯克（Robert Bork）法官在其著作《反托拉斯悖論》（*The Antitrust Paradox*）中解釋道：「如果下定決心，嘗試複製教科書中的競爭模型來重塑美國經濟，其對於國家財富的影響，差不多相當於數十個針對戰略目標的核彈攻擊。」

「反托拉斯」政策當然充滿了矛盾，不同調的情況比比皆是。州法律很少促進競爭；它們更多保護的是競爭者（competitor）的利益而非競爭（competition）。聯邦政府對「謝爾曼法案」和「克萊頓法案」中反購併條例的執行，看上去常常是只抓小蝦而放走大魚。那些無法向顧客提供價廉質優商品來有效競爭的企業，常常根據反托拉斯法提起訴訟，想看看是否能夠說服法院要求競爭者提高價格或降低品質。另一方面，「謝爾曼法案」的存在及其對勾結價格的明確譴責，可能阻礙了那些在西歐和日本常見的 Cartel 寡占組織在美國的發展。經濟學家喬治·史帝格勒

（George Stigler）曾經說過：「謝爾曼參議員的鬼魂是每家大公司董事會的當然成員。」這段話只是一種形容，永遠不可能達到經驗科學真理的最低標準；但反壟斷政策的複雜局面確實更多地源自歷史的共業，而遠遠不是純科學推理的結果。

9.16 | 關於競爭政策的評估

我們最後得到的結論，比開始時提出的問題要溫和得多。

對於潛在競爭者的限制縮小了替代品的範圍及其可使用性，給了銷售者更多的空間，使其藉由限制他人的機會而增加財富。競爭是一個過程，不是事物的一種狀態。換一種說法，只有在動態影像而非靜止畫面中才能識別競爭。具體而言，如果某種商品的價格完全一樣，與從哪個銷售商那裡購買無關，這個靜態事實本身並不能告訴我們生產這個產品的產業是否是充分競爭。關鍵問題是所有這些價格是如何變成一樣的。即使是本應更有見識的公眾人物，看到價格的單一也會推論出缺少競爭，這種錯誤出現的頻率令人吃驚。消除這種錯誤最迅速的方法，是回想之前提過，種植小麥的農民全都要求同樣價格的例子（見第 6 章）。

我們的另一個觀察是，將一個不理想的狀況和一個更合理的狀況相比時，後者必須是現實中可達到的。拿不夠理想的狀況和理想卻無法達到的狀況比較是錯誤的。改變市場結構和商業行為是要付出成本的：不僅包括反托拉斯法規下調查、起訴、裁決和執行的成本，還包括錯誤成本以及變化的政策讓商業規畫增加了不確定性的成本。如果我們要採取法律手段，減少詢價者的市場力量，防止商業購併，或者禁止最終會導致競爭減少的行為，只有上述這些邊際成本低於邊際效益時，才可以聲稱說我們會「得到改善」。

本章回顧

競爭的過程在權威經濟學家「完全競爭市場」的概念裡被忽視掉了。競爭不應該被形容為眾多生產商在完全資訊下作為價格接受者的行為，而是企業家精神本身展現的一種方式。

商品的價格和提供此商品的邊際成本之間的差額，對某些人來說就是潛在優勢的源泉。當人們發現這一差額並試圖從中獲利時（會增加供給，降低價格，最終填平這一差距），競爭就在經濟體系中產生了。

競爭所能採取的形式遠遠多於我們所能列舉的，而且通常也多於競爭者能夠預測到並設法阻止的範圍。

因為競爭往往會將提供產品帶來的收益轉移到購買者和其他供應者那裡，所以企業經常試圖獲得政府的幫助以排擠競爭者，在這方面他們通常會表現出非凡的聰明才智和出色的詭辯技巧。

企業經常指控其國內外的競爭者「低於成本銷售」，並要求政府制止這種「掠奪性」的行為。只有意識到他們在攻擊特定決策時，將某些不相關的其他支出（沉沒成本、綜合成本）等計入單位成本，才能理解大多數這類指控的（錯誤）邏輯。而當我們想到典型的銷售者總是偏愛減少競爭時，這些指控就顯得別有用心了。

政府對於定價和其他商業行為的管制，通常都阻礙了競爭的發展。如果沒有政府的這種管制，競爭可能會增多，並更有效地促使企業服務於消費者的利益。

「政府可以捍衛競爭，抵抗貪婪的壟斷者」，這種看法可能只是一種希望而不是現實。聯邦政府、州政府和地方政府為特權設立和保留了無數空間，其效果是限制了競爭，並縮小消費者的選擇範圍。

對構成聯邦反托拉斯政策的立法法令、行政指令和司法裁定來說，目前對實體內容還沒有充分、平衡和完整的評估。

競爭是競爭者參與的一個過程。沒有競爭者，當然沒辦法有競爭；但如果禁止競爭者採取旨在增加其市場金額的行動，我們同樣無法有競爭——這一點對人們來說似乎就沒那麼明顯了。

外部性與衝突的權利

▌本章你可以學到這些▐

☑ 定義外部性的觀念，區別正外部性和負外部性

☑ 區分如何透過協商、裁定和立法來解決負外部性問題

☑ 探討與污染相關的政策

☑ 探索市場定價的概念，並將其應用於減少交通壅塞的負外部性

☑ 解釋交易成本如何影響人們有效減少外部性的能力

　　根據經濟學的思考方式，個體透過取捨期望的邊際成本和邊際效益，選擇其行動路徑。除非與行動者相關，否則別人的效益和成本不影響本人的決策。這對於理解更大範圍的社會問題極其重要。

10.1 │ 正外部性和負外部性 ❶

　　丹尼是優良駕駛的典範，部分是因為他重視自己的安全，但是更多的是由於他有一顆善良和體諒別人的心。不過丹尼每個工作日早上 7:45 左右都要開車上路，絲毫沒考慮到這麼做會加重道路壅塞。和其他人不同，他不是開車去工作；他退休了，是開車去打高爾夫球。給別人帶來的壅塞並不是他的考量，故不會影響他的決策，實際上他從來沒有想到過他們。交通工程師能夠算出 7:45 被丹尼擋在後面的開車人不得不在路上多花的時間，因為丹尼讓道路增加了些許壅塞，而當將這點被耽擱的時間與此時路上所有開車人的數量相乘時，就會得出一個很大的數字。丹

1　編注：外部性（externality）是指在直接的生產者與消費者之外，有第三方直接受到這個交易行為影響的情況。

尼，和藹又彬彬有禮，卻在上班路上給其他人增加了大量成本。**因為他在做決策的時候，並沒有把這項成本考慮在內**——經濟學家將其稱為丹尼行為的**外部成本**，或者**負外部性**；另一個通俗的說法是**外溢成本**。

　　丹尼如果發現他帶來了負外部性，可能會難過，但是他要是知道他也常常帶來**正外部性**，一定會很高興。正外部性是指**在決策者考慮之外的行為產生的效益**。假設今年夏天，丹尼把車庫漆成了閃亮的洋紅色，他自己不太喜歡這個顏色，他這麼做是因為鄰居喜歡（記住，丹尼是個什麼樣的人）。丹尼知道他刷油漆會讓鄰居獲益，這也是他考慮這麼做的原因，因此鄰居的收益不屬於外部性。丹尼**不知道**的是，很多路過的人第一次看到他的洋紅色車庫，也會覺得新奇好笑從而得到歡樂，這種效益就是正外部性。遺憾的是，街坊中也有人在經過丹尼家的時候會移開視線，因為看到這樣滑稽的車庫會覺得不舒服。結果是丹尼刷油漆，既帶來正外部性，也帶來負外部性。❷

　　下面我們將集中關注負外部性，關於正外部性一些有趣的問題會在第 11 章中討論。

10.2 ｜ 無法十全十美

　　想要知道關於外部性的所有深刻見解，首先要認清這一點：負外部性不可能被完全消除。要知道為什麼不能，來看看羅傑的例子。羅傑是一個居家的全職父親，住在舒適的郊區，每天早上在妻子上班之前要騎一下摩托車（羅傑失業了嗎？**這個**問題留到第 13 章解決）。當他在每個工作日早上 6:30 發動摩托車時，無意中他吵醒了 8 位鄰居，這些鄰居各自咒罵羅傑的摩托車，然後翻個身接著再睡上一個小時。如果這些人好好考慮一下，他們可能會願意每人每週花 5 美元擺脫早上的摩托車噪音。如果羅傑好好考慮一下，他可能只需每週得到 15 美元的報酬，就願意把摩托車推到鄰居聽不到的地方再發動。換句話說，鄰居願意支付 40 美元擺脫噪音，羅傑願意為了 15 美元滿足鄰居的要求。但是他們很可能不會交易，因為交易

2　作者注：當一個十幾歲的年輕人在海灘上大聲播放收音機，帶來的是負外部性還是正外部性？

成本太高了。

將外部性內化

　　交易成本是指在需求者和供應者之間安排合約或交易契約的成本，在第 2 章和第 5 章中提到過。交易成本讓很多原本能帶來更多財富的交易無法發生。儘管如果每個鄰居一週給羅傑 3 美元，讓他把摩托車推到他們聽不見的地方再發動，這對鄰居和羅傑都有好處，但是收集所需資訊、把錢收齊、實施協議的總成本會比潛在效益更大。因此什麼事也沒發生，外部性繼續存在。

　　要消除外部性，不一定要靠金錢支付。羅傑聽小道消息說（小道消息常常降低交易成本），他早上 6:30 出發的時候打擾了一些鄰居，於是他自己決定把車推到街區邊上再發動，他決定寧可推車也不願意影響鄰居。但是首先他必須了解他在製造外部性。當他知道了這一點，就會「把這種外部性內化」，意思就是他將其納入了考慮，而後選擇改變行為。

　　羅傑不一定是這樣一個好心人。他把車推到街區邊上再發動，可能是因為某位氣憤的鄰居在車座上貼了張匿名便條，威脅說如果羅傑繼續在 7:30 以前發動摩托車，他的車就會遭殃。這也會將外部性內化。另一種可能性是有人報了警，警察告訴羅傑，郊區的某項法令禁止工作日早上 7:30 以前在住宅區裡行駛摩托車。在這種情況下，警察的拜訪使得羅傑將外部性內化了。

　　在工業化社會的城市裡，人們每天和成千上萬人互動，負外部性迅速增多。文明人會學著忽略大部分他人帶來的負外部性，並盡力注意自己的行為無意中給他人造成的成本。限制負外部性造成問題的第一步，是培養公民體諒、禮貌、謙虛和容忍的美德。如果一個民族沒有足夠多的這些美德，公民社會是不可能存在的；如果人們堅持要得到自認有權得到的任何東西，文明就會讓路給戰火。如何在美德業已枯萎的地方培養或重建它們，這個問題遠遠超出了本書的範圍。但是可以好好記住，本章接著要討論的、其他所有應對外部性帶來問題的計畫，在一定程度上都是以這些美德為先決條件。

10.3 │ 協商

　　面對最小化負外部性帶來的社會問題，常用的辦法是協商（negotiation），彼此達成協議。人們同意負擔與特定商品生產相關的成本，是因為其他需要這些商品的人會給出補償，以使相關的承受變得值得。這就是為什麼機場的行李搬運員不會抱怨飛機的噪音，或者汽車維修工不會抱怨機油噴到衣服上。如果別人的狗亂跑亂叫還隨地小便，可能會讓城市裡崇尚法治的人暴跳如雷，但「寵物托兒所」之類地方的老闆對此卻毫不介意。

　　「你們自己去解決」是一個合理的建議。因為人們的品味、天分和其他條件有很大差異，他們通常能夠協商交易相關的成本，從而讓各方都受益。另外，讓當事人之間自己解決，也促使這些對可能的解決方式最了解的人們相互協調。如果不要求人們協商，他們通常會採取不同的立場，從而對別人來說成本很高。例如，人們會要求設立禁止在餐館吸菸的法律，而不是要求在餐館裡找個聞不到菸味的位子。他們對空氣中的一點點菸草味大聲指責，但卻忽略自己開車到餐館時排放到空氣中的有害物質。

減少外部性問題的社會途徑

　　如果意識到協商作為減少外部性問題的社會途徑（social procedure），我們實際上在以各種不同的方式使用它，便可能會對其更加重視。討厭城市噪音和塵土的人搬到遠離城市中心的地方居住，厭惡城郊文化的人在鎮上生活，而不喜歡封閉的鄉村生活的人選擇住在城裡。耳背的人得到在飛機起降航線下面的便宜住宅。衝浪者和同伴們聚在一起，從而自動和那些討厭並躲避衝浪板的游泳者隔開。有午睡習慣的人花 1.59 美元買一盒耳塞，而後就聽不到附近青少年「暴走族」拆掉消音器的摩托車噪音。不是每個人都完全滿意，但是自願交易確實減少了施加在那些局外人身上的總成本。

　　但是，除非產權足夠明確，否則協商不可能有效。任何種類的自願交換，只有在相關各方對「誰擁有什麼」達成一致時，才能有效運作。在某些情況下，產權是

否明確定義，可能是達成讓雙方都滿意協定的唯一挑戰。❸ 例如，假設史密斯和布朗（第 2 章裡釀製啤酒的家庭釀酒商）對兩家房產分界線上的一小塊地產生了爭議。兩個人都想在爭議地帶種花，只不過史密斯想種百日草（zinnia），布朗傾心於矮牽牛（petunia），所以問題並不大。在「誰有權做什麼」的問題解決之前，誰都不會種花，只能接受地裡長滿一堆雜草的次優選擇。如果他們雇用了一名測量員，證明史密斯實際上擁有這塊爭議地帶，那麼花兒終於可以盛開了。並不一定非種百日草不可！一旦確定史密斯是這塊地的所有者，有權決定在邊界地帶種什麼樣的花，布朗就可以購買這個權利。布朗對矮牽牛可能如此熱中，以至於向史密斯出價一年 25 美元購買在分界地帶種植矮牽牛的權利。如果史密斯更喜歡**收入** 25 美元，看到矮牽牛勝過種自己喜歡的百日草，那麼這塊地上盛開的就將是矮牽牛。

10.4 ｜藉由裁定減少外部性

說到邊界測量員，我們就引入了另一種減少外部性問題的社會途徑：**裁定**（adjudication），即**判定「誰擁有什麼權利」的程序**。如果沒有一個明確的初始權利界定，人們就無法藉由交換權利以改善自己的處境。足夠明確的產權不是成功協商的充分條件，但看起來確實是其必要條件。

在周圍環境變化的時候，曾經清楚且充分界定的產權也可能變得模糊或不確定。例如，考慮到影印機帶給每個圖書持有者的新方便，低成本複印技術的發展給版權持有者預期的實際圖書銷量帶來很大的不確定性。當環境變化讓原本相容的產權變得不相容時，裁定是解決矛盾的一種辦法。

裁定明確產權

我們用**裁定**這個詞來指稱測量員所提供的解決辦法，即**發現**誰擁有什麼權利。測量員藉由調查，而不是選擇，回答所有權問題。如果史密斯和布朗同意藉由擲硬幣解決問題，那麼他們依靠的辦法不是發現產權，而是**創造**產權。發現產權和創造

3　作者注：明確的產權是協商的基礎。

產權之間的區別是很重要的，因為**發現或裁定的目標是維持預期的延續性**。如果預期劇烈變化，供給和需求決策也會劇烈變化。接著會以不可預知的方式改變各種行動的相對成本和效益，從而帶來供給和需求的更多變化。簡而言之，如果沒人知道該預期是什麼，就沒人知道要做些什麼或者別人會做些什麼，結果是一片混亂。穩定的「預期」同樣是「現實」的一個重要方面，我們還未能認識其重要性，是因為沒有注意到社會在運行良好的時候是如何運轉的。

10.5 │ 抱怨的屋主

　　用一個與商業航空公司航線相關的問題，來說明裁定（或者發現產權而非創造產權）在解決外部性爭端時的重要性。試想，麗格萊塔・賽（普羅菲塔・希克爾已經結婚的姐姐）擁有一棟房屋，與一座大型機場相隔 10 英里，但正好位於一條主要的起降航線正下方。一天早上，當她被噴氣式客機的噪音吵醒時，她認定自己應該得到賠償。她認為機場或航空公司應該給予她賠償，因為它們剝奪了她將自己的臥室作為休息和恢復精力的地方的權利。她是外部性的受害者。因此她提起訴訟，要求賠償。

　　她有理由得到賠償嗎？**她有可能**得到賠償嗎？假設麗格萊塔在機場計畫建設前就購買了這棟房子，那麼沒人能說，她在買房子的時候知道機場的相關情況，也不能說她已經以較低的購買價格得到了賠償。她**應該被**賠償嗎？問題是成千上萬的屋主都有著同樣正當的訴求。如果一個人獲得賠償，所有人就都應該獲得賠償。但是如果所有人都獲得賠償，就會給機場和航空公司施加沉重的成本，最終這個成本會轉嫁到航班的乘客身上，或是藉由減少服務，或是提高價格。

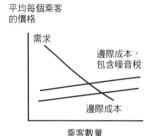

外部性遍布整個社會

　　第一眼看上去這似乎很公平。更高的價格讓航班乘客為他們旅行帶來的副產品（噪音）支付相對的成本。但是現在，一個新的問題不得不引起我們的注意。外部

性遍布整個社會。應該解決**所有**的外部性嗎？屋主應該因為下列情況得到賠償嗎？車輛經過；鄰居任蒲公英種子四處飄散；遛狗人和他們的寵物路過之後留下「禮物」；鄰居孩子哭鬧；電動割草機發出轟鳴；隔壁枝繁葉茂的栗樹遮擋了視線；或者如果鄰居因為遮擋了**自己**的視線而砍倒了栗樹，他們所失去的樹蔭？如果我們解決了屋主的問題，我們可能必須開始為行人索取賠償，他們當中很多人承受著與屋主所受折磨同樣的成本，也沒有獲得補償。為了創造一個完美的世界，最後我們可能還要對非常無聊的人罰款，以補償他們給別人帶來的厭煩感。

　　我們根本做不到。有太多外溢成本了，太難明確且適當的賠償了。甚至應該由誰給誰補償也常搞不清楚。例如，反過來向那些大剌剌的人徵收罰款，以補償那些乏味拘束的人自身的敏感受到的冒犯，不也同樣正當嗎？誰說只能由乏味的人補償粗魯的人呢？

10.6 ｜ 先例的重要性

　　我們已經為這個問題做好了準備：麗格萊塔・賽是住在機場 10 英里以外受到騷擾的屋主，航班乘客從飛行中受益，但是給她帶來了不便，她應該得到航班乘客的補償嗎？答案是：以這種方法解決這個問題，要做到務實而又公平非常困難，而且幾乎不可能。

　　但是，我們一開始問了**兩個**問題。第二個問題是，在這種情況下，屋主是否**可能**獲得賠償。這個問題的答案幾乎肯定是**不**。法院會設法藉由**發現**辯論雙方各自的權利所在，裁定這個問題，而屋主最終能支持自己利益的舉證將非常有限。這種情況並沒有說一定要做出賠償，屋主和航班營運者很久以來都持有這樣的預期，這幾乎就是裁決考量的依據。**這種預期指示了屋主和航空公司各自的產權。**我們甚至可以「證明」住在機場 10 英里以外的屋主不具備獲得噪音賠償的合法權利，因為如果法院裁定支持屋主，在起降航道下面的房子的市場價格就會大幅上升。這是**預期以外的事件**，能夠為屋主帶來利潤，而讓航空公司股票的持有者受到損失。對於那些不認為應該支付這類賠償的當事方，這類預期之外的價值變化將構成決定性的證據支持，否則法庭

的判決就**創造**（create）了先前並不存在的產權。

解決產權爭議

之前的結論假設要求賠償會導致相關房價的上升，對這假設的討論可以進一步說明我們的論點。如果在這個案子中法官支持屋主，受影響的房屋價格可能並不會因此上升多少，因為房子的潛在買主很可能收到建議說法官犯了錯誤，在案件上訴的時候可能會改判。是否可能出錯，這一概念有助分辨不同的情況：如果裁定**創造**的是新的產權，就無所謂出錯與否。只有法院試圖**發現**什麼是更為優勢的產權，進而應該以該產權裁定案件之時，才有可能出錯。

裁定，或者試圖藉由發現已知權利來解決矛盾訴求的嘗試，是要去避免預期以外的決策或結果。它要去支持和加強人們**普遍、確信的預期**，以此解決產權爭議。因此，在環境發生變化的條件下，裁定是要努力維持預期延續性。再次提醒，穩定的預期是任何龐大、複雜的社會中有效協調的基礎。

10.7 │ 劇烈變化帶來的問題

裁定是一種漸進地解決負外部性問題的方式。但是有時變化並不是漸進的。當我們遭遇全新的情況，以至於既定的原則和慣例無法給出多少指導來處理時，裁定就無法起太多作用了。技術創新通常給我們帶來各種領域的快速變化，可以舉出近年來很多相關例證，機動雪橇、殺蟲劑、雷達導航捕鯨船、抗生素以及核反應爐只是其中的少數幾個。當技術創新迅速增多負外部性的時候，就需要新規則來解決這些問題了。

隨著所得的提高，產權也需要重新定義。不久之前美國人似乎還有一種暫定的共識，即向大氣層任意排放工業廢氣帶來的社會利益大於其損害。我們的法律和傳統觀念認為大氣層是屬於每一個人的，因此也不屬於任何人，所以工廠業主不假思索地將大氣層當成免費的垃圾場。人們可以將住宅搬離工廠，或者如果人們更看重省錢而不是享受清淨的空氣，也可以在工廠邊用低價購買住宅。同時工廠藉由向大氣層排放廢物壓低了成本，這表示著工廠製造的產品更容易取得。但是情況變化

了。工廠製造的商品現在數量過剩，很多人降低了在這些商品上賦予的邊際價值。當我們開始對藍色天空和清淨空氣賦予更高的邊際價值時，就開始把它們看成我們的權利了。我們開始主張對這些環境「物品」的產權，要求其他人停止對環境的不當使用，因為這與對環境的享受相矛盾。這就需要制定新規則，而不僅僅是將舊規則應用於新情況。

10.8 ｜ 透過立法減少外部性

我們把制定新規則叫作**立法**。裁定和立法的分界線在實際中似乎並不那麼清楚。但是原則上，它們的區分是很重要的，因為立法會改變目前占優勢的產權，改變遊戲規則總是會引起公平問題，而且常常迫使行為進行調整。❹ 對社會而言，其面臨的挑戰是在立法時避免整體的不公平，並用最小的成本達成目標。我們應該關注後一個標準，不是因為它更重要，而是因為經濟學理論更擅長分析成本最小化，而不是公平最大化。

到現在為止，你可能已經注意到了，很多被稱為「污染」的社會問題，都可以作為負外部性的結果進行分析。人們並非因為喜歡髒空氣和污水才去污染它們，這些是從事其他行為的無意結果，比如使用汽車或者製造商品。他們忽視了外溢成本，因為那些看起來無關緊要。開車上下班的確污染他們自己的空氣，但是不足以引起關注，而乘坐公車（在他們看來）又非常不方便。他們忽略了這樣一個事實，即他們也污染了其他成千上萬人的空氣，眾多小到無法帶來明顯差異的污染加在一起，就是數量龐大的污染。然而每個參與這個問題的人的行事邏輯，似乎是認為駕駛的個人效益超越了他加給每個社會成員微小的額外成本。最終的結果可能是災難性的。解決這個問題的方法，或許是透過新的立法使這些外部性內化。

命令和控制沒有提供誘因

立法限制是解決污染問題的普遍方法，它被稱為「命令和控制」。法律規定，

4　作者注：立法透過創造產權使產權得以明確。

在某天之後，所有人禁止向空氣或水中排放超過一定數量的污染微粒，這種方法肯定無法使得單位污染的成本降到最低。它忽略了一點，即達到一個既定目標通常有多種途徑，因此沒有給人們提供尋找和實施成本最低途徑的誘因。接下來我們會用一個非常簡明的例子，說明污染控制辦法的某些原則，這些原則應該得到更好的理解。

10.9 | 把成本降到最低

假設阿卡迪亞城所有的空氣污染來自三個源頭：A 工廠、B 工廠和 C 工廠。表10-1 顯示了每個工廠每月排放空污數量和每個工廠減少單位污染物排放的成本。現在我們假設，因為污染物破壞市容，而且給人們的肺部帶來傷害，環境保護署決定把污染物每月的排放從 90,000 個單位降低到 45,000 個單位。你也許會問，為什麼不把污染物降低到 0。因為環保署認為把污染物排放降低到 0 的成本將超過其效益。也許一點點的污染物不會傷害到肺部，甚至可能都看不見。我們忽略環保署得出此結論的過程，僅僅假設這個決策是在最佳的科學資訊基礎上得出的，而且考慮到了阿卡迪亞人民的整體利益。想問的是：什麼是達到這個目標的最好辦法。

表 10-1　阿卡迪亞的污染物

	每月排放的污染物	每單位污染物的減少排放成本（美元）
A 工廠	15,000	1
B 工廠	30,000	2
C 工廠	45,000	3

達到目標有幾種辦法（見表 10-2）。環保署可以禁止所有工廠每月排放超過15,000 單位的污染物。這使 B 工廠必須每月減少 15,000 個單位的排放，減少排放成本為 30,000 美元；C 工廠必須每月減少 30,000 個單位的排放，減少排放成本為90,000 美元。兩個廠的減少排放成本總計 120,000 美元。另一種辦法是，環保署

可以命令每個工廠將自己的排放減少一半。那麼，A 工廠要支付 7500 美元，減少
7500 個單位的排放；B 工廠要支付 30,000 美元，減少 15,000 個單位的排放；C 工
廠要支付 67,500 美元，減少 22,500 個單位的排放。減少排放成本總計 105,000 美
元，這是一個可以較為節省地達到目標的方法。一個更為節省的辦法是讓環保署命
令每家工廠減少 15,000 個單位的排放。那麼，A 工廠要支付 15,000 美元消除其全
部 15,000 個單位的排放；B 工廠要支付 30,000 美元減少一半的排放；C 工廠要支
付 45,000 美元減少 1/3 的排放。用這個辦法，只花 90,000 美元的總成本，就能讓
阿卡迪亞城達到減少排放的目標。

表 10-2　排污達標的方法

不同的減少 排放方案	每個工廠不得 超過 15,000	每個工廠 都減半	每個工廠減少 15,000	讓成本最低的 減少排放
	A：$1×0 =$0	A：$1×7,500 =$7,500	A：$1×15,000 =$15,000	A：$1×15,000 =$15,000
	B：$2×15,000 =$30,000	B：$2×15,000 =$30,000	B：$2×15,000 =$30,000	B：$2×30,000 =$60,000
	C：$3×30,000 =$90,000	C：$3×22,500 =$67,500	C：$3×15,000 =$45,000	C：$3×15,000 =$45,000
減少排放總成本	$120,000	$105,000	$90,000	$75,000

　　正如你能看到的，A 工廠的污染物減少排放任務越重，C 工廠的污染物減少排
放任務越輕，總成本就越低；因為 A 工廠的減少排放成本是每單位 1 美元，而 C
工廠的減少排放成本是每單位 3 美元。因此，如果目標是用最低的成本讓污染物排
放降低到 45,000 個單位的水準，為什麼不把減少排放的責任完全放到 A 工廠和 B
工廠的身上呢？如果環保署讓 C 工廠保持現狀，而要求 A 工廠和 B 工廠消除其全
部排放，那麼達成目標的總成本就會降低到 75,000 美元。

成本最小化不是唯一考量

為什麼不這麼做呢？把所有成本都強加給 A 工廠和 B 工廠，而讓 C 工廠完全逃脫責任。不這麼做的一個很好的理由，是因為這樣不公平。畢竟，當政府官員試圖達到某個目標時，成本最小化並不是唯一要考慮的事情，公平也是政府決策一個重要的評估標準。如果這樣做了，表面上看來有「竊鉤者誅，竊國者侯」的嫌疑：小的污染者因為減少排放成本更低反而遭到懲罰，但大污染者卻可以繼續排放。環保署有可能會選擇這種方法嗎？

10.10 │ 另一種辦法：徵收排放稅

這個疑問暫時擱著，先深入討論一下癥結所在。假設環保署實際並不知道每個污染源減少排放的單位成本，這比原來的假設更有可能，原因如下：污染者自己最清楚實際成本，但是他們有誇大成本的動機，以便在環保署或公眾面前為自己辯白。另外，他們的誇大也不完全是說謊，因為沒人能在還沒做之前就確切地知道某事的成本。這時把成本估得高一些只是一種正常的謹慎，特別是在將成本估計得越高越有可能不必承擔之時。最後，儘管通常能夠藉由研究和試驗降低成本，但是沒人能夠預測研究和試驗的結果如何。當環保署面對這種資訊匱乏的情況時，什麼是成本最低的解決辦法？

如果環保署的答案是對每個排放單位徵稅，允許各方以其認為最佳的方式應對，那麼它將贏得眾多經濟學家的掌聲。如果你承認這些污染是外溢成本，而不是由其製造者承擔，那麼向污染行為徵稅就很合理。如果藉由某種方式，單位排放的稅收被設定為與單位外溢成本相等，此時就由污染製造者和外溢成本的受益人承擔了這些成本。如果這讓污染行為成本過高從而無法繼續，污染就會停止，因為此時的成本超過了效益。如果在繳納了稅款後效益還是超過成本，污染行為就會繼續，但是其速度變慢了，因為現在污染行為的成本更高了。但是在這種情況下，稅收收入可以用來補償那些承擔外溢成本的人，或者說用來換取他們的同意。

假設環保署不告訴每個工廠必須降低多少排放量，只是要求它們每個月為每單位污染物排放繳納 2.01 美元的稅。每個廠家都被同等對待，這看上去更公平。廠

家如何反應？A 工廠發現消除其全部排放比交稅更便宜，B 工廠也是如此。然而 C 工廠發現，繳納稅款並保留每月 45,000 個單位的污染物排放更有利。因此使用這種辦法減少一半污染物排放的總成本是 75,000 美元，而且所有工廠都得到了同等對待。注意，按照這種方案，C 工廠要繳 90,450 美元的稅，這是轉移到社會其他地方的財富，而不是淨成本。A 工廠和 B 工廠支付減少排放計畫的所有成本，C 工廠補償社會，獲得每月繼續排放 45,000 個單位污染物的權利（見表 10-3）。

表　10-3

主體	徵稅（即不減少排放的成本）	選擇	各自的減少排放成本	選擇及相對成本
A	$2.01	>	$1	減少排放：$1×15,000=$15,000
B	$2.01	>	$2	減少排放：$2×30,000=$60,000

A 和 B 承擔了所有的減少排放任務，並支付了所有的減少排放成本：$75,000

| C | $2.01 | < | $3 | 不減少排放 |

C 藉由繳稅補償社會（compensate the community）以換取排放權，其付出的對於社會來說並非淨成本，而只是財富的轉移：$2.01×45,000=$90,450

環保署的任務是比較減少排放的邊際成本和邊際效益。藉由不斷調整稅率以估計各廠商減少排放的真實成本，環保署得以從所觀察的當事人的反應中，獲取關於成本和效益的資訊，這是一種可以讓政府從試驗中不斷學習的途徑。對於任何與人類福祉相關的環境保護計畫來說，獲得關於成本和效益的可靠資訊都是必要的。

10.11 ｜ 污染許可證

回到剛才提出來又暫時放下的問題。我們問的是，在比較了減少空污的各種方法的成本之後，環保署有沒有可能選擇成本最低的方法。我們並沒有急於回答這個問題，是為了先論證各種形式的具體指令，即「命令與控制」的方法，作為控制污染的手段一般來說都不如徵稅。藉由徵收排放稅，讓價格體系幫我們解決問題。但

是有一個原因使得徵稅的手段不受民眾歡迎，這個原因同樣也讓環保署難以採用成本最低的指令控制的方法（即 AB 停產、C 不受影響），即污染稅被貼上了「污染許可證」這樣一個名聲不好的標籤，聽起來很像是官方對犯罪的許可。

污染被看作是成本

　　但是，這繞開了一個重要問題。我們或許願意認為某些污染行為本質上令人厭惡，應該被全部禁止；但是，我們顯然不會對大多數現在稱之為「污染」的行為都採取這樣的態度。人們所從事的帶來污染的活動一般都會帶來效益，有時還是非常大的效益，不論是對其他人還是對自己。無論我們是否願意承認，寬恕這類行為就是寬恕污染。在這裡 **污染** 這個詞很可能誤導了我們。從歷史上看，這個詞帶有強烈的道德含義，任何合格的字典都會指出這點。在經典文獻中，污染行為會危害整個社會。在這樣的上下文中，「污染許可證」就像是允許犯下不道德行為或犯罪的許可證。但是顯然沒人願意說屋主生火取暖，將「污染物」排放到空氣中，就是一種不道德的行為或犯罪。大多數污染應該被看作成本，而不是犯罪，因此如果成本低於正確計算得出的相關效益，污染就應該被「許可」。

10.12 │ 效率和公平

　　一些人也反對徵收排放稅，因為他們認為這種稅收從根本上說就是不公平。他們認為污染稅把減少污染的負擔整個放到了窮人身上，而讓富人理直氣壯地污染環境。按照成本最小化方案的需要，根據減少排放的成本選擇承擔了減少排放義務，對很多人來說似乎也是專斷且不公平的。任何公平性爭議的重要答覆，在於揭示可以達成 **有效率** 的解決方法，並且用不同的方式解決 **公平性** 的問題。換句話說，我們在選擇最有效率的解決方法的時候，並不需要特別指定成本如何分攤。我們再次用阿卡迪亞城的例子來說明。

　　假設某種原因，環保署想要將減少污染的全部成本施加在 C 工廠身上——也許是因為 C 工廠最有能力承擔這種成本，或者因為它是最大的污染製造者，或者因為它是最後一個在阿卡迪亞修建的工廠。無論是出於什麼原因，環保署需要做

的就是告訴 C 工廠的管理者，他們必須將排放到空氣中的污染物降低 45,000 個單位，如果他們達不到這個目標，就必須為超額部分每個單位的排放支付 2.01 美元。於是 C 工廠的管理者將會尋找減少排放 45,000 個單位成本最低的方案。如果管理者擁有表 10-1 中的資訊，他們會給 A 工廠一筆錢，比 15,000 美元再多出幾百美元，讓其消除全部排放；給 B 工廠一筆錢，略高於 60,000 美元，也讓其消除全部排放。這樣 C 工廠就讓污染排放達到了目標水準。但是 C 工廠的管理者並沒有付出 135,000 美元自己減少排放，而是付出了總計 75,000 美元，讓 A 工廠和 B 工廠代替他們完成了任務。

排放稅的優點

減少污染和其他一些活動很相像，在這些活動中，一些人比其他人更有效率。讓在生產中具有比較利益的人生產我們的食物、玩具和化妝品，我們可以獲利；與此相同，讓最具比較利益的人生產更多的潔淨空氣，我們也能從中獲利。但是比較利益需要藉由交易才能獲得。這就是為什麼對於減少污染來說，徵稅的辦法通常優於對特定工廠實際具體的限制。徵稅的辦法試圖改變相對貨幣成本，以反映對「誰擁有什麼權利」的重新界定。然而它給予各方自由，允許人們根據各自的比較利益交易，確保以最有效率的方式達成新的社會目標。

10.13 ｜ 泡泡法

1979 年環保署根據上述分析的要點邁進了一大步，頒布了新法規，允許和鼓勵空氣污染根源之間進行交易。執行機構沒有對每個煙囪的排放制定嚴格的限制，而是允許工廠在某處超限，只要能在另一處彌補回來就行。他們設想整個工廠上方有一個巨大的泡泡（這是此種方法名稱的由來——泡泡法），只要控制向泡泡中的總排放即可。在這種政策之下，工廠可以在其減少排放控制成本非常高的時候讓排放提高，在排放成本較低的時候再彌補回來，這樣就能降低達到某一空氣品質控制要求的成本。

　　這種方法在法院受到了環保團體的質疑，他們聲稱這讓在空氣品質已經達不到環保署標準的地區產生了更多的污染。不應該因為一個工廠減少了乙煙囪的排放，就允許它從甲煙囪大量製造有害物質。環保主義者認為，如果乙煙囪能以較低的成本減少排放，那麼就應該減少這些排放，但是不應該允許增加甲煙囪的排放。環保主義者的觀點隱含地假設只有一種利益目標，即潔淨的空氣。

　　1984 年，最高法院駁回了這種觀點，從而為現有工廠在空氣品質有問題的地區擴張打開大門（並未讓空氣品質進一步惡化），並鼓勵了環保署更進一步，如果允許工廠為了追求效率或者以可能最低的成本達成既定目標而進行內部交易，為什麼不可以允許工廠之間進行這種交易呢？如果一家電力公司想要在不讓空氣品質惡化的前提下，建設一個新的發電廠來滿足顧客的需求，它也許可以說服其他某個企業減少排放，以換取自己增加相對的排放。實際上，企業就可以買賣「污染權」了。

污染權的交易

　　這完全不符合激進的環保主義者的意思，他們認為沒人擁有「污染權」，因此其他人也無法購買這種權利。但是，這個前提是有問題的。企業實際上確實有權向空氣中排放有害物質，這已經被事實證明了：它們可以公開地排放，而且沒有被處罰，無論是實際上還是法律上，都擁有所謂的「污染權」。藉由承認並澄清這些權利，環保署給建立在這些權利之上的市場提供了發展的空間，進而意味著廠商可以從那些在減少排放上具有比較利益的人那裡購買指標，以達成污染控制。如果環保署只允許購買指標的企業按某種比例使用其所購買的排放權——例如，要使用 100個單位，必須購買 130 個單位——環保署就能使得這種允許企業間交易「擴張的泡泡法」的概念，也用於逐步改善空氣品質。同時請注意，在這種制度下希望空氣比環保署要求更清潔的人可以藉由買斷全部「污染權」，取得並取消這些指標。

　　但是，除非這些權利有明確的界定而且可以信賴，否則這種制度無法奏效。如果管制機構能夠任意製新的權利取代被購買的權利，就不會有個人或團體願意為了取得權利而付錢買斷。如果企業相信可以只靠一點點遊說，就能從管制機構那裡獲得相同的權利，它們也不會願意付錢購買這些權利。而如果企業知道可以把節省

下的減少排放指標賣給其他人，就更有可能去投入資源發現和發明新的手段以減少排放。

　　讓空氣變得乾淨是一個非常難解決的環保問題。空氣污染根源數量眾多，難以監控。清潔空氣的機會成本（以放棄的其他效益衡量）往往比想像的高得多，我們總是只想到工廠（而且還是別人工作的工廠），而不自覺地忘記自己的煙囪、汽車排氣管、後院燒烤和殺蟲噴霧。更加清潔的空氣可以帶來巨大的好處，但同時需要付出高價的成本，這讓我們更加珍惜任何一種能用更低的成本達成更多目標的制度。

10.14 ｜ 權利和污染帶來的社會問題

　　我們不想以對效率的支持背書來作為本章的結尾，因為缺乏效率並不是根本問題。污染是當前的重大社會和政治問題，是因為人們對權利認知的分歧。更多的人開始說：「你藉由將成本施加到我們的身上而獲取效益，你們這麼做沒有**道德**基礎，因此也不應該有相對的**法律**權利。」這種爭議可能很難解決。經濟學的思維方式給出了若干原則建議，對著手解決問題也許相當有幫助。

　　首先，對於任何商品的需求都不會完全沒彈性，甚至對潔淨的空氣也是如此。我們必須決定想要多少，最好清楚地認識到，要獲得更多，只有放棄甚至更多的其他好貨，而這些好貨也是我們想要的。

　　其次，我們應該讓人們有盡可能多的自由，以選擇適合自己的調整方式。例如，如果我們的目標是減少煤炭燃料的消耗，應該讓人們選擇能夠降低其成本的方式。我們應該避免「命令和控制」這類管制政策，其通常會提高達成任何目標的成本，而且由於提高了成本，也會加深人們對目標本身的抗拒。利用價格機制可以降低成本，允許人們進行交易，也能減低成本。

　　最後，我們應該記住產權穩定的重要性。當人們知道規則是什麼，並且可以信賴其不會被任意竄改，交易成本就會降低，有效的協調就會隨之增加。

10.15 | 交通壅塞是一種外部性

　　但有時對權利的執著讓我們看不見真實的世界，比如交通壅塞的例子。堵車一直被美國人列為城市生活最迫切的問題之一。當你思考這個問題時，會發現這是一個難解的社會問題，因為抱怨交通壅塞的人同時也是製造交通壅塞的人。但如果你理解了外部性的概念，困境就會消失。壅塞是一種負外部性，它作為人們行為產生的成本，卻沒有進入當事人的決策考慮。人們只考慮了**其他**開車人給自己帶來的成本。

　　如果我們促使開車人將交通壅塞的外部性內化（internalize），會發生什麼情況？如果可以找到某種方式，讓壅塞的成本回到製造它們的開車人那裡，又會如何？人們只有在開車的邊際效益高於邊際成本的時候才會開車。當然，每個人現在都這麼做，但是根據目前的做法，這些成本不包括施加在其他人身上的成本。如果除了自己的開車成本之外，開車人還必須支付決策施加給其他人的邊際壅塞成本，他們就會選擇少開車。只有在自己的邊際效益大於所有社會成員的邊際成本毛額時，他們才會開車。所有開車人的情況都會有改善！街道不會再擁擠。開車人可以去要去的任何地方，不會再被堵在路上了。對於那些邊際效益較少的情況，開車人會尋找替代，從而降低了其他人的成本，他們開車的邊際效益更高。開車替代方案的品質幾乎肯定會提高：實施共乘制會變得更加容易；公共汽車可以在沒有塞車的路上跑得更快，並且由於需求的增加，其班次也會變得更頻繁。這樣多好——只要有一種方法能讓外部性內化！

擁擠定價

　　確實有這樣一種方法，叫作**定價**，經濟學家稱其為**擁擠定價**（congestion pricing）。其他人幾乎都叫它「通行費」，並且從不希望聽到它。民眾會說：「我為道路支付了燃油稅，我不想再付通行費了。」但燃油稅支付的是修建道路的成本，不是使用道路的成本。正是因為忽略了道路的使用成本，帶來了人人抱怨的塞車。會出現交通壅塞，是因為擁有道路的政府允許每個人免費使用道路。如果我們都被要求按照開車造成別人的成本來支付費用，就能消除塞車。

現在已經存在這樣的技術手段，能夠根據擁擠程度（即外部成本）精細地調整向開車人的收費。另外，一切可以自動進行，無需任何人停車支付，帳單會在月底寄出。但這種技術還沒有被使用，因為人們對於通行費敵意太深，認為他們有權免費在他們繳稅建造的公路上行駛。認為通行費就是直接從他們的口袋裡掏錢，而並沒有意識到，一個管理良好的擁擠定價系統，帶來的收益多於以通行費形式支付的成本。這又是一個例證，用以說明一種稀缺品（在這裡指城市的道路空間）的定價可以減少無謂成本，從而讓所有人的情況變得比之前更好。

本章回顧

人們的行為常常給別人帶來成本，這些成本是行為者沒有考慮到的。經濟學家把這些成本稱為外溢成本或負外部性。

負外部性在都市化、工業化社會中迅速地以倍數增加。即使某些特定行為的外溢成本高於行為者的效益，交易成本也經常讓人們無法藉由協商達成更加令人滿意的安排。

協商是社會成員普遍使用的措施，不必造成不受別人歡迎的成本，也能確保協調和得到他人的贊同。明確界定的產權降低了交易成本，從而讓協商更為容易。

相互衝突的權利主張，通常可以藉由考察已有的原則和先例得以解決。裁定以這種形式維持了人們預期的延續性。界定不清的產權和任意的更改變動，讓任何人都更難自信地制定計畫，從而使得社會協調更加困難。

迅速或劇烈的社會變革，使得藉由裁定解決相互衝突的權利主張變得非常困難，因此需要立法。立法帶來新規則的建立，建立和定義了人們對支配下的資源可以如何使用。

如果新規則讓人們更容易地交易權利和義務，那麼這些規則就能針對「污染」這樣的負外部性問題，提供低成本的解決方案。對不受歡迎的外溢成本徵稅和「污染權」交易體系，為污染者提供了正確的誘因，促成了低成本降低污染的方案。而所謂「命令和控制」的方法，與市場導向的體系相較之下，還遠遠缺乏對資訊及對誘因問題的重視，而這些問題對於任何旨在降低污染的政策目標，都是嚴峻的挑戰。

第 11 章

市場與政府

┃本章你可以學到這些┃

- ☑ 明瞭政府官員如何關注自己預期的邊際效益和成本
- ☑ 區分「強制」和「說服」的概念
- ☑ 探討搭便車問題
- ☑ 分析為何需要強制以提供充足的公共品
- ☑ 建立「理性的無知」的概念，並運用它來解釋政治過程的結果

外部性問題——無論正負——經常在說到**市場失靈**的時候被提及。市場失靈，指市場過程無法達到某種**最適**標準。這種提法也暗示著政府的補救措施，能夠促使市場體系**更接近**某種假想的最適狀態。善意的人們（包括經濟學家）常常**假設**官員擁有改進現實中經濟協調問題的資訊**和**誘因，但是政府政策同樣有可能讓事情變得更糟。諾貝爾經濟學獎得主詹姆斯・布坎南常說：「經濟學家在分析市場失靈的同時，也同樣有分析**政府失靈**的道德義務。」本書的兩位合著者是布坎南的學生，清楚明白其含義。本章會繼續探討外部性，並將特別關注正外部性。我們將要深入研究這一問題，同時牢記布坎南提出的職業道德。

本章關注的焦點涉及憲政政治經濟學（constitutional political economy）的關鍵問題：哪些應該留給市場去做，哪些任務適合政府？除非知道**市場**和**政府**指的是什麼，否則很難回答這個問題。要做出明智的選擇，我們必須知道可能的選項是什麼，市場和政府之間的抉擇，絕不像公共政策辯論中看起來那樣清楚明確。

11.1 | 私人還是公共

市場體系和政府之間一般人看來的那些差別，大多數經不起嚴密的審視。一般說來，市場通常被刻畫為**私人**部門，而政府機構和官員們居於**公共**部門。但是這意味著什麼？這當然不是說市場中採取的行動純粹屬於私人問題，不會影響民眾；也不意味著消費者和企業經理人追求的是私人利益，而任何為政府工作的人追求的就是公共利益。可能有參議員聲稱是「公共利益」引導他做出所有的決策，而實際上引導決策的，是他對公共利益的個人解讀，這種解讀經過了各種私人利益的考量，包括競選連任、同事間的影響、與媒體的關係、大眾形象、在歷史上的地位等。參議員**可能**不如企業總經理那麼關注個人所得的最大化，但是他們可能更關注獲取個人威望和權力。❶

同樣的分析適用於政府機構的每個職員，不管是在某管制委員會中被任命的高層官員，還是剛剛步入工作的最底層行政人員。不論政府機構提出的目標有多崇高、多偉大、多公正，其日常活動仍是普通人決策的結果，受到各種動機的左右，而這些動機與私人部門中的誘因有著顯著的相似。另外，眾多商業界的管理人員近年來也自稱對「公共利益」做出了特殊貢獻，渴望讓我們相信其政策的根本標準不是實現淨收益的最大化，而是履行社會責任。我們不在公共利益和私人利益的問題上畫蛇添足，應該看看實際上影響人們決策的誘因是什麼。

11.2 | 競爭和個人主義

市場和政府之間的若干差別，會隨著深入探討而顯得模糊。市場領域通常被稱作**競爭**領域。但是政府中也有競爭，每個選舉年都充分顯示了這種競爭。在任何一個政府機構中，職員之間都存在著升職競爭；政府機構之間爭取更大金額的預算款項時，也會發生競爭；美國的兩大主要政黨之間一直在競爭。行政部門與立法部門競爭，國會議員為專門委員會的席次而競爭，甚至地區法院法官為了最終獲得在高

1　作者注：甚至國會中的人也會追求個人利益。

一級法院的任職，也要相互競爭。最高法院的大法官是終身制的，他們已經站在了職業生涯的頂峰，不也要為了聲譽而與專欄作家和法學院教授競爭嗎？

有時我們被告知，**個人主義**（individualism）是市場領域的獨特特徵。然而什麼構成了「個人主義」？很多步入市場領域的人在離開學校後就進入大公司，一直作為職員直到退休。在巴爾的摩的社會保障管理局就職，和在哈特福德的一家保險公司就職有巨大差別嗎？第二次世界大戰後，英國對其鋼鐵業進行了國有化、私有化和重新收歸國有的實驗，鋼鐵業的大部分職工（也包括很多其他的人）之間很難看出有什麼不同。某些頻繁出入國會大廳的人物，他的個人主義色彩看起來都要比穿梭在公司走廊上的人濃得多（至少更加有個人特色）。

11.3 ｜ 經濟理論和政府行為

經濟學的思考方式假設所有社會運轉的參與者，都想藉由理性的方式增加自己的利益，並在此基礎上試圖解釋社會的運轉。在第 8 章詳細介紹了邊際成本／邊際收益法則，實際上我們在整本書中都用到了該法則，它其實是如下假設的一種宣示：增加一個人的利益，就意味著要擴大邊際收益大於邊際成本的行動，縮減邊際成本大於邊際收益的行動。正如之前指出過的，經濟學家並沒有假設貨幣或實際商品是消費者和生產者關心的唯一成本和收入（或收益），也沒有說人們追求的利益必然是狹隘自私的。經濟學理論讓人明白各種人類利益的社會後果，為什麼它不能用於分析那些決定了政府行為過程的人為目標與社會過程呢？

政府機構的行為誘因

我們的答案是它**的確**適用。那些指導《時代》雜誌和《新聞週刊》編輯工作的社會互動原則，和那些指導《聯邦準備公報》編製工作的相比，差別並沒有想像中的那麼大。和私有企業一樣，政府也會持有生產產品和提供服務，相對的也要獲取生產資源並考慮其邊際成本，也就是用於次佳選擇所能帶來的價值。政府和私有企業一樣，也必須為需要的資源競價，並向資源所有者提供足夠的誘因。政府除了正面誘因之外，還可以使用負面誘因（negative incentives），這一點值得注意（在後

文中還將繼續探討）。例如，坐牢的威脅，或許是某些人每年報稅時決定上繳多少的主要因素，但民間的募捐就不能使用這種手段。儘管在決定政府產出的分配上，貨幣價格只起到很小的作用，政府也還是會面臨市場銷售和詢價的問題。但是毫無疑問，對政府供應的產品來說也存在需求曲線，由於這些產品特有的稀缺性，它們必須依靠某種差別標準配給。於是對政府產品有需求的人就會競爭以滿足這些標準，才能按劃定的價格買到相對產品。這種看法的主要優勢在於可以避免將政府看作「天外救星」（deus ex machina），好像是上天派來救苦救難的神，或者是古希臘劇作家在劇情陷入膠著時，安排舞台機器升上來的神靈角色。它讓我們對政府的預期更加現實，促使我們詢問，何種條件可以使政府在某種既定環境下有效行動，而不是假設政府永遠都可以得其所願。這種看法也提醒我們，如果用第三人稱單數的代詞「它」指稱政府容易產生誤導，因為**政府是眾多不同人的互動，根據占優勢的產權做出決定。** ❷

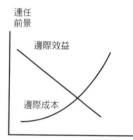

如果你疑惑產權和政府行為有什麼關係，那你可能暫時忘了，經濟學家使用產權的概念來描述遊戲規則。政治過程的每個參與者，從選民到行政人員再到總統，對各自可以做什麼以及可能做什麼都會有某種預期，這些預期反映了**產權**。如果用**人們認為他們可以拿走的東西**這句話來代替 **產權**也許會有幫助，但遺憾的是這個字眼含有陰謀和不道德行為的意味，並非我們的本意。但是這個字眼確實傳達了產權這一概念的力量：人們採取的行為取決於對行為結果的預期，即他們衡量所做決策對自己來說的期望邊際成本和效益——在參議院辦公大樓中是如此，在紐約證券交易所裡也是如此。理解這兩個世界的關鍵，是了解參議員和股東各自擁有的不同「產權」。

11.4 │ 採取強制的權利

儘管很多政府和非政府之間通常認為的差別，會隨著深入的審視而模糊或消

---

2 作者注：回想第 1 章，只有個人才會進行選擇。

失，但有一個顯著差別卻不是這樣。**政府擁有對成年人採取強制（coercion）的專屬權利**，這一點被**大多數**人所認同，❸ 但卻不是絕對的：徹底的無政府主義者不承認這個權利，還有一些人一般原則上認同政府存在，但卻不接受某些不具有合法性的政府享有這種權利。這種權利是**排他的**，正如我們說「人們沒有將法律把持在自己手中的權利」；在需要採取強制的時候，每個人都必須訴諸政府人員（包括警察、法官和議員）。而對**成人**的強制權將政府和一般家長區分開，人們普遍認同後者在某些條件下對兒童有強制權。

強制與說服

　　強制又是什麼意思？**強制是指藉由威脅使用暴力，來減少人們的選擇以促成協調**。強制應該和另一種促成人們達成協調的方式比較，這種方式是說服。**說服是指藉由承諾擴大人們的選擇權來促成協調**。在少數情況下，我們無法對具體行為構成強制還是說服達成一致。這些情況通常涉及真正或宣稱的欺騙行為，此時的分歧在

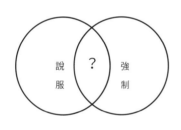

於在促使他人合作時，當事人認為自己有哪些選擇，或者我們認為他們**應該**有哪些權利。但是，這個定義一般都能讓我們從影響他們的那些努力中，把強制和非強制的手段區分開來。藉由威脅收回選擇權、減少人們的自由、剝奪某些權利來確保達成協調，這個權利我們只授予政府。

　　強制的名聲不好，因為大多數人相信（或者認為自己相信），一般應該允許人們做想做的事情。另外強制隱含著權威，很多人對於聲稱權威有天生的敵意。但是交通法規告訴我們，必須靠右行駛，在紅燈亮起的同時必須停車，這在強制我們的同時，也擴大了我們的自由。它們能夠擴大自由的原因在於它們也強制其他人。大家都行駛得更快、更安全了，因為我們都接受了交通法規的強制管理。這是對政府及其強制權傳統的辯護理由：如果都接受對大家自由的一定限制和選擇的一定減少，我們就都能獲得更大的自由和更多的選擇。

3　作者注：我們認同強制，但並不意味著政府可以傲慢自大。

11.5 │ 政府是必要的嗎

但是我們必須使用強制嗎？不能靠自願協調得到同樣良好的結果嗎？在整本書中一直看到，自願交易是社會協調的主要機制。為什麼自願交易不能成為達成協調的**唯一**方式？藉由認真地提出問題並且努力尋找答案，我們可以對各種達成目標的方法的能力和局限有更多的認識。

解答這個問題的一個方法是問，如果我們的社會根本沒有政府，會發生什麼事情？會出現什麼問題？重要工作會停止進行嗎？人們不能藉由個人行動或藉由自願聯合解決這些問題，完成這些工作嗎？要理清這些問題，首先從警察保護服務的例子著手。如果沒有政府，也會沒有警察嗎？這是不會的，因為現在是有私人保全。但是，這些是對已有的、基礎的政府警察保護的一種補充，向那些有此需要且願意為此掏錢的人提供額外保護。在沒有政府的情況下，我們還能獲得這種基本的保護嗎？

11.6 │ 排除不付錢的人

為什麼不？如果沒有政府，需要警察保護服務的人可以從私人保全購買這種服務，正如那些不滿意現在政府提供的服務的人所做的那樣。這個制度不比現實擁有的制度更公平嗎？有很多財產需要保護，但是自己沒有時間、意願以及能力保護的人，一定會付錢換取這種服務。擁有很少的財產，且自己就能保護好這些財產的人，不一定要繳稅獲得警察的保護，警察保護實際上沒有給他們帶來好處。讓人們付錢購買自己的食物，而不是用稅收收入向人們提供食物，部分原因是知道人們需要的食物數量和品質天差地別。為什麼不對警察保護服務使用同樣的制度呢？

警消服務是公共財

警察保護服務是「基本必需品」（basic necessity）的說法，**不是**正確答案；食物甚至更基本、更必需。差別是食物只提供給付錢購買它的人，而絕對不會給那些不願付錢購買它的人，警察保護服務並不完全是這樣。我的鄰居雇用巡警保衛他們

的房子，當這些巡警在街道上巡邏的時候，同時也為我的房子提供了某種程度的保障，這是一種外溢效益。竊賊不知道我沒有訂購鄰居的那種安全服務，如果他們闖進我的房子，其實並不會被逮捕。但事實上，如果竊賊這麼做可能**無法**全身而退。巡警為了最有效地保護民眾的財產，可能決定逮捕他們發現的**所有**竊賊，而不論被盜的是誰。這樣我沒有付錢就得到了保護服務。

同樣的，被雇用保護我鄰居家房子的消防員，可能選擇撲滅我家院子裡的草地火災，或者撲滅我家閣樓裡的火焰，這樣就可以防止火災殃及其他民眾的房子。當他們撲滅屋內火災時，也減少了周圍房子著火的機率，儘管這些鄰居並沒有訂購其服務。在這兩個例子中，有人沒付錢就從產品提供中得到了好處。關鍵點在於產品提供者，即巡警或消防員，無法排除不付錢的人。

11.7 | 搭便車問題

當人們無論付不付錢都可以獲得某種產品，付錢的動機就會減少。他們很想成**為搭便車的人，即獲取效益而不必支付提供成本中的相對金額**。但是如果沒人有誘因支付成本，也就沒有人有誘因提供產品。結果是沒有產品會被生產出來，即使每個人對效益的評價都高於其成本。

搭便車的概念描述了社會組織研究中最讓人沮喪的問題之一，對那些不理解這些問題為什麼會存在進而堅持其**應該**解決的人來說，這尤其讓他們洩氣。「只要我們每個人都只用……就能克服能源問題。」「只要我們每個人都……高速公路上就不會有垃圾了。」「如果每個人都研究這個問題並在選舉日去投票……」「只要每個國家都永遠放棄使用武力作為解決國際爭端的手段……」在所有這些以及許多類似的情況下，哀求的人已了解「只要我們每個人都能……」，我們的利益都可以得到改善。但他們很沮喪，因為一些事顯然能讓人們過得更好，而且也都承認這一點，然而人們就是一直無法做到。❹

4　作者注：如果可以免費獲取，誰還有動力提供這種產品？

搭便車與利他主義

搭便車問題也讓經濟學家沮喪，因為針對這種現象，經濟學家在說服人們接受**「即使對整體有利的事，如果不是對個體有利，人們也不會去做」**的時候，遭遇了很多阻力。人們的行為受到期望的成本和效益的指引。如果從世俗角度看來，某件事無論做不做對於一名女子的效益都一樣，要做還會帶來顯著的成本，那麼她不會採取行動；但如果她是個高尚慷慨的人，可以從幫助他人中得到很大效益，並把為此付出的犧牲看得很淡，她就會做一些不那麼高貴慷慨的人不做的事情。這種情況必須要強調，因為搭便車概念絕沒有斷言人們是徹底自私的，或者在社會生活中利他主義完全不起作用。恰恰相反，如果人們**徹底**自私，沒有哪個社會能夠繼續存在。在第 10 章中說過，如果要產生社會協調，對他人福利一定程度的真誠關注必不可少。如果人們無法同情、內化哪怕部分他人的經歷，在這些人之中，市場和政府也是不可能存在的。

11.8 │ 正外部性和搭便車

經濟學家強調搭便車概念的重要性，是說人們對「自我利益」概念的認識有所**局限**，與對自身直接相關的成本和效益的考慮相比，他們總體上對別人的內心缺乏感同身受，尤其是對社會關係較遠的那些人。呼籲注意搭便車問題的經濟學家指出，與負外部性一樣，正外部性同樣存在，並促使人們採取搭便車的行為。**正外部性是決策者在制定決策的時候沒有考慮在內的效益**，它提醒我們考慮這樣的問題：有人有足夠的誘因創造這些效益嗎？還是每個人都在等待，希望從他人的行動中獲取外溢效益？

利用強制來降低交易成本

在現代社會，正外部性或外溢效益可能比外溢成本更為普遍，後者包括引發人們對污染抱怨的負外部性。維護美麗草坪的屋主給鄰居和過路人帶來外溢效益；微笑的人們將外溢效益分給遇到的每一個人；長期關心社區問題的公民提高了公共決策的品質，從而造福每個人。另外，一般製造者和經銷商為顧客提供的收益，通常

會超過顧客為獲得此效益的付出。消除所有外溢效益和消除所有負外部性一樣是不可能的，然而外溢效益及其激發的搭便車傾向，確實造成了一些嚴重的社會問題。政府機構的強制措施，是解決這些問題的一種途徑。

記住，交易總是伴隨著交易成本。需求者和供應者必須找到彼此，對願意提供和想要獲取的東西達成一致，並確定得到的確是其想要的。❺ 特別是經銷商必須確保不讓不付錢的人得到他們供應的產品，進而帶來了交易成本。成熟的商業營運將這些努力簡化為慣例，從而將交易成本控制在較低水準，讓各方從交易中獲得更多淨效益。但是如果交易成本高到已經超過效益，交易就不會發生，這樣就會損失潛在效益。**政府可以被看成藉由利用強制來降低交易成本的制度安排。**

11.9 ｜法律和秩序

看看政府的傳統功能，看看這種方式能解釋多少，讓我們從「法律和秩序」的問題開始。現在可以對前面幾頁的內容做這樣的總結：高交易成本使得人們難以把不付錢的人排除出去，不讓他們享有私人警察巡邏的外溢效益。為了防止搭便車者破壞提供警察保護服務的動機，政府引入了強制。政府將這項服務提供給所有人，並收取稅金作為非自願的繳款以支付這項服務。

比起建立警察機構，藉由自願建立解決公民間爭端的司法體系也許更容易一些，現有的眾多靠自願資助的仲裁體系說明了這一點。但當居住在同一區域的人都受到共同的法律與規則的約束時，每個人都會從中獲益。一個約束所有人、統一和一致執行的規則——不論當事人是否同意，可以讓每個人更有信心地進行計畫。是否可以自信、有效地進行計畫，是區別一個協調社會與無秩序烏合之眾的標誌。因為不論人們是否選擇付費並受其約束，法律和法院體系都可以帶來大量效益，因此社會強制建立和運行司法系統。

5　作者注：在一個社會裡，對雙方都有好處的交易受到交易成本的限制。

11.10 ｜國防

國防是政府的傳統功能，這是一個經典例子，其效益無法只提供給支付費用的人，因為成本高得幾乎不能承受。搭便車問題使得依靠自願支付支持的國防體系在實際中無法實現，因此社會訴諸強制，藉由徵稅籌措資金。❻

但是要留意的是，政府不一定得完全依靠強制來提供「國防」這項產品，這一點很容易被忽略。用於支持軍隊的稅收是強制性的徵收，但是在使用資金為軍隊雇用人員，從供應商那裡購買設備的時候，政府靠的是說服和自願協調，和提供警官和法官時一樣。這提出了一個有趣的問題：為什麼在說服看起來有效、甚至效果更好的時候，政府有時還是會使用強制達到目的？為什麼政府選擇將人們徵召入伍（進入陪審團）而不是依靠志願者？大部分為政府工作的人是被說服而非被強迫的，為什麼有些人（如義務兵）是被強迫的？軍隊人員面臨的危險不可能是全部的答案，因為人們可以被吸引去做其他危險得多的職業，而且還得不到徵兵費。我們會在後文進一步解釋。

11.11 ｜道路和學校

但是誰來修路？如果不強制為街道和公路提供資金，我們能享受充足的道路系統嗎？注意，道路系統是否「充足」與現有道路的數量和品質並無必然聯繫，如果新建道路的效益不及其成本，道路就供應過剩了，這當然是可能發生的。如果道路修建完全靠自願捐助，有理由預測道路整體上的供應不足嗎？如果是完全靠收通行費獲取收入的人擁有和營運所有道路，交易成本（比如為排除搭便車者而產生的成本）可能會大得驚人。另外，並不只有開車的人才獨享修路的效益。在灰塵漫天的礫石路旁居住的人，即使他們從來不開車，也能從鋪設

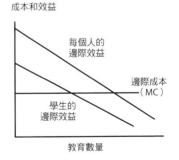

瀝青等路面的整修中獲益。那些非以強制而在偏遠地區或私人區域修的路，雖然說明這種事可以做到，但也同時說明依靠完全自願的方式保障協調，成本會非常高。

教育的正外部性

使用強制作為教育資金情況會怎樣呢？這裡的觀點是，對人們而言，教育的邊際成本等於邊際效益的時候，其後他們就停止接受教育了。但是除了受教育的本人，教育還可以產生大量正外部性，讓其他人受益。因此，當公民學習更清楚地閱讀和思考的時候，民主國家的每個人都會受益。因為在確定應該獲得多少教育的時候，並沒有將外溢效益考慮在內，所以我們獲得的教育少於效益的最大值。政府使用稅收資助教育，降低了潛在學生的教育成本，引導其接受更多先前可能不會接受的教育。問題出現了，就像道路的例子一樣，使用強制防止供應不足在實際上不會導致供應過剩嗎？後面我們將會再次回到這個問題上來。

11.12 │ 所得重分配

政府行為的另一個重要類別是為窮人或殘疾人提供特殊援助——金錢資助、食物券、醫療、住房補貼和各種社會服務。為什麼這種行為需要使用強制呢？為什麼不能靠自願的慈善捐助，而不是強迫人們藉由納稅籌資呢？部分答案是，慈善捐助存在搭便車問題。假設所有公民都願意做慈善捐助，想要看到更多的所得能夠提供給特別貧困和不幸的人。儘管有些公民能從捐助慈善事業當中產生直接的滿足感，然而大多數人還是希望以最小的成本解決問題，救濟受苦的人。想看到貧困的人受到幫助，但是他們只想看到別人提供幫助，因此表現得像搭便車的人。他們減少自己的捐助，希望別人提供足夠多的捐助，解決問題。但是每個人都等著別人捐助，捐助數量就達不到想要籌集的水準。在這種情況下，稅收確保其他人也同樣在盡自己的一份義務，這樣就能讓人們願意多提供一些捐助。

11.13 ｜ 自願交易的管制

　　政府屬於管制類的許多行為又如何呢？為什麼聯邦政府、州政府和地方政府對如此多的公民行為加以管制，使用強制控制人們可以自願交易的物品類別？政府使用強制政策控制自願交易的行為，促使我們更努力、更多地思考政府在管制名義下所做的一切。

　　部分的答案是，除非政府對某些種類的自願交易加以管理，否則有權勢且無所顧忌的人會不公平地利用弱小無辜的人，這是一種普遍的想法。這種家長式（parentalistic）[7]的說法當然有其可取之處，但是也常常被特殊利益團體濫用，其行為恰恰「不公平地利用了弱小無辜的人」。交易成本是這個問題的另一部分答案。我們都拿出秤來檢查肉商用的秤是否準確，用自己的汽油桶檢查加油站的加油箱是否作弊，這麼做的成本非常高昂。而當醫生必須獲得執照，新藥在上市前必須獲得美國食品藥物管理局（FDA）的批准時，購買者就能夠省去評估成本，而且這些產品的品質，消費者本人難以了解，除非支付高昂的成本。政府機構強制經銷商獲取認證，這樣可以讓所有人都以更低的成本交易。大量政府管制可以被視為用來降低獲取資訊成本的一種強制。

　　然而，政府管制的辯護中有兩個缺陷。第一，要降低交易成本，通常並不一定需要**政府**管制。私人部門可以提供資訊和認證。例如，美國保險商實驗室（UL）對有潛在危險的生活消費品進行測試。第二，它無法說明經銷商對政府管制支持的熱情。對這個問題有所研究的人心知肚明，經銷商對政府管制的需求，更多地來自經銷商自己的考慮，而非為顧客著想。在第 9 章中我們了解了為什麼會發生這種情況：經銷商渴望限制競爭，以保護消費者的名義施行政府管制，是消除競爭實際有效的辦法。通常來說，希望從政府提案中獲取利益的經銷商，都有意無意地與政府管制支持者結盟。借鑑立法監管酒精銷售的例子，經濟學家布魯斯・揚德爾（Bruce Yandle）用最熱中推動這一禁令的兩個群體，將此現象命名為「私酒商人

與浸信會教徒理論」（Bootleggers and Baptists）。❽❾但是為什麼受害者會合作呢？維護公共利益應該是政府的責任，為什麼政府要使用強制維護個人的特殊利益呢？

11.14 | 政府和公共利益

經濟學理論的基本答案，以一種出乎意料的方式，把我們帶回到本章開頭提出的問題。為了彌補純粹自願協調固有的局限性，政府採取了強制手段，而這些手段本身也擁有同樣的局限性，原因是強制政策依靠的就是自願協調。說服總是先於強制，因為在政府中特定的人被說服之前，政府自身是不會行動的。政府不是阿拉丁神燈裡的精靈，政府就是人們的互動，他們關注其所了解的各種選擇的期望成本和效益。在這一切之中令人尷尬難解的是，交易成本、正外部性和搭便車者帶來的問題，在民主國家的政治生活中尤其突出。

非常多的人不假思索地假設「政府按公共利益行事」。然而政府實際上是這樣做的嗎？政府總是這樣做的嗎？為什麼會這麼想？當人們從超市走到選舉投票所時，他們會變得更正直嗎？當人們放棄某個行業職位或學術職位，接受了一份政府的工作，他們的素質改變了嗎？假設把「公共利益」定義為大家在資訊充分並且公正的情況下都想要的東西，政府可以從充分的資訊和公正的角度出發行事嗎？對於這樣的可能性，經濟學理論可以提出什麼有用的觀點嗎？

一些人的決策構成了政府的行為，他們所關注的，是真正可及的資訊與面對的誘因。對於這些資訊和誘因，經濟學理論預言它們通常既有局限性，也有偏袒的可能。

11.15 | 資訊和民主政府

首先，我們可以看看普通選民。我們中間沒人了解得足夠多，從而可以在「充分資訊」下投票。為了讓你自己相信事情確實如此，可以做一個小小的測驗。假設

8　作者注：私酒商人純粹為個人利益支持禁絕合法賣酒，虔誠教徒基於宗教理由反對週日賣酒。
9　作者注：此名最初為揚德爾在 1983 年所發表。

你知道，對於某個候選人或某個職位，你的選票將決定選舉的結果，且只有你的選票能夠解決這個問題。在投出這關鍵的一票之前，你會收集多少資訊？當然，這個問題的答案大都取決於這個職位或問題的重要性。❿ 然而你肯定會比你作為 5 萬或者 5,000 萬選民中的一員時，投入更多的時間和精力獲取資訊。大部分公民，包括聰明、博學、熱心公益的公民，在選舉日走進投票所的時候，只有很多的偏見、些許預感、一些經不起檢驗的資訊和更多的無知，我們這麼做是因為這樣是理性的！如果我們的選票只是 5 萬或 5,000 萬張選票中的一張，對於這種重要性，如果要了解得足夠多以便在資訊充分之後再投票，幾乎是一種過度的浪費。這並非簡單的自私或缺乏為社會福祉奉獻的問題，一個選民想要為大眾利益做出個人貢獻，他為社會公益志願工作的每一小時、每一塊錢、每一卡路里，其回報都會超過他為投票收集足夠資訊所付出的努力。

普通選民的不完美

　　通常會有人提出反對意見：「但是如果每個人都這麼想，民主政治就無法運行了。」這種反對意見是某些人錯誤邏輯的又一例證：因為如果搭便車現象不存在，這個世界會變得更好，所以搭便車現象就不應該是客觀存在。那些真正致力於民主政治的人對此有更好的理解，他們在普通選民資訊不足或錯誤的時候，還能找到讓民主制度繼續運行的方法；並在選民顯然不具備相關資訊的時候，不會假裝選民已經擁有了這些資訊。

　　一些民主政治的擁護者，並沒有因為普通選民的不完美而洩氣。如果決策要實現公共利益，他們會依靠民選的代表，去獲取決策必須具備的資訊。他們的信心有合理的現實基礎：因為每個議員的選票都更可能影響投票結果，議員可以使用他們獲得的資訊對其他人施加重大影響，他們擁有人力和其他收集資訊的資源，並且很多人熱中於將相關資訊提供給議員，還因為議員的選票受到監督而且必須為之辯護，出於所有這些原因，與普通公民相比，民代更可能獲得關於投票決定事件的充分資訊。⓫

10　作者注：當資訊不值得了解的時候，就出現了理性忽略（rational ignorance）。
11　作者注：從現在開始每年支付 2,000 美元，馬上得到 1,000 美元的收益，對不這麼做一年內就會卸任的

11.16 | 民選官員的利益

　　然而，即使能夠假設議員可以充分了解資訊之後再投票，我們能夠認定他們是為公共利益投的票嗎？當選的民代是立場公正的嗎？換一種方式提問，他們總會按照資訊所告訴他們的那樣投票而沒有私心嗎？經濟學理論假設人們為了自身利益行事，而不是為了公共利益行事。有時支持公共利益是符合議員的自身利益的，但如何達成這種利益的一致，是設計政治制度的主要議題；我們不能只是設想這種有利的一致，而不問制度能否產生這種一致。因為在大多數民選官員之中，謀求連任是常見並且正當的利益，我們將集中分析這種特定的私人利益。連任的利益可以引導民選官員為公共利益投票並行事嗎？

連任利益與時間效應

　　首先，讓我們關注謀求連任，如何限制民選官員進行計畫的時間效應。民選官員不能承受太遙遠的未來展望，其計畫必須能在下一次選舉之前見效，否則這些在位者就可能被提出更好承諾的人取代。在本書最後的章節將看到，對於短期的過度重視，讓政府難以有效地應對經濟衰退和通貨膨脹。其實對於任何一種政策，情況都是如此。在下一次選舉來臨前，民選官員會盡可能地在這段時期內實現政策的效益，而嚴重低估其後可能帶來的成本。因此，雖然他們擁有關於特定政策後果更好的知識，但謀求連任的利益使得他們難以充分運用。

　　前面列舉了一些原因，說明為什麼國會議員更有可能獲得充分的資訊，其中提到的兩點，同樣解釋了為什麼議員不會總是按照資訊告訴他們的那樣去做，即我們列舉的原因中的最後兩點：很多人熱中將相關資訊提供給議員；議員的選票受到監督而且議員必須為之辯護。問題在於，在給議員提供資訊（或者說遊說）以及讓議員對其行為負責（或者說留名）這兩點上，特殊利益團體對此非常有興趣，與政治過程相關的正外部性幾乎使之成為必然。舉例而言，聯邦政府給予地方政府撥款資助一些地方專案，沒有這些撥款，專案就無法進行，這可以清楚地說明上述過程。

人來說，這是值得的。

這些預算項目原本不會進行，因為其積累的效益會小於其成本；那麼對於這些未藉由成本效益分析的專案，為什麼聯邦政府還要補貼並確保其完工呢？

假設「大都會」市對研究建設一條輕軌系統的可行性，目前該市還沒有輕軌系統。市政府聘請了交通工程師、土木工程師、人口統計學家、城市規畫設計師、經濟學家和其他專家，評估建設該系統的成本以及為市區及郊區居民帶來的效益，成本和效益均以美元計算。假設得出的結論是，在將所有成本和效益以合理的比率折現之後，建設的直接成本是所有未來效益（有形的和無形的、可能的和不可能的、真實的和想像中的）的兩倍。事情到此就應該結束了。但是，有一個很好的機會讓這件事可以繼續下去，眾多當地的利益團體希望能夠建設輕軌。首先是建築業的所有業內人士；其次是永遠無法忘懷童年時期對火車熱愛的那些市民；再次是所有本市的熱心擁護者，他們希望「大都會」市能夠發展得更像紐約和芝加哥，他們認為一個世界級城市需要有一條通勤鐵路系統。「大都會」市的主要報紙也會異口同聲地支持這個軌道經濟項目，除了對本地發展有諸多潛在的貢獻之外，更重要的是它可能會帶來廣告客戶的成長。最後也是最關鍵的是當地的政府官員，不僅包括該市和鄰近政府的官員，也包括本地區在國會的眾議員和參議員，他們都非常希望促成此項目，因此獲得美名。

於是為了取悅地方選民，政府官員會到首都華盛頓，尋求足以支付 60% 建設成本的聯邦撥款來啟動這個專案。為什麼美國的納稅人應該為一個未藉由成本—效益分析的項目支付 60% 的建設成本？因為他們中的大多數人沒有關注這件事！[12]洛杉磯和其他任何地方的納稅人多付了幾美元，資助「大都會」市不起眼的小項目，這幾美元甚至不足以激起他們的好奇。因此「大都會」市的議員會說服洛杉磯和加州的議員，為「大都會」市的輕軌系統投票，暗含的意思是，下次「大都會」市的議員也會支持洛杉磯的類似小專案。該輕軌系統為當地官員帶來巨大的效益，他們將受到人們的密切關注，在改選的時候也會得到建築業、鐵路愛好者、本市的熱心擁護者和「大都會」各家日報的慷慨支持。

12　作者注：議員更重視那些自身對事情多加關注的人。

11.17 │ 集中效益，分散成本

　　政治過程從來都是這樣：少數能獲得巨大利益的人會投入龐大的資源，試圖影響政治決策過程；剩下的大部分人，雖然整體上可能獲得更多，但歸責到個人就只能獲得少許利益，於是就幾乎什麼也不投資。**民主政治過程之中的邏輯是，將效益集中於組織良好、資訊完備、獲利最多的少數人手中；而將成本分散到沒有組織、資訊缺乏也得不到什麼利益的個人身上。**國會議員會對這種壓力有所回應，因為他們中的大多數發現這對連任有好處。為此指責他們缺乏原則似乎徒勞無功，因為與極端剛正不阿卻落選的**前任議員**相比，一個聰明、誠實的議員雖然可能需要為了生存而犧牲部分原則，但其日後可以更有效地為民眾服務。真正的問題在於正外部性促使我們中的大多數人採取搭便車的行為，希望其他人承擔遊說的成本，而我們都能從中獲益。然而現代政治經濟學家驗證了，民主政府內制定政策的傾向是集中效益，分散成本，這提供了最好的例證，幫助我們了解為什麼成功的政治不一定符合好的經濟學。

11.18 │ 正外部性和政府政策

　　至此，我們可以順理成章地得出結論：政府政策往往會受到特殊利益團體的支配。政府在行為選擇上，往往寧可給多數人帶來小小的傷害，而不是讓少數人極不高興。與公共利益相較，政府政策更常被一連串相當狹隘的利益所指引。這就是為什麼消費者的利益在輿論上占上風，而生產者的利益卻控制著政策。生產者的利益更加集中，因而更加受到關注。生產者知道，他們行動與否對於自身利益將帶來顯著差別，因此採取的行動符合自己的利益。但是每個單獨消費者只能從政治行動中獲取一點點效益，因而沒有誘因承擔相對行動的成本。

　　這就是為了防止道路供應不夠充足而使用強制，卻常常會導致道路供應過剩的原因嗎？在經濟體系中，當納稅人的一般利益與小團體的明顯利益針鋒相對時，前者的結果不會太好。同樣的分析也適用於學校教育。一些議員想要透過削減教育或研究經費來節省納稅人的錢，提供學校教育的人（注意，我們自己是既得利益者）

可以讓這些議員的日子不好過。在每個人都希望降低開支的時候，議員們仍批准越來越多的開支。對於議員們令人疑惑的舉動，我們有這樣的解釋：要降低預算，只有砍掉某些具體專案，然而每個特殊利益團體都會確保自己的專案不被砍掉，因此開支無法降低。

如何實施強制徵兵制

　　為什麼在過去很長一段時間內，美國實施強制的徵兵制？國會恢復徵兵制的可能性有多大？至少在承平時期的某些領域中，為確保想要的兵源，自願協調與說服的方式其實已經足夠發揮作用，但徵兵制將強制拓展到這些領域。徵兵制之所以存在這麼長時間，一方面或許是因為軍事機構對於維持穩定的兵源非常看重；另一方面是那些受到徵兵不利影響的人尋找出自己的解脫門道，而不是攻擊整個徵兵體系。有趣的是先前那些鼓吹恢復徵兵制的人，在「9·11」事件與伊拉克戰爭之後，轉而談論某種針對**所有**年輕人的短期義務兵役。這種策略（假設這是一種策略）會增加反對徵兵制的人嗎？或者它能夠將徵兵給被徵召人員帶來的期望成本減少到某個臨界值之下，因此他們不會去加入反對恢復徵兵制的政治鬥爭？

　　如何分析政府消除貧困的努力呢？我們可以預見，在用金錢支付取代實物支付這件事上，議員的動作會很慢。農場主從食物券計畫中獲益，建築業從住房補貼中獲益，醫療業因衛生保健補助而成長，教師從貧困生教育補貼中獲益，社工知道把錢給窮人永遠不及雇用更多從事「專業救助」的人好處多。這些團體的政治影響，讓議員更傾向於支持對窮人實物支付，而不是金錢支付。可能有其他更好的反對金錢支付的理由，但如果金錢也像其他實物那樣是由某個「供應商」製造並銷售的，他們就可能遊說國會，以使金錢補償這種可行方案得到更多的重視。

11.19｜人們如何界定公共利益

　　這些並不意味著農場主、醫院管理者或者社工不關心公共利益，它只意味著這些人都對自己的利益有**某種**程度的關心。即使政府機構內那些專門被委以保護公共利益的人，也會根據自己的獨特利益定義公共利益。

例如，試想 FDA 的一名工作人員，他負責防止未經「充分檢測」的新藥流入市場。什麼是「充分檢測」？它指的是藉由檢測確保在一種新藥被允許進入市場

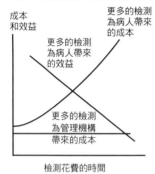

前，了解所有副作用。但是我們**不可能**保證萬無一失，能做的只是獲取更多的資訊，從而減少人們因意外的副作用失去生命或者受到嚴重傷害的風險。這種風險能降低多少呢？不會**太多**，因為與更多測試相關聯的，除了效益還有成本。一項主要的成本是有人會因此失去生命或無法緩解病痛，因為藥物在接受檢測的時候，還無法在市場上供應。

由於新藥過早地引入市場而使人失去生命，以及由於新藥過晚引入市場而使人失去生命，FDA 專員將如何評估這兩種成本呢？如果經過 FDA 批准的藥物發現有致命的副作用，人們就會責怪 FDA；如果 FDA 拒絕批准一種藥物，而後在其他國家發現這種藥物有致命的副作用，人們就會稱讚 FDA。但如果一種藥物最終被證明是非常成功的，而在其接受檢測時有人失去生命，有人忍受病痛，幾乎沒有人會因此譴責 FDA。於是 FDA 專員發現，相對於病人的邊際效益和邊際成本相等決定的最優檢測水準，多做些檢測更符合民眾的要求。

11.20 | 囚徒困境

許多我們所討論的問題，其核心特徵可以用一個有趣的概念闡述，這個概念就是「囚徒困境」，看到這個名字就知道，是藉由兩個囚犯和一個聰明檢察官的故事展開的。

讓我們假設，每個公民都迫切地希望有一個「好政府」，而且願意每週放棄兩個小時的休閒時間求得這樣的政府。這兩個小時可以用於調查目前的困難和其他公民討論政策問題，並監督議員行為。如果絕大多數公民每週都貢獻出這兩個小時，好政府就能得到保證，我們會得到好政府嗎？根據假設，每個公民都衷心地希望有一個好政府，而且願意為此付出必要的犧牲，因此似乎應該可以得到好政府。然而，我們很可能得不到。

優勢策略

此時困境如下：每個公民都知道，僅僅他或她的決策無法影響結果。如果我花兩個小時履行了義務，但是其他人卻沒有履行義務，我的努力就白費了。雖然我花時間收集了資訊，但我的聲音和選票，會被其他 100 萬個聲音和 100 萬張選票淹沒。我放棄了兩個小時打保齡球的時間（或者任何其他機會），但結果什麼也沒得到。另一方面，如果我決定只做自己的事，而其他人卻都履行了義務，我就會得到好政府能夠帶來的所有好處，外加兩個小時在花園小徑上散步休閒的額外獎勵。因此，我的**優勢策略**（dominant strategy）是去打保齡球。只要選擇打保齡球而不是履行義務，總能讓我情況變更好，因為我無法藉由自己一人的決策產生什麼影響，唯一的區別是我的時間被用在乏味的政治活動，還是愉快地打保齡球。

遺憾的是，選擇娛樂而不選擇義務，這也是其他人的優勢策略，結果就是我們無法得到好政府，即使所有人都想得到而且願意貢獻必要的時間。我們可以用圖 11-1 來對此進行總結。每個公民在選擇義務還是娛樂的時候都實施優勢策略，圖表中顯示出各種不同的結果。儘管每個社會成員都更喜歡左上角的結果，然而實際的社會生活中呈現出來的卻是右下角的結果。這就是困境。

對於每個進行選擇的個體，都有四種可能的報償（payoff）。對於必須靠放棄打保齡球來履行義務的人，選擇娛樂而不是義務的話總會得到改善，因為這樣他總可以得到打保齡球的好處。其他人的選擇決定了他是得到好政府或壞政府，但是每個其他的人也都面臨同樣的局面。因此，儘管所有人都願意放棄打保齡球來得到好政府，然而所有人都選擇了娛樂，最後大家都得到壞政府。

這種困境是十分普遍的。例如，城市裡每個人都想要潔淨的空氣，也願意為了獲得潔淨的空氣而減少開車。但是，由於沒有**哪個人**能夠單獨藉由做出這樣的決策來明顯地影響空氣品質，所以每個人都選擇繼續開車，使得城市的空氣變得讓人窒息。如果可以以很小的額外成本得到一種替代品，只要所有開車人都選擇用它取代開車，那麼每個人的情況都會改善。承受很小的成本，就能讓每個人都得到寬敞的街道帶來的巨大效益。但是具體決策的是每個獨立個體，對整體上所有人有利的，對每個具體的個體可能不是這樣。

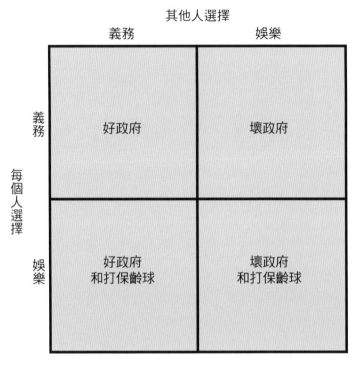

圖 11-1　囚徒困境

　　下面是一個不同的例子。某行業中，所有經銷商都知道，如果每個經銷商都限制產出，價格就會上漲，整個行業就會賺到更多的錢。但是這個行業裡有眾多的經銷商，符合每個經銷商利益的做法是，保持原有的產出水準，同時希望其他經銷商限制其產出（這種希望是一種妄想）。每個人都表現得像搭便車者，因為大家都知道，一個人的決策對自己財富的影響比對整體財富的影響大得多。如果能克服搭便車問題或者解決囚徒困境，每個人的情況都會有所改善，但現實剛好相反。這個例子說明，雖然囚徒困境總是讓行動方受挫，但有時也能為其他人帶來受歡迎的結果。換句話說，囚徒困境和社會問題並不都是一模一樣的。

沒有交易成本，就沒有囚徒困境

　　如果沒有交易成本，就不會有囚徒困境。各方會簽訂具有拘束力的合約，確保得到左上角的結果，而不是右下角的結果。合約可以規定，保齡球愛好者如果每週

沒有確實花兩小時履行其政治義務，就罰他少打三小時保齡球。這樣，履行義務就符合他的利益了，其他人履行義務也符合各自的利益，因為他們都受到同樣合約的約束，整個社會生活就會得到左上方的結果。然而正如你知道的，設計、制定、協商、記錄、監督和實施這樣的合約成本太高（誰能確定保齡球愛好者是花了兩小時履行義務，還是走馬看花地履行義務？）。因此，交易成本讓我們無法做想做的事。

但是，我們可以用無數有趣的辦法應對這個問題。隨著人們在各自不同的社會交換中，嘗試控制囚徒困境的不利方面，社會演化出一系列正式和非正式的制度，這些制度需要另外一本書來介紹。我們用微笑、皺眉、風俗、習慣、正式和非正式的合約、保證金甚至憲法，來克服交易成本與保障合作。你可以把美國憲法看成一種控制囚徒困境的制度，約束著那些聲稱為公眾利益服務的人的私人利益。

11.21 ｜ 政治制度的局限

對於那些以「是政府在維護公共利益」為信條的人來說，如果以上這些分析讓他們感到不安，那麼或許就是質疑那些信條的時候了。這種信條也許植根於將「政府」（government）等同於「國家」（nation）的慣性思維之中，從而將對後者的崇敬延伸到了前者身上。或是由於不願意承認某些問題無法解決，因而持有這種信念，認為求助政府是最後的手段，因而也必須是有效的手段。還有一種普遍的演繹推理也會得出這種結論，它聲稱所有社會問題都是人類行為的結果，人類行為可以被法律改變，而法律是政府制定的，從而得出結論：政府能夠解決所有的社會問題。阿列克西・德・托克維爾（Alexis de Tocqueville）在《論美國的民主》（*Democracy in America*，第一卷第一部分第 8 章）中，提出了更為現實的觀點：「沒有哪個國家的法律能夠提供一切，或者證明政治制度能夠取代常識和公共道德。」

本章回顧

經濟學理論假設政府行為源於公民和政府官員的決策，後者關注的是不同行為過程給自己帶來的邊際成本和邊際效益。

政府的一個獨特特徵，就在於其擁有被普遍承認的實施強制的專屬權利。強制是指藉由威脅減少人們的選擇來促成協調。自願協調完全靠說服，說服藉由承諾給予更多的選擇來確保適合的行為。

強制對於社會成員來說是有用的，因為有時所有人都認為某些產品的價值超過供給成本，但是這些產品無法靠自願協調得到，強制就能確保這些產品的生產。當沒有某個低成本的方式能確保產品只供應給購買的人，或者能防止需求者變成搭便車的人，供給失靈就會產生。

強制可以降低交易成本，從而確保這種產品的供應。經過分析，政府的那些傳統功能，針對的主要就是減少交易成本和克服搭便車現象。政府的強制是以自願協調作為先決條件。在最後部分對政治過程的分析中可以看出，說服先於強制，因為首先必須說服公民和政府官員，才能商定以某種方式使用強制。這意味著，雖然自願協調效力的局限性可以支持政府強制的合理性，同時也是政府強制效力的局限性。

正外部性在民主政府的政治過程中無處不在，它使得普通選民難以得到充分的資訊，政治人物也不會總是按照資訊提示的正確方式行事。

所得分配

▌本章你可以學到這些 ▌

☑ 闡明生產性資源的供給和需求是如何決定所得分配

☑ 分析人力資本在所得分配中扮演何種角色

☑ 討論產權在所得形成中扮演的角色

☑ 探討競爭和工會的限制如何影響工資與所得的決定過程

☑ 分析並研究美國的所得不平等情況及其成因，以及進行重分配的困難所在

你是否曾仔細想過，我們所有所得都是藉由向他人提供勞務而獲得的？當然我們也會直接生產一些產品，甚至有可能也存在幾個隱士，從不花錢，從不依靠與他人的合作。然而，除了印假鈔的人以外，所有人都是經由他人之手獲取自己的金錢所得。正如亞當‧斯密在《國富論》中所言，「我們得以享用晚餐，並非來自屠戶、釀酒師或麵包師的恩惠，而是來自他們對自身利益的關心。我們不是乞憐，而是訴諸他們的自利心。我們從來不向他們談論自己的需要，而只是談論對他們的利益」。

我們說服他們雇用我們，從我們這裡買東西，借錢給我們，或者乾脆讓他們意識到，所處的環境就是我們獲得所得的許可證。前述方法中最後一項如何實現，就如同兒童從父母手中要來所得，退休人士獲得社會保障福利，失業人員領取補償金，以及那些抓著中獎彩券的幸運兒。換種說法就是，我們提供的是他人願意支付的東西。簡而言之，所得分配是由供給和需求決定的。

12.1 ｜ 供給者和需求者

我們繞了一大圈來推出這個非常正統的結論，以強調所得並不是真正「分配」而來的——不管這一章的標題如何斷言。在社會中，實際上沒有人會把所得分發給眾人。不同的個體根據預期的效益和成本做出決定，人們的所得正是這許許多多相互作用的決定導致的結果。

生產與交換過程持續創造所得

我們不能把分配從交換和生產過程中拆開來單獨看待。和小孩子打交道時，要是有塊蛋糕，我們可以讓一個小孩來切，其他小孩來選。但這在經濟生活裡並不適用：「蛋糕」不是固定的，也不會擺在那裡等著你來切。在交換和生產過程中，經濟蛋糕被持續不斷地創造出來，我們如何切分這塊蛋糕也會影響到它的製作過程。事實上，政治經濟學中需強調的最重要一點就是，政策的選擇從來就和特定分配方式無關，而是把焦點放在導致交換和生產過程形成的遊戲規則上。在之前各章節學習的正是這個過程，同樣的經濟協調原則也適用於分配問題。

當然了，個人不能依據自己的喜好自由決定一切事情。我們當中很少有人能決定，每年單靠別人來看自己打籃球就能賺 50 萬美元。人們的選擇是**受限**的，但他們確實也在做出選擇。所得並非自然屬性，不像身高，也不像天生頭髮的顏色，所得可以藉由選擇來改變。所得更像是居住地，儘管很少有人能隨意選擇住在哪裡，但大多數人在選擇居住地的時候，還是有相當大的自由決定權，不論是選擇愛荷華或是加州，城市或是郊區，公寓或是透天厝。從親戚、雇主乃至到房地產開發商，這些他人的決定往往會和我們個人的偏好相互作用，共同決定居住在某個地方，或者另一個地方的比較成本和優勢。所得正如居住地一般，是無數相關決定共同作用的結果。

應當注意的是，這些決定有可能是不公平的，並且經常如此。種族歧視限制了人們對居住地和獲得所得的選擇，供給者和需求者有時甚至會犯下欺詐行徑。人們是不良教育或惡劣環境的受害者，接下來生命中的選擇都會受到限制。有時候，重要的是你認識誰，而不是你能做什麼。因此，聲稱歸於人們的所得是供需的結果，

這並不是對現有所得模式的認可，而是思考這個問題的一種方式。

對生產性資源的占有

經濟理論把所得分配解釋為對**生產性服務**的供給和需求的產物。**生產性**一詞和**有需求**沒有什麼不同：若是某項活動能使人獲取他願意支付的東西，這項活動便是生產性的。如此，各形各色、良莠不齊的人（你大可列出自己的名單）便成為了生產性服務的供給者。**服務**一詞並不意味著付出了努力。一個全然依靠繼承遺產過活的人，從術語角度來說，也在提供生產性服務，因為他放棄了一部分對現有資源的掌控權。沒人會夢想著稱讚他的努力，因為他並沒有付出絲毫努力。但一個靠孳息過日子的花花公子繼承人，依舊對現行生產做出了貢獻，因為他並沒有消耗他的資本。用於經濟分析的相關事實並不是花花公子的美德，而是他所擁有的、並且提供他定期所得的資源。

若是某人不擁有任何能提供生產性服務的資源，則他對生產性服務的需求也不會產生任何所得。因此，基本上，個人或家庭間的所得分配都取決於對生產性資源的占有。這種觀點有時候也見於這樣的表示中：所得分配取決於財富的事先分配。只要我們不把財富的定義局限在狹窄範圍內，這觀點就是可以接受的。然而問題在於，大多數有關個人持有財富的實證研究都把財富局限於現金、銀行帳戶、股票、債券和房地產等資產範圍之內，「財富」一詞通常情況下的含義也正是如此。然而，大部分美國人的所得都不是來自擁有的這些形式的財富，而是來自擁有的**人力資本**。

12.2 │ 資本和人力資源

當經濟學家使用**資本**一詞時，通常指的是**生產出來的生產原物料，或可用於進一步生產商品的產品**。機械是資本，工業和商業建築也是資本。但是，**人們在教育、培訓或是經驗中積累得來的知識和技巧，只要能使他們提供生產性服務，就都應算作資本**。只有當我們談及財富的定義時把**人力資本**也包括在內，才能恰如其分地說所得分配取決於財富分配。

人力資本是美國國民所得的主要來源

在政府年度國民所得計算中，員工總薪酬總能讓公司總獲利相形見絀，一般來說，「員工薪酬」等於總股息再加上公司留存收益總和的 15 倍。但這並不意味著工廠工人和辦公室上班族們把大部分國民所得都帶回家了，醫師、企業高階管理者、運動員、演員、流行歌手，以及老師、打字員、技術工人等提供了創造大部分國民所得的人事服務。問題的關鍵在於，今日美國的所得分配不均等，主要源於提供珍貴人工服務的能力上的不均等，而這恰恰與流行的觀點完全相反。之所以必須把人力資本包括在對財富的定義之內，正因為在美國獲取的絕大部分所得都源自人力資本的供給。

12.3｜人力資本與投資

儘管如此，把這些資源稱為**資本**是否仍有誤導之嫌？畢竟資本指的是**生產出來的資源**。該如何界定讓人們獲取不菲所得的能力是**生產**出來的，而不是**繼承**得來，或者乾脆純屬偶然發現？對這個問題，似乎無法得出一個安全或者有用的回覆。或許較之**人力資本**，**人類能力**是個更令人滿意的術語。

然而另一方面，暗示這些能力是被「生產」出來的，確實吸引了不少目光來關注一個頗為重要的事實。人們可以選擇獲取某些額外的能力以期獲得額外所得，他們也確實這麼做了。他們藉由上學、參加專項職業培訓、練習特定技能等方式來自我投資，增加提供給他人的服務的價值。把這些對自己的投資稱為獲取人力資本，似乎不無道理。一個稅務會計師所提供服務的價值，並不取決於他的技能是後天獲得的還是先天繼承的，而是取決於他技能的等級，而這些等級通常能藉由辛勤努力得到提升。❶ 稅務會計師希望自己出售服務得來的所得提高，在這個希望的誘因下，他們原本可以把時間花在高爾夫球場，卻選擇埋頭於枯燥無味的稅務法庭判例之中。職業驕傲和技能追求可能也會發揮作用。但是所得提高的希望給人們帶來的壓力始終如一，促進他們不斷獲取能力，好為他人提供更有價值的服務。誘因確實大有影響。

1　作者注：人們透過投資個人技能來增加自己的人力資本庫存。

12.4 ｜ 產權與所得

　　能夠帶來所得的生產性資源由許多不同的人擁有，或是個人獨占，或是多人聯合；擁有的形式包括合夥、公司和其他非正式協定。擁有者獲得這些資源的方式種類繁多，各有不同，其中大多數我們回顧過去時都無法理清頭緒。這些資源本身也形式各異，不僅可以是理念、技能，還可以是塔式車床，甚至是肥沃的土地。但別想當然認定擁有這些生產性資源的人，就是那些占有財產或是保險櫃裡鎖著所有權證書的人。產權取決於占據具有主宰地位的遊戲規則，而不僅僅只是由客觀事實決定。

　　假設你「擁有」一個車道，但卻無力阻止人們把車停在街上堵住你車道入口的地方。因為你既不可能自己把車停在那兒，又不可能把地方租給其他人來獲取所得，所以你並不擁有有效的產權，因此你實際上也就不擁有這個停車位。或許你擁有的只是個擲圓盤遊戲或者玩跳房子的絕佳場所。

　　又或者假設有位女性接受了成為醫師所需的專業訓練，但因為她是在外國受教育，所以無法獲得行醫執照。那麼她擁有的就是價值有限的人力資源，她所能提供服務的對象僅限於自己的家人和朋友。

　　公寓大樓若受租金管制所限，房東就可能無法把租金提高到足以彌補稅收和維護費用的程度。在這種情況下，他實際上並不擁有那些公寓。這些公寓所提供的服務被占據的租客們挪用了，租客才是實際上的業主。名義上的業主不管以何種價格都無法賣掉公寓，並且他會樂於放棄公寓，把法定所有權移交給稅務當局。名義上的業主實際上並不擁有所有權，從上述情況中就可見一斑。

　　美國聯邦政府法律規定，電視廣播屬於公眾所有。但聯邦通信委員會准許電視台所有者免費使用指定頻道。鑑於電視台所有者有權處置提供電視服務所得收入，故他們才是頻道的實際所有者。這項事實可由以下情況證明：電視台所有者能夠以高出設施再生產成本許多倍的價格把場所及設備設施賣出，**只要**購買者預期在購買電視台的同時也買入了指定頻道的使用權。

不能出售的產權

　　從法律層面來說，市長並不擁有該市的任何設施，但只要他預期能享用由寬敞的辦公室、大量的工作人員、摩托車前導的豪華轎車，以及任何有意參加的宴會貴賓座席所帶來的好處，他的財富就遠遠多於看起來的數目。沒錯，他無法出售這些產權，也就是說這些產權僅限於此，但是**所有**的產權都在某一方面受到限制。可供出售確實是產權很重要的一方面，但這只是諸多面向中的一個。❷ 不能出售確實會影響到產權，但無法將其剝奪。

12.5 ｜ 實際權利、法律權利及道德權利

　　區分實際權利、法律權利及道德權利❸ 很有必要，這能幫助我們就所談論的話題達成共識。**實際**權利支配人們的預期，從而決定如何行事。如果市政局頒布條例，命令狗主人在公園遛狗時必須用皮帶拴上他們的寵物，並且清理寵物留下的所有「紀念品」，市政局因此授予了該市居民在公園裡光腳閒逛，無需害怕擔心的權利。然而，若警察無法保證該條例得到執行，許多狗主人也對條例視若無睹，市民們的實際權利將偏離自身的**合法**權利。使用公園的人們根據自己認定的實際權利決定是否脫鞋，如果他們一邊穿著鞋子，一邊憤怒地堅稱自己「有權利」享受一個沒有狗排泄物的公園，他們就是在聲討自己的**道德**權利，也就是自己**理當**享有的權利。權利是社會事實，依賴於他人對相對義務的遵守。除非狗主人接受監督寵物行為的義務，不管是為了躲過法律處罰，還是為了顯示自己為他人著想，否則使用公園的人們就無法享受到無憂無慮地嬉戲這一實際權利，只能在公園散步時把鞋子穿好。

12.6 ｜ 預期與投資

　　關於資源使用做出的每一個決定，都以決策者的預期為最終依據。藉由評估每

2　作者注：所有權就如同一大捆木棍，其中總有些棍子看不到。
3　作者注：權利包含實際權利、法律權利及道德權利。

一個選項預期帶來效益的相對價值，家庭和個人得以決定把所得用於消費還是投資。在選擇投資方式時，他們不僅會考慮預期報酬率，也會考慮對能否收回預期報酬的信心。人們若是擔心投資可能會被徵用，則會選擇難以被徵用的投資方式，哪怕這些投資方式的效益低於其他風險更大的投資。疑心控制權會溜進瑞士銀行帳戶的獨裁者，以及那些遭遇敵對民意的少數族裔，往往會選擇投資珠寶或者其他容易帶走的財富。最容易帶走的財富形式當屬人力資本，這也解釋了為什麼全世界繁榮成功的少數族裔往往都接受了異常高水準的教育。當然，哪怕是人力資本也有被沒收的可能，人們如果接受了某一職業的專業訓練，但又被禁止從事該職業，則實質上訓練所創造的人力資源被剝奪了。

　　若你考慮到投資報酬發生在**未來**，你就會意識到，時間偏好傾向也會影響人的消費或投資決定。某人未來所得的折現率低的話，他就是現在導向型的人，傾向消費勝過投資，因此會選擇未來幾年所得相對較低。另一方面，未來所得折現率高的人就更傾向於放棄目前的消費，以期在未來更好地消費，因此在他們年輕時會投入鉅資，以確保在將來能有更高的所得。這些分析隱含了頗有意思的一點，那就是某種程度上，人們選擇了自己的終身所得曲線。

　　還有一點啟示，我們不能僅憑兩個人的所得現狀斷定誰會有更高的所得。一個前途無量的醫學院學生在學校的最後一年可能**負債**甚巨，另一個從事半熟練工作的同齡人可能每年能賺兩萬美元，但我們真能說這個醫學院學生比半熟練工人窮嗎？有關的比較是一**生**的所得。這種比較與醫學院學生選擇成為醫師的決定相關，與對特定所得分配是否平等的評估更是相關。當然了，一生所得的成效並不像目前所得那樣一目瞭然。這也許就是為什麼我們仍在誇大許多學生的貧困，並且放大許多早已不是學生的人擁有的財富，然而這兩個錯誤不一定會互相抵消。如果公共政策回應這兩處相反的誇大現象，把收入從年長群組轉移給年輕群組，那麼預期報酬率就會降低，人們年輕時的投資也就會相對減少。

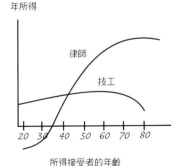

終生的所得描述
年所得

律師

技工

20　30　40　50　60　70　80

所得接受者的年齡

12.7 | 人還是機器

　　有一種奇怪的觀點，聲稱任何類型的勞務需求對工資率都是毫無彈性的。這一觀點似乎也為一個廣為流傳的想法，或者說是恐慌，奠定了基礎，那就是機器會「消滅」工作，因為它們比人的效率高得多。但是，機器比人「更有效率」究竟意味著什麼？雇主對純粹的人力或技術能力不感興趣；他們關心的是邊際效益與邊際成本之間的關係。只有當使用一台機器帶來的邊際效益與其**邊際成本**之比大於使用一個人的比例，才能說機器比人更有效率，因此會用一台機器換下一個人。這也意味著，除了其他事項以外，工資率在塑造經濟技術變革的速度和方向中扮演著重要角色。

　　自動電梯之所以在美國代替了電梯操作員，不僅是因為技術進步。人們花費大量時間、金錢和經歷來開發自動電梯，後續還有大批業主投資安裝，並不是因為自動電梯看起來面貌嶄新，十分炫目，而是因為人們做了成本效益評估。在其他社會，電梯操作用的工資（機會成本）十分低廉，因此由受訓人員操作的電梯仍舊比自動電梯更有效率。

技術創新釋放勞動力資源

　　技術創新從一些職業釋放出來部分勞動力資源，讓他們可以為其他職業所用。自動或自助電梯的出現，讓那些之前被雇來運送乘客上下的人們可以從事其他職業，為商品和服務的總產出做其他的或額外的貢獻。與此同時，環境改變帶來的勞動力重新定位，確實會造成一部分人財富損失。勞動力需求的上升，吸引了一些電梯操作員進入薪酬更高的行業，進而拉高了其他人的工資水準；自動電梯某種程度上可以說是對這種情況的回應。但是當自動電梯出現之後，有些電梯操作員發現與其說自己被拉了一下，不如說是被推倒：他們被剝奪了現有的工作，被迫接受更難以滿意的替代工作，而不是在更好的工作機會吸引下主動離開了當前的處境。這些人起碼得暫時承受財富上的損失，被迫承受找新工作帶來的成本，而且還不能保證找到的新工作會比舊的好。因此，對技術變革的抗拒、對自動化的恐懼都是完全可以理解的。據人們所知，就連大學教授也曾經嚴詞反對過播客（podcast）和大規模

線上公開課程的引入。

12.8 | 對生產性服務的衍生需求

　　能說明隱秘的生產性服務的需求曲線向下傾斜特性的另一因素，在於需求的衍生性，對生產性服務的需求源於對所生產的產品的需求。當公司宣布增員或裁員的時候，他們幾乎從不把這一決定歸於工資率的變化。相反地，他們把增員歸功於（或者把裁員歸咎於）對產品的需求：「銷售成長超出了我們的預期」或「由於銷售額實在令人失望，成品庫存已經堆積到了無法接受的水準」。因此，無論何時，對木匠或汽車組裝工人提供的服務數量的需求，似乎都取決於房屋或汽車市場的形勢，而不是取決於木匠或汽車組裝工的工資率。然而，實際上兩者都與需求量密不可分。房子和汽車的價格以及它們的生產方式，受到了付給木匠和汽車工以獲取服務的工資率的影響。以木匠為例，如果獲得木匠服務的成本推升了新建房屋的價格，那麼成交的新房子越少，雇用的木匠也就越少。不僅如此，越來越多的房子會採用節省木匠勞動的方式建造，如使用工廠統一製作的櫥櫃來減少複雜的木製品。

　　討論對生產性服務的需求時，往往強調需求的**約束性**：作為生產性資源的所有者，他藉由提供這些自有資源的服務獲取所得，這些所得又受到服務需求的限制。這一觀點的推論同樣值得強調：**創造**資源所有者能獲得所得的，正是對這些資源服務的需求。任何擁有石油的阿拉伯國家都是活生生的例證。一個每年人均生產 1,000 桶石油的國家究竟是巨富無比還是一貧如洗，取決於對這種黏厚易燃的液體碳氫化合物提供的服務的需求。當第一次發現這種液體時，它看起來不僅醜陋，而且毫無用處。若這種需求不存在，石油輸出國家組織（OPEC）在 20 世紀 70 年代對世界的影響力恐怕比奧杜邦協會（Audubon Society）還要小。然而鑑於 20 世紀發展起來的對石油服務的龐大需求，OPEC 成為了一個家喻戶曉的名詞。

12.9 | 誰與誰競爭

　　當生產性資源所有者成立如 OPEC 等組織，試圖增加所得時，往往宣稱組織

能讓他們和所提供服務的買家競爭時更有效力。這一說法究竟是令人困惑還是不夠正當，取決於要怎麼評價那些成立組織者的動機。非常明顯的是，買家不會和賣家競爭。買家彼此之間相互競爭，以獲得賣家提供的東西。同時，賣家也互相競爭來贏取買家的經常光顧，我們早在第 5 章就了解到這個模式。設計 OPEC 的目的在於消除石油出口國之間的競爭。目前為止，OPEC 成功的秘訣就在於它控制了產量，一旦它失去了限制產量的能力，OPEC 對石油價格和所得的控制也就不復存在。

買家也可以嘗試玩同樣的遊戲。此時，可以借助於之前用過的一個例子：職業運動隊的所有者達成協議，不為運動員的服務而競爭。為了使這協議有效，他們必須把每個運動員的專屬權指派給單個所有者。這就是「草案」的目的，隨即又被各主要職業體育界的所有者組織發揚光大。當買家達成了這種統一立場之後，賣家成立的組織可能就會成為抗衡這種力量的有效途徑。但在這種環境下，賣家組織的目的是**重新啟動**買家之間的**競爭**或者**緩和**賣家之間的**競爭**，若描述為「試圖使其和買家競爭時更有效力」則是不正確的。❹

12.10 ｜ 工會和競爭

談及工會時，有關工會組織和集體談判的基本聯邦法，在序言裡就犯下了一個錯誤，宣稱無組織的工人需要工會來明定他們和公司競爭。然而，工人與工人相互競爭，企業雇主與企業雇主相互競爭。這種競爭才會對工資率產生影響。

雇主不能隨心所欲、冷酷無情地決定支付給工人什麼樣的工資。同樣，只要還有其他工人願意以更低的工資率提供極為相似的服務，工人也不能如願要求他們認為自己應得的薪水。工人和其他工人相互競爭

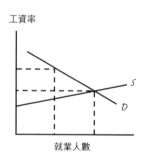

工資率

就業人數

注：由於高工資的實施，就業機會被削減。

時，工會某種程度上就試圖控制**這種**競爭。言下之意是，工會透過設法限制那些非成員工人的競爭，來提高它們所代表的成員工人的地位。它們或許會採取直接手段達到目標，如和雇主簽訂協約，確保工會會員是受雇工作的前提條件，然後限制會員資格。或者，它們可以採取間接手段。正如法定最低工資剝奪了一部分人就業的機會，由勞資協約確保的高工資（可能是在罷工或全面停止提供勞務的威脅下簽訂的）也把那些工資低些仍願意工作的人排除在外。

人們普遍認為工會在美國興起是為了抗衡大企業的力量，然而這個觀點未能得到歷史佐證。工會在美國這個國度嶄露頭角是在諸多以小規模企業為特色的行業當中：建築、印刷、紡織和採礦。這項規則中，鐵路屬於例外：讓工會在鐵路行業強大起來的是特別立法。時至今日，工會和鋼鐵、汽車、電力機械領域的大型企業討價還價，這些工會剛開始都接受和小雇主協商的工會指導。

12.11 | 貧困和不平等

所得不可能大過產出。只要發行社會通用貨幣的人願意，他們想要貨幣或名目所得成長多快，就能成長多快。但是，如果每一美元、歐元或日圓購買到的食品、衣物、住所或其他實際商品只有之前購買到的一半，那麼哪怕所得加倍，人們的生活水準也不見得會提高。想要增加社會成員的實際所得，必須提高實際產品的產出。

當然了，也可以藉由縮減其他社會成員所得的方式，在不增加實際產出的情況下提高一部分成員的所得，這種方式可以用於緩和不平等或貧困現象。這兩個目標經常被相提並論，似乎並無差異，其實兩者並不完全相同。不管採用何種計算手法，美國的貧困人口比重在 20 世紀都確實大幅降低。但是，不平等現象卻並未得到明顯改善。❺

五分位分布法

有許多方法可以用於總結人口普查局收集的有關所得不平等的資料。其中最

5　作者注：緩解貧困現象並不等於緩解所得不平等現象。這兩者可能同時並存，也可能並非如此。

常見的是家庭所得的五分位分布法。表 12-1 顯示了 2010 年以及 5 個更早年度家庭所得毛額的百分比情況，分別列出 20% 的最低所得家庭、次低所得家庭，依此類推，一直到 20% 的最高所得家庭。如果家庭所得分配是平等的，每個 1/5 都會占總所得的 20%。顯然情況並非如此。所得最高 5% 的家庭所占比重也顯示在表 12-1 裡（2010 年，年所得粗計為 18 萬美元或以上的家庭即被列入全美國所得前 5% 以內，前 1% 的家庭則以 37 萬美元為界。許多人都以為門檻會更高，這一觀感實際是錯誤的）。

表 12-1　家庭的貨幣所得：每個 20% 和最高的 5% 的家庭的所得占總所得的百分比

所得水準	1960	1970	1980	1990	2000	2010
所得最低 20%	4.8	5.4	5.3	4.6	4.3	3.8
所得次低 20%	12.2	12.2	11.6	10.8	9.8	9.5
所得中間 20%	17.8	17.6	17.6	16.6	15.5	15.4
所得次高 20%	24.0	23.8	24.4	23.8	22.8	23.5
所得最高 20%	41.3	40.9	41.1	44.3	47.4	47.8
所得最高 5%	15.9	15.6	14.6	17.4	20.8	20.2

資料來源：美國人口普查局歷史所得表——家庭，表 F-2：www.census.gov/hhes/income/histinc/index.html.

　　這些資料有兩個特點格外引人矚目。一方面，半個世紀以來，美國家庭所得分配結構變化甚微。儘管所得稅是累進制的，並且把所得轉移給低所得家庭和個人的政府專案已大規模擴展，但成效依舊不大。另一方面，自 1980 年以來，20% 最高所得家庭所得增加和 20% 最低所得家庭所得減少。1960 年以來，這些百分比數字具有明顯的穩定性，然而其中一部分只是錯覺。首先，這些百分比指的是繳納個人所得稅之前的所得；其次，資料未考慮到**實物轉移**支付，不過**貨幣移轉**確實有所反映。因此，私人養老金、退伍軍人福利、社會保障福利，以及那個曾名為「撫養未成年子女家庭援助計畫」（AFDC）、現名為「困難家庭臨時救助計畫」（TANF）的項目，只要這些項目帶來的所得是用金錢支付的，就都包括在內。但這些資料並未把實物轉移支付的價值計算在內，比如醫療援助、房租補貼或者食品

救濟券。儘管這些並未涉及貨幣交換，但它們都是貨真價實的所得。資料也沒能就家庭的不同規模而調整，所得最高 20% 的家庭比起最低 20% 的家庭多了約 30% 的人口。❻ 若針對這點做出調整之後，低所得群體所占所得金額就會上升，高所得群體則會相對下降。

貧窮線

　　要強調的一點就是，儘管所得不平等現象只得到一定程度的緩解，但這段時期貧困問題已得到明顯緩和。表 12-2 中給出了選定年份中全美所得在**貧窮線**以下的家庭比例。貧窮線指的是不同規模的家庭維持體面生活所需的所得數額，經政府官員計算後，定為購買充足食物所需價錢的三倍。考慮到貨幣價格的變化，貧窮線每年都會調整。1959 年之前，美國人口普查局多年都不曾公開這一系列數字，但如果它公布了的話，早期貧困現象的減少一定遠比表 12-2 展現出來的更為顯著。在戈登・費舍爾（Gordon Fisher）所做的一項關於健康和人類服務部門的研究裡，將 1948 年的個人貧困率計算為 33%。第二次世界大戰之前，美國也嘗試計算貧困率，並最終將其定在 60% 至 70% 的區間內。❼

表 12-2　所得在貧窮線以下的家庭比例

年份	比例	年份	比例
2010	11.8	1970	10.1
2000	8.7	1965	13.9
1990	10.7	1960	18.1
1980	10.3		

資料來源：美國人口普查局貧困人口統計表──家庭，
表 13：www.census.gov/hhes/income/histinc/index.html.

6　作者注：同樣重要的是，我們還須知道最高所得 20% 的家庭提供的勞動週數是最低 20% 家庭的 4 倍。

7　作者注：估算數字來自《20 世紀美國不平等及貧困記錄》（*The Twentieth Century Record of Inequality and Poverty in the United States*），作者為羅伯特・普拉尼克、尤金・斯莫倫斯基・艾瑞克・伊文豪斯及西沃恩・萊利（紐約：學術出版社，1975）。本討論接引該卓越調查並進行了一系列廣泛應用，原作者對其不負有任何責任。

究竟是什麼讓貧困率得以大幅降低？答案是經濟成長。只要總產出維持以每年3%的複合比率成長，總所得在50年間就會成長超過三倍。20世紀上半葉，美國的平均成長率正是3%（也須注意在2000至2010年貧困率有所上升。這一上升大部分應歸咎於2008年爆發的所謂經濟大衰退，經濟成長因此急轉直下）。

如果貧窮線被固定在一個絕對值上，只針對價格水準的變化調整，那麼哪怕不平等的格局並未改變，貧困現象也會得到明顯緩解。那麼，設定一個貧窮線的絕對值是否恰當？[8] 倘若要說在20世紀前幾十年裡頭，全球最富有的國家都有一大半人口生活在貧困之中，這聽起來會有些奇怪。大多數人都是從相對角度來考慮貧困。調查一再表明，當問及家庭需要多少所得才能維持體面生活時，大多數美國人給出的答案都約為他們所在社區所得平均水準的一半。根據這個標準，貧困現象會顯著減少，不平等現象自然也會明顯緩解。

12.12 │ 為何不平等越演越烈

如果要問，為什麼自1980年以來（事實上，應該是自1974年以來）不平等現象越演越烈，首先應該提醒自己，美國家庭的所得至少有80%是以員工薪酬的形式獲得的。若想要解釋所得不平等現象為何會加劇，那麼首先應該了解工資結構的改變，以及導致結構改變的供需變化。

過去數十年間，工資上的不平等有加劇趨勢，而這一趨勢在20世紀八九十年代開始加速。從供給角度來說，大學畢業生進入勞動市場人數的增幅要慢於高中畢業生的增幅。其他條件不變的情況下，這會導致大學畢業生和高中畢業生平均工資差距進一步拉大，也就會相對加劇工資不平等現象。然而最近幾年，大學畢業生的數目大幅增加。從需求角度來說，發生了幾個重要的變化。隨著經濟中服務業規模的不斷壯大，製造業相對萎縮。由於製造業的工資往往比其他產業的相對更平等，因而製造業規模的下降加劇了不平等現象。此外，經濟成長最迅速的就是那些有雇用大學生傳統的行業。[9] 綜合上述現象來看，技能熟練、受到較多教育的員工和那

8　作者注：貧困是否就是指低所得？或是指大幅低於平均水準的所得？

9　作者注：不平等現象加劇的原因：

些技能和教育程度都較低的員工之間工資差距加大，也就在意料之中。

家庭結構與移民現象

　　但這並不是唯一的成因，還須考慮婚姻和家庭發展趨勢。跟數十年前比較，今天的單親家庭數量更多。一個單身家長往往比兩個都有工作的父母賺得少，因此單親家庭整體來說所得更低。這種趨勢在所得最低 20% 的家庭中表現得尤為明顯。與此同時，越來越多雙親、雙薪家庭躍居所得更高的群組之中。第二個或許相關的原因，在於家庭中工作的人的數量。所得最高 20% 的家庭中，參與工作人員的數量往往是所得最低 20% 的典型家庭的 3 倍，這也就進一步擴大了統計差異。最後，抵達美國的移民往往技能不熟練、經濟狀況也較貧窮。這些移民的人數也在增加。這一趨勢也會使低所得家庭的數目膨脹，因此減少他們在國民所得中所占的比例。❿

　　乍看之下，似乎確實如此。但同樣事實並不會不言自明，它需要人們的解釋，探討時往往把所得流動性因素排除在外。表 12-1 呈現出來的就是一幅靜態的畫面：僅僅只是 1960 ～ 2010 年每 10 年的剪影。在未受過訓練的人看來，似乎這些年來每個五分位組裡的家庭和家計單位都是固定不變的。⓫ 它忽視了所得流動性的推動作用。真實的場景更像是一個影片：人們在每一個五分位組裡的位置都是在不斷流動變化的。在 2010 年時，你起初可能只是個窮學生，或移民家庭的一員，但隨著你自身的人力資本的開發、比較利益的發掘，時光流轉，你會發現已被拉到所得更高的五分位組裡。自然會有新的高中畢業生和移民家庭來取代你在底層的位置。所以，有必要在一段時間內追蹤家庭和家計單位在五分位組裡的位置**變動**。一旦採取了這種措施，呈現在眼前的將是些頗有意思的結果。

- 大學畢業生和高中畢業生數量上的改變。
- 製造業和服務業提供的工作的改變。

10　作者注：為什麼富人越來越富，窮人越來越窮？

- 家庭結構的改變。
- 移民模式的改變。

11　作者注：我們已經展示了家庭所得分配的情況。美國人口普查局也測算了住戶間的收入分配，兩者模式基本相同。

表 12-3 闡明了我們所談論的東西。表中根據戶長年齡列出了 2010 年各家庭的平均所得（由於不願使用**家長**一詞，普查局轉而使用**戶長**一詞代替，用於指代某住所的所有者；若該住所為共同所有，則為調查表上名字出現在首位的人）。該表明確顯示：若是能在動態環境下觀察，如比較戶長整個生命週期的家庭所得，則在靜態圖表中表現出來的不平等現象有一大部分都會消失。

表 12-3　2010 年家庭平均所得（按 2011 年美元計算）

戶長年齡	平均所得（美元）	戶長年齡	平均所得（美元）
15 ～ 24 歲	41,251	45 ～ 54 歲	95,451
25 ～ 34 歲	64,044	55 ～ 64 歲	94,250
35 ～ 44 歲	86,696	65 歲及以上	64,857

資料來源：美國人口普查局歷史所得表，表 F-11：www.census.gov/hhes/income/histinc/index.html.

所得流動性

此外，根據近期經驗可知，在 1999 年所得排在最低 20% 這一區間的家庭中，約有 60% 在 2007 年已攀升到了所得更高的組別。但情況並不僅限於此，其中有 30% 的家庭至少飛躍了兩個五分位組。大部分貧困人口都變得更加富裕了。這種流動性是雙向的：[12]1999 年所得排在最高 20% 這一區間的家庭裡，近 40% 的家庭在 2010 年至少下降了一個五分位組。[13]

「但是，請等一下，」教室後頭又傳來了那個不屈不撓的質疑，「表 12-1 中的資料又該如何解釋？在 1960 年，所得最低 20% 的家庭占了國民總所得的 4.8%，到了 2010 年，這一比重**下跌**至 3.8%。如果真的如您所說，貧困人口在過去的 50 年變得更富裕了，那麼這一比重為什麼會下跌呢？」

這個問題提得非常好。明確的答案是：舉個可能有些不當的比喻，過去的 50 年，經濟這個蛋糕也突飛猛進地變大了。儘管所得最低的群組分到的蛋糕**金額**比以

12　作者注：流動性不可忽視。並且，流動性往往是雙向的。
13　作者注：見羅伯特·卡羅爾的《所得流動性和百萬富翁的持續性（1999 ～ 2007 年）》（*Income Mobility and the Persistence of Millionaires, 1999-2007*），稅務基金會特別報告第 180 號（2010）。

前更小了，但他們這些年來享用的蛋糕**分量**卻變大了。❶ 例如，若以 2005 年的美元水準來計算，1960 年的美國國內生產毛額粗計為 3 兆美元。國內生產毛額可有效代表國民所得，下一章將再進一步討論。所得最低的群組賺到了 4.8% 的所得，約合 1,450 億美元。而在 2010 年，國內生產毛額粗計為 13 兆美元，這些所得最低群組中的新家庭占據了**其中**的 3.8% 的比例，約合 5,000 億美元。分給最低所得家庭的蛋糕在這 50 年增加了近 3.5 倍。把這個比喻拋開，自 20 世紀 60 年代以來，最低所得群組中新出現的那些家庭**所賺所得**扣除物價因素，也成長了 3.5 倍。沒錯，有錢人變得越有錢了，窮人也不例外。

12.13 │ 所得重分配

不過不平等現象確實存在。人們之所以關注這類問題，通常是因為相信所得分配太過於不平等是不可取的。請再次注意，這一觀點有別於「**貧困**是不可取的」。一個近乎平等的社會也可能深受貧困所擾，正如許多國家當前的情況一般，並且這種情況還將繼續下去。同樣，非常不平等也可能和極少的貧困共存。很少有人能仔細思考這些問題：為什麼和貧困相伴生的不平等現象是不可取的，多大程度的不平等是可以接受的？又或者為什麼比起其他形式的不平等而言，貨幣所得上的不平等理應得到如此多的關注？

提高對高所得者的稅率

不管這些重要問題的答案究竟是什麼，為了緩和美國家庭和個人間所得不平等現象的計畫必將觸礁：因為所得並不是真正分配給某人的，因此實際上也就不能進行重分配。沒有人有資格把社會產品按比例分發出去。哪怕是對政府而言，它所能做的，最多也不過就是改變遊戲規則，以期獲得一個更合適的結果。接下來會發生什麼，從來不會和預想中的一模一樣，甚至有可能產生截然不同的結果。

緩和所得不平等現象最簡單、最直接的方式，似乎就是對高所得者徵稅，再把

---

14 作者注：所得的比重和所得的絕對數目並不相同。

現金轉移給低所得者這個方法。❶然而，沒有任何經濟體系裡的事物是和乍看之下一樣簡單直接。要想提高對高所得者的稅率，政府必須改變把特定所得和應繳稅款聯繫在一起的法規。如果規則改變，人們並不只是交完高額稅款了事；他們也會想方設法調整自己的行為，好把新法規的影響降到最低。有人可能會選擇合法避稅，也有人可能會選擇非法逃稅；這些調整措施儘管各不相同，但都共同推動這些法規偏離原軌，讓實際產生的效果和制定時的原意大相徑庭。徵稅帶來的收入將比我們所希望的要少，並且很可能是少很多。

　　為了補充貧困人口的所得，政府必須制定新法規來控制申請補助的資格。但是，人們會根據新標準來調整自己的行為，所以這些法規的修訂將產生意料之外的效果。同樣，調整措施也有合法與不合法之分；但是各措施的綜合影響力是不容小覷的，因為可供調整的灰色地帶實在無法勝數。這一政策儘管為了緩解不平等現象，但卻很可能導致被歸類為貧窮人口的實際上升。

　　想想看這樣一種情況：單親家庭，家長還帶著三個幼小的孩子。不幸的是，這種情況雖屬假設，但卻非不可能發生。假設母親正在接受每月 400 美元的現金補助、價值 100 美元的食品救濟券，以及供她和孩子使用的價值 50 美元的醫療補貼。然後，她得到了一個工作機會，每月所得 1,000 美元。她是否會選擇放棄福利，接受這份工作？如果她這麼做了，她的境遇是否會得到改善？她獲得的福利無需徵稅，但她選擇賺取所得的話，就需要支付社會保險和所得稅。同時，如果接受這份工作的話，她還得為孩子們找日托服務，添置一些衣物，並且還得承擔上班的交通費用。此外，還將失去她每個月的現金補貼，家庭也喪失獲得食品救濟券和醫療補助的資格。如果她把接受這份工作所帶來的開支加總起來，她很可能會發現，她的所得將要被「徵稅」，邊際稅率高達 90% 甚至更多。❶

　　你大可以套進去一些合理的數字，來檢查計算結果。如果所得稅、社會保險，加上日托、交通和添置衣物，每月一共從她的薪金裡扣掉 350 美元，而損失的福利將每月扣除 550 美元所得，那麼為了賺 1,000 美元，她要付出 900 美元的代價。這相當於 90% 的邊際稅率，或者說對福利所得之外的新增部分徵 90% 的稅。這聽起

15　作者注：稅收和補貼改變誘因機制，進而改變人們的行為。
16　作者注：邊際稅率：每增加一單位所得，收稅人徵收的稅收比率。

來並不怎麼吸引人。在這種情況下，如果這位單親媽媽選擇拒絕工作機會，繼續靠福利為生並且照顧孩子，那麼沒有人能譴責她懶散或是不負責任。

買得起遊艇的人必然是富人，在各種垃圾桶裡頭翻揀的人必然窮到極點。但如果我們制定一項新法規，規定所有的遊艇主人每年都必須捐兩萬美元給一個為拾荒的人設立的基金會，而每個拾荒者都有權向基金會每年申領 2,000 美元，那麼登記在案的遊艇主人就會急遽減少，而聲稱靠拾荒為生的人則會顯著增加。用這種方式來總結這個問題未免過於戲劇化，但它確實說明了問題的關鍵所在。在家庭裡，慈愛的父母能夠按照孩子們的能力和需要，把工作以及福利分配給他們，然而，對美國這樣的龐大社會而言，這種方式行不通。美國不可能把工作和福利分配給公民。人們根據達成共識的遊戲規則，追求自己的利益，相對地，在這一過程中，工作和福利也會不可避免地分配下去。改變規則能帶來什麼樣的效果，政府透過所得重分配取得的效果都受其所限。幾乎可以肯定的是，這一結果想必不會比改變規則時所希望的更令人滿意。

12.14 | 改變規則與社會合作

有人可能會認為，當初對規則的改變未能達到預期的結果時，解決方案就是再次改變規則，並不斷修改，直到實現目標。但是誰有能力知道何時需要微幅調整呢？即使知識已是可利用資源，在民主社會裡，誰又有權力讓規則一再更動？最重要的是，當社會被迫承受不斷修改的規則時，這個高度專業化的經濟體系賴以生存的複雜合作過程，又將發生什麼變化？

人們進行投資、做出犧牲，此外還說服自己相信既定產權會受到尊重，相信規則起碼在「遊戲過程中」**不會**被改變。若有規則聲稱，「所有的規則都隨時可以被改變」，那麼絕大部分社會合作的基礎也會分崩離析。如果人們要規畫未來，並且把長期影響考慮在內，那麼產權就必須合理明確，而且十分穩定。同樣值得注意的是，如果參與者的預期常常因為遊戲規則意外的改變而失望，那麼他們就會停止參與普通的遊戲，轉而把注意力投向真正的遊戲：規則的制定。

本章回顧

所得分配是生產性服務的供給和需求決定的。

生產性資源的生產即為投資，或資本創造。資本一個非常重要的形式是人力資本，即藉由投資產生並表現在人類身上的生產性能力。人力資本的生產是一個需要考慮的重要因素，因為大部分美國人的貨幣所得都是藉由提供人力資源服務獲取的，哪怕富裕階層也是如此。

社會投資的金額和性質，都取決於明確劃分且被廣泛接受的產權，因為產權決定了人們可供選擇的行動會帶來什麼樣的預期結果。

時間偏好傾向較低表示鼓勵投資多過消費。然而，對投資的未來回報的不確定性越大，未來所得折合成的現實所得也就越少，投資也會相對減少。

不管對哪種生產性服務的需求都不會是完全無彈性的。價格越低，需求的數量就越多；價格越高，需求的數量就越少。究其原因，是因為無論什麼生產性服務都能找到相對的替代品。

為了達到目標，生產性服務的潛在使用者有多種可用方案以供選擇。藉由對比不同選擇的邊際效益和邊際成本比率，潛在使用者得以決定需要的數量。

生產性服務的需求及其價格，部分依賴於該產品的需求。但是，生產性服務的價格，也影響了生產某特定產品的成本及其原物料價格、數量要求，因而影響對於生產性服務產出產品的需求。

生產性服務的供給者不會與服務需求者競爭。供給者只會與其他供給者一較高下，相對地，需求者也只會在彼此之間互相競爭。為了追求更高的所得，人們會自發試著抑制競爭。因為不管是供給者所能獲得的，還是需求者必須付出的，都取決於競爭者提供的選擇機會。

雖然在 20 世紀的前 75 年，美國的經濟成長大幅降低了貧困人口所占比例，但在這個世紀接下來的時間裡，貧困率幾乎一直穩定在原水平線，甚至還隱約有上升跡象。過去的數十年間，一大特色就是不平等現象一直在加劇，雖然幅度不大，但形勢卻頗為穩定。主要的原因如下：①技能熟練度較低、受教育程度較低的工人數大幅成長，與此同時，對技能要求和受教育程度更高的工人的需求卻在不斷攀

升；②單親且低所得家庭數目成長，與此同時，雙親雙薪、並且所得更高的家庭也在增多；③相對較貧困且不具備技能的移民數目成長。

　　所得不平等現象的資料可能會具有誤導性，具體表現在兩方面。首先，統計資料帶來誤解，似乎隨著時間流逝，不同所得分組裡的家庭或家計單位永遠都是固定不變的。然而對所得流動性的計算結果，事實恰恰相反。人們往往在不斷開發自身人力資本的同時，從較低的所得分組攀升到較高的分組。與此同時，那些今天還待在金字塔尖的所得最高的人，有可能第二天就滑落到較低的分組。其次，資料顯示不平等現象正在加劇，彷彿意味著低等所得群組賺取的社會國民所得金額越來越少。然而，儘管他們所占的所得比例下降了，在過去的半個世紀裡，他們賺取的國民所得金額卻大幅增加。

　　任何規模較大的社會合作都必須有相對穩定的產權，因為社會合作的先決條件正是對決策後果的預判能力。

衡量經濟體系的整體績效

▌本章你可以學到這些▐

☑ 介紹國內生產毛額（GDP）的概念，將其作為衡量一個經濟體一段時期內生產總量的工具

☑ 區分經濟活動中，哪些是衡量國內生產毛額的因素，哪些不是

☑ 確定如何計算國內生產毛額，將其與國民生產毛額（GNP）區分

☑ 說明失業的定義及衡量標準，區分失業人口與非勞動力人口

☑ 分析一段時期內變化中總量波動的特性，討論美國近代史上的總量波動

在先前使用經濟理論解釋商品社會如何運行的課程中，我們對於美國經濟的整體績效關注甚少。本章將改變這種情況，現在開始關注**總體經濟分析**，焦點是整體的經濟績效，而不是分析某個特定市場或行業中的需求供給情況。這些是經常出現在晚間新聞裡的內容：經濟是「強勁」還是「疲弱」？是成長還是陷入衰退？未來會出現通貨膨脹、通貨緊縮，還是物價會保持相對穩定？美國失業率出現了什麼狀況？美國聯邦準備理事會會提高還是降低利率？聯邦政府的預算情況如何？是持平，有所盈餘，還是出現赤字？稅收應該增加還是降低？稅收的變化對於整體經濟環境會有什麼樣的影響？行政當局對改善經濟有什麼舉措？民主黨和共和黨，誰有更好的計畫？

這些都是總體經濟問題，這些問題也引起了報紙專欄作家、政治人物、野心家、廣播談話節目名嘴，和每天在咖啡店裡夸夸而談的人們之間彷彿永無止境的爭論。每個人似乎都有主張。在接下來的章節中，將進一步把經濟學的思考方式運用於這些大規模的總體經濟問題，繼而釐清真相。在本章，我們將關注整體的經濟績效中使用最為廣泛，從名稱上看也是規模最大的指標──國內生產毛額。

13.1 │ 國內生產毛額

　　國內生產毛額（GDP）是在一個特定期間內，某國境內所生產的**最終產品和服務的市場總價值**。一般來說，分析家和政策制定者關心的是以年計算的 GDP，但是他們也會以季度為單位計算 GDP。引入這個概念，是為了計算一個國家境內、一段時間內生產的總體流量以及所產生的所得。❶ 有些人可能會說，這就像在給經濟「把脈」。對這個比喻，必須十分謹慎，因為經濟並不像心血管系統。記住第 5 章中說過的：市場不是一個人，也不是一個地方或一個東西。市場是競價的過程，是個體面對稀缺性和不確定性時想辦法解決問題的過程。即使考慮到現代經濟體系的複雜性，其中每分鐘要做出上千萬的決定，大多數經濟學家對 GDP 的概念還是很有信心，認為它可以說明經濟總體上運行得如何（我們把 GDP 的局限性留到本章的「延伸閱讀」中討論）。

最終產品的市場價值

　　仔細看看這個定義。GDP 在衡量經濟活動的時候使用了**市場價值**，但是什麼是市場價值呢？比方說，如何衡量一包日本泡麵、一加侖汽油或者水電工一小時的服務等這些不同產品的市場價值呢？答案是看它們在市場中形成的價格。❷ 如我們所知，價格是用一個共同基準即貨幣單位來衡量的，它提供了關於產品和服務相對價值（以及稀缺性）的資訊。因此一包日本泡麵的市場價值是 20 美分，一加侖汽油的市場價值大約為 4 美元，水電工一小時服務的市場價值可能是 80 美元。當然，由於這些產品的市場價格是會改變的，所以它們的市場價值也會改變。

　　GDP 關注的是**最終產品**，而非中間產品。❸ **最終產品**是指由最終使用者購買的產品，不論他是家計單位、企業還是政府機關。購買最終產品的目的不是為了再出售，或者繼續將其加工或製造成為另一種可供銷售的產品。相較而言，**中間產品**是指用於再出售或者進一步加工製造的產品。試想，以玉米為例，它是最終產品還是

1　作者注：GDP 是當前生產的流量。
2　作者注：用市場價格來衡量市場價值。
3　作者注：關注最終產品和服務。

中間產品？這個嘛，要視情況而定！你從食品店購買玉米，這時它就是最終產品，因為你打算要吃掉它。但是想想食品店老闆的購買行為，他買進玉米，把它放在貨架上，是**為了把它賣給像你這樣的顧客**（事實上，食品店老闆是在進行套利交易。他以低價買進玉米，希望以較高的價格賣出）。經濟體系在玉米交易的**這個**階段，食品店老闆所購買的玉米就是中間產品。同樣地，也可以說，家樂氏公司（Kellogg's）買進以噸計算的玉米（或許還有期貨合約的避險！）是為了把它們加工成玉米片，這裡玉米是中間產品。同樣，家樂氏公司生產的這盒玉米片也是中間產品，因為它會被賣給食品店老闆，而食品店老闆希望把它再賣給其他的什麼人。當這盒玉米片被賣給最終需求者時，它才變成最終產品。

　　學生們經常把**最終**（final）理解為「完成」（finished），不要掉進這個陷阱！是的，玉米片只要在家樂氏公司的工廠打包好，就是「完成」的產品了，食品店老闆購買的也是完成的產品。但是這些完成的產品還不是**最終**產品，因為食品店老闆購買的目的是要把它們再賣出去。

　　最後，GDP 衡量的是一年之內**某個國家境內**的經濟績效。美國的 GDP 計算的是**美國自身**所生產的最終產品和服務的市場價值，**不論擁有或生產這些產品的人是什麼國籍、是哪國公民**。哪怕家樂氏公司被外國投資者收購，但只要其麥片生意仍在密西根州巴特爾克里克經營，那麼你所購買的玉米片仍將被計算在美國的經濟績效之中，它們的價值會被計入美國的 GDP。試想另一個不同的例子，美國啤酒製造商百威公司〔Anheuser-Busch，2008 年為外國公司英博（InBev）所收購〕既在美國也在中國生產啤酒。在美國境內的生產計入美國的 GDP，但位於中國工廠中的美國職員並不直接為美國的 GDP 做出貢獻，其生產屬於**中國** GDP 的一部分。

13.2 | GDP還是GNP

　　為了滿足對這個問題好奇的同學，我們來比較一下國內生產毛額（GDP）和**國民生產毛額**（GNP）的概念。GNP 是指**一個國家的永久性公民，在一個特定時間段內所生產的最終產品和服務的市場總價值**。[4] 美國的 GNP 計算的是美國公民

4　作者注：GDP：國內經濟的績效；GNP：國家公民的績效。

的總體經濟績效，**不論他們在何處從事生產**。當然，大多數美國公民居住在本國，但是也有不少在國外（包括在伊拉克）生產產品和服務。在百威公司中國工廠工作的美國公民所生產的啤酒就應該計入美國的 GNP，而這些美國人在中國生產的產品不會計入**中國**的 GNP。

在判斷總體經濟績效時，過去最常用 GNP 來計算國民所得。但是，從 1991 年起，國民所得計算人員和政策制定者把關注焦點轉向 GDP（至於原因，即使作者也覺得解釋起來太枯燥）。[5] 事實上，這兩種衡量標準在數量上的差異並不顯著（美國的 GDP 和 GNP 相差不到 0.1%）。既然 GDP 已經成為計算國民所得的慣例，那麼下面我們就繼續使用 GDP 吧。

13.3 │ GDP作為國內經濟創造的總所得

你可能已經注意到了，我們強調最終產品的**購買**（purchase），你**購買**的麥片應該計入 GDP，而食品店老闆**購買**的麥片則是中間產品。確實，理解和概念上定義 GDP 的一種方法，就是把所有對最終產品或服務的購買（也就是支出）的貨幣價值相加。[6] 就美國經濟而言，2011 年該項數值超過 15 兆美元。這意味著家計單位、企業和政府機構中的個體在最終產品和服務上花費了超過 15 兆美元（其中包括了美國出口和進口的差額淨值）。但是注意**有一次購買就相對有一次銷售**。瓊斯花了 10 美元買了一塊蘋果餡餅，為所有與生產這個蘋果餡餅的相關人員創造了 10 美元的**所得**。2011 年花費在最終產品和服務上的 15 兆美元，為國內經濟中與這些產品和服務各個生產階段相關的人員創造了價值 15 兆美元的**所得**，所得是以工資、租金、利息和利潤的形式表現出來的。

因此，同樣可以把 GDP 看作對國內經濟中**國民所得**（national income）的衡量。[7] 在最終產品上花費的美元將以工資、租金、利息和利潤（但是不要忘記，利潤可以是正的，也可以是負的！）的形式回流到資源提供者那裡。回想一下在第 7

5　作者注：請造訪 www.bea.gov。
6　作者注：你的購買就是我的銷售。
7　作者注：生產帶來所得，因此 GDP 也是國內經濟所有生產者總所得的衡量。

章中提到過的披薩店老闆。去年，顧客在安的披薩店總共花費了 85,000 美元，原則上 GDP 應該上升 85,000 美元，因為這些支出購買的是最終產品和服務。但同時這些支出也反映了與披薩店相關的人員的所得，顧客的支出可以讓安雇用工人、購買配料和償還債務及利息，剩下的**會計**利潤就是安自己的所得。在那個例子裡，所有**其他**資源提供者有 45,000 美元的所得，安的所得是剩餘的 40,000 美元。

　　如果計算正確，國民總產出的價值一定等於國民總所得的價值，因為為產出支付的每一塊錢都會成為某個人的所得。一個表面上的例外是繳納的稅款，比如購買商品時支付的銷售稅，但是這也是所得，它是政府的所得，政府將其用於購買生產產品過程中所需使用的資源。

13.4 ｜ GDP衡量的並非經濟體系中的所有購買支出

　　「我有點搞不清楚，」這時教室前排的一個聲音不確定地說，「看起來 GDP 似乎衡量的是經濟中**所有**的支出，而不僅僅是**最終**產品和服務的購買。畢竟，每個人的所得都源於另一個人的支出，對吧？那麼為什麼不能把**所有**支出相加，而不考慮它們是花在最終產品上還是中間產品上呢？」

經濟中產生的總所得

　　這裡要小心。GDP 衡量的是經濟體系內產生的所有**所得**而不是所有**支出**，我們**排除**了用於中間產品的支出。[8] 但是，這是為什麼呢？因為用於最終產品和服務的支出，已經將之前所有中間生產和流通階段的價值增加計算在內了。如果將所有支出都包括進來，就會犯下重複計算的錯誤。

　　我們可以用一個非常簡單的例子來說明。假設下列活動都發生在本年度。一名伐木工人砍倒了一棵橡樹，以 50 美元的價格把木材賣給了鋸木廠廠主。這反映的是用於中間產品的支出，因為鋸木廠廠主還得把木材加工成橡木板。當木材被加工成橡木板後，鋸木廠廠主把板子以 75 美元的價格賣給木工。木工購買板材，是為

8　作者注：國民所得統計人員排除了用於中間產品的支出，避免出現重複計算的問題。

了將其加工成橡木書櫃，因此這裡的支出也是用於購買中間產品。然後木工打造好了書櫃，把它賣給家具零售商，比方說賣了 250 美元。這個橡木書櫃就「完成」了，但是這時它仍被視為**中間**產品，因為零售商買下它是為了再出售（他在從事套利交易——低價買進，希望高價賣出）。假設零售商最終以 400 美元的價格把書櫃賣給了你，現在**這** 400 美元就是用於**最終**產品的支出了。讓我們把這一系列交易列在表 13-1 中。

表　13-1

生產者	開始於	結束於	附加價值
伐木工人	一棵橡樹	50 美元（砍伐，賣給鋸木廠廠主）	50 美元
鋸木廠廠主	50 美元的橡木木材	75 美元（製成板材，賣給木工）	25 美元
木工	75 美元的橡木板	250 美元（做成橡木書櫃，賣給零售商）	175 美元
零售商	250 美元的橡木書櫃	400 美元（把書櫃賣給你）（總計支出 =775 美元）	150 美元（總計附加價值 =400 美元）

　　伐木工人、鋸木廠廠主、木工和零售商的行為就是**中間產品**產權交換的表現。其中每一次交換，產品被買來用於進一步的加工或再出售。GDP 僅僅是花費在**最終產品和服務上的貨幣支出**，在這個例子裡，這個支出是 400 美元——**你**作為最終購買者購買新書櫃的價格，因此 GDP 會成長 400 美元。如果像有些同學建議的，把一系列支出**全部**加起來，注意會出現什麼情況。加起來的結果是 775 美元，但是在經濟體系中，人們真的生產出了市場價值為 775 美元的東西嗎？不，根本不是這樣。他們的活動最終結合在一起，生產了一個價值 400 美元的新橡木書櫃。如果我們把**每項**支出相加，就會做重複計算，錯誤地誇大經濟體系的實際績效。

13.5 │ GDP作為總附加價值

　　現在來看看表 13-1 中的最後一欄「附加價值」，這代表每個生產者的淨所得。例如，想想鋸木廠廠主的所得。開始時，他有價值 50 美元的橡木原木，然後他把木材鋸成了對別人來說更有用的板材，**增加了它們的市場價值**。鋸木廠廠主以 75 美元的價格把板材賣給木工，給這些材料**增加了價值**。這 25 美元的附加價值代表了鋸木廠廠主的**淨所得**。木工藉由把板材做成書櫃增加了其價值，木工的 175 美元的附加價值代表了他的淨所得。注意零售商用 250 美元購買了書櫃，然後以 400 美元出售。儘管實質上他沒有生產新的東西，但是他也同樣增加了書櫃的價值。他找到了**顧客**，安排了書櫃的交付轉移（回顧第 2 章，資訊是稀缺品，交易成本通常是正的）。在這個簡化了的例子中，零售商的淨收入總計 150 美元。❾

　　以上分析還有一處有趣的部分：把生產和交易各個階段的附加價值（即淨所得）相加，結果等於 400 美元，這正是你購買書櫃的支出！**你在最終產品上支出的 400 美元，代表了你獲得書櫃產權這個過程的完成，在此過程中交易的參與者共創造了 400 美元的附加價值**。因此，實際上有三種解釋或者說計算 GDP 的方法：用於最終產品和服務的支出，經濟中產生的總收入，以及經濟中附加價值的總和。

13.6 │ 附加價值是否總是正的

　　「等一等，」這位同學又說，「我想我知道 GDP 是如何表現總所得的了，它涵蓋了工資、租金、利息甚至是利潤。但是在例子中，每個人都有利潤，沒有人虧錢，附加價值都是**正的**。但是在真實的商業世界中，實際上**虧錢**是有可能的。人們會遭受損失，而非贏得利潤。你在『利潤與虧損』那部分這麼寫過，剛才也重新提到了這點。那麼虧損部分是如何計入 GDP 的？」

　　好問題！事實上，我們確實假設所有這些人都獲得正利潤。因此，讓我們再進一步，仔細看表 13-2。

9　作者注：國內生產毛額＝所有生產者的附加價值＝所有生產者的總所得＝新生產的最終商品的所有購買值。

表 13-2

生產者	開始於	結束於	附加價值
伐木工人	一棵橡樹	50 美元（砍伐，賣給鋸木廠廠主）	50 美元
鋸木廠廠主	50 美元的橡木木材	75 美元（製成板材，賣給木工）	25 美元
木工	75 美元的橡木板	250 美元（做成橡木書櫃，賣給零售商）	175 美元
零售商	250 美元的橡木書櫃	200 美元（把書櫃賣給你）	-50 美元 （總計附加價值=200 美元）

這裡假設零售商是不確定性的受害者，遭受了相對的損失。他花 250 美元買下了書櫃，當然希望以 400 美元賣掉它（就像原先的例子裡那樣）。但是假設他過於樂觀，顧客不願意支付這個價格。於是，他推出了促銷價，350 美元、300 美元、250 美元，但還是沒有買家。最後，他只能遺憾地把價格降到 200 美元賣掉書櫃。**用支出法來計算 GDP 的話，GDP 成長 200 美元——最終產品的市場價值。** 現在看看「附加價值」這一欄：和之前一樣，伐木工人、鋸木廠廠主和木工都擁有正的附加價值（因此擁有正的淨所得），但是零售商付出了勞動，卻遭受了 50 美元的**損失**。他為書櫃支付了 250 美元，最終以 200 美元賣掉書櫃，他的附加價值實際上是負值，-50 美元。讓我們**還是**把這些附加價值相加，得到的結果是 200 美元，這仍然和最終產品的市場價值**完全一致**。

利潤可正也可負

因為名目工資、租金和利息都是正的，但是利潤可正也可負（這是企業家所面臨的不確定性帶來的結果），我們應該把所有這些數額相加。在計算虧損時，那些負的美元數額仍**以負值**加入總數，所以虧損也是可以計算的，畢竟它們也是整體經濟績效的標誌。「只計算**會計**利潤和虧損？」現在這位同學追問道，「那麼**經濟**利潤和虧損呢？」這個同學問到重點上了！我們會把**這個**問題留到「延伸閱讀」裡討

論。現在要概述一些零星問題。

13.7 | 零星問題：未出售的存貨和二手貨

你可能會考慮下面的問題。在計算 GDP 時，**未出售的存貨**是如何計算的？例如，從伐木工人到零售商的所有活動都在本年度完成，零售商在 9 月買進書櫃，但是直到**第二年**的 2 月才把它賣出去。讓我們繼續假設，他在第二年以 400 美元的價格賣出了書櫃（回到表 13-1）。我們此時該如何計算？

存貨投資

使用收入或總附加值的方法計算，我們可以清楚地看到 GDP 本年度成長了 250 美元——前面三個階段的附加價值毛額。畢竟，伐木工人、鋸木廠廠主和木工都為經濟總體績效做出了貢獻。零售商也為本年度的經濟績效做了貢獻，因為他現在就為顧客提供了可以購買的書櫃，問題是零售商還沒有賺到錢。當書櫃最終賣出時，就說**第二年** GDP 成長了 400 美元這是錯誤的，因為事實上第二年 2 月經濟並沒有創造 400 美元這麼多的產出或所得。此項活動絕大部分是在**本年度**內完成的，這樣的情況對於計算 GDP 的國民所得統計人員來說是個頭疼的問題。他們把零售商未出售的書櫃算作**總商業存貨投資**（gross business inventory investment）的一部分，以此來簡化計算。這個書櫃當然是零售商存貨的一部分，國民所得統計人員會把它看作是被零售商以 400 美元的市場價值買下來的——基於零售商對其存貨的誠實估價。經濟體系確實在本年度生產了這個書櫃，預計市場價值為 400 美元，它只是尚未被最終的消費者購買。官方的說法是，GDP 本年度將成長 400 美元。

修訂的 GDP 數字

現在，如果零售商第二年 2 月成功地賣掉了這個書櫃，那麼統計人員對於本年度的 GDP 就不必做什麼修改了，他們的估計是正確的。但是，假設零售商在第二年 2 月這個書櫃只能賣出 300 美元，那麼本年度的 GDP 就必須根據這一新資料修改。此前國民所得統計人員計算總存貨投資為 400 美元，因此在本年度的 GDP 中

加上了 400 美元。但是發現事實上其市場價值只有 300 美元，他們（零售商也同樣）高估了 100 美元，因此，理論上必須**調低**先前的估計，在本年度的 GDP 中減掉 100 美元。如果福特汽車公司今年生產的汽車未出售，但是在第二年出售了，或者說今年夏天出產的農產品存貨在第二年春天賣掉了，統計人員也會做同樣的處理。國民所得統計人員計算 GDP 時會預估未出售存貨的市場價值，而在未來銷售發生後，他們會按照實際的市場價值修改 GDP 的統計資料（為何電視新聞主持人會在第二年告訴我們**修訂的** GDP 數字，這就是原因之一）。

　　另一個應該解決的是關於二手貨的問題。❿ 試想城裡有個叫「搶你錢」的汽車銷售商，假設他在週一花 500 美元買了一輛 1995 年的老爺車，下半週以 1,800 美元的價格賣給了其他人，他所做的唯一事情就是在汽車上放了一個「待出售」的標誌。回想一下，GDP 是**當前**產出和所得的衡量標準。本年度的 GDP 應該成長 1,800 美元嗎？或者讓我們這樣想，本年度經濟體系是否生產了一輛價值 1,800 美元的汽車呢？顯然不是。這輛車是 1994 年生產的，已經合理地計入了當年的 GDP（汽車製造商成功的行銷策略之一，明明是 2010 年生產的汽車，卻稱為 2011 式樣車款）。經濟體系是否在本年度生產了什麼新**東西**？確實有，二手車銷售商提供了**服務**，而服務總是新鮮即時的。他降低了二手車購買者**和**希望賣車的二手車車主的交易成本。那麼，他提供服務的市場價值是多少呢？在這個例子裡，是 1,300 美元，買車花了 500 美元，賣車得了 1,800 美元。作為套利交易中間人，他藉由提供**服務**增加了這輛車的價值。GDP 的成長**不是**由二手車的市場價值本身帶來的，而是由二手車銷售商所提供價值 1,300 美元的服務所帶來的。

13.8 | 總量波動

　　讓我們來落實一下 GDP 的概念吧。歷史上看，特別是在先進社會，國民總產出和國民總所得隨著時間的推移會出現相當大的波動。例如，從 1929 至 1933 年，美國的 GDP 針對價格水準變化調整後下降了 30%。由於美國 GDP 的長期**趨勢**是

10　作者注：二手貨銷售商也有生產力！

每年**成長** 3%，與從 1929 年開始按此成長推算出來的 GDP 相比，1933 年的實際值下降了超過 40%，這對民眾的影響可就不是「稍有不便」了。而且個人所得的下降在總人口中也不是平均分布的，GDP 的下降意味著產品生產的減少與相對的裁員，在這四年中，一些個人和家庭的所得下降超過 30%。在 1929 年有 3.2% 的勞動力失業，但是到了 1933 年，這個數字上升到了 24.9%，大約每四個工人中就有一個失業，而且更多工人能工作的勞動時間比他們希望的要短。

　　上面為了說明總產出和總所得的波動關係重大，我們故意挑選了美國歷史上最糟糕的經濟衰退時期。大多數時候 GDP 不會像 1929 至 1933 年時下降得那麼持久和劇烈，那四年 GDP 的下降帶來了 20 世紀 30 年代的經濟大蕭條。其後美國經歷的最嚴重一次 GDP 下降是在 2007 年，從 2007 年的最後一個季度到 2009 年的第二個季度，實質 GDP（經過價格變化調整後）下降了 4.7%。大多數人可以輕鬆挺過困境，儘管可能免不了一些抱怨，他們的年所得下降了四五個百分點。但是，由於這種下降不是平均分布的，有些人的所得下降的幅度，要比國民總所得的下降多得多。2007 至 2009 年的「大衰退」將失業率從 2007 年的 4.7% 提升到 2009 年 10 月的 10%。❶ 在民眾眼中，GDP 下降最嚴重的後果是失業率總是會隨之升高。在繼續下面的內容前，先簡單討論一下如何衡量失業率。

13.9 ｜ 失業和未就業

　　目前在美國生活的人大約有一半沒被雇用。他們既沒有為別人工作賺取工資，也沒有在屬於自己的企業裡為自己工作。但是要說 50% 的美國人口**失業**，這會很荒謬。在美國人口中，接近 1/4 的人年齡低於 16 歲，大約 1/8 的人年齡超過 65 歲，而 16 至 65 歲之間的人中很多其實是「全職工作」的，只不過不屬於通常所說的就業；他們的工作是養育子女，照顧家庭。顯然，讓我們煩惱的失業和僅僅未就業之間是有很大區別的。

　　所有人似乎都認為，有一定數量的失業是正常的，沒有人會為此擔心。那麼

11　作者注：這是發生在 1973 至 1975 年後最近一次的最嚴重衰退。這幾年 GDP 的總體下降（根據物價變化因應調整）3.2%，1975 年 10 月失業率曾上升到 8.9% 的最高點。

這個數量是多少呢？可接受的失業率是多少呢？1944 年，美國的勞動力中有 1.2% 被官方劃分為失業人口。那個時代全部勞動力的 1/6 入伍了，社會極力主張人們離開學校就業、放棄退休重新工作，並且每週工作六七天。所有經歷過那段勞動力緊缺日子的人都不會相信，1944 年居然有 1.2% 的勞動力找不到工作。

摩擦性失業

　　我們怎麼區分正常或有問題的失業呢？在有些圈子內，仍然流行著一個會將整個問題規避掉的說法，就是只有失業水準上升至純粹的「摩擦性」失業之上時，失業才會成為問題。他們所稱的摩擦性失業，指的是勞動力市場的正常流動更替所帶來的失業，所以並不會帶來困擾。如果我們有理由相信，所謂勞動力市場的正常流動，是一個可識別的、不隨時間改變的固定量，那麼這種說法也許能令人滿意。但是恰恰相反，有諸多非常合理的理由支持我們的觀點，勞動力市場的正常流動是一個**變數**而非固定的，而且它隨著近年來一些顯著變化的因素而改變。

　　那麼，該如何分辨**失業**的人和那些僅僅是**未就業**的人呢？極端的情況很好區分，有些人幾乎願意做任何事情，只求找到滿意職位，而有些人幾乎沒有什麼能說服他們接受一份工作。但是你有沒有發現這種說法的含糊之處呢？那些稱自己「非常渴望」工作的人，仍然會拒絕**某些**工作機會以期找到更好的工作；而那些聲稱自己「絕對」不想工作的人，很少會完全拒絕面前的**每一個**工作機會。當人們說自己「無法找到」工作時，意思其實是無法找到自己願意做的工作；而那些稱「不想工作」的人，指的是目前能找到的工作中沒有自己想去做的。在某些情況下，局外的觀察者是無法區別這兩種情形的。

13.10 ｜ 就業、未就業和失業

　　要辨識這種區別，我們所依賴的局外觀察者是一些受過嚴謹訓練的美國政府職員。美國官方的失業資料是由勞工部所屬的勞工統計局（BLS）發布的，資料來源是《當前人口調查》，這是一份由美國人口普查局代表勞工統計局進行的家計單位抽樣調查。抽樣包括大約 6 萬個隨機抽取的新住戶，樣本的選取代表了整個美國人

口的情況，4 個月中每月進行一次（不像很多人所想的那樣，該資料並非源於索取失業補償金的那些申請）。**⑫**

　　要想有機會被納入勞工統計局的報告當中，一個人必須首先是**非專門機構人口**（noninstitutional population）中的一員。非專門機構人口是指**所有年滿 16 週歲，並且不在專門機構**（如監獄或醫院）**居住的人口**。16 歲以下的人，不管他們工作多勤奮或者多渴望得到一份工作，都不被計算在內，但是 65 歲以上的人口是計算在內的。所有被歸入非專門機構人口的個人，不是被算作就業人口、失業人口，就是被歸類為非勞動力人口（not in the labor force）。確定誰是就業人口不是大問題，但是誰屬於**失業人口**（unemployed），誰屬於「非勞動力人口」因而僅僅被看作**沒有就業**（not employed），兩者之間如何區分呢？勞工統計局制定了區分這兩個族群的精確標準，而且可以很有信心地測量其各自的規模。測量不是問題，問題是這類區分帶來的顯著差別，特別是考慮到某個個體被界定為「非勞動人口」還是正式「失業」，帶來的大相徑庭且不斷變化的成本。

　　讓我們看得更細些。在家庭調查中要被劃分為失業人口，必須未就業，但同時在積極尋求就業，等待開始工作，或重返工作崗位。更仔細地說，一個人必須：①非屬於專門機構人口；②在調查的那個星期內沒有被雇用；③在之前四個星期中的某些時候，為找工作付出過切實的努力；④目前有能力工作（有些人被臨時解雇，但被告知 6 個月內將被召回，或者 30 天內將開始從事新工作，也被算作失業人口，儘管其不符合第三條標準，該條標準要求他們要積極地尋求就業）。失業人口除以勞動力人口就得出了官方的**失業率**，**⑬** 勞工統計局每個月在報紙、新聞廣播或播客中發布失業率。這被稱為「U3 失業率」。**⑭**

　　這類細節問題很難讓讀者感興趣，但是我們要了解，為了符合勞工統計局關於失業人口的標準，人們必須做或不做什麼，這非常關鍵。對於那些做出選擇進而導

12　作者注：請造訪 www.bls.gov

13　作者注：失業率＝未就業人口／勞動力人口，即未就業人口／（就業人口＋未就業人口）。

14　作者注：勞工統計局（BLS）**每個季度**均會對任何季度或月份的就業或失業人口資料進行**調整**。這意味著他們已經對資料進行了修正，以消除純粹由季節性因素帶來變化的影響，如學校在 6 月進入假期，12 月往往會擴大雇用量，以及主要假期的影響等。季節性的調整能讓我們察覺到那些由單純的季節性波動造成的趨勢，如果不進行調整，這些趨勢往往就會被掩蓋或者誇大。若想獲取有關測算美國失業率全部統計學方法的完整討論，詳見 www.bls.gov。

致自己失業的人，除非能了解失業給他們帶來的成本為何，否則就無從理解失業的性質、原因或意義。

13.11 | 勞動力市場中的決策

選擇的概念很重要，因為經濟學理論試圖將**所有**行為都解釋為選擇的結果——當然是在限制條件下的選擇。如果在某個情況中幾乎沒有真正意義上的選擇，經濟學理論對於他們的行為就很難得出什麼有用的分析。我們在上文中假設失業是人們選擇的結果，但並沒有假設每個人都有很好的選擇，更不是說失業的人對他們的情況也樂在其中。選擇，僅僅意味著某人根據預期的相對成本和效益，挑選最好的選項。經濟學的思考方式促使我們解釋社會現象中的變化，包括失業率的變化，並將其解釋為雇主和員工面對的成本效益變化的結果。

勞工統計局的定義，將造成「失業」這種狀態的特定選擇，界定得十分清楚：①人們決定積極尋求就業；②同時決定不接受任何現有的就業機會。兩者顯然都是人們做出的選擇。第一個選擇決定了當事人是被歸於「失業人口」還是「非勞動力人口」，第二個選擇決定了當事人是接受工作就業，還是繼續失業。很多人在這些選擇的關口上所預期的效益和成本在近年來已經發生了巨大變化。因此，今天失業率所包含的意義，已經和 50 年前甚至 15 年前不一樣了。

如今，勞工統計局使用 U1 至 U6 的一系列失業率衡量標準。U6 代表的人群與勞動力的關聯度最低，他們是希望尋找全職工作的兼職員工，或是沮喪的工作者（discouraged workers）。U6 失業率包含了所有類型，因此當然比正式的 U3 失業率要大。例如，在 2012 年年底，U3 失業率為 7.8%，U6 失業率為 14.4%。

特別值得注意的是**沮喪的工作者**的概念。[15] 沮喪的工作者是指對工作前景過於悲觀，以至於放棄謀職，主動從勞動力行列中退出的人。他們曾經屬於失業人員，但現在他們既不是就業人群，也不是失業人群。這使得失業人員（計算 U3 失業率中的分子）的數量減少，其減少幅度大於就業人員和失業人員的總和（分母）。越

15　編注：沮喪的工作者指的是原先失業的人，因屢次謀職不成後，不再積極尋找工作，而退出勞動力市場。也就是說，他們不算失業人口，而算非勞動人口。

來越多的人放棄希望，不再屬於勞動力人群，因此，失業率會**降低**。換句話說，一個不斷惡化的勞動力市場和不斷增加的沮喪的工作者，將降低國家的官方失業率，因為從定義上來說，失業人口數量減少了。

13.12｜失業和經濟衰退

圖 13-1 顯示了經濟衰退和失業之間的關係。經濟衰退開始不久後，失業率就會大幅上升。經濟開始復甦時，失業率又會下降，但是比其上升時的速度要慢得多。1949 年經濟衰退之後（圖 13-1 未顯示），經濟的強力恢復讓人出乎意料，這大部分是由於韓戰，讓失業率從 1949 年的 5.9% 下降至 1953 年的 2.9%。1954 年的經濟衰退又把失業率抬升至 5.5%，之後失業率緩慢回落，直至 1957 年第四季爆發的又一次經濟衰退，失業率被拉升至 6.8%。在 1960 至 1961 年的經濟衰退將失業率再次提高之前，失業率很少有回落的時候。1961 年後長期的經濟擴張逐漸把失業率降低到 1969 年的 3.5%，之後 1970 至 1971 年的經濟衰退又讓失業率激增至5.9%。

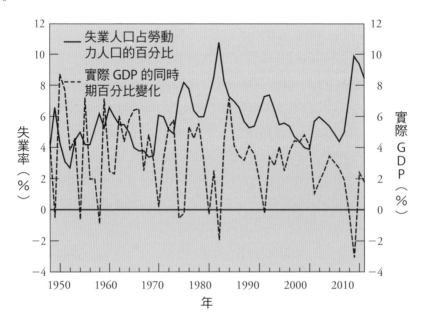

圖 13-1　美國的經濟衰退和失業

自然失業率

　　1971 年以後的復甦再沒能讓失業率低於 4.9%，而 1974 至 1975 年深度經濟衰退後的復甦，也沒能讓失業率降到 5.8% 以下。到 20 世紀 80 年代中期，研習美國勞動力市場的人們普遍得出這樣的結論，即美國的「自然」失業率接近 6%。「自然」失業率有時被定義為在不加劇通貨膨脹的條件下，失業率可能降到的最低值。另一些時候，「自然」失業率被更寬鬆地描述為一種均衡比率，即沒有擾動性衝擊時的比率，或者是反映人們在參與和不參與勞動力市場、接受就業和繼續尋找更好的工作之間，經過考慮後形成偏好的比率。當 1988 年失業率降至 6% 以下，而且一路降至 1989 年 3 月的 5% 之時，無數權威人士預計通貨膨脹率馬上就會上升。

　　1989 至 1991 年，通貨膨脹率確實有輕微的上升。但是，1991 年後的經濟擴張使失業率緩步下降，直至 1998 年 4 月和 5 月失業率降至 4.3% 的低點，而且並沒有重新引燃通貨膨脹。以至於到 1998 年下半年，經濟預言家開始憂慮通貨緊縮，一如他們對通貨膨脹的擔心。1998 年以後，失業率保持在穩定的水準上，只在 2001 年 6 月略微上升至 4.5%。在這段低失業率的時期，一直維持著低通貨膨脹環境。緊隨 2007 至 2009 年的衰退到來，失業率的再次劇烈上升，並且與之前相比，恢復到正常水準的速度更加緩慢。這種「無就業復甦」的原因，以及持續的高失業率造成的後果，已經成為研究美國經濟的主要問題。

13.13 | 通貨膨脹

　　我們不能用未經調整的 GDP 的變動去衡量產品總產出的變動，因為 GDP 是價格乘以數量的結果。1970 年，經濟學暢銷作家慶祝美國「兆美元經濟」的到來，因為在這一年 GDP 首次超過 1 兆美元。但是僅僅只花了 8 年時間，GDP 就攀升超過 2 兆美元，3 年後則達到 3 兆美元。這並不是歎為觀止的經濟成長的結果，而是承平時期前所未有的貨幣價值下降的結果。[16] 因此美國商務部的經濟分析局「平減」（deflate）GDP 的數字，以計算在價格沒有改變的情況下，每年 GDP 的數字會是多少。經濟分析局選取某個最近的年份作為基準年，並以基準年的價格

16　作者注：是有了更多的餡餅，還是說只是原來的餡餅更貴了。

計算每年總產出的價值。這個數字被稱為**實質**（real）GDP，以區別於僅僅是**名目**（nominal）GDP。**實質 GDP 是以一個不變價格計算的一年中所有最終產品的價值**，具體而言，該價格就是基準年的價格。要反映產品生產速率的變化，這是我們最全面的衡量方法。

計算實質 GDP 的過程中，會產生一個衡量整體或者說平均物價水準變化的隱性指標，叫作 **GDP 平減指數**（GDP deflator）。名目 GDP 除以實質 GDP，再乘以 100，就得到了 GDP 平減指數。❶ 儘管 GDP 平減指數是衡量貨幣購買力變化最全面的方法，但它卻不是最出名的。最出名的是消費者物價指數（consumer price index），它衡量的是一個典型城市消費者購物籃中某些特定商品的價格變化。美國勞工統計局調查每個月的消費價格，並在下個月月末前發布結果。相較而言，GDP 平減指數的計算要困難得多，每個季度計算一次，而且要延遲很長一段時間。所以 GDP 平減指數更全面，而消費者物價指數更及時。消費者物價指數是每個月報紙的頭條，特別是在大眾關注通貨膨脹的時候。

但是，為什麼大眾應該關心通貨膨脹呢？有些讀者可能會認為這是個愚蠢的問題。通貨膨脹不是會帶來生活成本的提高嗎？任何讓生活成本提高的事情難道不是應該得到關注嗎？但是通貨膨脹並不是生活成本（cost of living）的提高，前面介紹時也非常謹慎，以免給人這種印象。**通貨膨脹本質上是貨幣價值或者說購買力的下降**。換一個角度來看，可以說通貨膨脹是產品**貨幣**價格（money price）的上漲。如果你願意，你甚至可以把通貨膨脹說成生活貨幣成本（money cost of living）的提高——但是關鍵字是**貨幣**。因為，如果去年以來獲取 1 美元所得的成本減半，那麼今年一個 2 美元漢堡的實際價值，並不比去年一個 1 美元的漢堡更貴。

不確定性的問題

如果實際上通貨膨脹並不增加生活成本，為什麼它會成為一個問題呢？為什麼所有人都擔心通貨膨脹呢？通貨膨脹產生的問題幾乎都是由不確定性造成的。**問題的產生不是由於貨幣價值下降，而是由於未來貨幣的價值無法預測**。貨幣貶值不會

17　作者注：（名目 GDP ／實值 GDP）× 100 ＝ GDP 平減指數。

造成問題，無法預測未來貨幣價值才是問題。通貨膨脹**扭曲了市場價格帶來的訊號**。一個雖然高但是穩定的通貨膨脹率，如果人們對其有穩定的預期，那麼它所帶來的問題將小於一個雖然低，但是難以預測的通貨膨脹率。

通貨緊縮（deflation）**是貨幣價值或貨幣購買力的上升**，與通貨膨脹一樣，它對於社會來說也是問題，因為它同樣給規畫者的計算帶來不確定性。**通貨收縮**（disinflation）也是一樣，1982 年和 1983 年美國曾經歷過通貨收縮。**通貨收縮是通貨膨脹率的減緩**，它使得制定長期計畫的人無法正確預測未來，因而同樣會帶來嚴重問題。

13.14 | 1960年以來的經濟衰退和通貨膨脹

表 13-3 顯示美國從 1970 至 2011 年每年的名目 GDP、GDP 平減指數，以及與上一年度相較的百分比變化。圖 13-2 繪製了這些百分比變化的圖形，解釋總產出和價格波動。

表 13-3　1970 至 2011 年美國 GDP 和物價水準波動（單位：10 億美元）

年份	名目 GDP	GDP 平減指數	比上年度變化（%）
1970	1,038	24.3	0.2
1971	1,127	25.5	3.4
1972	1,238	26.6	5.3
1973	1,382	28.1	5.8
1974	1,500	30.7	-0.6
1975	1,638	33.6	-0.2
1976	1,825	35.5	5.4
1977	2,030	37.8	4.6
1978	2,294	40.4	5.6
1979	2,562	43.8	3.1
1980	2,788	47.8	-0.3
1981	3,127	52.2	2.5
1982	3,253	55.4	-1.9

年份	名目 GDP	GDP 平減指數	比上年度變化（%）
1983	3,535	57.6	4.5
1984	3,931	59.8	7.2
1985	4,218	61.6	4.1
1986	4,460	62.9	3.5
1987	4,736	64.8	3.2
1988	5,100	67.0	4.1
1989	5,482	69.5	3.6
1990	5,801	72.2	1.9
1991	5,992	74.8	-0.2
1992	6,342	76.5	3.4
1993	6,667	78.2	2.9
1994	7,085	79.9	4.1
1995	7,415	81.5	2.5
1996	7,839	83.1	3.7
1997	8,332	84.6	4.5
1998	8,794	85.5	4.4
1999	9,354	86.8	4.8
2000	9,952	88.7	4.1
2001	10,286	90.7	1.1
2002	10,642	92.2	1.8
2003	11,142	94.1	2.5
2004	11,853	96.8	3.5
2005	12,623	100.0	3.1
2006	13,377	103.2	2.7
2007	14,029	106.2	1.9
2008	14,292	108.6	-0.3
2009	13,974	109.5	-3.1
2010	14,499	111.0	2.4
2011	15,076	113.4	1.8

資料來源：經濟分析局

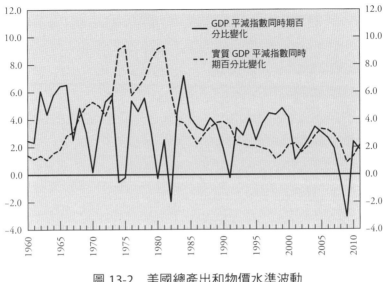

圖 13-2　美國總產出和物價水準波動

經濟衰退

表 13-3 的第四列清楚地展示了這段時期美國經濟的衰退情況，包括實質 GDP 成長率的持續減緩或者負成長。[18] 它們並不完全明確，因為美國全國經濟研究所（NBER，一家私人研究機構，由其正式認定經濟的下行何時被視為經濟衰退）對於區分經濟衰退和其他較不嚴重的情形，並沒有絕對正確的硬性標準。官方認定的幾次經濟衰退出現在 1970 年、1974 至 1975 年、1980 年、1982 年和 1991 年，在這些年份中，每年實質 GDP 都是下降的或者幾乎不成長。但美國全國經濟研究所還認定 1970 年發生了經濟衰退，並且 1991 年的經濟衰退始於 1990 年。在本書付梓之際，常能聽到人們談論「持續進行的」經濟危機，但根據經濟研究所的資料，最近的經濟衰退已於 2009 年結束。圖 13-2 中用圖形表現了所有這些情況。

表 13-3 最後一欄顯示，在 1970 年代和 80 年代初期通貨膨脹變得比前幾十年更為嚴重。來看圖 13-2，小心不要把曲線的下降部分看成通貨緊縮。表現 GDP 平減指數的線條必須降到 0 以下，才顯示實際發生了通貨緊縮或者物價水準下降。1981 至 1986 年的下降是通貨收縮，而不是通貨緊縮。1960 年代通貨膨脹平均每年

18　作者注：經濟衰退：實際 GDP 增長速度放緩或下降。

增速為 2.5%。但是在 1970 至 1981 年，年平均增速到了 7.5%。1974 年和 1975 年尤其讓人憂心，嚴重的經濟衰退造成極高的失業率。同時，美國物價水準以前所未有的比率上漲，這種上漲只在幾次重大戰爭期間出現過。1970 年代，謠言開始散播，電視和報紙評論員更是推波助瀾。謠言說一種空前的弊病掐住了經濟體系，這是一種經濟學家無力解釋的弊病：伴隨著通貨膨脹的經濟衰退。這叫作**經濟停滯膨脹**——經濟停滯，伴隨著通貨膨脹。❶

這些謠言是不正確的。通貨膨脹先前就和經濟衰退一同出現過，之前的一次是在 1958 至 1960 年的經濟衰退期間，儘管在這些年中通貨膨脹成長得並沒有 1970 年代那麼快，而經濟學家也不是完全無法給出解釋。另一方面，關於經濟衰退和通貨膨脹原因，經濟學家的一些過於簡單的認識，經過 1970 年代被發現確實存在問題。1974 至 1975 年發生了嚴重的經濟衰退，物價卻幾乎平均每年上漲 10%，這清楚地說明經濟衰退和通貨膨脹並不是簡單的「對立面」。

13.15 | 什麼導致總量波動

什麼導致了表 13-3 中顯示的總產出成長的劇烈波動呢？什麼讓實質 GDP 在 1978 年第二季度以 9% 的速率成長，而在 1970 年第二季度以 9.5% 的速率下降，而後又在 1981 年第一季度再度以 9% 的速率成長？為什麼 GDP 平減指數作為整體物價水準最全面衡量標準，從 1960 年以來每年都成長？為什麼它的成長速度不同？

一種解決方案是：與其去問為什麼會這樣，不如去問為什麼不能這樣變化？變化和機率是社會領域的特點。生產和價格受制於戰爭、新發現、革命或自然災害的影響。穩定而不是波動，才是真正需要解釋的現象。看看所有能叫得出名字的產品的數據，就會發現產出水準或價格在一段時間內都是不穩定的。那為什麼我們還要期待總產出或平均物價保持穩定呢？

這解釋切中要害，但是並不能完全令人滿意。個別產品（如農產品、汽車、個

人電腦、電影票等）生產和價格水準的大幅變化，比總體產出和平均貨幣價格水準（money prices）的大幅變化要容易理解。根據「大數定律」，很多影響個別產品供需的變化和相對的機率，在總體上應該可以相互抵消。為什麼這個定律不能導致實質 GDP 的成長率和價格水準更加穩定呢？

部分解釋是，經濟體系傳播著某種「病毒」式的相互影響。挫敗也好，意外的好運也好，經濟體系中的某些部分會影響到與其相連的其他部分。例如某個月份的汽車銷售欠佳，是由於這段時間異常寒冷的下雪天氣造成的，這可能導致減產、汽車組裝廠裁員；而這些又會造成專做鋼板的鋼廠的訂單減少，並減少主要為組裝廠工人提供服務的店鋪的生意，最後導致鋼廠和零售店鋪裁員，引發進一步的連鎖反應。

經濟學家開發各種模型或採用各種比喻，來描述相對較小的擾動，如何藉由經濟體系的傳遞，產生巨大的總體效果。其中很多描述了某種循環流程流動機制，以反映經濟體系如何將種種小事件轉變成為繁榮與蕭條交替循環流程的模式，而後者 200 年來一直被認為是由市場調節的經濟體系的特徵。因為每個人的支出都將成為其他某些人的所得，而所得又將進一步影響人們的支出，於是國民消費信心上的微小變化所帶來的支出決策上的些許變化，可以產生螺旋式的相互影響。

總所得一定等於總產出，但總需求可以小於總產出

國民所得和產出的計算提醒我們，可用於購買新產品的總所得，也一定和這些產品的支付價格相等，即總所得一定都會被花掉用於購買總產出。[20] 這是一個非常重要的真理，至少應該將其作為分析的起點。相對的，是一種奇怪但傳播廣泛且持久的恐懼，認為總產出一旦成長過快，總需求無法跟上，經濟體系會由於生產過剩而崩潰。總所得和總產出是以相同的速率成長，道理很簡單，它們是從相反的角度觀看的同一種現象。這是理所當然的，而且並不意味著總**需求**一定要和總產出相等。那麼，如果人們選擇不花掉他們的全部所得呢？如果決定將所得的一部分儲蓄

---

20 譯注：要正確理解這段需要聯繫上下文，作者主要想強調的是，即使儲蓄最終也會作為投資被其他人花掉，而關於總產出中沒有賣掉的存貨，回想上文計算 GDP 時已經將其處理為「被廠商自己購買」，計入廠商的年度採購總額中了。

起來，不會讓總需求降至總產出水準之下嗎？這不會導致生產過剩和經濟崩潰嗎？

　　答案取決於人們用省下來的所得做什麼。除了極少數（因而不重要）的守財奴和怪人之外，人們會用積蓄投資。直到 1930 年代，這至少是絕大部分經濟學家一致認同的觀點。人們不會把積蓄塞在床墊下面或者放在餅乾筒裡，他們會讓積蓄發揮作用。如果不用積蓄購買資本財（capital goods），那麼他們會購買某種金融資產（如債券、股票、儲蓄帳戶），從而將積蓄轉移到會購買資本財的人們手裡。亞當・斯密簡單地說明了這個規則：「通常每年的積蓄與每年普通的消費一樣，幾乎同時被花掉，只不過這些積蓄是被另一些人花掉的。」

　　斯密認為只要有「尚可的安全性」，人們只有「徹底瘋了」（引自其原文）才會不將儲蓄用於投資。因此對生產過剩或消費不足的恐懼是沒有根據的。根據斯密和 19 世紀其大多數傳承者的觀點，對總需求可能不足的擔心，是對經濟體系基本運作缺乏理解的證明。生產過剩不是問題；挑戰的所在是要增加生產，從而能夠提供更多生活的「必需和便利」。經濟體系中政府的工作不是刺激需求，而是維持消費的誘因，其中主要是藉由維護財產安全。只要做到這一點，人們想要改善狀況的天性就會引領他們生產、積蓄、投資，並促進產出不斷成長。消費（即需求面）會自己管好自己。

　　經濟大蕭條讓這種樂觀的信念偃旗息鼓，在很多政治家和知識分子的眼中，1930 年代，總需求顯然並不總是能「自己管好自己」。結果關注和培育總需求的新經濟理論和政策興起了，這些理論盛行多年，直至 1970 及 80 年代的實際狀況，揭示出理論中的一些明顯缺陷。與科學知識總是不斷取得進展不同的是，今天的經濟學家可能不如他們的前輩那麼確信，認為自己已經了解了導致總量波動的原因及相對的應對方法。

13.16 ｜ 延伸閱讀：國民所得統計的局限

　　國民所得統計人員計算 GDP 以衡量總體經濟的表現，這衡量的當然**不是**「社會福利」、國民「幸福」或「整體滿意度」。實質 GDP 的持續成長（經濟成長），並不必然意味著人們比以前更幸福、對自己感覺更好、發現了生活中的更多

意義或者離發現上帝更近了；實質 GDP 的下降，也不一定意味著人們對其生活感覺更不幸等。GDP 的本意就是要表現**經濟績效**，但是它表現得並不完美。經濟學家意識到，GDP 系統性地忽略了幾種對經濟績效有貢獻的生產性活動。我們只討論其中幾種，讓讀者對這些爭議問題有所認識。

GDP 忽略了所有非市場形式的生產。回想一下，GDP 是以最終商品和勞務的市場**價格**（market price）衡量的。同樣，對於全體國內經濟中的資源提供者，將他們**取得的貨幣所得**（incomes paid in money）相加，也可以計算出 GDP。當然在現代商業社會中，很多的活動都是藉由產權的買賣完成。但是並非**所有生產活動**都會在市場上交易以獲取貨幣，儘管這些活動也**同樣創造財富**。^{❷❶} 試想這樣兩個例子：布朗一家雇用了一位全職保母來做家務並照顧孩子，他們每週支付 300 美元作為她的勞務費。街對面的瓊斯一家，瓊斯太太是全職媽媽，自己做家務照看孩子。瓊斯太太或許可以（或許不能）對丈夫的所得有所支配，但是她的勞動並沒有**獲得**金錢報酬。她們的勞動在**兩個**家庭中都是稀缺品，但只有布朗家雇用保母的行為才會影響 GDP，每年 GDP 會因其成長 15,600 美元（每週 300 美元，共 52 週）。瓊斯太太的勞動被 GDP 統計所忽視，她提供了相同的勞務，但是卻是以非市場的形式。因此，在計算 GDP 時，她對家庭（**以及整體經濟**）的貢獻被相對地忽略了。同樣，如果一名修理工更換了你汽車的發電機，GDP 的成長既包括新發動機的價格（如 100 美元），**也**包括修理工的勞務費（例如，他工作半個小時，勞務費 40 美元）。但是如果妳的男朋友幫妳買了一個新發動機，由於他愛妳所以自己更換了發動機，那麼 GDP 的成長只包括 100 美元發動機的價格。**他的**勞動不會被計入 GDP，因為他提供的勞動是非市場的。因此，由於排除了經濟中的非市場性生產，官方 GDP 統計資料往往**低估**實際的整體經濟績效。

GDP 也忽略了非法（黑市）的生產。^{❷❷} 假設保母進行的是地下市場的非法勞動，她的勞務儘管是市場性的，也是有報酬的，但是卻不會計入 GDP。GDP 之所以忽略了非法生產，一個明確簡單的原因是：只要神智正常，誰會去**申報**非法獲得的所得？多少毒販會這麼做？多少皮條客和妓女會這麼做？（在內華達州，賣淫是

21　作者注：付給一個顧問諮詢費增加了 GDP，但是向一個朋友詢問意見則沒有。

22　作者注：國民所得統計者的原則：忽略一切非法的交易。

合法的，他們**確實**申報所得，而且其所得也會計入 GDP；在其他賣淫屬於非法的那些州，相關人員的生產性勞務所得是不會申報的。）一般情況下，GDP 統計忽略**所有**非法的生產。但是毋庸置疑，非法的生產也是國家整體經濟績效的一部分。那麼，由於排除了所有非法的經濟活動，GDP 統計資料又一次傾向於低估實際的整體經濟績效。

GDP 忽略了附加的經濟價值（economic value added），這裡有個例子，它會導致 GDP **高估**實際的經濟績效。在本章對附加價值的討論中，我們是嚴格按照**會計**意義上的價值（accounting value）計算的。也就是說，與**經濟利潤**相較之下，我們關注的只是**會計利潤**。記住在第 7 章中，曾經大談會計利潤和經濟利潤之間的差別，在這裡作者仍然堅持兩者有重要的概念區別，**特別**是我們想要分析整體經濟的時候，更不能忘了這一點。企業家**真正**在乎的是經濟利潤，因為經濟利潤考慮了**企業家自己擁有資源的機會成本**，這就是為什麼經濟利潤的概念在經濟學的思考方式中如此重要。從經濟學家的角度來看，**企業家對於經濟利潤的追求是市場過程的推動力**。對那些能夠產生經濟利潤機會的追逐，可以說明解釋經濟體系中持續不斷的革新變化。

經濟利潤一般**低於**會計利潤。但是，在計算 GDP 時，**只有**會計利潤被用來計算經濟績效。GDP 統計人員不可能確定美國所有企業家的隱藏成本或機會成本，沒有哪個統計人員和經濟學家能夠做到這一點。[23] 相對地，不論是好是壞，他們依賴企業主和公司正式呈報的會計利潤，即使那些會計利潤真正帶來的是經濟**虧損**（economic losses）。在這個意義上，國民所得統計中對經濟產生的所有利潤加總，其實是要被打折扣的。由於本質上假設企業主擁有的資源是**免費品**，GDP 統計中的利潤總量一定是被系統性高估了。

總量的危險：一個方法論的反思

試圖清楚地衡量經濟的整體績效是一件十分困難的工作，即使做到最好也不會完美，而通常這樣做意義也不大。作為一個總結，讓我們來考察一個總體經濟分析中更寬泛的問題：其對於統計總量的強調。

23　作者注：國民所得統計人員不可能計算並加總所有的經濟利潤與虧損。

　　讓我們從一個完全非經濟的例子開始。假設氣候學家要計算美國的**全部**降雨量〔我們把它叫作**總量（aggregate）**〕，即使獲得了準確的數值（例如，以英寸每年為單位），這個數值實際上告訴我們什麼呢？假設它們可以顯示今年的總降雨量比去年高 3%。從降雨**總量數據**中，能夠得出結論說那些需要較多雨水（或較少雨水，視環境而定）的特定地區，今年確實如願以償了嗎？農民可能並不會僅僅看降雨**總量**本身，就對生產計畫進行重大修改，相反地會參照影響他們**特定時間和空間環境**的降雨水準。愛荷華州中部的玉米農場主人，會詢問影響當地環境的資訊，美國的降雨總量對他來說是沒有太多用處的。這個降雨總量數值能幫助農業部的人嗎？至少人們還不清楚它如何能有所幫助。

　　現在已經知道，很少有人會仔細關注美國的降雨**總量**。但是很多人，包括經濟學家和政策制定者，確實關注每一季的 GDP 統計。GDP 是一個總量的概念，它衡量的是整體國內經濟創造的**總產出（或總所得）**。總體經濟理論常常會誘導人產生這樣的傾向，即大量地（甚至是僅僅）關注一些總量數據之間的關係，包括 GDP、「價格水準」、失業率等，以作為對經濟體系的研究。但是這樣做存在相當大的問題，因為這種研究方式容易（至少是某種程度上）讓人以為，好像是這些總量數據自己在相互影響。相對地，那些想要改進經濟狀況的政策制定者，可能只對**獲得正確的總量**感興趣。但是回想一下從一開始我們就強調的東西，經濟活動**總是處處**由**個體**組成的。只有個體進行選擇，個體採取行動並互相影響，他們想辦法藉由市場過程協調計畫，以追求和創造財富。太過於強調組合式的**數據**（即總量）之間相互影響，可能讓我們忽略具體的資訊片段，特別是那些不同的決策者用於協調他們各自目標與計畫的異質性資訊。

　　大多數 1950 至 1970 年代的總體經濟學家認為，供需理論以及對個體決策制定者的關注（即**個體**經濟學）有著內在的局限性，無法解釋整體經濟現象。那時總體經濟學更加關注總量分析，把個體選擇者的觀念丟進了總體經濟學思想的垃圾堆——認為其只對個體經濟學理論有用，對總體經濟學理論沒用。但是 1980 年代以來，越來越多的總體經濟學家主張**總量分析**自身也是有局限的。他們嘗試改進總體經濟學理論，重新發現供需分析的價值、相對市場價格以及價格預期的形成過程，以此來尋找「總體經濟學的個體基礎」。到目前為止，探索的結果不盡相同，

時間會證明這是否會導致總體經濟學思維的根本性變革。❷

本章回顧

　　衡量一個國家的產出或所得的最常用方法就是 GDP，即一個國家在一年內所生產最終產品和服務的市場總價值。

　　可以用三種方法來計算 GDP，如果計算無誤，這三種方法的計算結果是相同的：①家計單位、企業和政府採購的最終產品和服務的總值，加上出口超出進口的差額；②為創造年度總產出貢獻了資源的人的總所得，包括以工資薪酬、利息、租金和利潤等形式取得的所得；③在最終產品生產過程中，所有做出貢獻的生產者的價值增值的毛額。由於未售出的產品記入了存貨，進入公司的總採購額中，用於最終產品的家計單位、企業、政府和（淨）進出口支出毛額，相加一定等於所生產產品的總價值。

　　這裡可能產生一個關於未售出產品的問題，它們是年度產出的一部分，但是沒有售出，因此似乎沒有給任何人帶來所得。在統計處理時，假設生產這些產品的廠家自己購買了它們。要生產這些產品本身就要有所支出，而即使廠家自己並不情願購買，已生產但未出售的產品確實被歸入存貨，進而被計入其採購毛額。

　　經濟體系中的服務是即時的，它們是當前經濟績效的一部分。因此，GDP 也包括服務的市場價值，甚至包括買賣二手貨套利者的服務，比如中古車商或者古董商人。

　　勞工統計局將所有年滿 16 歲的非集體戶人口中，當前沒有就業而且正在尋求就業，或者等待開始新工作或重返工作崗位的人，算作「失業人口」。這些人與其他就業人口組成了勞動力人口（civilian labor force）。官方的 U3 失業率（報告中最常見的統計數據）的計算是將失業人口除以勞動力人口。

　　勞工統計局還試圖藉由收集人們做出決定的數據，將勞動力市場的狀況做出明確的勾勒。例如，計算那些與勞動力關聯度低的人群，或者對繼續尋找工作機會喪

24　作者注：僅僅著眼於整片森林，往往會對單棵樹木視而不見。

失希望的人群，這些人所代表的數據便是 U6 失業率。

　　沮喪工作者的增加將降低 U3 失業率，因為該增加導致了失業人口的減少。

　　通貨膨脹是貨幣購買力的持續下降，或者說產品貨幣價格的持續上升，兩者意思一樣。通貨膨脹並不必然意味著實際「生活成本」的升高，特別是從經濟學機會成本的角度來看。

　　通貨緊縮是貨幣購買力的持續上升，或者說產品貨幣價格的下降。

　　通貨收縮是通貨膨脹率的（趨緩）下降。

　　通貨膨脹、通貨緊縮、通貨收縮這三者，都會造成市場價格訊號的嚴重扭曲，給做貨幣計量、預算和長期規畫的人帶來麻煩。

　　實質 GDP 以固定購買力的貨幣價格衡量一個國家的總產出或總所得。名目 GDP，或當前貨幣價格下的 GDP，被實質 GDP 相除可以得到 GDP 平減指數，用來衡量通貨膨脹或者變化的貨幣價值。

　　經濟成長必然伴隨實質 GDP 的持續成長。另一方面，實質 GDP 連續兩個季度下降或者經濟成長率趨緩（後者現在更常用），一般就意味著經濟衰退。

　　在所有商業社會中，實質 GDP 的成長率（即經濟成長率）都會隨時間波動，產生繁榮與蕭條交替循環流程的模式，目前人們對這種模式的成因和應對還不十分了解；或者說，至少了解得還不夠充分，不足以讓政府的決策者完全掌控。

　　最後，GDP 的衡量（即國民所得統計）有很多局限，同樣，總量分析總體上說也有很多局限。GDP 系統地忽略了很多對國家整體經濟績效有所貢獻的活動，包括非市場形式的生產、非法或黑市生產以及對經濟利潤的追求（相對於與純粹的會計衡量）。

貨幣

▌本章你可以學到這些 ▌

☑ 描述貨幣出現並且演變為銀行票據的過程

☑ 解釋現代經濟中貨幣創造的過程

☑ 描述美國聯邦準備理事會（簡稱聯準會）是如何規範商業銀行的行為

☑ 解釋聯準會會採用什麼樣的工具來調節經濟中的超額準備

☑ 解釋聯準會將怎樣爭取實現貨幣均衡，以將總體經濟波動風險降到最低

　　本書中一再提到了貨幣，它是國內乃至全球貿易的潤滑劑，值得單獨用一整章來討論。在第 5 章，我們討論了作為**一般交易媒介**以及交易一方的貨幣，在本章，關注的是貨幣本身。儘管已經強調過它在讓市場來調節人們活動過程的角色，但貨幣不會像天賜糧食一樣從天而降。那麼是如何建立貨幣體系的？

14.1 │ 貨幣的演化

　　有史以來，人們一直在尋求從交易中獲取更多收益的方式，他們藉由經驗摸索發現，稀有的貴金屬可以作為更好的交易媒介。銅、青銅、白銀和黃金都經久耐用，既可以分成小塊，也可以重新結合；因其供給有限，加上外觀精美、使用持久，故在本身用途之外開始享有交換等其他價值。使用一片片貴金屬交易的一個缺點，在於難以立即確定這塊金屬真正的重量和成色。但是政治強人在某種程度上解決了這個難題，他們發現將貴金屬製作成硬幣有利可圖。他們把成條的金屬鑄造成特定品質和成色的硬幣，同時留下一些給自己。他們的顧客願意接受這種剋扣，將

其稱為**鑄幣稅**（seignorage），因為鑄造過的金屬擁有確切的價值，在交易中比未鑄造過的金屬更值錢。政治強人發行硬幣時，還可以把他的頭像放在硬幣上，免費給自己做具有影響力的廣告。在硬幣邊緣刻紋（即在側面軋上凹凸的齒紋）讓人們在流通的過程中，更難從邊緣刮掉部分貴金屬，保護了硬幣的價值不受損失，使這種交換媒介更令人滿意，因而更有價值。❶

擁有金條或銀條的巨商富賈開始尋找安全的地方存放，大量金、銀條被放到金匠那裡，因為金匠有安全儲存貴重物品的設施。金匠出具的收據可能是紙鈔的最初形式。買方為什麼要不顧麻煩和風險，把金條從金匠的金庫裡取出來付給賣方呢？反正賣方之後也還是必須冒著同樣的風險和麻煩，再把這些金條存放回金匠那裡。為什麼不直接把收據給賣方呢？

當商業銀行興起並開始接受金屬貨幣存款時，銀行家很快發現可以把存在他們那裡的貨幣借出去一部分收取利息，因為只有極少數存款戶會一次性取走存款。而且，為什麼要借給借款人真正的金幣或銀幣呢？收據一樣有用，而且可能還更好用。這就是大部分鈔票或「銀行票據」（bank note）的起源，是現在使用紙鈔（paper money）的直系祖先。鈔票是一張紙，為了防止偽造，這張紙印刷精美，保證兌換給持票人特定金額的金屬貨幣。

聯邦準備銀行發行的鈔票

看看你錢包裡的那疊紙鈔，你會發現它們其實都是銀行保證付款的票據（bank notes），在美國就是由 12 家聯邦準備銀行中的一家發行的。這些鈔票在 1990 年代晚期重新設計之前，頭像左邊的圓形印章都會有發鈔銀行的名稱。它們和美國（以及其他國家）150 年前的大部分紙鈔的主要區別，在於現在它們由政府管理的銀行獨家發行，而且不再保證兌換給持有者什麼實體物品。

1　譯注：早期確實有人從硬幣邊緣刮下少量貴金屬，積少成多以牟利。而如果在其側面壓上凹凸的刻紋，一旦被磨掉就可以很容易看出硬幣被動過手腳。

14.2 ｜ 法定貨幣的故事

　　拉丁語「fiat」的意思是「讓它是」或者「讓它變成」。如今很多人會抱怨或至少是聲稱，是政府把我們所有的錢變成了純粹的「法定貨幣」（fiat money）。按照他們的說法，紙鈔根本不是真正的貨幣，它們只是被政府單獨地宣布成為貨幣的一張紙而已。原先私人發行的銀行票據則不是單純的法定貨幣，因為它們是金銀的收據，以真金白銀為支撐，它們是有價值的。這些反對者將政府的這種行為視為權力的濫用，認為這是一場騙局，使政府能夠藉由印製鈔票大肆揮霍，而不顧一個事實，即政府印的鈔票越多，公民手上的鈔票的價值就越低。

　　儘管這種說法某些部分正確，但是它掩蓋了貨幣的一個基本事實。沒有人，甚至是強權政府，能夠僅僅藉由法令就能使某種東西變成貨幣。**能使某種東西變成貨幣的，是它事實上作為交易媒介被人們接受並使用**。在美國，美鈔（Federal Reserve notes）是貨幣，不是因為政府說它是貨幣，而是因為美國人民在支付貨款和償還債務時願意接受它。❷ 世界各地的政府都發現如果它們印製過多的紙鈔，國民就不願意接受這些紙鈔了，其他一些東西（通常是美鈔）就會變成國內更受歡迎的交易媒介。

14.3 ｜ 當今貨幣的性質

　　所有這些都是為了引出這樣一個真實而重要的論斷：**我們今天用作交易媒介的東西，幾乎全部由有信用機構的欠條（IOU）組成**。現在在美國用什麼作為交易媒介？很多人一提到貨幣，就會立刻想起那些被稱為**美鈔**的綠色紙片，還有各種大小和顏色的硬幣。經濟學家把這些合併在一起，將其稱為貨幣供給的通貨（currency）組成部分。美鈔，作為目前流通貨幣中較大的組成部分，其實都是聯邦準備銀行的欠條——用會計的話來說是**負債**（liabilities）。聯邦準備銀行最初建立時，其鈔票之所以被人們接受，是因為它們保證按人民所需支付「法定貨幣」。

2　作者注：貨幣的基本特質是可接受性。

沒有人關心或者注意到從什麼時候開始鈔票上不再印上這些話，因為那時這些鈔票自身已經變成了「法定貨幣」。

現金的替代品

現金有替代品嗎？就如在第 3 章中所說的，每樣東西都有替代品，包括現金貨幣。事實上，（在美國）使用最廣泛的交易媒介不是現金，而是**支票存款**（checkable deposit）：**即存在金融機構的存款，可以藉由填寫支票的方式轉給他人**。支票存款最常見的形式，是在商業銀行等提供全面金融服務的銀行支票帳戶中存的錢；銀行業的人稱其為活期存款（demand deposit），因為它可以根據需要隨時支取。這些存款也都是欠條或者說負債，是持有存款的特定銀行的負債。銀行欠你的錢，就是你在銀行支票存款帳戶中的錢。美國公司和家庭在大部分交易中都藉由支票支付，也就是告訴他們的銀行，原先銀行欠的一筆錢，已經轉由支票支付了。

綜合而論，支票存款其實可以被看作是貨幣，這點學生們一開始比較不容易接受，他們自己可能是用現金進行所有交易的。他們收到支票，就會把它兌現，也就是說將支票兌換為現金並花掉。但是學生的習慣並不是商業企業、政府單位和家庭交易中慣用的方式，絕大部分用美元計價的交易使用支票存款作為交易媒介。買方通知他們的銀行將其一部分存款的所有權轉給賣方，換句話說，他們填寫一張支票。賣方通常將支票存起來而不是兌現，他們通知自己的銀行接受寫支票的人轉移過來的所有權。整個過程中完全沒有現金易手。存入這張支票的銀行在其帳目上記上一筆，支出這張支票的銀行也在其帳目上記上等額但相反方向的一筆。

美鈔和支票存款構成美國幾乎全部的交易媒介，除此之外兩者還有一個共同點，就是基本上都是有信用機構的負債。為什麼這一點這麼重要呢？因為這開始顯示出在一個社會中控制貨幣數量的難度。任何一個能夠說服人們持有並流通其負債的機構，都能夠擴大社會中交易媒介的數量。也就是說，有這種能力的私人和公共機構都有能力創造貨幣。

14.4 │ 市面上有多少貨幣

　　聯邦準備銀行計算狹義的貨幣存量，也就是 M1，是藉由加總流通中現金、活期存款、其他支票存款和旅行支票得到的。表 14-1 可以讓你對這個數量有個概念，並且告訴你它每年的變化情況。經濟體中貨幣的數量每天都會有相當的波動，因此數字通常用一段時間的平均值來表現。這裡提供的數字以 10 億美元為單位，給出的是每年 12 月的日平均數字。同時也顯示了貨幣總量同比成長和下降的百分比。

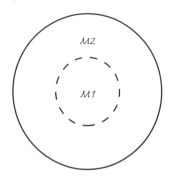

　　如果狹義的貨幣供給官方稱為 M1，那麼有人可能會猜想有一個更廣泛定義的貨幣存量 M2。M2 確實存在，M2 是 M1 加上銀行中數量低於 10 萬美元的非支票存款（定期存款），以及貨幣市場共同基金的金額（即允許初期投資低於 5 萬美元，投資於短期債務工具的共同基金）。有些資產民眾可以很容易將其變現為交易媒介，例如，藉由打電話給銀行，M2 就是用來衡量這些資產的美元價值。

　　M2 相對於 M1 數量的變化，源於民眾對於持有貨幣存量還是類貨幣資產這兩種形式的偏好。如果你從支票存款帳戶中轉出 500 美元，轉入另一個銀行的儲蓄帳戶（saving account），❸M1 會下降 500 美元。但是 M2 不變，因為 M2 包括 M1 中的一切；不管這 500 美元在支票存款帳戶還是在儲蓄存款帳戶，都包含在 M2 的毛額當中。所以銀行出借的行為增加了 M1。民眾希望持有更多（或更少）的支票存款（demand deposits）還是儲蓄存款（saving deposits），決定了 M1 和 M2 之間不同的成長率。

3　譯注：在美國，支票帳戶（checking account）由於可以隨時簽支票支取，又稱為 demand deposit account；相對於儲蓄帳戶屬於 non-checkable account，支付利息，但不能用支票像現金一樣支取。

表 14-1　M1 貨幣供應量（12 月日平均數字）（單位：10 億美元）

年份	M1	百分比變化（%）	年份	M1	百分比變化（%）
1975	306.6	6.8	1994	1,126.8	-2.0
1976	330.7	7.9	1995	1,070.8	-5.0
1977	357.7	8.2	1996	1,071.6	0.1
1978	384.2	7.4	1997	1,092.1	1.9
1979	404.3	5.2	1998	1,126.3	3.1
1980	436.7	8.0	1999	1,088.6	-3.3
1981	473.9	8.5	2000	1,183.7	8.7
1982	520.6	9.9	2001	1,220.2	3.1
1983	555.9	6.8	2002	1,303.5	6.8
1984	619.9	11.5	2003	1,388.0	6.5
1985	735.2	18.6	2004	1,383.8	-0.3
1986	750.6	2.1	2005	1,381.0	-0.2
1987	784.6	4.5	2006	1,371.1	-0.7
1988	794.9	1.3	2007	1,602.1	16.8
1989	828.9	4.3	2008	1,692.5	5.6
1990	897.5	8.3	2009	1,851.6	9.4
1991	1,028.4	14.6	2010	2,152.8	16.3
1992	1,131.8	10.1	2011	2,384.8	10.8
1993	1,149.4	1.6			

資料來源：Board of Governors of the Federal Reserve System；www.federalreserve.gov.

14.5 | 信用和信任

　　如果一個社會裡銀行的放款行為沒有受到法律的嚴格管制，那麼對於銀行無限地創造貨幣的唯一限制，就是其保持自己信用的能力了。只要人們對銀行的負債有信心，也就是說，只要相信銀行在被要求的時候願意而且也能夠還債，那麼銀行就可以藉由創造負債來創造貨幣。如果在某個銀行有支票存款帳戶的人們開始懷疑銀行的還債能力，他們就會決定要收取債務了（記住：你的銀行存款是銀行的負債，是銀行欠你的債）。人們會衝進銀行，要求支付債款。用什麼方式提取呢？就是用

他們仍然信任的其他機構的負債，如聯邦準備銀行。假設你在支票存款帳戶裡確實有 237.28 美元，而你是懷疑者中的一員，你會把這 237.28 美元取出來，換成美元鈔票，外加 1 枚 25 美分的硬幣和 3 枚 1 美分的硬幣。

流通貨幣的管理

你的這個行為不會改變流通貨幣的數量，因為貨幣供給不包括銀行體系內部持有的鈔票和硬幣。當你關閉了支票帳戶，支票存款形式的貨幣數量會減少 237.28 美元，而以流通中通貨為形式的貨幣數量會增加 237.28 美元。但是如果該銀行絕大多數存款戶都開始懷疑銀行還債的意願和能力，你的行為加上這些人的行為會讓金庫裡的鈔票被全部取光，迫使銀行請求該地區的聯邦準備銀行給予更多的通貨補給。聯邦準備銀行為你的銀行做的事，和銀行為你做的事一樣。聯邦準備銀行會按照請求把相對數量的美鈔交給該銀行，並從其在聯邦準備銀行持有的存款中減去相對的數額。**一種可能**是，如果該銀行在聯邦準備銀行的存款夠多，能夠得到足額的美鈔滿足有疑慮的存款戶的要求，那麼對該銀行的「擠兌」就結束了，此時說明存款戶們錯了，銀行實際上仍然有實力。**另一種可能是**，如果在聯邦準備銀行帳戶上的儲蓄都耗盡了，該銀行還是沒有滿足存款戶的要求，那麼存款戶們的懷疑就被證實了，銀行被證明沒有能力償還債務，它將被迫破產。

因此，限制不受管制的銀行無限創造貨幣的，是它維持存款戶信任的能力；銀行需要讓存款戶相信，它能夠而且願意按要求將儲蓄負債，轉換成民眾更為信任的其他形式的貨幣，❹ 在上面的例子中是美鈔。其他條件保持不變的情況下，銀行創造的貨幣越多，它滿足存款戶提現需求的能力就越低。原因很簡單：創造貨幣的過程會給銀行帶來更多的負債，除非存款戶把這些錢花掉，支付給（在其他銀行存款的）賣家從而讓帳戶歸零，就像你買電腦時在電腦賣場經歷的一樣。但即使這樣對銀行來說也好不到哪去，因為聯邦準備銀行會清算你的支票，把錢從你開戶銀行在聯準會的帳戶裡取出來，放到電腦賣場的開戶銀行在聯準會的帳戶中。這讓你的銀行喪失了部分準備金，不然的話，這部分準備金可以用來滿足存款戶提現的需求。

4　作者注：人們必須保持對某種貨幣的信任，否則就不會再接受這種貨幣。

銀行創造貨幣向外出借是想賺取利息，因此銀行必須在獲得額外收益的渴求和維持存款戶信任的需要之間維持平衡。

14.6 | 受管制的銀行：法定存款準備金制度

為了闡明銀行體系的基本特性，我們已經描述了在不受管制的銀行體系中，銀行創造貨幣所存在的管制。但實際上，這個世界所有的銀行體系都是受到管制的。在美國，最基本的規範，也是對於貨幣創造最根本的限制，是**法定存款準備金制度**。銀行的儲蓄負債數量，不得超過其一定倍數的存款準備金數量。

存款準備金制度是用百分比的形式表現的，被稱為**存款準備金比率**，❺ 這是銀行業的重要遊戲規則。存款準備金比率可以告訴我們，以金庫現金或在地區聯邦準備銀行中保證金存款的形式，銀行需持有的全部準備金的比例。例如，25% 的存款準備金比率，意味著擁有總計 1 億美元支票存款的銀行必須在金庫中持有 2,500 萬美元。其餘的 7,500 萬美元此時成了銀行的**超額準備**（excess reserves），❻ 可以用來進行獲利性投資，一般採用放款的形式。不要忘了商業銀行是要獲取利潤的，它們計畫以低利率借入（比如在支付你的儲蓄帳戶利息的時候），以高利率借出（如汽車貸款或房屋貸款），之間的**差額**就代表了潛在的利潤，當然是在銀行的其他開支都被去除之後。

還可以換種方式來思考這個問題。你支票帳戶裡存的 1,000 美元並不都在那兒！當然了，你有一個 1,000 美元的帳戶，但銀行只會持有這份存款中的一部分，轉而用剩餘準備金的部分去尋求獲利機會。金庫裡沒有寫著你名字的 1,000 美元現金。有些人可能會覺得震驚，但除此之外，銀行去哪兒找資金來放款給其他人呢？商業銀行就靠動用所謂的超額準備來做這份工作。

5　作者注：存款準備金比率：銀行必須在金庫或在中央銀行儲蓄中持有的準備金的比例。
6　作者注：銀行家透過投資其超額準備來尋求獲利的機會。

法定存款準備金

支票存款毛額	法定存款準備金比率
0 ～ 1,240 萬美元	0%
1,240 萬～ 7,950 萬美元	3%
超過 7,950 萬美元	10%

儲蓄存款毛額	法定存款準備金比率
任何級別	0%

美國商業銀行的法定存款準備金比率是多少呢？你能猜猜看嗎？90%？50%？或者更低點，比如25%甚至15%？信不信由你，一般**平均值低於**10%。法定存款準備金比率實際上根據存款準備金的類型分成了若干級別〔被稱為**分段級別**（tranches）〕。這幾年，商業銀行的法定存款準備金比率設置如下：支票存款毛額中 0 ～ 1,240 萬美元為 0%；1,240 萬～ 7,950 萬美元的部分為 3%；超過 7,950 萬美元的部分為 10%。目前，對銀行中儲蓄存款形式的準備金的法定比率為 0%。

根據這些不同的分段級別，現在的法定存款準備金比率平均為 7% 至 8%。這就意味著，一個擁有總計 1 億美元儲蓄的普通商業銀行可能在金庫中有 800 萬美元，而聯準會允許其將其餘的 9,200 萬美元投資到可以獲得（合理）利潤的活動當中。通常來說，銀行金庫裡的美元無法賺取利息。因此，從銀行家的角度看，法定存款準備金對他們來說像是某種**稅金**。[7] 提高各分段級別的法定存款準備金比率，意味著銀行的超額準備減少了，這會減弱它們提供放款的能力，帶來更高的成本，並且降低潛在的獲利能力。然而，討論這個問題時我們必須提到很重要的一點，那就是聯準會決定從 2008 年 10 月起，為準備金支付利息。出現這種變化之後，銀行家不再把準備金當成是某種稅金，而是作為某種特殊的資產，就像是一個能帶來少量回報的儲蓄帳戶。這一政策改變帶來的結果之一，就是讓增加新放款的誘因下降。

14.7 | 存款擴張與貨幣創造

字面上看來，銀行創造貨幣。但它們並不是靠印刷更多的綠色紙片，而是靠借出超額準備。讓我們來看看是怎麼回事，用小額數字和簡單的開端來幫助理解，儘管這極其不現實。假設你擁有 1,000 美元的資產，比如政府債券，你把這債券直接

7　作者注：銀行金庫裡的儲蓄無法賺取回報，因此對銀行徵收稅金。

售賣給了美國聯邦準備理事會（這就是不現實之處了，聯準會可能不會直接從我們這種普通公民手裡購買債券）。聯準會把應付給你的錢存進了你在阿卡姆銀行的支票帳戶裡。阿卡姆銀行的總現金存款增加了 1,000 美元。事實上，這一舉動使貨幣供應量增加了 1,000 美元。為什麼呢？因為 M1（並且就這個例子來說，M2 也是如此）不僅包括流通中的貨幣，也包括在整個銀行體系中支票帳戶裡的存款。

目前為止一切順利。假設存款準備金比率是 10%，銀行家必須把 100 美元放到金庫裡頭，因此還剩下 900 美元的超額準備，可以用於借給其他人。阿卡姆銀行把這 900 美元借給其他客戶，而客戶最終又把錢轉存到另一家銀行，比如救助銀行。就在這一過程中，貨幣供應量增加額會**超過**最初注入的 1,000 美元。為了更理解這過程，讓我們看一看表 14-2 列出來的交易序列。

表 14-2（單位：美元）

資金存入	總儲量	存款準備金	超額準備	新增貸款
阿卡姆銀行	+1,000	+100	+900	900
救助銀行	+900	+90	+810	810
凱撒銀行	+810	+81	+ 729	729
……				
ZZZ 銀行	+1	+0.01	+ 0.90	0.90

救助銀行的現金存款新增加了 900 美元。你的 1,000 美元依舊存在阿卡姆銀行，而另外某個人，比方說瓊斯先生，在他的帳戶裡也有了 900 美元。支票存款總額（這是 M1 貨幣供應量的一部分）成長了 1,900 美元。在沒有新印刷任何綠色紙片的情況下，銀行體系裡的貨幣總量增加了！❽

成長還有繼續下去的潛力。救助銀行的經理必須把 90 美元放到金庫裡，也就是說，他現在還有 810 美元的超額準備可以外借出去。假設這些錢成功地借給了其他客戶，並最終被存入了第三家銀行，即凱撒銀行。現在，一共有三個人帳戶裡

8　作者注：貨幣並不長在樹上，而是靠存款擴張來增長！

記入了存款，分別是你（1,000 美元），瓊斯先生（900 美元）和安女士（810 美元）。這時，貨幣供應量增加了 2,710 美元。

如果凱撒銀行找不到借款人來借走它的 729 美元超額準備，那麼貨幣創造過程就在這一環節停止。藉由存款擴張，最初注入的 1,000 美元資金讓貨幣供應量增加了 2,710 美元。**如果凱撒銀行成功地把它所有的超額準備外借出去，而這些外借的美元又被存入了其他銀行，並且這些銀行又進一步把各自的超額準備借了出去——**那麼存款擴張過程就會持續下去，並將趨於接近某個最終數值。

這一最終數值為 1 萬美元。若是把表格繼續下去，一直計算到 ZZZ 銀行，這就是我們最終將得到的數字。假如把表 14-2 中「總儲量」那一欄所有的新增存款全加起來，一直加到最後一美元乃至最後一美分，我們會發現加總數值就是 1 萬美元。這就意味著，**在極限狀態下**，最初注入的 1,000 美元能讓整個貨幣供應量增加 1 萬美元。

存款擴張乘數

表 14-2 中只列出了一個例子，我們怎麼能確定加總數值就是 1 萬美元呢？幸運的是，有一個簡單的公式，就是**存款擴張乘數**（deposit expansion multiplier），該乘數即為法定準備金率的倒數。在上文舉的例子中，法定存款準備金比率為 10%，即 0.10，而 0.10 的倒數即為 10。[9]

想要知道貨幣供應量能增加多少，我們只需用初始貨幣注入量（此處為 1,000 美元）乘以存款擴張乘數（此處為 10）。瞧！1 萬美元的結果就是這麼得來的。初始金額按照 10 的乘數成長了（如果法定存款準備金比率是 5% 而不是 10%，那麼結果會如何？此時，存款擴張乘數為 1/0.05，即 20。在極限情況下，注入 1,000 美元的初始資金，將讓貨幣供應量成長 20 倍，也就是 2 萬美元。這一結果不無道理，因為法定存款準備金比率降低，就意味著銀行有**更多的**超額準備可以支配，貸給他人）。

須注意的是，存款擴張乘數告訴我們的是**極限值**，也就是理論上貨幣供應量能

9　作者注：存款擴張乘數＝1／法定存款準備金率。

成長的**潛力**數值。但是，銀行並不是總能找到借款人來借走它所有的超額準備，這些借走的資金也並不總像上文列出的序列那樣，被存進另外的銀行。存款擴張過程可能會遠遜於存款擴張乘數所表明的結果，而且事實往往如此。

14.8 | 美國聯準會作為監督者和規則實施者

在前面幾頁談到了聯邦準備銀行，現在讓我們好好地介紹。美國聯邦準備理事會（聯準會）是美國的中央銀行，於 1913 年根據一項國會法案建立。儘管從技術上講，聯準會歸屬於其成員的各商業銀行所有，但是實際上它是一家政府機構。它的委員會設在華府，由美國總統任命，但需要聽取參議院的建議並獲其同意，委員會有效地控制構成整個系統的 12 家銀行的政策。我們**看上去**有 12 家中央銀行，但這主要是為了做表面文章，這源於歷史上大部分美國人曾經對東部人、華爾街大亨和身著條紋長褲與燕尾服的人充滿民粹主義的猜忌。為了減輕這些猜忌，當時的決策者將銀行分散到了全國。但是美國聯邦準備銀行實際上是單獨的一家銀行（設有分行），至少在 1930 年代國會修改立法之後是這樣。在 12 家地區銀行中，任何一家權力的大小，大都取決於透過主席和研究人員對政策制定所發揮的影響力。

美國聯邦準備理事會由於其制定法定存款準備金比率的權力（不過處在國會制定的廣泛限制之內），以及其擴大或縮小美元準備量的權力，其控制著商業銀行體系的放貸活動，進而是貨幣的創造過程，這點已廣為人知，它還決定什麼可以算作法定存款準備金。從 1960 年起，法定存款準備金，包括銀行的金庫現金和商業銀行在本地區聯邦準備銀行的存款。

總而言之，你對私有銀行無法無限地創造貨幣的猜想是正確的。首先，銀行必須找到願意來借錢的人，同時銀行也願意出借，而且這些人還要有能力讓銀行相信會按照約定還款。其次，每家銀行必須在其準備金限制範圍內運作。這種限制是政府施加的，用來控制銀行放貸，從而控制錢幣創造過程。每家銀行都必須依照法律規定持有準備金。正如我們所設想的那樣，銀行只有在擁有超額準備，也就是說資金準備的數量大於法律規定持有的最小量時，才能借出新的貸款進而創造貨幣。聯準會有權增減銀行體系的準備金數量，或者增減銀行的準備金在其總存款負債中的

比例。**銀行法定存款準備金的作用是限制流通中貨幣數量的成長**，這似乎已經和概念上的準備金沒有多少關係了，後者本是為了可以在緊急情況下提取所準備的。如今，法定存款準備金已經不再承擔多大的準備功能了，其主要是法律施加的一種限制，用於限制商業銀行體系擴大貨幣存量的能力。

防止擠兌的可能

　　但是你可能會問，銀行持有準備金以防備存款戶到銀行「擠兌」的可能，這難道不必要嗎？畢竟，你存入銀行的 1,000 美元並非全部都乖乖保存在你的帳戶上。這些錢大部分已經被他人借出。如果人們突然間由於某種原因失去了對一家銀行的信任，想要把存款都以現金形式取出來，這家銀行會無法兌現所有提款。如果多數客戶突然間毫無預警地堅決要求提取存款，銀行手頭上沒有足夠的現金可滿足客戶需求，銀行不得不破產，讓所有顧客的存款化為烏有。如果發生了這樣的情況，這種信任的喪失會波及其他銀行，擊垮銀行體系中的大部分銀行。

　　從 1930 年代以來，美國實際上沒有出現過這樣的金融恐慌，但是其原因與銀行準備金水準基本無關。在聽到銀行財務危機的傳言時，顧客不再衝去銀行提取存款，因為現在聯邦存款保險公司（FDIC）已經為他們的存款保險。不論出於何種原因，如果銀行破產，存款戶可以在幾天內從聯邦政府的保險系統中獲得賠償。有批評者聲稱，1933 年 FDIC 成立之時，其對銀行為存款投保的保費金額太低；這樣如果銀行關門，FDIC 為了賠付存款戶自己也會破產。但是其存在遏止了銀行擠兌的現象；而沒有了擠兌行為，銀行破產現象也不再像原來那麼多了。因此，FDIC 收取的保費反而被證明是過多。❿FDIC 這一機構的設立，可能是 1930 年代制定的、穩定貨幣作用最大的一項改革措施。

　　自從 1930 年代以來，充分的信任也改進了聯準會的工作計畫。聯準會現在知

10　作者注：如果政府為商業銀行的存款人投保以防損失是個好主意，那麼，聯邦政府為儲蓄貸款機構（savings and loans institution）存款人投保以免損失也是好主意，不是嗎？這所有保險的問題在於存款人沒有監督其存款機構的動機。存款人漠不關心，加上監管機構監管鬆懈（國會議員對提供政治獻金者報以好處，經常引發監管不嚴），造成 1990 年代美國納稅人必須支付儲蓄貸款業者的巨大損失。當「我們」承諾聯邦儲蓄和貸款保險公司將承擔存款人在儲蓄貸款中可能遭受的任何損失，「我們」就同意這樣做。

道，不論銀行持有多少數量的準備金，它都有責任適時為銀行體系注入流動性。因此，藉由從聯準會獲取額外通貨，今天的銀行可以滿足任何對通貨的需求，不管這種需求有多大。如果銀行快要用完全部的準備金，聯邦準備銀行只需要借給銀行額外的準備金，並將借款銀行的部分資產組合作為擔保。只要銀行對額外的準備金有合理需求，就能享受這種借款特權，這讓整個銀行和貨幣系統在應對不斷變化的環境時更加靈活，面對危機和暫時的混亂狀況時也有更強的抵禦能力。

14.9│聯準會的工具

好了，美國聯邦準備理事會制定和實施具體的法定存款準備金制度。但是聯準會實際上是如何擴張或緊縮貨幣供給的呢？建立法定存款準備金制度的職權是最有力的手段，也為其他很多方法提供了基礎。

但是法定存款準備金比率的**調整**，通常被聯準會的官員看成威力不太夠的武器，還可能為銀行體系帶來混亂。畢竟，銀行必須竭力達到存款準備金的要求，因此準備金比率的變化可能會讓生意更加難做。因此聯準會寧願讓銀行業者把法定存款準備金制度當作既定的遊戲規則，而藉由其他方法改變銀行體系中的準備金總量，具體地講，就是藉由改變貼現率或者進行公開市場操作。對這兩者而言，聯邦準備銀行創造和減少準備金的方法，和商業銀行創造和減少貨幣的方法一樣：藉由擴張或緊縮貸款。自2008年起聯準會一直在支付儲蓄存款利息，現在改變儲蓄存款利率成為聯準會的又一手段，可以靠此控制流通貸款的數額。即使銀行擁有大量剩餘儲蓄，如果它們將資金存入聯邦準備銀行可以獲得更多利潤，這些儲蓄很難以貸款的形式進入更寬廣的經濟領域。

14.10│貼現率

美國聯邦準備理事會可以直接把貸款發放給商業銀行。畢竟，它是公認的「銀行家的銀行」，或者說是「最後的貸款人」。如果一家銀行難以滿足存款準備金的要求，或者情況更糟，發生了銀行擠兌的現象，聯準會會為銀行提供需要的流動

性，讓銀行能夠滿足存款戶的需求。如果銀行向聯準會借款，聯準會將收取貸款的利息。其利息率被稱為**貼現率**（discount rate），這是美國聯邦準備理事會向銀行收取的短期貸款利率。[11] 美國聯邦準備理事會的做法是在銀行的帳目上記「貸」，換取銀行的借據或資產中其他人的借據（例如政府債券），就像商業銀行借款給顧客一樣，銀行藉由創設一筆存款餘額（deposit balance）的方式借錢給顧客，換取顧客的借據。

如果聯準會願意，它可以藉由改變貼現率增減銀行體系的準備金總量，從而增減經濟體中貨幣供給的總量。具體地講，如果聯準會降低貼現率，那就會鼓勵銀行從它那裡借錢，增強它們在商業市場供應貸款的能力。相反，聯準會提高貼現率就會抑制這種行為，因為直接從它那裡借錢的成本變高了。提高貼現率會降低商業銀行發放更多貸款的意願，因此就會降低貨幣供給總量。[12]

不是普遍享有的權利

但是貼現率更可能是一種象徵，而不是真正的調配手段，因為美國聯邦準備理事會對於願意放款的銀行很挑剔。聯準會的官方政策是應對**特殊情況**，而非把錢借給任何願意支付利息的銀行，有如一位嚴厲的長輩，而不是追求利潤的放款人。美國聯邦準備理事會給商業銀行借款更像是一種少數人才能享有的特權，而不是銀行業者普遍享有的權利。相對地，銀行大部分的短期借款不是來自向聯準會的貼現，而是藉由在所謂的**聯邦基金市場**上向其他商業銀行的拆借。[13]

14.11 ｜ 公開市場操作

美國聯邦準備理事會很少改變法定存款準備金比率，也較少調整貼現率。它用來操控全國貨幣供給最常用的手段，是在所謂**公開市場操作**中買賣美國政府債券。

聯準會目前持有的政府債券價值接近 3 兆美元。當它藉由政府債券的中間交易商購買債券增加自身持有量時，會根據購買量開具支票；相對便增加新的負債，其

11　作者注：貼現率：聯準會向銀行短期貸款收取的利率。

12　作者注：貼現率下降（上升）會提高（或降低）國家貨幣供給量。

13　作者注：在聯邦資金市場中，銀行常常向同行借取短期貸款。

價值與購買債券增加的資產價值相當。這些支票被（其收取人）存入商業銀行中，當商業銀行再把這些支票存入聯邦準備銀行時，它們就被貸記了準備金餘額的增加。

在 2000 至 2003 年，經常聽到新聞節目主持人宣布「聯準會今天降低了利率」。這種敘述方式多少會造成一些誤導。聯準會**唯一**直接設定的利率是貼現率，但它藉由設定某種動態**過程**，**確實**可以設法降低整個經濟體中的利率，不論是銀行間的拆借利率（即聯邦資金利率），還是汽車貸款、房屋貸款、商業貸款等的利率，靠的就是公開市場操作。如果聯準會決定降低市場中的一般利率，他們可以藉由大量買入**債券**間接實現這個目的。例如，聯準會可以從與它有著良好關係的大證券交易商（也包括大型商業銀行）那裡，嘗試買入 1,000 億美元的美國政府債券。它怎麼讓比如說 40 家的交易商上鉤呢？方法是與它們分別簽訂合約，並詢問出售這些證券的價格。美國聯邦準備理事會會以這些價格（當然從最低的開始）陸續買入美國政府債券，直到買夠 1,000 億美元為止。**⓮**

邏輯十分簡單，美國聯邦準備理事會收到債券，券商總共獲得 1,000 億**美元**，他們會把這些錢存到商業銀行體系中。那麼現在銀行體系中的準備金總量增加了1,000 億美元，這就帶來了幾百億美元的超額準備。銀行業者會用這些超額準備做什麼呢？向家庭、企業和其他人發放新貸款。但是怎麼促使我們貸款呢？藉由**降低商業銀行的利率**（所有的需求曲線都會下傾，包括貸款需求！）。利率下降，就會有更多的貸款借出，那麼貨幣供給總量就會趨向上升。簡而言之，聯準會大量購買債券，為商業銀行增加了等量的準備金，這讓商業銀行能夠藉由降低利率，借出更多貸款。總體影響就是 M1 貨幣供給量上升。**⓯**

整個過程反過來也可以。事實上，從 2004 年夏天美國聯邦準備理事會開始「提高利率」。為了達到目標，聯準會把其已有資產組合中的一部分政府債券，**賣給**那些出價最高的券商，這樣聯準會就從銀行**收回**了準備金。例如，美國聯邦準備理事會出售價值 10 億美元的政府債券，債券最終會到大眾手上，他們用支票向證券中間商購買。交易商接著用支票付款給聯準會，於是支票被支取銀行的準備金帳

---

14 作者注：聯準會試著透過大量買入或出售美國債券直接影響其他利率（尤其是聯邦資金利率）。

15 作者注：聯準會購入債券後，銀行獲得現金。M1 上升，利率下降。

戶上就會被扣除同樣的額度。這樣，債券分散到了整個經濟體中許許多多的人和組織手中，10 億美元流入聯準會，**這些美元現在退出了經濟體的流通**。這將會使 M1 貨幣供給量減少，因為它使銀行體系的準備金總量減少了一部分，迫使銀行縮減貸款淨額降低負債，從而整體提升了整個經濟體的利率。**❶**

然後在 2007 年夏天，美國聯邦準備理事會再一次回到它的「降低利率」政策，試圖增加貨幣供應和推動總體消費。回顧表 14-1 可以發現，最近幾年聯準會不但購入債券，還購入了幾兆美元抵押支持債券，M1 獲得大幅擴張。**❶**

14.12 │ 貨幣均衡

從理想觀點分析，美國聯邦準備理事會作為國家貨幣體系監管部門，其目的是保持貨幣供給量與需求量的均衡。**❶** 在第 1 章作者便強調了**協調**在經濟體系中的核心地位，因此本書中提到的問題（往往可分為總體和個體兩個方面）力圖突出對經濟活動協調性的強調。簡而言之，經濟學思維促使我們意識到儘管可能存在總體性問題，但最終這些問題都要從個體經濟學的角度解答。

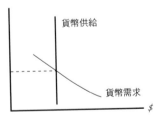

貨幣購買力

貨幣供給

貨幣需求

$

人們得到的**誘因**和獲取的**資訊**非常重要，既能夠引領在市場中開展與他人相協調的活動，也可能使他們做出錯誤選擇導致失調。貨幣體系在任何已開發經濟中都占據中心地位，貨幣本質上不是「中立」（neutral）的，因為貨幣扮演的是經濟活動中所

16　作者注：聯準會售出債券後，銀行獲得債券，聯準會獲得資金。M1 下降、利率上升。

17　編注：貨幣政策通常會有時間落後現象，例如降息的貨幣政策，可能要 12 到 18 個月才能完全發揮效果。

18　作者注：有關貨幣均衡理論的討論，請參看史蒂夫・霍維茨所著的《個體基礎和總體經濟學》（*Micro foundations and Macroeconomics*）（紐約：Routledge 出版社，2000，頁 65－103）。霍維茨系統性地追溯了貨幣均衡理論的基本觀點，包括瑞典經濟學家克努特・維克塞爾和綱納・繆達爾、奧地利經濟學家米塞斯和海耶克，還有眾多現代經濟學家如利蘭・耶格爾和喬治・塞爾金等人。從這個角度看，儘管宏觀經濟平衡問題存在諸多誘因，最重要的一個原因是貨幣供給與需求的不平衡。過量供給將導致通貨緊縮。塞爾金用有力的證據證明在經濟向好時期（生產力增強），通貨緊縮並不會產生太大損失，但是在經濟衰退期卻會造成致命打擊。塞爾金建議貨幣管理機構依據生產力標準而非物價水準穩定性來制定貨幣政策。請參看塞爾金所著 *Less Than Zero：The Case for a Falling Price Level in a Growing Economy*（倫敦：IEA，1997）。

有交換關係的樞紐。如果貨幣體系失衡，則會影響經濟體系的交換模式和生產。[19] 從**貨幣均衡**的角度來看，貨幣政策（有美國聯邦準備理事會負責制定）的目標應當是藉由保持貨幣供給與貨幣需求的平衡，實現貨幣的中立。[20] 這將產生**價格均衡**的局面，即零（或低）通貨膨脹或緊縮。換句話說，就是會保持**貨幣購買力的穩定性**。同樣重要的是不會產生各種價格扭曲，不會出現系統性的貨幣計算錯誤、不可持續的繁榮景象和不可避免的蕭條。

14.13 │ 但是是誰真正做主呢

如我們所說，公開市場操作是貨幣管理的主要手段。聯邦公開市場委員會（FOMC）是由管委會中的 7 名成員和 12 名聯邦準備銀行分行主席中的 5 名組成的一個特別委員會，該委員會不斷決定著貨幣管理的方向。其管理貨幣供給的有效性，是聯準會的擁護者和批評者長期爭論的問題，這些人當中既有經濟學家也有政客。

主要問題有兩個。一個是政策的制定：美國聯邦準備理事會是否設定了適合的目標？它是否試圖做應該做的事情？另一個是政策的執行：聯準會是否有效地達成了自己制定的目標？這兩個問題當然是相互聯繫的，因為明智的決策制定會預先評估操作的可行性。[21] 當一支美式足球隊在最後一節比賽中比分還大幅落後時，教練命令採取長傳而不是突破戰術；如果球隊四分衛投球超猛，但所有接球的球員都是容易丟球的「奶油手」，那麼這個戰術就是一個糟糕的決策。當心教科書所謂的「忽略執行問題，假設對手沒有自己的計畫」，這就如同在黑板上演練美式足球比賽一樣。

有一種過於簡化的設想，認為美國聯邦準備理事會有一個貨幣煞車和油門，可

---

19 作者注：非常重要的一點是讀者要明確區分貨幣**單位**和貨幣**系統**。貨幣如果不中立將導致貨幣系統失衡，對經濟產生致命的打擊。因此，貨幣政策的目標之一便是實現貨幣中立，從而減少過度供給或過度需求帶來的潛在破壞。貨幣單位和貨幣系統間的區別與法律同法律體系的區別類似。法律總是偏向於某一群體，因此永遠是非中立的，而法律體系則應當盡可能地保持中立。當然，這也在一定程度上解釋了為何人治過渡到法治對經濟體系的發展至關重要。

20 作者注：貨幣均衡：貨幣供給量與貨幣需求量相等，因此貨幣價值保持穩定。

21 作者注：動機和知識問題。

以迅速而確定地調整貨幣存量，就像在開車時減速或者加速一樣。貨幣管理可能更像是在駕駛由一隊驢子拉的車，有時即使你堅決地命令它停止，它也不會停下來。讓事情更糟的是，後座還坐著一群喋喋不休比手畫腳的人，其中一些吵吵嚷嚷自說自話還不打緊，甚至想要從駕駛手裡搶過韁繩。正如我們將在第 15 章中看到的，貨幣系統的管理是一項艱巨而又細膩的工作，而且往往會帶來一些意外的沉重後果。但是我們也將看到，對於經濟體系的整體運行來說，這是一項基礎性的重要工作。

14.14 ｜延伸閱讀：那麼黃金呢

我們已經討論了貨幣的性質和聯準會操控全國貨幣供給的能力。但是不是有什麼重要的東西被遺漏了？是什麼為貨幣提供**後盾**呢？貨幣不是必須要有**某種**後盾支持嗎？**黃金**在這裡扮演了什麼角色呢？

人們持有一種信念，認為如果貨幣要有價值就必須有「後盾」，這就提出了有趣的問題：是什麼在後面做貨幣的後盾，讓它擁有價值？那麼，在這個後盾背後的後盾又是什麼呢？這一連串問題其實是被誤導了。在經濟學中，價值是稀缺性的結果。稀缺性是需求加上有限的可供性造成的。何時以及為何存在對某種特定貨幣的需求，這已經足夠清楚了：如果貨幣能被用來獲取人們想要的其他任何東西，也就是說，如果貨幣被接受作為交易媒介，那麼就會有對貨幣的需求。對於問題的另一個部分，即有限的供給，則由聯準會的貨幣管理人員負責，或多或少是有效的。這裡並不需要什麼「後盾」。如果這讓你憂慮手裡的鈔票或者支票存款帳戶的價值，你可以把錢「賣」給別人，你會發現別人願意買走你的錢，並給你其他有價值的資產作為交換。

保持任何一種貨幣價值的關鍵，是供給的有限性加上未來還會持續有限的信念。大自然賦予黃金相對的稀有性。聯準會決定美鈔和支票存款的相對稀有性。但是，比起中央銀行和政府的可靠性，多數人更相信大自然的可靠性。這就是為什麼有些人希望返回到真正的金本位，在此標準下，紙鈔可以以某個固定比率兌換成黃金。這不是因為這些人認為貨幣必須有後盾支持，而是因為不相信政府的貨幣管理

人員。如果政府被要求維持支票存款換成美鈔和美鈔換成黃金的可兌換性，並且事先確定兌換比例，那麼黃金有限的供給，就會嚴重限制任何人提高流通貨幣數量的能力。

　　事實上，政府一直受到誘惑——創造額外的貨幣來負擔開銷，這樣就避免了公開徵收賦稅的痛苦，特別是在戰爭期間。政府不是總能抵抗得住誘惑的，這麼做的後果通常是通貨膨脹，對政府來說是一種更為隱蔽的負擔開銷的辦法，但這種辦法很少能做到公平。不過，建議回歸到金本位，似乎是個絕望的建議。如果一個政府非常不負責任以至於需要被金本位約束，這樣的政府更不可能採取金本位，接受壓力的約束。它只會宣布進入緊急狀態，在它希望的時候結束金本位。不負責任的政府帶來嚴重的問題，但是藉由回到金本位就能解決，這也很難讓人相信。美國在可預見的將來不太可能採取金本位，因此無論何種情況，我們可能還是必須讓現有系統運作並接受它。

本章回顧

　　貨幣是藉由降低交易成本增加財富的社會制度，這讓人們能夠根據自己的比較利益進行更加充分的專業化。當人們願意在交易中接受某事物，僅僅是因為其他人也願意在交易中接受它，那麼社會中的這種事物就有貨幣的作用。

　　在當今的美國，狹義的貨幣存量（M1）是銀行體系之外的通貨毛額加上金融機構的支票存款。若把儲蓄帳戶存款和其他資產也計算在內，則會得到更為廣泛的衡量工具：M2 貨幣供給量。

　　各銀行只持有其客戶存款的一部分，持有比率根據美國聯邦準備理事會設定的法定準備金比率而定。超出部分被稱為「超額準備」，通常被銀行借出去以獲取利潤。

　　存款擴張將導致貨幣創造。銀行將其超額準備外借出去，而這些資金被存入其他銀行，所以銀行體系中的貨幣總量增加，貨幣供給擴張。存款擴張乘數（等於存款準備金比率的倒數），為注入的資金能在銀行體系中擴張多少倍提供了一個上限。

當銀行準備金達不到要求時，美國聯邦準備理事會會向其提供短期貸款，收取的利息即為貼現率（銀行也可以在聯邦資金市場上用聯邦資金利率拆借）。

聯邦準備體系的管理人員有責任調控貨幣存量的大小。美國聯邦準備理事會藉由從事公開市場操作來調控國家的貨幣供應量。此時，聯準會或是購入、或是售出大量債券。聯準會若購買債券，銀行準備金則會上升，貨幣供應量也趨於增加；同理，聯準會若售出債券，銀行超額準備就會減少，貨幣供應量也會下降。在這兩種情況下，聯準會都藉由這一系列程序控制利率。藉由改變其向銀行支付的準備金的利息，聯準會還可以控制銀行貸款意願的強烈程度。

貨幣均衡可能是一個理想的政策目標，但存在種種知識上和誘因上的問題，使它在現實生活中難以實現。

有人認為貨幣必須有某種實質性物質（如黃金）作為後盾，這種想法是不正確的。貨幣只有在被接受作為交易媒介時才具有價值。有限的供給和有限供給會持續的信念，是有效交易媒介能被人們接受的必要條件。

經濟績效和真實世界中的政治

▌本章你可以學到這些▌

☑ 解釋「不可持續繁榮」和「危機」的概念,並說明兩者與企業決策問題之間的關係

☑ 貨幣政策變化能夠影響企業決策,分析這些變化的相互關係

☑ 討論在什麼情況下貨幣政策和財政穩定政策能夠產生預期的效果

☑ 分析實際的政治運作過程如何導致政府穩定政策的失效

☑ 討論經濟週期的理論基礎如何應用於美國當代經驗

民眾手中持有的貨幣,其數量成長迅速或是緩慢會有什麼差別?貨幣管理不當是導致無法持續成長和經濟衰退的罪魁禍首嗎?又或者,經濟週期產生的根源是不受管制的自由市場?預算政策是如何影響經濟的——赤字能夠穩定所有波動嗎?這是它們如此常見的原因嗎?我們現在關注的都是一些總體經濟中有關效果和穩定的大問題,這些問題常常被媒體設為頭條,並引發諸多政治上的爭論。

15.1 │ 經濟大蕭條

1930 年代的經濟大蕭條,讓經濟學家不得不關注以上這些問題。從 1929 年開始,美國的實際產出和所得連續 4 年下降,下降的比例非常大:1930 年下降了 9%,1931 年 8%,1932 年 14%,1933 年 16%。對比第二次世界大戰後美國經濟績效的記錄,戰後只出現過一次總產出連續兩年下降的情況:1974 年和 1975 年,每

年的下降幅度都不超過 1%，按照經濟大蕭條的標準來看幾乎不值一提。

此外，1930 年代沒有出現全面的經濟復甦。1974 至 1975 年經濟衰退後的三年裡，每年的總產出都有 5% 左右的成長，很快恢復了經濟衰退時期造成的損失。但在 1933 年經濟大蕭條到達谷底的 6 年後，總產出和總所得比 1929 年只高出了 1.5%。因為 1939 年的人口數量比 1929 年多，所以要恢復到經濟衰退前的繁榮水準，10 年間產出和所得總量上的這點微小成長是不夠的。1929 至 1939 年，美國的人均稅後所得下降了 7%（而 1929 至 1933 年，幾乎下降了 30%）。經濟大蕭條甚至有這樣一個特點，即在經濟蕭條（depression）中還包含有經濟衰退（recession），1937 至 1938 年，實際產出和所得下降了 4%。

在 1930 年代生活過的人們，擁有的最鮮明記憶是普遍而持久的失業經歷。如果我們忽略 1930 年，那時的失業率仍然在成長，1930 年代的平均失業率超過了 19%。也就是說幾乎每 5 個勞動力中就有 1 個人失業。1933 年，在經濟衰退的谷底時期，25% 的勞動力被官方認定為失業人口。

為什麼？發生了什麼？到 1930 年代末，政治光譜上眾多的有識之士或悲或喜地得出結論，資本主義終於失敗了。就像馬克思和恩格斯曾經強調的一樣，資本主義可以創造生產奇蹟，但是它無法解決自身的「內在矛盾」。他們說這就像是傳說中巫師的學徒，無法控制他從地獄召喚來的能力。他們在《共產黨宣言》中寫道：

> 只要指出一點，就足夠將整個資產階級社會的存在列入審判了：商業危機總是週期性地重複，而且一次比一次更具威脅。在這些危機中，不僅有很大一部分製成的產品被毀滅掉，而且也包括先前創造的生產力。在危機期間，會發生一種在過去看來非常荒謬的社會瘟疫──生產過剩的瘟疫。

換句話說，這個制度已經垮掉了，因為它生產了太多。由於生產過剩而造成一個經濟體系的失敗，即使在現在看來都有點言過其實。

15.2 │ 經濟衰退期間究竟會發生什麼

英文中**衰退**的動詞形式是 recede，意思是退回或撤退。經濟衰退是相對於之前經濟總產出成長速度的後退，更是實質 GDP 的下降。但是每一次成長的顯著下滑，都一定是經濟衰退嗎？只有永久的成長才是唯一可能的常態嗎？

經濟衰退是預期落空的結果

當我們知道經濟衰退的成本大部分是期望落空的成本，就會避免以上這種引伸意義了。如果經濟衰退僅僅只是經濟成長速度的下滑，那麼經濟衰退會受到鼓吹零成長的人，以及認為應該減少強調商品生產的人歡迎。但是，經濟衰退事實上並不受到任何人的歡迎，因為它帶來的成長速度**下滑是意料之外的，因而會帶來困擾**。僅僅總量產出的統計數字，並不能揭示那些落空了的期望。我們也許可以從統計數據中推斷出普遍的預期落空，但是只有能用總量數據衡量未被生產的產出時，才能真正估量經濟衰退，那部分產出的減少是因為事情未如生產者期望和依賴的那樣發展，經濟衰退是預期落空的結果。

當然，生產者的預期落空每天都在發生。但是每天其他一些生產者會高興地發現，事情的結果比他們預期的**要好**。出於某種原因，預期落空的數量和程度不斷增加，但是又沒有相當數量和品質的驚喜來彌補，這時就發生了經濟衰退。

在商業社會中，生產通常根據預計的產品需求進行，而不是根據某個具體的訂單。❶ 即使按照訂單生產的商品，生產也幾乎總是在訂單確定前就開始了。而且訂單很少是確定無疑的，它們可以被取消。例如，大多數服裝生產商並不像私人裁縫，只有在手裡有某位客戶的訂單並且收取了定金時，才會買材料，開始製作。如果所有生產都是「訂製」的，經濟衰退的發生頻率就會少得多，危害也會輕得多。但是我們也一定會窮得多，因為與市場化生產相伴，產出水準越高，不確定性和失誤的可能性也越大。

---

1 作者注：商業社會的不確定性。

15.3 │ 一連串錯誤

因此，經濟衰退是錯誤累積的結果，是**整個經濟體系參與者所犯一連串錯誤**造成的。投資和生產商品的成本，並沒有後續的市場需求來補償。**成千上萬的企業家誤判了市場過程提供的價格訊號**。這些價格訊號非但沒有提供資訊讓人們協調生產和消費計畫，反而導致了**投資不良**和**協調不當**。人們預期帶來利潤的投資，最終成為了虧損。

錯誤影響了廣大民眾

當錯誤被發現時，企業家的計畫就會有所改變。生產要縮減，工人要解雇，資產形式不論是生產設備還是存貨，有損失也可能需要清算（轉化為現金）。從這個角度看，**經濟衰退是對前一時期累積錯誤的糾正**。但是為什麼錯誤會在經濟體系中累積呢？為什麼過度悲觀的決策不能大致抵消過度樂觀的決策呢？為什麼我們在某些時候會觀察到**大範圍普遍性**地縮減生產、解雇工人和清算資產呢？換句話說，為什麼這麼多人——不只是企業家，還包括希望一直享有持續工資所得的工人——突然間都被「愚弄」了呢？[2]

暫時回到經濟大蕭條時期。雖然說 1930 年代的經濟大蕭條是世界性的，但是它帶給美國的經濟衰退比其他大多數國家都更深更長。在這段嚴重而持久的經濟活動萎縮時期，銀行和貨幣系統發生了些什麼？從 1929 年 8 月經濟週期的頂峰到 1933 年 3 月下滑至谷底，流通貨幣的數量減少超過 1/3。美國超過 20% 的商業銀行暫停營業，因為它們無法支付金融債務，這些銀行幾乎只持有經濟萎縮開始時 10% 的存款毛額。為了拯救銀行體系，防止存款戶存款損失，很多州規定了法定的「銀行假期」；所有的銀行被命令暫時停業，這樣銀行才不會被想要提取存款的恐慌存款戶們逼得破產。1933 年 3 月初，美國政府宣布為期一週的銀行假期，不僅所有的商業銀行關門歇業，連聯邦準備銀行也是如此。

對於 1930 年代的經濟大蕭條，至少有兩點是必須要解釋的：①一連串錯誤的

2　作者注：怎麼會有這麼多人犯錯？

誘因；②經濟蕭條的長度和嚴重程度。這些是至今仍被經濟學家熱烈辯論的問題。我們的觀點是，導致1929年股市崩潰的一連串錯誤的誘因，是20世紀20年代的擴張貨幣政策，它藉由貸款擴張帶來了「繁榮」，也導致了1929年的「蕭條」。❸雖然存在一些區別，但這一誘因也是導致21世紀房地產泡沫的罪魁禍首，緊跟房地產泡沫之後的便是所謂的「經濟衰退」。隨後將在本章討論這段經歷。

15.4 | 貸款與協調：自由市場的儲蓄和投資

在討論計畫破產的誘因之前——無論是大蕭條還是大衰退時期——我們首先要理解經濟運行是如何走上正軌的。為此，我們接著討論第5章末尾談過的問題。

第5章介紹了貸款的供給和需求。人們為了存錢會減少當前消費，以提高未來消費水準。今天存下錢能夠保證將來更多消費。在合理的時間內，如果其他因素固定不變，人們願意以更高的利率增加自己的儲蓄。由此得出圖5-2，該圖中貸款供給曲線呈傾斜上升的趨勢。家庭儲蓄藉由銀行以貸款——可貸資金——的方式流通，用於商業投資（貸款需求曲線與所有需求曲線一樣呈下降趨勢。其他變數固定的情況下，利率越低越能夠推動投資）。

由家庭儲蓄和企業投資決策共同建立的市場結清利率，不僅能夠調節貸款市場，還能夠協調消費者和生產者的計畫。此外非常重要的一點是：當時間偏好（time preference）縮短時，無論利率多少，人們都願意存入更多積蓄，在這種情況下**為企業擴大投資開了綠燈**。❹這是自由市場利率最顯著的功能，它能夠告知生產者人們喜歡將現有消費延後，為未來消費積蓄更多機會。它像交通號誌一樣，通知部分參與者沿著特定方向前進。因此，生產者的回應是加大生產原物料的投資，擴大生產力，增加庫存。簡單來說，就是改變當前計畫以迎合大眾未來消費計畫。倘

---

3 作者注：參考默里‧羅斯巴德的《美國經濟大蕭條》（*America's Great Depression*）。本書討論了1920年代的貨幣政策是如何擾亂生產，如何導致美國經濟從繁榮走向蕭條的。關於1930年代的貨幣緊縮，參考密爾頓‧傅利曼和安娜‧施瓦茨的《美國貨幣歷史》（*A Monetary History of the US*）。前一本書從「奧地利經濟學派」和米塞斯－海耶克理論的角度詮釋了經濟大蕭條，後一本書闡述了貨幣主義的基本理論。兩本書都論述並證明了是政府政策導致了經濟大蕭條，並決定了其長度和嚴重程度。

4 作者注：自由市場的利率能夠長期有效地將儲蓄和投資計畫結合起來……而人為降低利率則恰恰相反。

若生產者能夠準確解讀風向，獲取的任何利潤都能夠說明他們決策的正確性。

15.5 │ 貸款與失調：不可持續的繁榮

但是在第 14 章我們已經了解到美國聯邦準備理事會能夠且經常操控國家的貨幣供給。因此我們不妨問自己這樣一個問題：如果聯準會決定透過擴大貨幣供給提高貸款供給——尤其是漲幅超過了第 14 章中討論的理想中的貨幣均衡值，怎麼辦？根據家庭儲蓄的時間偏好判斷，家庭儲蓄和消費計畫並沒有變化，變化的是**聯準會**的政策。

美國聯邦準備理事會實行低價貸款政策後，市場結算利率下降。但是這並不是利率的變化（一些經濟學家將其稱為「自然」利率）導致了儲蓄的存期變化。實際儲蓄並沒有增加。儘管如此，貸款供給（曲線）增加，如果家庭儲蓄增加，企業將採取同樣的措施。

企業看到的是什麼？新的機會。低利率能夠鼓勵企業吸納低價貸款……可能數額遠遠超過他們的消化能力，這一點在圖 15-1 中就能夠看出。

如果企業**認為**某種產品未來更能服務消費者，將增加該產品的產量。資本財最終產品的產量將提高，尤其是消費者不再購買中間產品，而這些最終產品也要求較高的時效性。資源將流入那些偏好低價貸款的生產者手中。原先存在經濟效益的原料、耐用消費品和特定類型的勞動力將**變得**更有價值，帶來更多利潤。需求增加後，競爭將導致價格和工資有所提高，但從經濟角度看，這行為非常明智且收效頗豐。貸款擴張範圍越大，越能促進總體經濟的繁榮，同時使得一些行業獲得其他行業所不具備的優勢。同樣的，貸款擴張期越長，繁榮期也就越長。存在多年的低價貸款將使經濟參與者心中普遍萌生一種「樂觀」情緒——當然，當權者可能非常願意將經濟發展的功勞都攬到自己身上。

人為降低的利率

一切都與形勢風向息息相關，在這個例子中，企業將低利率誤認為是人們儲蓄存期變化的結果。由於受到美國聯邦準備理事會操控，綠燈訊號只是一個虛假的幻

貸款市場

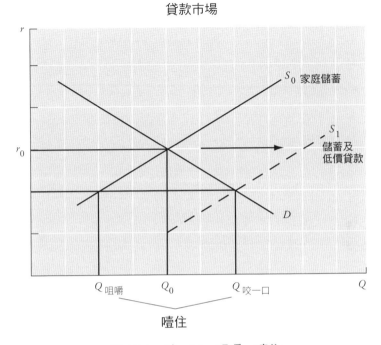

圖 15-1　咬一口，咀嚼，噎住

注：中央銀行的貸款擴張讓市場利率降低到原始利率以下，導致投資者投資原來賺不到錢的專案。但是這種「繁榮」是無法持續的，因為實際存款沒有增加。投資「咬一口」，經濟體系來不及「咀嚼」，所以就「噎住」了。

想，誘導企業參與投資，而這些投資在高利率時期是根本不可能發生的。

　　由於這種貸款擴張不是由儲蓄成長而是由貨幣創造推動的，所以這種繁榮**無法持續**。資本背後的稀缺性，顧客平衡當前消費與儲蓄的偏好，並不能保證投資的進行。但由增加貨幣供給和利率降低帶來的「低價貸款」，讓不賺錢的投資「看起來」有利可圖。商人於是擴大投資，從事興盛行業的企業會發現勞動力和生產原物料價格突然上升，成本遠遠超過預期，預期利潤也轉化為實際損失。家庭將重新購買當前消費商品，利率（假設聯準會不再人為降低利率）將會回升到「自然」水準。企業家會發現他對市場的解讀是錯誤的，他們錯誤評估價格運動和利潤。企業家意識到自身營運的錯誤，並藉由縮減或取消投資計畫來彌補。那些在一度興盛的行業充當勞動力的家庭將被迫失業，失業人口增加，這是個沉重的打擊。人們吸納

的資金遠遠超過了他們的消化能力，導致經濟體系癱瘓。

如此，前面提到一連串錯誤的成因便有了答案。在某段時間內，上百萬人對市場做出錯誤解讀，並做出錯誤預期，由此產生了無法持續的繁榮。**❺** 是什麼誤導了這麼多人？那就是人為降低的利率。**❻**

15.6 ｜ 蕭條即修正

當擴張「繁榮」期的投資專案顯示是錯誤的時候，衰退「蕭條」期就開始了。不論光景好壞，始終會有某個企業倒閉。但是在衰退「蕭條」期，會有**整批企業倒閉**。這些企業就是被貨幣和貸款系統的錯誤操控誤導了。**❼**

美國聯邦準備理事會的行為及其擴張政策，或許不能全面解釋一連串錯誤，但是一定是整張拼圖中的一大部分。**貨幣遍布所有市場**，期望利潤和虧損的經濟決策，取決於相關商品和服務的貨幣價格。如果這些選擇實際上是**系統性的錯誤計算**——錯得如此離譜，以至於在整個經濟體系中都有積累和集結——那麼這些計算錯誤可能是由央行操控的、整個貨幣供給預料之外的變化引起的。

並沒有什麼符合邏輯的理由，說這樣的衰退修正必然漫長而嚴重。企業倒閉，勞動力被解雇，調整過程雖然很痛苦，但卻可以是相對迅速的。

然而在經濟大蕭條時期，政府政策阻礙了調整過程，或者說，政府政策實際上在過程中造成了新的干擾。美國經濟在 1930 年代初開始恢復，但是政府在 1930 年 6 月通過了「斯姆特－霍利關稅法」（Smoot-Hawley tariff），其影響是封閉了美國的國際貿易，反過來損害了農業及農村銀行業；1932 年，政府將所得稅加倍，擾亂了消費和投資決策；1930 年代中期，政府實施了嚴厲的貨幣供給緊縮政策。再加上其他種種原因，美國經濟在整個 30 年代都在經濟蕭條的陰影當中徘徊，最

5　作者注：貨幣失真造成系統性貨幣計算錯誤……這些錯誤在蕭條期得到修正、重估。

6　作者注：如羅傑・加里森強調的，米塞斯和海耶克創造的貿易循環的貨幣理論本身不是經濟蕭條理論，而是繁榮無法持續的理論。參見羅傑・加里森，《時間和貨幣：資本結構總體經濟學》（*Time and Money: Ther Macroeconomics of Capital Structure*）（紐約：Routledge 出版社，2001），頁 120。

7　作者注：簡言之，在繁榮期企業發生了巨大的失誤。衰退則代表一個展開的過程，企業家開始重新估算其預測並因應改變其計畫。

嚴重的時候失業率高達 25%。與其將經濟大蕭條作為對市場經濟的控訴，不如看作是美國歷史上的一個重大教訓：貨幣政策，無論是貨幣供給的擴張還是緊縮，運用不當都可能擾亂經濟生活中的協調過程，就如人們在 1920 、30 年代所見到的那樣。

15.7 ｜貨幣政策何時有效

經濟大蕭條後的很多年，經濟學家當中有一個壓倒性觀點似乎是：雖然貨幣政策在防止通貨膨脹方面可能有效果，但在對抗經濟衰退上大都是無效的。當時人們喜歡用繩子上的氣球來做比喻：你可以靠拉繩子阻止氣球上升，但是你不能靠推繩子讓氣球上升（pushing on the string）。

經濟衰退造成信心低落

貨幣管理部門可以增加銀行體系的超額準備，但是無法迫使商業銀行增加放貸，從而將那些準備金轉變成流通貨幣。另外，如果民眾的回應是增加他們的貨幣結餘，那麼製造更多的貨幣存量並不會導致支出成長。在經濟衰退期間，大多數人往往更為悲觀，更為謹慎。銀行在發放貸款前對潛在借款人的審查強度更大，並拒絕某些貸款到期之後的續借。借款人對於申請貸款的渴望減少了，因為短期利潤的前景看來不佳，人們設法增加資產的流動性來作為預防手段。對於資產價格下跌的預期也增加了持有貨幣的偏好，民眾不再願意去持有價值相對於貨幣有可能下跌的資產。簡而言之，經濟衰退會造成信心危機，讓人們持有大筆現金的要求激增，從而使經濟衰退惡化。貨幣管理當局會發現很難滿足這種要求，或者很難誘導人們支出他們的閒錢。在這種情況下，中央銀行為了阻止經濟衰退或刺激經濟恢復做出的努力，就很像在推氣球的繩子。雖然從長遠來看並無作用，但是有可能產生通貨膨脹。

15.8 │ 財政政策

中央銀行或其他政府機構是否有辦法說服人們借貸或者支出呢？一個辦法是增強家庭和企業決策制定者的信心。這就是為什麼政府官員總是大膽地討論經濟的未來，喜歡預測當前的繁榮似乎會無限期地持續下去，而只在討論過去的時候才使用**經濟衰退**這個詞。政府將採取強有力的措施恢復繁榮，僅僅這一信念本身可能就足以恢復信心，即使沒有人知道這些措施是什麼。而任何未來增稅的威脅都肯定會打擊信心，1930 年代，富蘭克林・羅斯福總統一再承諾，只要條件允許就會透過增稅以平衡聯邦預算，其原意是想向業界展示謹慎穩健的治國理念，但是它們更廣泛被解讀為威脅而不是承諾，與低稅收確定不疑的好處相比，預算平衡的好處確實令人擔憂。

政府預算政策

在恐懼和膽怯盛行時，增加借貸和支出的一個更直接辦法，是政府自己借貸和支出。如果政府借出中央銀行藉由貨幣政策製造的準備金，並將其花在值得的項目上，財政政策就會有助於可能無力的貨幣政策。**財政政策就是政府預算政策**。在這個情況下，財政政策就是指**利用政府預算使總支出達到期望的水準**。

財政政策上最有影響力的宣導者是英國經濟學家約翰・梅納德・凱因斯〔John Maynard Keynes，英文中「凱因斯」和「收穫」（gains）正好押韻〕，他生於 1883年，卒於 1946 年。他的職業生涯非凡而豐富多彩，他做過投資家、編輯、教師、作家、政府公務員和重建國際金融系統的設計師。但是直到如今他還能被人們記得，主要是由於他在 1936 年年初出版的一本書，那時正處於經濟大蕭條的中期，書的名字是《就業、利息和貨幣的一般理論》（*The General Theory of Employment, Interest and Money*）。不知從誰開始將其簡稱為《一般理論》，人們一致認為這本書含混而結構雜亂。緊隨著這本書的出版，「《一般理論》說的是什麼意思」成為無數論文和座談會的主題，證明了人們認為這本書中的資訊很重要，但是沒有人真正清楚它的基本資訊是什麼。不論有多大程度上忠實於凱因斯的原意——這方面的爭論至今還在繼續——凱因斯所鼓吹的基本**政策**，很快就變成了挽救經濟衰退的財

政政策，或者按凱因斯自己所說，即「舉債支出」。政府借貸，支出貨幣。

　　凱因斯對於改變稅率沒做太多強調，但這是另外一種實施財政政策的方法。由於總支出受制於家庭和企業支付或期望支付的稅款，政府可以藉由提高或降低稅率來改變支出水準。這不如舉債支出那麼直接，它對支出的淨影響也不那麼容易預測。

　　對很多觀察家來說，1940 至 1944 年的「財政實驗」展現了財政政策的力量。由於家庭和企業支出水準低而政府應對怯懦，導致經濟蕭條長達 10 年之久，之後第二次世界大戰實際上迫使政府產生鉅額預算赤字。政府支出成長的速度比稅收成長的速度快得多，經濟復甦也令人矚目。一旦政府的鉅額支出恢復了經濟繁榮，私人支出就能夠在戰後政府支出大幅下跌的時候接下接力賽跑的棒子。至少，凱因斯主義者的理論就是從這裡展開。❽

15.9 | 掌握好時機的必要性

　　沒有人懷疑，貨幣政策和財政政策的適當組合能夠改變總支出。但是這能夠降低總量波動嗎？能夠防範或減少經濟衰退的嚴重後果和對貨幣購買力的影響嗎？這是疑問的序曲。

　　如果總需求管理要成為一個有效的穩定手段，**時機**絕對至關重要。但對於財政或貨幣政策來說，要掌握好時機異常困難，這背後有幾個原因。❾ 首先，我們總是在很久以後才知道總需求是要升還是降。經濟體系沒有配備速度表，可以告訴我們任何時候它的運行速度，只有在一季結束時才會知道該季 GDP 的表現。即使到這時，經濟分析局提供的數字也還是非常初步的，在這季結束一個月甚至更久之後才能得到更準確的數據，那時可能還要大幅修訂。

　　更糟糕的是，即使我們可以在任意時刻確切地知道所處的位置，這也是不夠的。那些制定貨幣和財政政策的人，必須知道我們將**處於**什麼位置，因為今天的行

8　作者注：財政政策試圖影響總體經濟的運行。
9　作者注：我們處於什麼位置？

動必須要能補償將來總需求的不足或過剩。❿ 穩定政策必然地要建立在預測的基礎上，而短期經濟預測並非一門精確的科學，甚至不足採信。

尤其麻煩的是，我們無法預測一項貨幣政策或財政政策要花多長時間才能生效。⓫ 對於這些延遲時間的估計從幾個月到幾年不等，而為了明確估算生效時間分布，勤奮的研究工作並沒有取得可行的一致結果。這些延遲甚至還會變成我們無法預測的形式，在這種情況下，經濟學家想要測量的是實際上沒有標準長度的東西。有理由假設，貨幣或財政政策的行為和效果間的時間延遲，不是可以測量，進而可以依賴的常數。畢竟，這些行動的效果，取決於企業和家庭是如何認知不確定的未來。政府行動減少了部分不確定性，但是也增加了其他的不確定性；它們當然無法讓人們帶著對完全的信心開始計畫未來。同時，商業銀行的營運流程，商業企業的實際支付，家庭和企業認為持有哪種資產更好，國際貨幣交易，甚至民眾對於政府行為效果的預測，所有這些都會影響政策作用於總支出的時間分布。⓬ 這些因素會不斷變化，尤其可能隨著我們的預測能力增強而變化！為了做出預測必須假設資訊，而如果此時預測自身改變了資訊，就可能證明自身的推論是錯的。舉個簡單的例子：如果我們確信某支股票市價明年的走勢，它就不會按照這個模式發展。這種種矛盾，是研究人類行為的社會科學相伴而生的產物。預測未來改變了未來，因為採取行動創造未來的人們影響了預測。

15.10 │ 聯邦預算作為一種政策工具

當我們關注財政政策時，另一個問題出現了。相信聯邦政府可以使用預算作為穩定手段，這種想法帶有一點滑稽的色彩，因為幾乎所有的觀察家都同意，國會已經無法再有效地控制預算了。聯邦政府的支出項目繁雜，為了確定年度撥款而評估

---

10 作者注：未來我們將處於什麼位置？

11 作者注：密爾頓・傅利曼（Milton Friedman）或許是論述這個問題最有名的學者之一，他強調以下四件事情之間存在長期且多變的延遲：①認識到經濟問題；②設計合適的政策應對這個問題；③實施這項政策；④政策取得了追求的效果。他的工作解釋了在應對經濟波動中，政府積極主動的政策所帶來的不穩定可能勝過幫助。

12 作者注：行動和效果之間的時間延遲有多長？

所有項目，這甚至讓人無從著手。因此，第二年的預算以本年度的預算為基礎，然後再增加，一旦某個項目入選，就幾乎不可能撤銷了，因為其受益人為了計畫的延續組成了知識淵博、意志堅定的遊說團體，而且國會山莊沒人有時間、精力和興趣去收集證據，證明應該撤銷這個計畫。

時機至關重要

財政政策不受美國總統經濟顧問委員會的控制。改變政府支出或者聯邦稅收需要由眾議院首先行動，然後由參議院組成特別委員會，在之前和（常常是）之後審議，最後由總統簽字生效。這需要時間，而正如我們曾說的，時機在總需求管理中至關重要。即使國會很快同意對支出或稅收做某種程度的調整，它還必須決定改變誰的賦稅，改變哪些支出，這讓事情變得更為複雜和漫長。牽扯其中的有相互衝突的利益，以及關於每個行動的擴張或緊縮效果的不同理論。是削減低所得群眾的賦稅，還是給予投資一定免稅額？哪個對就業有更大的作用？談論的是長期還是短期計畫？同時，一些國會議員一定會認定，某項重要的稅收或支出法案是一個機會，可以達成削減資本利得稅，改革福利制度，控制老年人醫療保險計畫（Medicare）的支出，削減農業補貼，或者其他符合重要選民心意的目標。

國會和總統越匆忙，能幹而中立的觀察者就越難為其所制定的財政政策措施辯護。匆忙帶來的急迫感增加了這群人的議價能力，他們藉由威脅不讓任何法案通過，從而達成自己的需求。不論是盡職的審議、對於備選項目仔細的評估，以及對可能的短期和長期結果的權衡可能需要的時間如此之長，以至於在措施實施之前，相對的時機就已經過了。

15.11 ｜ 任期和政治

仔細觀察財政和貨幣政策影響經濟活動的方式時，我們知道，那些被授權制定和實施公共政策的人的任期，對於政府實際上會選擇實施哪些經濟政策是多麼重要。

假設政府從商業銀行貸款，以支持其增加開支，從而增加貨幣供給。這會提高

對新生產商品的總需求。我們無法確定，這對於 GDP 的影響，在更多的產出和更高的價格兩者間是如何分布的；但是確實有理由相信，對生產和就業的任何影響都將在對價格產生影響**之前**表現出來。銷售者對銷售量增加的理解是，他們的產品的相對需求提高，因此想要擴大生產。而當所有這些呈現為對資源需求的普遍上升，並帶來成本和價格的上漲，還需要更長的時間。所以先到的是「好事」：實質 GDP 上升，失業率下降。後來的才是「壞事」：通貨膨脹率更高。如果政客正在盤算即將來臨的選舉（美國眾議員平均面臨下一次選舉的時間是一年），那麼追求短期內的「好事」的誘惑力就很強，至於「壞事」，就留給後面的其他人去擔心吧。

緊縮政策對生產和就業的影響，也要快於對價格水準變化速率的影響。但是在這種情況下，「壞事」比「好事」先到。任何藉由減少政府赤字、降低貨幣供給成長率來降低通貨膨脹率的嘗試，會讓生產商的銷售預期落空，導致未出售的商品積壓，最終導致減產和裁員。抑制通貨膨脹的效果會有所延遲，直至資源需求降低，從而有機會向成本和價格施壓，迫其下降。簡而言之，藉由實施緊縮的財政和貨幣政策減緩通貨膨脹增速的舉措，很可能在其減少通貨膨脹的目的達成前，帶來經濟衰退。

以上分析顯示，民選官員會迅速批准擴張的財政和貨幣政策，不論是否有把握，他們都會選擇擴張。政策實施過程也會進一步強化這一選擇，因為擴張的財政和貨幣政策一般都對選民有吸引力，即使這些政策對總需求毫無作用時也是如此。代表受益方的更低的稅收和增加的開支，成為在位者最佳的競選文宣。銀根鬆動帶來至少暫時性的利率下降，這幾乎總能讓選民滿意。

相反，緊縮政策造成痛苦。更高的稅收和削減的開支會引起選民的不滿，而貸款供給的緊縮帶來的利率上升，也同樣會激起反感。那些正在盤算選舉的人，會留心傾聽隨之而來的抱怨。那些負責政府政策的人會非常希望收回治病的「苦藥」，用擴張政策這令人寬心的「補品」取而代之。

不平衡的政策

民主政治的過程隱約傾向於偏愛這樣的公共政策：能在短期內集中為組織良好、資訊完備的利益團體帶來好處，而其代價是長期的潛藏成本，被缺乏組織、資

訊匱乏的廣大選民所承受。總體經濟其實也是公共政策的一個領域，其中不平衡的利益集聚和目光短淺的偏頗，容易帶來偏愛財政和貨幣擴張的、「抽筋」式的總需求政策（jerky aggregate-demand policies）。[13]當擴張政策最終導致無法容忍的通貨膨脹率時，就會用到緊縮這道煞車。但除非反通貨膨脹很快生效，不然經濟衰退和失業帶來的壓力會導致鬆開煞車，重新再踩油門。這種「走一停一走」的政策讓未來更加不確定，帶來更多的失誤——後者是經濟衰退的最根本原因。益發頻繁和更加嚴重的經濟衰退，伴隨著不斷升高的通貨膨脹率，可能很容易成為民主化社會的標準狀態。

15.12 | 無限度的赤字

必須關注大眾意見的政府一直面對這樣的誘惑，即讓支出超過所收取的稅款。不用學習經濟學，你也知道對於議員來說，支持減稅比支持增稅容易，支持增加開支比削減開支容易。因此，即使立法機關的所有成員都希望預算有所盈餘，盈餘也未必會出現。儘管大部分選民都希望政府開支有所降低，但是對於總預算中關係到自己的那一小部分，他們也希望能增加或至少沒有削減。當這一塊餡餅被切掉時，每個特殊利益團體都會讓議員知道，切這一刀會在競選募款和選票上遭遇報復。讓每個單獨項目都擴張的時候還能削減總預算，是不可能存在的。這就是為什麼即使每個議員都衷心希望政府降低支出，其通常還是會上升的原因。[14]

美國政府從1970至1997年一直都維持預算赤字，儘管大部分時間，民主黨和共和黨的成員都在大聲抱怨這些赤字的危險。經歷了近30年文風不動的赤字之後，盈餘終於在1998年出現了，但其並非歸功於國會山莊或白宮的良心發現，而是源於持續的經濟擴張帶來的稅收收入大幅成長。表15-1顯示了1940至2012年

---

13 作者注：極端情況下，這種傾向會讓民主政府通過舉債（而非增稅）來擴大支出，累積公共債務，進而將債務貨幣化（通過發行貨幣來還債），最終導致通貨膨脹——如果這個政府沒有受到有拘束力的財政與貨幣政策約束。在財政和貨幣領域努力「捆住政府之手」，這是公共政策經濟學的一個主要面向，後者由1976年諾貝爾獎得主密爾頓·傅利曼和1986年諾貝爾獎得主詹姆斯·布坎南共同創立，傅利曼論證了貨幣規則，而布坎南論證了被稱為平衡預算的憲政規則，他們都認為這些規則可以在制定好的經濟政策上表現得更優異。

14 作者注：支出和稅收的政治。

年度聯邦預算的盈餘或赤字。1992 年和 1993 年，超過 2,500 億美元的赤字穩步下降，最終在 1998 年轉為盈餘，這大部分歸功於政府收入的良性成長。但是這種成長並非得益於稅率的升高，因為聯邦政府的財政收入主要依賴個人和企業的所得稅，其收入在經濟擴張時期自動上升，在經濟衰退時期自動下降。與商業週期反向的財政政策，即試圖抑制擴張、緩和經濟衰退的財政政策，在 GDP 下降時會帶來赤字，在 GDP 上升時會帶來盈餘。1998 年，在 20 世紀 90 年代的長期擴張開始整整 7 年後，在眾多分析人士預計經濟衰退即將降臨之時，微小的盈餘出現了，但很難說這是來自柯林頓政府深思熟慮和負責的決策。

表 15-1　以現值美元及定值（2005 財政年度）美元為單位的收入、支出、盈餘或赤字占 GDP 比率的總結表（1940 至 2017 年）（單位：10 億美元）

	現值美元		
財政年度	收入	支出	盈餘或赤字（－）
1940	6.5	9.5	-2.9
1941	8.7	13.7	-4.9
1942	14.6	35.1	-20.5
1943	24.0	78.6	-54.6
1944	43.7	91.3	-47.6
1945	45.2	92.7	-47.6
1946	39.3	55.2	-15.9
1947	38.5	34.5	4.0
1948	41.6	29.8	11.8
1949	39.4	38.8	0.6
1950	39.4	42.6	-3.1
1951	51.6	45.5	6.1
1952	66.2	67.7	-1.5
1953	69.6	76.1	-6.5
1954	69.7	70.9	-1.2
1955	65.5	68.4	-3.0
1956	74.6	70.6	3.9

現 值 美 元

財政年度	收入	支出	盈餘或赤字（－）
1957	80.0	76.6	3.4
1958	79.6	82.4	-2.8
1959	79.2	92.1	-12.8
1960	92.5	92.2	0.3
1961	94.4	97.7	-3.3
1962	99.7	106.8	-7.1
1963	106.6	111.3	-4.8
1964	112.6	118.5	-5.9
1965	116.8	118.2	-1.4
1966	130.8	134.5	-3.7
1967	148.8	157.5	-8.6
1968	153.0	178.1	-25.2
1969	186.9	183.6	3.2
1970	192.8	195.6	-2.8
1971	187.1	210.2	-23.0
1972	207.3	230.7	-23.4
1973	230.8	245.7	-14.9
1974	263.2	269.4	-6.1
1975	279.1	332.3	-53.2
1976	298.1	371.8	-73.7
1977	355.6	409.2	-53.7
1978	399.6	458.7	-59.2
1979	463.3	504.0	-40.7
1980	517.1	590.9	-73.8
1981	599.3	678.2	-79.0
1982	617.8	745.7	-128.0
1983	600.6	808.4	-207.8
1984	666.4	851.8	-185.4
1985	734.0	946.3	-212.3
1986	769.2	990.4	-221.2

財政年度	收入	支出	盈餘或赤字（－）
		現值美元	
1987	854.3	1,004.0	-149.7
1988	909.2	1,064.4	-155.2
1989	991.1	1,143.7	-152.6
1990	1,032.0	1,253.0	-221.0
1991	1,055.0	1,324.2	-269.2
1992	1,091.2	1,381.5	-290.3
1993	1,154.3	1,409.4	-255.1
1994	1,258.6	1,461.8	-203.2
1995	1,351.8	1,515.7	-164.0
1996	1,453.1	1,560.5	-107.4
1997	1,579.2	1,601.1	-21.9
1998	1,721.7	1,652.5	69.3
1999	1,827.5	1,701.8	125.6
2000	2,025.2	1,789.0	236.2
2001	1,991.1	1,862.8	128.2
2002	1,853.1	2,010.9	-157.8
2003	1,782.3	2,159.9	-377.6
2004	1,880.1	2,292.8	-412.7
2005	2,153.6	2,472.0	-318.3
2006	2,406.9	2,655.0	-248.2
2007	2,568.0	2,728.7	-160.7
2008	2,524.0	2,982.5	-458.6
2009	2,105.0	3,517.7	-1,412.7
2010	2,162.7	3,456.2	-1,293.5
2011	2,303.5	3,603.1	-1,299.6
2012	2,450.2	3,537.1	-1,087.0
2013（估計）	2,712.0	3,684.9	-972.9
2014（估計）	3,033.6	3,777.8	-744.2
2015（估計）	3,331.7	3,908.2	-576.5
2016（估計）	3,561.5	4,089.8	-528.4

財政年度	現值美元		
	收入	支出	盈餘或赤字（−）
2017（估計）	3,760.5	4,247.4	-486.9
2018（估計）	3,974.0	4,449.2	-475.3

資料來源：http//:www.whitehouse.gov/omb/budget/Historicals.

「911」事件以後，在小布希總統眾所周知的保守施政下，美國堅決地回到了赤字財政，2005 年的財政赤字超過了 3,000 億美元。歐巴馬總統任職期間，赤字支出的成長幅度加大，而作者修訂本章時，2012 年預期的美國財政赤字將超過 1.3 兆美元。

在過去 10 年左右的時間裡，其他工業化的民主國家也沒有好到哪裡去。1991至 1997 年，下列國家每年都出現政府預算赤字：加拿大、澳大利亞、英國、法國、德國、義大利、瑞典和瑞士，這個名單上還可以添上更多國家的名字。民主社會中的政治壓力，似乎讓赤字變成了現今各國中央政府的一種生存方式，只有極少數的年份出現例外。比如 1998 年的美國，那時經濟成長帶來了收入的快速擴張，而國會還沒有來得及就怎麼花以及為什麼要這麼花達成一致。值得注意的是，如果我們把社會保障系統排除在外，1998 年美國的預算盈餘仍然會變成赤字，因為將未來用作社會保障支出的資金計入，才有了真正的「盈餘」。

15.13 │ 為什麼不是各級政府都如此

就算這些分析解釋了美國長期的政府預算赤字，它還必須解釋為什麼州政府和地方政府沒有造成如此的赤字，而且為什麼中央政府在 1970 年以前的承平時期也不是一直有赤字。

首先，州政府和地方政府與中央政府有一個很重要的區別，只有中央政府可以控制交易媒介，即債務支付的終極手段。州政府和地方政府像你一樣：只有它們能夠讓潛在的放款人相信今天的赤字是暫時性的資金短缺，明天就會被盈餘彌補回來，它們才能借到錢進而才會產生赤字。除非相信政府能夠按時全額償還債務，否則放款人不會借錢，因此州政府和地方政府方面不會出現長期、持續的赤字。但是

這無法對美國聯邦政府施加任何限制，因為放款人知道聯邦政府總能**製造**出貨幣來還債。雖然這種貨幣製造意味著還給放款人的美元貶值了，但也意味著不僅聯邦政府的債權人，其他所有以美元計價借據的持有者得到的還款都會貶值。因此，不會有人（至少是使用美元作為一般交易媒介的人）擔心把錢借給美國政府。**⑮**

美國聯邦政府為什麼在 1970 年以前的承平時期**沒有**出現長期赤字？為什麼只在近些年，其他的工業化民主國家才開始讓赤字成為一種常規現象而不是例外？答案是對政府赤字強烈的偏見消失了，這種偏見曾經將赤字看作是不道德的行為，因為其暴露出政府在量入為出方面不負責任的失敗。**⑯**人們普遍持有的強烈道德信念，對議員來說是有效的制約，特別是在大多數議員自己也擁護這種道德信念的時候。富蘭克林‧羅斯福在 1932 年 7 月競選總統的時候，總結了古典經濟學家的古老「財政信仰」，他說：「任何政府，如同家庭一樣，一年的支出可以略微高於其所得。但是你我都知道這種習慣持續下去就意味著要去救濟院了。」

但是羅斯福說過這些話之後，有些事情發生了劇烈的改變。美國和其他民主國家的意見領袖，不再像以前那樣堅信赤字是不道德的了。如今的民眾含糊地「知道」，預算赤字可以作為一種促進繁榮的手段。1930 年代經濟大蕭條後，凱因斯主義的分析給人們上了一課，預算不必做到年年平衡，它們只需要在商業週期內平衡，繁榮年份的盈餘可以彌補衰退年份的赤字。在 1960、70 年代，經濟學家廣泛使用這個分析支持他們的觀點，赤字對於經濟是有好處的，任何堅持平衡政府預算的人，就是不理解「現代經濟學」。多數人願意相信他們希望是事實的東西。

長期赤字的出現

這個新信念的問題是，它帶來的影響是允許出現長期的赤字。財政週期和「商業週期過程」是不一致的。於是預計用來平衡赤字的盈餘從來不必被編入預算，它總是被承諾在來年、來年的來年實現。對於平衡預算有效施壓的最後手段也被解除了，民主政治過程的偏頗占了上風，讓赤字成為一種常態而不是例外。赤字年份不斷繼續，國債也在增加，但是天並沒有塌下來，政府預算應該平衡的信念注定失

15　作者注：放款人不必擔心把錢借給掌握還債手段的一方。
16　作者注：如果赤字作為政策工具，它是「不道德」的嗎？

勢。亞當・斯密和他的好友大衛・休姆（David Hume）看到 18 世紀的政府債務，這些債務是戰爭的結果，而且按照現在的標準來說規模確實不大，然而他們預言了毀滅。今天，公共債務比斯密或休姆曾經遇到的多得多，卻幾乎沒有人有所警惕。表 15-2 展現了在第二次世界大戰後美國國債占 GDP 的百分比是如何縮減的。「好經濟學」和「好政治學」之間存在衝突，即使那些對負責的財政政策表現出強烈偏好的人，由於政治競技場中的激勵，最終可能也不會繼續追求那些政策。為了突出這一觀點，指出這個事實非常重要：是一位保守派的總統隆納・雷根，在他主持下的鉅額預算赤字使公共債務在 1980 年後開始迅速成長。儘管在雷根把債務氣球吹大的時候，就已經有些關於氣球破裂的悲觀預測，但是將近 25 年以後，大筆赤字和鉅額國債並不是一定會讓天塌下來。只要經濟成長等其他因素能夠改善不斷增加的公共債務的短期成本狀況，至少天不會立刻塌下來。❶⁷

表 15-2　聯邦年度債務：1940 至 2014 年（％）

年度	債務（按所占 GDP 比例計）	年度	債務（按所占 GDP 比例計）
1940	52.4	1990	55.9
1945	117.5	1995	67.0
1950	94.1	2000	57.3
1955	69.3	2005	63.6
1960	56.0	2010	94.2
1965	46.9	2011	98.7
1970	37.6	2012	104.8
1975	34.7	2013	106.8
1980	33.4	2014	107.8
1985	43.8		

資料來源：http://www.whitehouse.gov/omb/budget/Historicals.

---

17 作者注：惡性通貨膨脹通常在公債堆積之後出現。政府通過三個途徑增加財政收入以供開支：①稅收；②借貸；③通貨膨脹。民主選舉的官員偏愛借貸，製造通貨膨脹，從而用「更便宜」的美元償還財政債務。密爾頓・傅利曼有一個很著名的觀點，通貨膨脹無處不在，一直是一個貨幣現象。他是對的，但是我們可以稍微修改為：惡性通貨膨脹無處不在，一直是財政不平衡的結果。

15.14 │ 自由裁量和規則

大量證據表明，1970 年代為穩定經濟，使用自由裁量的財政和貨幣政策，實際上增加了經濟的不穩定性。這個判斷還無法最終被驗證，但其將引起激烈爭論，反對者願意相信我們確實擁有對應的知識和技術，能夠藉由總需求管理緩和經濟衰退、增強價格穩定。1970 年代的穩定政策顯然以失敗告終，但這一事實未能讓人氣餒，他們認為穩定政策之所以失敗，僅僅是因為沒有合適的人在位。但是評估制度的時候，不能假設它們將由天使掌控。**❽** 更可能的情況是，政府政策掌握在政客而不是天使手上，貨幣政策、特別是財政政策，將和進口關稅、防汛工程、高速公路建設、軍事基地選址等問題一樣，在同樣的政治背景下制定。

自由裁量的財政和貨幣政策之外的選擇，不是**不要**政策，而是建立在對公開規則堅定承諾基礎上的政策，有時這被稱為**自動的**或**非自由裁量**的財政和貨幣政策。

但實際上對明確規則的遵守，並沒有什麼可以獨立於人的選擇而自動發生；而面對寬鬆規則的強烈誘惑，繼續遵守規則當然也是一種自由裁量行為。問題不在於自由裁量是否比沒有自由裁量好，而在於是否有人能夠藉由人為地在盈餘和赤字之間平衡政府預算、人為地改變銀行準備金或法定準備金比率，來真正提高經濟的穩定性。懷疑者聲稱這種穩定經濟的方法實際上帶來了不穩定，因為沒有人有技術上和政治上的見

---

18 作者注：1974 年諾貝爾獎得主海耶克，在 1940 年代的一篇文章中提出，古典經濟學家在公共政策上極其偏愛規則而非自由裁量，其淵源可以追溯到亞當‧斯密，以及限制糟糕的領導人掌權後所帶來的危害這一願望〔海耶克，《個人主義：真還是假》，重印名為《個人主義與經濟秩序》（*Individualism and Economic Order*）（芝加哥：芝加哥大學出版社，1948 年），頁 11-12〕。斯密的關切，在美國國父們的爭論中不停迴盪。如詹姆斯‧麥迪遜（James Madison）在《聯邦黨人文集》（*Federalist Papers*）第 51 篇中就堅持認為，設立的政府機構必須認識到其管理的並不是天使，也不能假設政府是由天使管理的，因此應該讓野心與野心相制衡。麥迪遜的悖論是，我們需要首先賦予政府權力，才能有效地進行管理；然後立刻又需要限制政府，以防其濫用權力。當代政治科學家巴里‧溫加斯特在研究中嘗試解決麥迪遜悖論及其與經濟政策的關係。可參考巴里‧溫加斯特發表在《法學、經濟學和組織》（*Journal of Law, Economics and Organization*）週刊（1995 年 4 月第 11 期，頁 1-31）上的文章〈政治機構的經濟功能〉（The Economic Role of Political Institutions）。

識和能力，以必要的精確性控制總需求。一頭足夠優雅的大象，或許可以靠適時而精確地移動重心，在惡劣的天氣裡穩住帆船。但是和大象一起航行的同伴沒有這些天賦，他們很可能更願意地安靜地待在船中央。

自動政策的擁護者

一些經濟學家相信，財政和貨幣政策在過去的幾十年中使經濟衰退和通貨膨脹更加惡化，他們提出了兩點建議：在財政政策方面，他們希望預算支出水準的確定與任何強制性的穩定要求無關；而在正常時期，稅率的制定要能平衡預算。在經濟衰退期間，稅收收入減少，預算自動進入赤字。在繁榮時期或者經濟復甦到來之時，稅收收入增多，預算自動進入盈餘。這些循環的赤字和盈餘像是自我調節的管理者，可以抑制商業週期的波動，因為在私人淨所得和淨支出異常高時，政府（稅收）會令其減少；反之令其提升。根據「自動政策」擁護者的看法，任何額外的自由裁量政策舉措，都可能增加而不是減少不穩定性，因為自由裁量的措施難以精準地掌握時機，預見這些措施會給個人決策者帶來更多的不確定性。

自由裁量總需求管理的批評者，也希望貨幣政策能有明確方針，並且堅持這個方針。他們希望美國聯邦準備理事會穩定地控制貨幣存量，讓它維持不變，或者讓它以某個確定的、眾所周知的、一致的、適度的速度成長，也許與實際產出的長期平均成長速度相等。與經濟體系中存在自動的財政穩定機制一樣，其也存在著自動的貨幣穩定機制。如果貨幣管理者不再向銀行體系注入更多新的準備金從而滿足經濟擴張，那麼經濟擴張最終會遭遇利率上升、貸款分配變得嚴峻的約束。在經濟下滑時期，由於貸款需求減少，放貸條件會放寬，以此鼓勵潛在的投資者。與財政政策一樣，加強管理逾限很可能增加而非減少不穩定性，至少根據自由裁量政策的批評者的說法是這樣。

15.15 | 誰掌權

美國關於要求平衡聯邦預算的憲法修訂，本質上是基於這樣的信念，即對經濟的政治控制本身也必須受到控制。這是很重要的見解，但是即使通過這樣的修正案

並簽署生效，平衡預算也仍舊是個艱難的任務。**⑲** 注意，預算是一種預測，而不是命令。當國會擬定預算的時候，是**預計**一定數額的財政收入，批准一批未來的項目。但是未來不會完全與人們的預期一致，有時甚至會有很大的落差。因此，為了達到年度收支平衡，可能要強制性地突然大幅改變稅率和支出授權，這對於聯邦政府來說就是破壞穩定的措施。最後，它也無法阻止國會和總統安排和分配移轉支付、政府採購或者稅法調整，即使行事方式會導致經濟不穩定，只要它們對在任者的連任有幫助就會被採用。

我們不能期盼凡人成為天使，也不必期盼客觀規律中出現奇蹟。古希臘物理學家阿基米德說過，如果給他一個穩固的支點，他可以撐起地球。對於那些操心經濟問題的人，這種阿基米德式的觀點很有誘惑力。「必須有一個解決辦法。如果經濟不能適當運轉，我們將交由政府來解決它；如果政府不能很好地解決，我們就修訂

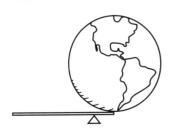

憲法；如果不能修訂憲法，我們就開展一場轟轟烈烈的教育運動；如果教育不起作用，我們就讓政府改革整個學校體系。」但現實卻不存在這樣一個穩固的支點來固定槓桿，好讓某位阿基米德能夠把社會搬動到適當的位置。

經濟的運行

經濟的運行，以及政府和其他各種社會制度的運轉，最終取決於相互確保協調的能力。我們在第 1 章就說過，對於大多數人來說，認識到我們每天成功協調的眾多非凡方式有多麼困難。像汽車引擎，只有在其發生故障的時候才能引起我們的注意。當引擎運轉良好，我們不會想到它，我們只會注意車外的景色或者車前的道路。因為社會協調機制運轉良好時我們不會關注它們，這樣通常無法發現它們到底是如何工作的，或者我們對其持續平穩的運行有多麼依賴，而且常常會錯誤地認為，某些簡單的修補就可讓它們運轉得更好。

富裕的工業化經濟體系，都經歷著生產和就業上的週期性波動。一定程度的不

19　作者注：制定平衡預算修訂案的難處。

穩定似乎是自由企業制度的固有特點，在自由企業制度下，決策是分散的，沒有人知道其他人在做或者要做什麼，而且大部分交易都是藉由貨幣媒介進行的。有人支持凱因斯，認為適當的政府干預可以將自由企業制度的內在不穩定性降低到可容忍的水準，從而使資本主義得以保留——相對於其他制度，資本主義有不少優點，這讓它值得被保留。還有一些人認為，如果政府建立一套穩固的規則體系控制自己以及銀行體系的行為，不穩定性的程度就會比過去輕得多，讓政治和社會都可以接受。

這些問題背後的爭論由來已久。隨著供需狀況的變化，價格能夠多快、多平穩地調整？隨著變化的價格所提供的新資訊，資源能夠多快、多平穩地調整？儘管可以期望實證和理論的不斷研究，會提高我們對這些問題的認識，但是這類大格局下的問題，很難讓每個人都滿意。事實和想像、邏輯和願望，在這樣的過程中交錯，我們對於什麼事情有可能實現的判斷，受到我們心中願景的微妙影響。倘若我們在**希望**經濟如何運行這個問題上取得一致，我們才會發現，在經濟「究竟」如何運行的問題上取得一致或許會更容易一些。但是我們沒有這樣的共識，於是必須繼續討論這些問題，並且不能確定是否已經找到最佳的解決方案。

15.16 ｜ 2008年金融危機

在本章開頭，我們討論了一連串錯誤在經濟失衡週期中所扮演的角色，並分析了由此產生的大蕭條。那麼自 1930 年代以來出現的最嚴重的「經濟大衰退」呢？2008 年的第三、四季度，實質 GDP 分別下降約 5% 和 9%。2009 年前兩季也不例外，分別下降了約 8% 和 5%。自那時起，經濟回升速度一直非常緩慢。利率操控和低價貸款再次成為問題的根源。但是為什麼繁榮和緊隨其後的蕭條期，大部分都發生在房地產及其相關產業呢？

低價貸款流入房地產

擴張性貨幣政策並不能均衡地影響經濟的各個行業。一些行業率先獲得低價貸款；一些行業能夠更迅速地回應利率調整，還有一些行業得到的好處要比其他行業

多。❷請不要忘記在之前的章節談到的一個話題：遊戲規則不可忽視。最近一次危機爆發，部分原因是由於1990年代中期市場規則的變化，當時的政策在低價貸款流入房地產業的過程中有推動作用。1995年對「社區再投資法」的修訂也脫不了關係，但並不僅僅局限於此。「社區再投資法」的目標考慮得非常周到，而且積極主動。這一法案希望能夠為那些貧民區中的低所得群體、少數群體和善良的百姓圓夢，向他們提供夢寐以求的住房。同時，該法案呼籲銀行向處於危機的小型企業提供更多貸款。現在我們分析一下方式手段，當時並沒有推行自願原則，政府官員不是簡單地**建議**銀行實施上述新措施。「社區再投資法」利用聯邦權力迫使私營商業銀行將額外準備金的大部分提供給低所得人口：然而，這當中又存在許多規則、管制和程序，銀行管理者和有關監管部門都無法清楚解釋、執行或監督這些規則。

　　負責管理貸款的銀行員忽視銀行舊有方案（尤其是仔細核對借貸人所得及分析借貸人淨資產等）。但是他們為什麼突然放棄了這一傳統且頗實用的辦法？**這種**模式的成因是什麼？答案是：銀行發現他們可以逃避「社區再投資法」的罰金和處罰，更重要的是，快速結算針對低所得人群的次級貸款，商業銀行能夠將其他可貸資金——這部分資金占銀行準備金的大部分——貸給身處競爭激烈的市場、所得高的重要客戶。

　　這一做法再次出現了出人意料的不良後果。處於劣勢的人群無需支付定金便可借貸——這在以往穩定時期根本不可能。中等所得人群需付的首付遠遠低於之前要求的20%，這是他們喜歡的。可調抵押率和其他允許延後支付大額尾款的放貸項目，使得低所得和中等所得借貸人能夠「支付得起」遠在支付能力之上的房子。時任美國聯邦準備理事會主席的艾倫・葛林斯潘以及FOMC（負責制定具體貨幣政策的聯邦公開市場委員會）官員努力擴大了美國的貨幣供給，試圖提高美國GDP水準，推動房地產業的興盛。他們大量購買債券（目標是聯邦準備率），導致聯邦儲蓄率持續下降，由2001年的6%下降為2003年的1%。當然，不同信用類型的銀行貸款利率均有所下降，一時之間掀起一場借貸熱潮，如野火般迅速蔓延。

　　《美國房產真人秀》（Flip This House）、其他相似的電視真人秀節目以及廣

20　作者注：為何激增現象出現在房地產業？

告，鼓勵人們購買低價樓房，衝擊房地產（貸款訂金低或根本不需要付訂金），隨後在幾個月內將房屋賣掉，從而發一筆橫財。這類節目和廣告經常在電視上出現，成功吸引了人們的注意。美國經濟已經進入了不穩定的房地產繁榮期，當前正處於「咬一口和咀嚼」階段。「噎住」，即我們所說的**修正階段**，是不可避免的。

聯準會官員意識到擴張性貨幣政策將導致房地產**泡沫化**，如今這些官員突然來了個**急轉彎**，大量出售債券，減少貨幣供給，班‧柏南克接替葛林斯潘擔任聯準會主席後，聯邦儲蓄率從 2003 年的 1% 上升到 2006 年的 5.25%。利率全面上調。

美國聯邦準備理事會和政府的政策調整彷彿一夜之間開了太多綠燈。操控利率、間接影響房地產價格以及不良的借貸政策三者共存，如何能夠在房地產和金融市場形成持續的協調性計畫呢？聯準會控制利率和定價，出於好意的政府官員掌控銀行激勵政策，而投資機構、房貸市場莊家們、律師和投資銀行業者負責其他部分。幾年時間裡，幾百萬人和上兆貸款都樂此不疲地投入這場金錢遊戲。

許多人認為不受管制的自由市場，是這場繁榮產生的原因，還有一部分人（如本書作者）則不同意這一觀點。當然，這當中的諸多細節非常複雜。我們認為主要原因是政府官員的干預，但是遺憾的是許多私人企業員工（多為貪婪、謹慎的人）反對政府干預，做出了許多愚蠢的事情。崩潰跡象很明顯——泡沫已經破碎，房地產價格驟跌，家庭貸款拖欠額到 2008 年已經上升到 5,000 萬美元以上，導致經營抵押貸款的證券經紀人、房貸擔保人和金融保險公司，不得不面對資金流動性不足的後果。

2008 年金融危機爆發，是**所有**參與者共同導致的結果，雖然這些人並不是有心為之：普通家庭為追求美國夢而奮鬥，行業分析師鼓勵大眾，電視節目製作人、商業銀行和擔保公司追求利潤規避風險的行為，經濟學家、官員和政府最高機構發起的有關項目等都包括在內。並非所有行為都是當前危機的**根源**或**成因**，但是卻全都被捲入這場危機當中。

量化寬鬆

近年來，聯準會試圖透過再次擴大貨幣供應，緩和金融危機的衝擊，並由此**降低**利率，這也就是我們所稱的「量化寬鬆」（而第 14 章指出為了防止貨幣供給擴

張引起通貨膨脹和泡沫現象，聯準會開始向銀行準備支付利息，同時進行相反方向的工作）。其他政策制定者試圖利用稅收向銀行業者、交易商、證券經紀人和擁有數十億資產的企業提供**幫助**。從長期看，是否會出現道德風險？如果今天的企業負責人享有利潤並獲得上兆援助資金——自由市場提供的嚴格預算限制的明顯「軟化」或「鬆動」——他們或下一屆負責人是否會愚蠢到**再次**抱有以下想法，即如果企業營運失敗，聯準會、財政部和其他政府機構將再次為他們的損失買單？

在最近的幾次危機中，財政政策也很活躍，政府遵循凱因斯理論介入危機，如2009年推出了「美國復甦與再投資法案」（通常稱作「刺激法案」），其結果是失業率進一步加大，甚至比未搬出「刺激法案」前的失業率還要高！2009年初，當總統和國會就財政預算和未來經濟情勢辯論時，我們不僅不知道自己身處何地，對未來也感到迷茫，不知應當採取何種措施。一旦人們知道有如此一筆鉅款可供使用，且其用途不限，政府內外人士均看準機會想要分一杯羹。每個參眾議員積極確保在貨幣發行量加大的情況下，這些錢能夠分到有資格的人手中。因此，注意「刺激法案」資金的流向，林林總總的資金將投入各種不同的用途。

簡而言之，為了減少不可避免的衰退帶來的衝擊，同時又向組織健全的企業提供幫助，政府已經著手中止經濟衰退補救措施。實施了多回合的「量化寬鬆」政策，財政赤字大量存在，國家債務增加。衰退和緩慢回升並非一定要持續多年，然而，不幸的是，這場危機卻需要多年才能恢復。

本章回顧

經濟的嚴重下滑，即衰退，是預期落空的標誌。儘管不論光景好壞都有很多企業遭受虧損，但是經濟衰退表現為系統性的（即普遍而廣泛的）一系列意料之外的經營虧損。市場參與者誤判了價格訊號提供的資訊。企業預估期望利潤和虧損的貨幣計算，選擇期望利潤最高的項目。但過了一段時間之後，它們意識到虧損了，於是改變投資和雇用計畫。它們藉由削減產量和解雇工人來扭轉局勢。

當期望利潤和虧損錯誤的貨幣計算十分普遍，以至於在整個經濟體系中表現為一連串錯誤，可能的罪魁禍首便是藉由擴大貨幣供給降低利率。低價貸款在商業週

期中製造出的「繁榮」階段無法長期持續，當意外的虧損變為現實時，計畫會隨之相對調整，最終導致經濟的衰退和下滑。在這種情況下，蕭條能夠修正之前所犯的錯誤和資源的錯誤分配。

　　如果聯準會實施均衡的貨幣政策，努力使經濟體系中的貨幣供給量和需求量相等，這種普遍的貨幣計算和其所表現的一連串錯誤就能被最小化。穩定性的貨幣政策，藉由調整貨幣供給量，適應民眾對貨幣需求的變化。

　　時機對於任何有效的穩定政策來說都至關重要。問題出現和問題被認清間、認清問題和採取具體措施的決策間、措施和最終效果間的時間延遲是不可避免的，這些延遲加起來，使得實際中的總需求管理沒有理論上的那麼穩定。

　　政府的穩定政策不是被不偏不倚、無所不知的專家控制著，而是被政治過程控制著。那些制定政策的人考慮自身的利益，並對感受到的誘因做出回應。

　　民主社會的穩定政策，受到政府官員相對來說較短任期的顯著影響，這些政府官員迫於壓力，忽視那些帶來短期效益計畫的長期成本。

　　預料之外的總需求成長率變化，會在給成本和價格帶來影響之前，先影響產出和就業。因此當政策轉向擴張的方向，取得的效益先於成本表現，但是當政策轉向緊縮的方向，成本則領先於效益。於是惦記著選舉的政客，會發現擴張政策符合他們的利益，而緊縮政策與他們的利益相悖。這往往造成「走一停一走」的政策，且偏向於導致通貨膨脹。

　　民主政治過程也往往會為中央政府帶來長期的預算赤字，因為中央政府通常控制支付手段，因此總可以在自己的國家成功借到錢。由於在長期達成預算平衡並無當務之急的壓力，民主政治過程會帶來無窮無盡的一串預算赤字。這些赤字又會給貨幣管理機構施壓，讓他們擴大貨幣供給。

　　政府少做點，反而可能是對維護經濟穩定的最大貢獻。更加穩定、更有預見性的政府政策，給經濟體系帶來的不確定性會更少。

　　近期經歷的所謂經濟大衰退，表明低價貸款——借助政府某些規則進入房地產業，導致了經濟泡沫和隨後的崩潰現象。政府未來財政政策和貨幣政策的不可知性，則是導致經濟恢復的速度減緩。

國家的財富：
全球化與經濟成長

▌本章你可以學到這些▐

☑ 描述世界各地經濟成長的歷史

☑ 解釋導致經濟成長的因素

☑ 介紹經濟自由指數

☑ 探討國際範圍內比較 GDP 的困難所在

☑ 分析經濟學家及其他專家就全球化問題提出的論點和證據

　　今天，世界上的大多數人仍然生活在持續的貧窮之中，他們的情況比「已開發」國家居民在經濟衰退到谷底時還要糟糕。確實，當今世界經濟最引人注目的一個現象，就是一些經濟體系比其他經濟體系的表現出色得多。儘管還沒有普遍認可的標準，可以用來清楚地比較加拿大與美國、挪威與瑞典，乃至瑞士等國，以確定哪國經濟體系的績效更好。但是我們不需要任何複雜的績效測量工具，就可以知道這些國家中任何一個經濟體系的表現，都要比衣索比亞、阿爾巴尼亞、孟加拉或者其他眾多為貧窮所困的國家出色得多。

　　經濟體系是一種社會制度，人們藉由它來合作創造資源和使用資源，滿足彼此的需求。為什麼一些系統比其他的要成功得多呢？這就是本章的主題。當然，有些國家一開始自然資源就比其他國家少。但是自然稟賦的不同，並不能用來解釋富裕的新加坡和貧窮的海地，或者富裕的瑞士和貧窮的肯亞之間財富和福利的巨大差距。而人口密度或者說土地廣闊與否，也不能解釋富國與窮國之間絕大多數能觀察到的差異。荷蘭 34,000 平方公里的土地能養活 1,600 萬人口，相較之下，查德 125

萬平方公里的土地也只養活了 1,100 萬人口，更不用提荷蘭還是靠填海造陸才造出了大塊土地。

16.1│誰富，誰窮

國際復興開發銀行——世界銀行是它更為人所知的一個名字，定期發布《世界發展報告》，報告總結了每個國家經濟體系的運行表現，其中把國家分為高所得、中等所得和低所得三類。

高所得國家包括美國、加拿大、西歐國家、以色列、日本、韓國、澳大利亞、紐西蘭、新加坡，波蘭、愛沙尼亞等一批前蘇聯成員國裡經濟最為成功的國家，以及汶萊、科威特、卡達、阿拉伯聯合大公國等一批靠賣石油致富的小國，乃至一些更小的國家，它們是某些富裕大國的附屬國（或者剛剛獨立），比如法屬圭亞那、荷屬安地列斯、關島等。

更多的國家被世界銀行劃為低所得國家，其居民的人均年所得低於 1,025 美元。這些國家包括阿富汗、孟加拉、緬甸、柬埔寨、前蘇聯分裂出來的較貧困國家，以及大多數中非國家。

中等所得國家包括從墨西哥到南美洲最南端的拉丁美洲諸國（除了海地，該國是低所得國家）、南非、北非諸國、從希臘和土耳其到伊朗、1989 年以蘇聯在中東歐的部分衛星盟國以及大部分前蘇聯的加盟共和國，另外還有泰國、馬來西亞、印尼和菲律賓。

人均國民生產毛額

世界銀行區分國家的標準是**人均國民生產毛額**，就是用 **GNP 除以人口**所得的數值。因為在衡量世界各國總所得和總產量的時候更強調 GDP，而 GNP 很多時候幾乎可以和 GDP 相同，所以在解釋這種貧富標準的意義和局限時，會著重關注 GDP。

16.2 ｜歷史記錄

2011 年美國的人均 GDP 是 48,442 美元，印度為 1,489 美元，不到美國的 3.1%。與 1820 年相比，美國 2011 年的 GDP 成長了超過 777 倍，印度 2006 年的 GDP 則成長了不到 10 倍。❶ 實際上，1820 年印度的 GDP 僅次於中國，位居世界第二位，且比當年美國 GDP 數值高出近 10 倍。而現在，美國的 GDP 則是印度的近 10 倍！差別在於經濟成長。在這 185 年裡，美國的平均年成長率超過 3%，而印度的經濟成長則微不足道。為什麼兩個國家的境遇如此不同？

經濟成長造成了貧富差距

在一些人看來，對這個問題一個肯定的回答是 **剝削**。經濟成長靠的是可投資於生產性資本的初始剩餘。世界上的富裕國家利用其軍事霸權征服亞洲、非洲和拉丁美洲實力較弱的國家，剝削被征服的人民，用榨取的盈餘資本快速推動自己經濟的發展。的確，當歐洲國家剛開始接觸到世界的其他國家時，「力量的絕對優勢恰好在歐洲人這一邊，使他們能為所欲為而不受懲罰，在遙遠地方做出各種不合正義的事體」。說這句話的是亞當・斯密，不是卡爾・馬克思。但是斯密也提到，他們所做的不合正義的事蹟與很多的「蠢事」攙雜在一起，他自己的觀點是，英國這個最有野心的殖民強權國家，在維護統治上投入了過多的資源，而並沒有期望能夠收回這些投入。他也許是對的。第二次世界大戰後歐洲的殖民地迅速瓦解，一個主要因素就是它們沒有能給殖民強權帶來顯著的經濟利益。

如果將剝削作為對當今國家間巨大貧富差別的解釋，可以有一個基本性的反駁：事實是衣索比亞等一些最窮的國家，從來不曾被其他國家和地區征服或殖民；而瑞士等一些最富的國家，從來不曾征服或殖民其他國家和地區。相對於經濟成長

1　作者注：本章的論述基本以安格斯・麥迪森收集並分析的大量數據為基礎，麥迪森將其研究於 1995 年發表於世界經濟暨合作組織（OECD）發展中心出版的《監測世界經濟（1820～1922 年）》（*Monitoring the World Economy, 1820-1922*）。自 1995 年以後，我們一直極盡所能更新數據，但是，前面已經強調過，在這裡再次強調，那就是使用總量數據時必須格外謹慎小心。經濟增長與發展的源泉在於正在研究的政治與經濟系統的結構組成，哪怕從最好的一面出發，總量數據也只是乏善可陳的評估指標，使用時必須抱著懷疑態度，保持謹慎。若是還想深入學習，本章的延伸閱讀更進一步地討論了測量、比較以及理解不同國家間 GDP 的難點。

的真正原因，軍事力量看上去好像更有影響。不過毫無疑問，經濟成長，最初是在西歐被發現或者說被發明的。當馬克思和恩格斯在 1848 年讚揚過去百年「資產階級社會」的成就時，他們幾乎只看歐洲及其延伸領域美國、加拿大和澳大利亞的狀況。在這些國家之外，GDP 的增長並不顯著。

1848 年以後，經濟成長也傳播到世界的其他地方，在第二次世界大戰後的 25 年裡，每個大洲都至少經歷了一次讓人印象深刻的高速經濟成長。1950 至 1973 年，全世界的 GDP 年平均增速為 4.9%。結合當時的人口成長計算，我們可以得出人均 GDP 年增速為 2.9%。這是個驚人的數字，意味著在區區 25 年內，世界人民的實際平均所得就幾乎可以翻倍。但是 1950 至 1973 年的迅速成長是很少見的。1973 年之後，拉丁美洲的經濟成長顯著減緩。前蘇聯、其東歐盟國和非洲國家的經濟成長速度低於人口成長速度，因此這些國家的人均所得實際上是下降了。在歐洲及其分支，經濟成長普遍維持在至少足以讓人均所得在 50 年內翻倍的水準。在亞洲，直到 20 世紀 90 年代經濟危機爆發之前，經濟平均增速足以讓實際人均所得在不到 25 年的時間裡翻倍。

16.3｜經濟成長的源泉

人類歷史上出現了經濟的持續成長，❷ 這是前所未有的現象，因為一些國家創造了條件，讓其絕大多數民眾可以從事專業化的工作並進行交易。穩定的社會秩序過去是、現在也仍然是必要的前提。在穩定的社會秩序下，可以建立起完備的法治，人們得以自信地規畫未來，並有理由相信自己努力可以得到成果。

思考經濟發展的一種方法，是將其**視作人、資源和制度的三元函數**。但是，人實際上應該被視作一個既定因素。我們當然希望人們能更友好、更善良，但實際上這是我們無法控制的，也無法直接控制大自然是否賦予我們資源。我們希望有更好的天氣，更富饒的土地，但是這都不是我們能夠選擇決定的。然而對於支配互動和資源利用方式的制度，我們還是有些許控制權的。這就是為什麼對於經濟發展來說，至關重要的因素是基礎制度（如法治），而不是自然資源的供給或人力資本投

2　作者注：經濟成長：實際 GDP 的長期增長。

入的水準。這些制度給出遊戲規則，在這些規則下，我們相互協調，藉由交易實現獲利。❸

　　另一個重要的先決條件，是要能以低成本來交易商品和交換想法。如果人們無法進行交易，就不會有專業化；而如果商品流通的成本高於交易的期望效益，人們就無法交易。想法的交換也很重要，也許比亞當・斯密和其他早期經濟學家意識到的重要得多。因此，歐洲的地理條件是培育經濟成長的一個主要因素。歐洲綿延的海岸線上有諸多的優良海港，歐洲還有無數寬闊的河流流過平坦的平原，它們由山頂融化的雪水匯聚而成，終年可以通航，這一切讓歐洲人可以以低成本，在廣闊的區域中交易商品和交換想法。

資本存量

　　沒有剩餘資本的累積，廣泛的專業化就不可能有長足的發展。人們生產商品供他人使用，可是生產者通常不認識使用者，而且兩者往往距離遙遠。從生產過程開始之初，到出售產品獲得效益之間這段不斷在延長的時間內，生產者必須能夠維持生活。因此，經濟成長的另一個先決條件是製成品存量的不斷累積，讓生產者能夠度過生產期——這些產品像資本一樣發生作用，因為它們是製成品，可以用來提高未來的生產率。

技術創新

　　資本累積還可以加倍提高勞動效率，從而為經濟成長做出顯著的貢獻。不用說也知道，推土機運的土遠遠超過鐵鍬。不過一般人不容易看到，資本累積既是一個量的過程，也可以帶來質的轉變。專業化最重要的成果之一是技術創新，而技術創新意味著一個國家對資本財的累積，將帶來**更多**並且是**更高效**的生產原物料。隨著時間的推移，擁有的運土設備不僅數量會更多，而且效率會更高。

　　技術創新或許是推動經濟成長最強大的力量。以交通系統為例，前面已經提到過，它是經濟成長過程中的重要因素。1800 年，身在美國的人們怎樣運輸商品、

3　作者注：先決條件：法治；交通與交流的低成本系統。

交流想法以及旅行呢？以今天的標準來看，他們的方式速度非常慢。在那時，如果是長途，幾乎任何東西都要走水路。築路的成本很高，公路必須跨越河流山川，而且在下雪泥濘的情況下要能保持通行。而貨運或客運大部分要靠馬匹運輸。然而，1800 至 1870 年交通方面的資本累積，主要不是更多的帆船和運河，而是更多的鐵軌、蒸汽機車和火車貨車車廂，後者每單位的資本投入都能更快速地運輸商品。因此人們的資本累積中就伴隨著技術創新。到 1940 年，內燃機再一次大幅提升了單位資本投入運輸商品的效率。談到幫助人們旅行和交流想法的那些資本投入，我們已經熟悉了噴射飛機和網際網路，與 1800 年甚至 1940 年的那些設施相比，在任何方面都擁有非常大的優勢。

迎頭趕上

技術進步對推動經濟成長有重要的影響，這意味著相對於領先國家而言，那些後起之秀享有的一個重大優勢。技術創新不是從天上掉下來的，它是人們在試圖推動他們感興趣事物的過程中互動產生的。在技術方面領先的國家，必須靠自己去發現更好的模式，而在探索過程中成本是不可避免的，其中包括犯錯帶來的各種成本。然而發展中國家，特別是在落後一定距離的時候，就可以避免這些成本。一個擁有極少資本的貧窮國家，如果在 20 世紀末要提高其產出進而增加其所得，就不必重複別的國家歷史過程中所有的探索階段，直接可以從牛車和泥土路跳到柴油卡車和混凝土高速公路，這是後發的優勢。先進國家在探索中付出了高昂的成本，而發展中國家只要借鑑其成功經驗，就可以取得比富裕國家當初發展時快得多的發展速率。

16.4 | 外國投資

但是貧窮國家能否真正做到這一點，還取決於許多因素。鑑於它們一開始只擁有原始的技術條件，無法自己製造複雜的資本財以提高生產力，因此必須依賴進口。但是它們有辦法進口它們想要的資本財嗎？能付出什麼作為交換？由於貧窮，從定義來說，它們注定只擁有少量可供出口的剩餘，可以用於換取進口。即使別國

有需求進口，交易能創造剩餘嗎？有足夠的需求以支持買方市場，從而使交易的結果對窮國有利嗎？有哪些窮國生產出來的東西是富國真正需要的呢？儘管很多人腦中第一個出現的答案是「原料」，但實際上很少有窮國擁有足夠數量的礦產或其他原料，其在國際市場上的需求足夠帶來出口所得，可以用來購買新的設備。即使確實擁有這些資源，也很可能缺乏以低成本開採資源的知識和設備，讓海外銷售有利可圖。

考量投資報酬率

外國投資在這裡就有用了。富裕國家的投資者可以借錢給窮國，窮國可以用來購買需要的資本設備。他們願意這麼做嗎？如果在考慮了風險調整後，這些投資的期望報酬率超過其他投資的期望報酬率，他們就會願意這麼做。因為一個發展中的國家有快速成長的機會，在貧窮國家的投資報酬率應該相對較高。遺憾的是，在很多情況下，此類投資的**風險**也很高。除了投資經濟不發達國家那些一般的高風險因素，和由投資配套設施是否足夠導致的風險，還必須加入政治不穩定性帶來的風險。

部分的政治風險來自習慣性的敵意，特別是很多人對在窮國投資的那些外國人的偏見。投資報酬普遍被看成是貧窮國家資源的「流失」，特別是在投資者來自富裕國家的時候。這種態度很容易帶來遊戲規則的改變，催生那些部分或全部沒收外國投資的政府政策。意識到政治風險的個人和企業更不願意投資，除非他們能夠與政府就降低此種風險達成協議！如果外國投資者願意將其投資的回報與某些特定的政府官員分享，獨裁者或寡頭統治的國家常常願意壓制大眾的不滿，甚至授予外國投資者特權。當貧窮國家確實出現經濟成長的時候，其收益通常只流向擁有特權的少數人，而不是惠及廣大民眾，上面講到的就是主要原因之一。

外國援助

貧窮國家沒有能力自己創造發展所需的資本，外國投資者不願意在沒有高回報預期的情況下提供資本，而在外國投資者和窮國官員之間時有所聞的貪腐關係，讓很多人提倡應由富裕國家的**政府**投資，而不是由私人和公司投資。但是，這個提

議本身就有問題。什麼能夠促使諸如美國這樣富裕國家的政府，在貧窮國家投資呢？慷慨的衝動作為制定政府政策的理由，能為人們所接受嗎？政府真的有過慷慨的衝動嗎？當慷慨施捨者是政府的時候，在所謂慷慨的背後，真正的動機是什麼？真正的交換條件是什麼？給予援助的政府官員想從接受援助者那裡得到什麼？在援助條款沒有被滿足時，富裕、（通常也是）強勢國家的政府會做什麼？政府間援助，最終不會成為政府干預他國事務的手段嗎？

有些人相信，藉由國際機構實施援助就能夠解決問題，這些人必須要仔細看看世界銀行等此類國際機構的實際經驗，它們從未能從與政府間援助相關的難題和困境中全身而退。上述就提出了這麼多問題，更不用說要考慮政府機構是否真是控制投資方向最好的方式。貧窮國家的政府，如何分配獲得的無償援助或者低息貸款？它們會把資本分配給能夠最有效使用這些資本的團體嗎？怎麼知道哪些團體能夠最有效地使用這些資本？腐敗會不會在這個情況中出現，我們對此有多少信心？在這種情況下，浪費和腐敗經常發生，這足以讓富裕國家的國民高度懷疑「國際援助」計畫。而在民主國家，僅僅這種純粹的懷疑本身就足以讓援助計畫縮水了。

全球化

國際貿易和投資對世界經濟成長貢獻卓著，那些仍然刺耳地堅持主張「全球化」只是讓富國更富、窮國更窮的人應該解釋，為什麼這種情況之前（甚至是不久以前）都沒有出現，現今的證據又在哪裡？一方面，被隔絕於世界經濟之外，或者選擇閉關鎖國的國家從未經歷顯著的經濟成長；另一方面，香港和新加坡的例子，足以反駁那些懷疑國際分工能否帶來財富的人。這些國家和地區處在不利的環境當中，幾乎完全沒有稱得上自然資源的稟賦，它們全力投入國際貿易和投資的高速運轉，創造了驚人的經濟成長記錄。

為何國際援助能造成損失？

剛才還在擔心援助國的政府會干涉受援國的內政，我們需要把這種擔心，與對它們**袖手旁觀**的擔心放在一起考量。事實上，很多受援國未能用外國援助促進其經濟成長，外國援助甚至會**降低**經濟成長率。資本贈予怎麼會降低一個國家的經濟成

長率呢？你可能會想，最糟糕的情況，也不過就是這種援助沒有積極作用。但是從捐助國獲得的資本幾乎不可避免地要與國內資源（土地、勞動力、國內資本）共同使用，而這些國內資源原本可以用於別的方面。外國援助被分配給了無用的計畫，這裡的無用是指它們沒有為經濟成長做出貢獻，比如通往統治者鄉間行宮的四線道高速公路，或者主要用來運送政客和官僚去阿爾卑斯山度假的國家航線，看起來讓人印象深刻但不能發電或提供灌溉的水壩，這種援助只能對受援國的經濟成長帶來負面作用。要讓國際援助在一個國家發揮作用，並非毫無機會成本。

　　一些惡劣政府實施政策的目的，是讓擁有特權的少數人致富或讓執政黨派保住執政地位，即使這些政策會妨礙經濟成長，這時外國援助也可能助紂為虐。你如果仔細想想，就會意識到政府間援助就是一種援助國對受援國國內事務的干預。如果你不明白這是為什麼，問問自己那些想要推翻獨裁政府的人，會如何看待統治者經手的國際捐助。因此，問題不是發放援助的政府或國際機構**是否**應該干預，而是它們應該**怎樣**介入。如果目標是要讓人們脫離貧困，那麼援助應該交給有適當經濟政策的政府以及廣大的窮人。❹ 儘管對於在特定情況下是什麼構成最佳的經濟政策，確實還有一定爭論空間，但是對什麼有效、什麼無效，我們已經知道了不少。與無知（ignorance）相比，根本問題更在於如何提供政治誘因，以便讓那些已經知道該做什麼的人真正負起責任來。

私人投資

　　比起外國政府或國際機構的援助，私人投資通常更能加速經濟成長，這裡面有若干個原因。一是私人投資通常由知道如何使用的人進行；另一個更重要的原因是私人投資者，至少是在和當地官員沒有貪腐關係的情況下，自身也迫切希望經濟成長，因為這會讓他們的投資獲利。對於看起來讓人印象深刻的投資項目，如果不能創造出高於投入的價值，私人投資者是不會感興趣的。投資者密切關注他們借出的資本，是否找到了建設性的用途。

4　作者注：1998 年世界銀行出版了一個有關此種引導援助的案例，令人印象深刻。見大衛・朵拉爾及蘭特・普里契特合著的《評估援助：什麼能做、什麼不能做，以及為什麼》（*Assessing Aid: What Works, What Doesn't, and Why*）。

16.5 ｜ 人力資本

　　有一項明智的政策值得窮國用心推行，這就是基礎教育，特別是對婦女的基礎教育。識字人口是經濟快速成長的另一個重要的先決條件。很多貧窮國家忽視對女孩的教育，這種行為固執地剝奪了它們自己的珍貴資源。第 11 章已經論述過，造成美國個人間所得不平等的主要原因，不在於他們擁有的有形資本數量差別，而在於他們人力資本價值的區別。其中，掌握各種生產性知識和技能，尤其能讓個體致富。人力資本對國家財富的成長有多大貢獻呢？

　　要為這個問題給出一個定量的答案是困難的，甚至不太可能，主要是由於富裕國家支出其所得的一個方向，就是為國民提供越來越慷慨的教育。❺ 學校教育既是消費品也是資本財。因為財富增加帶來更多的學校教育和其他方式獲得的知識，我們無法確實估計人力資本對經濟成長過程的貢獻。但是，我們能夠確定它很重要。如果民眾沒有受過教育，技術進步能對經濟成長做出這麼大的貢獻嗎？極不可能。如果微軟的新產品不是純粹作為玩具的話，與微軟新產品開發者的知識和技能相比，使用者的知識和技能也要有所成長。複雜的工具讓我們能夠更加容易地做很多事情，但是同時也必須有人能夠設計、製造並修理它們。❻

16.6 ｜ 石油來自我們的頭腦

　　大多數人會從**既定要素稟賦和地球的自然資源**方面考慮問題。但如果我們超越這些一般假設，稍稍跳出常規思考，會發現**知識**是經濟成長過程中的**關鍵**因素。世界上的貧窮國家缺的不是「物品」，而是「想法」。在人類歷史的大部分時間裡，石油毫無實用價值，是人類的**才智**最終發現了讓石油為人類服務的方法。當然，自然資源都是在我們身邊的物質世界被**發現**的，但是只有靠**人類的頭腦才能發現和利**

5　譯注：這段話的意思是在統計資料上往往教育水準越高的國家就越富裕，但是這種相關不能直接用來確定因果，是更多的教育帶來更快的增長，還是因為國家更富裕了才會提供更慷慨的教育，因果關係的方向和強弱究竟如何是一個典型的實證問題，計量經濟學中稱為「內生性」問題。

6　編注：生產要素是指生產活動必須具備的主要因素，或在生產中必須投入或使用的主要手段。通常指土地、勞動和資本三要素，加上企業家精神為四要素，也有人把人力資本、技術知識、經濟資訊也當作生產要素。要素稟賦（factor endowment）則是指一國擁有各種生產要素的數量。

用這些資源。在這種觀點的指引下，經濟學家朱利安‧西蒙（Julian Simon）把頭腦稱為「終極資源」（ultimate resource）。今天看來對自然資源的使用方式，比如在電腦晶片中矽的使用，實際上是**人類知識和才智**的繼承和累積。

知識的重要性

　　如果有合適的誘因，受過教育的人可以利用這個世界便利可及的知識庫，把現有的東西轉變成他們想要的東西，甚至如何讓誘因變得合適，也與知識有關。我們一直在學習明確分配產權來讓組織更有效地工作，並盡量避免囚徒困境造成的協調失敗。雖然以上這些都是我們這樣以傳播思想為生的人喜歡聽的，但並不意味著就沒有道理。

16.7 ｜ 經濟自由指數

　　從 20 世紀 80 年代開始，一群經濟學家試圖使用傳統實證技術刻畫這些洞見。在與密爾頓‧傅利曼和其他傾向於市場的經濟學家商討後，沃爾特‧布洛克（Walter Block）、詹姆斯‧格沃特尼（James Gwartney）和羅伯特‧勞森（Robert Lawson）建立了經濟自由指數，然後把指數與經濟成長的計算聯繫在一起。他們的成果最先於 1996 年發表，展示了 1975 至 1995 年的世界發展數據。從這時起，格沃特尼和勞森每年更新他們的研究，其他組織也加入，計算不同政策對經濟成長的重要影響。❼ 經濟自由指數試圖從管制、定價、貨幣政策、財政政策和國際貿易的角度，衡量一個國家的經濟政策。如果國家執行的政策管制程度低、定價自由、貨幣政策穩定、稅收水準低、國際貿易開放，這樣的國家會被評價為具有較高的經濟自由度；而如果國家執行的政策管制程度高、定價受限制、貨幣政策帶來通貨膨脹、稅收水準高、國際貿易封閉，這樣的國家會被評價為具有較低的經濟自由度。

7　作者注：見格沃特尼、勞森及布洛克的《世界經濟自由（1975～1995 年）》（*Economic Freedom of the World, 1975-1995*）（華盛頓特區：卡托研究所，1996）。更新請前往 www.freetheworld.com。美國傳統基金會開始和《華爾街日報》合作出版《年度經濟自由指數》，透明國際（Transparency International）也開始發布各國腐敗程度的數據，後者往往被投資者決定在世界不同地區投資的風險因素時作為參考。在工作中，經濟學家利用這些指數以更加理解私有產權、契約自由及法治等制度的重要性。

他們 2012 年研究更新的計算結果如圖 16-1 所示。

　　正如圖 16-1 中顯示的，實施最高自由度政策的那些國家（A 類國家），也擁有最高的人均 GDP 水準。在討論為什麼有些國家富、有些國家窮的時候，這些總量的相關程度（correlation）值得思考，但是對於歷史記錄的審視，可以獲得更多數字背後的東西，更詳細地揭示經濟發展的制度前提，和促進經濟發展的根本因素。

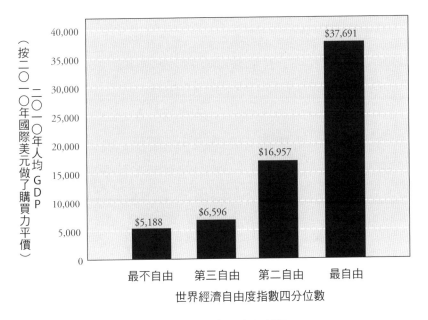

圖 16-1　經濟自由和所得

16.8 | 私有產權的發展力

　　這種被觀察到的經濟自由和經濟發展之間的相關程度，絕對不僅僅是純粹統計上的聯繫（association）。1776 年，亞當・斯密在《國富論》中發現了一個系統的根本因素：人們在享有參與市場過程的自由時，他們的財富就會成長。這個基本因素是從第 2 章開始就在全書中一直解釋的東西：經濟自由讓人們藉由自願交換私有產權——在法治之下人們各自認為最合適的買、賣和交易——相互協調，這種自由

促進了個人和國家財富的發展。這讓人們能夠尋找他們的比較利益，找到以低成本生產、運輸稀缺商品和服務的方法，激發企業家的動力以推動市場過程。❽

16.9 | 綜觀亞洲

對於氣候和地理條件帶給國家的限制，人們基本上無法改變。但是對於法治、廉潔、勝任的政府官員、受過教育的民眾、對外貿易和投資的開放性，政府可以有很多形式的掌控。政府實際做得怎麼樣？試想韓國的情況。1960 至 2011 年，GDP（按 2000 年美元計價）成長超過 28 倍，年均成長率超過 7.3%。其以 2000 年美元計價的人均 GDP（經過購買力平價調整），從 1960 年的 1,154 美元上升到 2011 年的 16,684 美元，年均成長率接近 5.4%。在這段時間，為了讓自己從窮國成長為富國，韓國做了些什麼？

韓國的政府和人民當然對教育非常關注，包括對婦女的教育，現在婦女構成了韓國勞動力的 1/3。韓國向世界經濟開放，有效地利用外國人自願投資給韓國的資金，藉著這些年來國際貿易的繁榮興盛，韓國致力於出口，出口所得被用來購買經濟發展需要的其他產品。1960 年時，誰會預測到 20 年後，韓國製造的汽車能與西歐和北美製造的汽車在銷售上一爭高下呢？

韓國絕對不是只靠政府，讓市場分配資源的國家；在關鍵時刻，政府官員和行業領導者共同規畫，影響資源投資和特定產業的發展。儘管如此，韓國還是允許供需力量產生相對價格，政府官員一直關注相對價格，因此韓國經濟發展一般都會遵循比較利益決定的模式。政府支出保持在合理控制之下，因此經濟不會受到物價飛漲帶來不確定性的傷害。韓國人民有意願保持相對較高的儲蓄率，因此增加了可供國內投資的資源供給。

法治被普遍推崇，甚至有人會說帶著宗教式的狂熱。腐敗是一個問題，但不僅低級別的官員，某些最高職位的官員也因為收取特殊利益團體的賄賂而被定罪。政治聯盟頒布過一些偏向某些地區的強制政策，而這種權力濫用受到批評，位高權重

8　作者注：一段話概括《國富論》。

的公職人員被起訴定罪，這優異表現證明了法治。遊戲規則絕大部分被了解並得以實施，因此人們能夠做出經濟決策，並有理由相信他們能承受錯誤決策產生的成本，並獲得正確決定帶來的效益。

在這段時間裡，日本和台灣的情況與韓國相似，不論在經濟成長速度還是在普遍實施的政策方面。它們擁有願意勤奮工作和保有儲蓄的受過教育的民眾，在穩定的遊戲規則框架內運行，從價格體系中獲取資訊，向世界經濟開放，不受過度的政府支出或快速通貨膨脹的牽制，並可以利用由先進國家開發的技術快速發展，大幅縮短它們和世界上最富裕國家之間的差距。日本不僅僅是縮短了差距，它還讓自己變成了世界上最富裕的國家之一。1960 年，日本的人均 GDP 是美國人均 GDP 的35%；2011 年，這個數字變成了 95%。

印度的表現

亞洲其他一些國家的表現就差得遠了。印度的人均 GDP（還按 2000 年美元計價，並調整購買力平價），在 1960 年是 606 美元，到 2006 年，只成長到 2,122 美元，這大約只是 46 年前韓國就取得的人均 GDP 的 1.56 倍。1960 年，印度的人均GDP 是韓國的 64%，而在 2006 年，不到韓國人均 GDP 的 11%。其中部分原因是人口的成長：從 1960 至 2006 年印度人口增加超過 155%，但是在這段時間裡，韓國的人口只增加了 94%。印度所得成長速度的遲緩，大部分要歸咎於其更加緩慢的經濟成長速度。然而，近年來印度也經歷了經濟迅猛成長的時期，其人口眾多的鄰國中國也是如此。從 2007 至 2011 年，印度的人均 GDP 成長了超過 30%。為什麼直到最近幾年，印度都不能以與韓國、台灣和日本差不多的成長速度追趕上來？戰爭和軍備嚴重延遲經濟成長，印度在這段時間苦惱於內部衝突和與鄰國巴基斯坦的衝突。但是，韓國和台灣這段時間裡也在軍備上花費不貲，答案可能必須在印度政府實施的政策中尋找。

成長失敗

過去的數十年來，印度的經濟表現極為糟糕。這些年間，在讓價格決定資源分配方面，印度仍顯示有極端的阻力；在政府官僚取得權威方面，又展現出強烈的偏

好。在整個這段時間裡，政府使得價格大規模扭曲。出於所謂保護窮人的目的，有些價格被壓制，儘管它們並不總是如同宣稱的那樣保護窮人。在前幾章中提到，政府抑制物價並不降低稀缺性，而更像是藉由抑制供應者將稀缺性聚集在一起。另外，被法律抑制的物價無法確保窮人能夠買到商品；這些商品的價格表面上為了幫助窮人而被抑制了，因此競爭轉向了其他利潤。但是，窮人通常不善於在這些利潤上進行有利的競爭，就像他們不善於在價格利潤上競爭一樣。

印度扭曲商品價格

　　印度政府拒絕關注價格提供的資訊，實際上也使得價格被扭曲。蘇聯實施的集中規畫在 1960 年代享有盛名（大部分是不應得的，接下來會了解到），印度的政府領導人被蘇聯模式說服。結果造成了大量浪費，把過去的經濟成長又重新計算了一遍，因為資金直接投入一些計畫，最終這些被證明無法產生足以支付其成本的效益。在政府沒有規畫的經濟部門中，官僚們擁有為所欲為的權力，他們的管制讓企業家處處受挫。大部分經濟決策都需要政府許可，而這些許可授予與否，全憑相關官僚以獨斷的方式決定，在這樣的經濟體系中法治是不存在的。獨裁的政府是與法治相對立的，它對企業發生極大的壓制作用。

16.10 ｜ 亞洲之外

　　第二次世界大戰以後，拉丁美洲國家的經濟成長記錄好壞參半。表 16-1 展示了 1960 至 2006 年，安格斯・麥迪森（Angus Maddison）在《監測世界經濟》（*Monitoring the World Economy*）一書中選取的 7 個拉丁美洲國家人均 GDP 的百分比變化。相對的變化比率，也是根據購買力平價調整之後的實質 GDP 計算的。

　　我們必須非常謹慎地使用這些數字。拉丁美洲的經濟記錄除了在地域上好壞參半，在時間上也是如此。1929 年，阿根廷的人均 GDP 是美國的 63%，屬於世界上的富裕國家之列；而到了 2011 年，其人均 GDP 僅為美國的 30.7%。委內瑞拉 2011 年的人均 GDP 相對 1960 年時幾乎沒有改變。巴西的人均 GDP 在 20 世紀 70 年代迅速成長，但是在 80 年代又下降了；其 1990 年的人均 GDP 比 1980 年時**低**

8%；2011 年的人均 GDP 比 1990 年的高出 43 個百分點。智利在這一時期經歷了兩次經濟革命，都產生了重大影響；其後智利經濟看起來一直保持穩定，1990 至 2011 年年均成長 4%。在這段時間裡，秘魯的經濟政策被稱為在荒謬與合理明智之間交替變化。

表 16-1　拉丁美洲 1960 至 2011 年人均 GDP 變化

國家	變化（%）
阿根廷	120.9
巴西	231.6
智利	266.8
哥倫比亞	184.4
墨西哥	155.2
秘魯	104.3
委內瑞拉	4.3

資料來源：世界銀行出版的《世界發展指標》；www.worldbank.org。

　　在拉丁美洲，反覆無常的經濟政策已經成為常規而非例外，這讓我們很難總結這些國家經濟成長以及無法成長的原因。最妥適的歸納也許是不穩定的政府無法建立法治，而拉丁美洲國家的政府顯然一直都不穩定。

　　撒哈拉以南非洲地區，除了波札那和南非，其他國家只能用「悲慘」兩字形容。表 16-2 展示了 7 個非洲國家 2011 年的人均 GDP。儘管衣索比亞不屬於撒哈拉以南非洲地區，但也被囊括在內。這樣的結果並不是缺乏努力造成的。第二次世界大戰後多年來，坦尚尼亞一直是發展專家最鍾愛的國家，也接受了諸多技術援助和財政援助，但這些努力成效甚微。在 20 世紀 70 年代中期之後的大部分時間裡，坦尚尼亞的人均 GDP 實際上一直在下降。❾

9　作者注：……如果事情還能更糟的話，它會的。

表 16-2　非洲 2011 年人均 GDP（2000 年美元現值）

國家	人均 GDP（美元）
剛果民主共和國（薩伊）	110
衣索比亞	232
迦納	402
坦尚尼亞	473
肯亞	477
象牙海岸	549
奈及利亞	562

資料來源：世界銀行出版的《世界發展指標》；www.worldbank.org。

　　這一地區的氣候和地理條件都妨礙經濟成長，這塊大陸上的很多地區缺乏富饒的土地或者豐沛的雨水。酷熱和潮濕讓人們懶得動，由嗤嗤蠅傳播的昏睡症等只有在熱帶氣候下才猖獗的疾病，讓人們身體虛弱，牲口遭殃。河流流量在旱季和雨季的變化很大，因為其水源更多來自降雨而非高山融雪；因此它們無法像歐洲的河流那樣發揮水上走廊的功用，運送人或貨物。非洲國家的邊境線多由 19 世紀歐洲列強的統治者劃定，國家邊境上不同種族的人們之間長期以來紛爭和內戰不斷。偶爾一段時間較高的經濟成長，對於提高平均生活水準的作用不大，因為那點成長已經被人口爆炸抵消了。今天這個地區的人均所得比 25 年前還要低。20 世紀初，除了南非，撒哈拉以南非洲地區的人們都很貧困，到了 20 世紀結束的時候，情況也沒有改善。

　　即使樂觀主義者也必須承認，至今沒人知道如何能夠讓非洲走上經濟成長的道路。最讓人沮喪的現實是這個地區的政治狀況，法治穩定、操守廉潔和稱職勝任的政權不是常規，而是例外。如果一個政府只關注如何保住政權、鎮壓叛亂、抵抗鄰國勢力的侵犯，即使有明智的建議，它也是無法按照建議行事的。

貧窮不是不可避免的

　　在過去的幾十年裡，亞洲的經驗讓我們相信這些政策確實重要。其他亞洲國家不如日本、韓國、台灣、香港或新加坡等國家和地區做得好。但是，泰國、馬來

西亞和中國大陸的經濟成長速度也是值得人尊敬的，尤其是中國大陸，在 2007 至 2011 年每年的經濟成長率都超過 9%。這讓我們有理由相信，對當今世界上的任何一個國家來說，貧窮都不是不可避免的命運。但是政策是由政府制定的，不能指望制定政策的人總是支持經濟成長，而不受與經濟成長相悖的個人目標的影響。

16.11 ｜ 跨國GDP比較的難處

回顧在第 13 章中關注的關於總量計算的問題：GDP 的概念建立在如此多的慣例之上，包含什麼、忽略什麼很多都是很武斷的，因此用它比較不同國家的福利水準時必須非常謹慎。然而一直以來，我們都在很輕率地比較。GDP 大部分衡量的只藉由市場交易的東西，因此美國商務部經濟分析局計算 GDP 的人員，不會把操持家務的配偶的勞務囊括其中。儘管這類服務非常重要，但是要評估太困難了，因此被完全地排除在計算之外。但是保母的勞務價值可以根據報酬來衡量，所以它們列入計算。因此，結婚的人多了，GDP 就趨向**下降**；離婚率上升，GDP 就趨向**上升**。但實際的福利變化情況當然與此相反。同樣，當更多婦女加入勞動大軍，由於她們對總產出的貢獻 GDP 會升高，這部分以所得計算。但是她們相對地減少了在家的勞動，這部分的價值並沒有被相對扣除，所以 GDP 的成長誇大了總產出價值的成長，除非她們的家務勞動沒有價值，但這顯然不可能。

現在將此論點應用於低所得經濟體。在這些國家裡，經由市場的生產性活動的比例要小得多，因此低所得國家的 GDP 被低估了。當我們看到《世界發展指標》提供的最低所得國家人均 GDP 數字的時候，會發現這些數字是被大大低估的。❿《世界發展指標》對 2011 年莫三比克人均 GDP 的估計是每年 402 美元，衣索比亞是每年 232 美元，坦尚尼亞是 473 美元。沒有人可能在所得如此低的情況下生活一年——而且這是平均值，也就是說有些人的所得甚至更低——因此沒有經過調整的 GDP 數字，嚴重誇大了最貧窮國家人民的貧困程度。

這些數字中同樣也誇大了最富裕國家人民的富裕程度，主要是因為計算了那些

10　作者注：每年 120 美元相當於每月 10 美元。有人能靠每月 10 美元過日子嗎？

為了抵消某些其他所得影響的支出。例如，一個火力發電廠燒煤發電，它的產出被計入 GDP。由於產生煤灰粉塵，需要雇用人來清潔和粉刷，GDP 又一次成長了。同樣的，如果想在人口稠密地區開車，而又不至於被汽車的廢氣薰死，我們就得給汽車安裝觸媒轉換器；由此帶來的額外成本，與購買其他商品（特別是「好貨」）時必須支付的成本並不相同。如果對真正的福利（welfare）感興趣，那麼就需要將清潔、粉刷和安裝觸媒轉換器的費用排除在 GDP 之外，這樣才說得通。問題是一旦我們開始走這條路，就無法停下腳步。我們必須扣除大量醫療與通勤的支出，甚至是為了與工作有關所生產和購買的商品支出。

匯率轉換

為了使跨國之間的比較有共同的貨幣單位，相對上處理也嚴重扭曲了人均 GDP 的跨國比較。《世界發展指標》報告按照**以美元計價**的人均 GDP 將富國和窮國排序，但是美國以外的國家不用美元計算它們的 GDP。因此每個國家使用本國貨幣計價的 GDP，必須除以其人口數量，再使用當前匯率轉換成以美元為單位的人均 GDP。

匯率表示某個國家一個單位貨幣能夠購買其他貨幣的數量。例如美元—福林匯率，打個比方，可以表示為 220 匈牙利福林（forint）兌換 1 美元，也可以表示為 0.004545 美元兌換 1 福林。這意味著在理論期望上，一個訪問匈牙利的美國人付 220 福林在當地能買到的商品，在美國用 1 美元也可以買到。如果事實果真如此，即在布達佩斯用 220 福林買到的東西，在紐約用 1 美元也可以買到，那麼「美元—福林」的這個匯率就表現了購買力的水準（**購買力平價**）。但是在整個 20 世紀 90 年代，在布達佩斯的美國人驚喜地發現，當他們把美元換成福林在匈牙利的飯店用餐以及住宿時，與在美國使用同樣美元相比可以買到更多東西，原因稍後再討論。在整個 1990 年代，美元—福林匯率都沒有表現出購買力的相同水準。對於並未表現同等購買力的市場匯率，對其的跨國比較和研究，可以顯示背後非常豐富的問題及含義。

例如，根據《世界發展指標》的報告，匈牙利 2011 年的人均 GDP 是 14,044 美元（美國是 48,442 美元）。但是根據估計的購買力平價水準調整之後，匈牙利

2011 年人均 GDP 就上升到了 17,295 美元。這個數字比之前高得多，事實上大約高出了 10%。❿ 如果要使國家間的比較有意義，就必須做這種調整。而一旦做了這種調整，最貧窮國家的人均所得就會有大幅度的提高。表 16-3 展示了 2006 年 10 個最貧窮國家的人均 GDP，以及使用估計的**購買力平價**（purchasing power parity，PPP）調整後的所得。表格支持了我們的說法：沒人能僅靠每年 100 美元的所得生存，現實中也確實如此。

表 16-3　最貧窮國家的人均年所得（2011 年資料，按 2005 年美元計價）

國家	人均 GDP（美元）	經購買力平價調整後的所得
剛果民主共和國（薩伊）	231	329
蒲隆地	271	533
馬拉威	371	805
尼日	374	642
獅子山	374	769
衣索比亞	374	979
厄立垂亞	482	516
中非共和國	483	716
幾內亞比索	629	1097

資料來源：世界銀行出版的《世界發展指標》，2011。

16.12 ｜ 全球化及其不滿

　　困難之處談得夠多了，現在回到重大問題上來。近 10 年來，我們看到了不少人走上西雅圖、布拉格、熱那亞和美國首都華盛頓的街頭抗議全球化。他們拿著標語，戴著防毒面具，以反對所謂新自由主義的「華盛頓共識」為名義，甚至發生了暴力事件。在後冷戰時期，全球化問題成了「導雷針」。

11　作者注：美國和匈牙利在購買力的差距近年已經大幅縮小：如果在 2006 年就幾年間進行一致的計算，那麼匈牙利的 GDP 在經過 PPP 調整後將從 6,111 美元變為 15,709 美元，即增加 157%！

對於批評者來說，「華盛頓共識」意在總結一系列施加在發展中國家關於財政責任和貿易自由的政策，以此換取國際機構的貸款和外國援助。世界銀行、國際貨幣基金和世界貿易組織是抗議的主要目標。在抗議者心目中，國際貨幣基金犯下的罪狀之一就是援助要**附加條件**（conditionality），這意味著除非一個國家達到關於預算赤字、通貨膨脹和其他總體經濟領域問題的特定政策目標，否則國際貨幣基金會切斷對這個國家的貸款。但是，正如巴格瓦蒂（Jagdish Bhagwati）指出的，一旦你研究貧窮國家遭受貧困的原因，你就會發現這些國家的政治當局在經濟上實施極不負責任的公共政策，更不要說令人髮指的侵害人權了。**⓬**

現在讓我們寫下一些具體的爭議點。全球化的批評者認為「華盛頓共識」導致：

（1）全世界的所得不平等加劇，因為富國和窮國差距加大了。

（2）環境政策的「逐底競爭」（race to the bottom），因為大型資本主義企業想要遷移到環保管制更寬鬆的地方，進而為發展中國家的環境帶來損害，後者為了吸引投資，被迫將環保規定鬆綁。

（3）勞動力政策的「逐底競爭」，因為大型資本主義企業會想辦法遷到工資和工作環境管制較寬鬆，因而成本相對較低的地方。

（4）出現「麥當勞效應」，本土文化和思想被標準化的企業文化所取代。

然而針對以上各個方面，證據都顯示全球化所達到的效果與上面的描述**相反：**藉由讓貧窮地區融入全球市場，全球化將它們從非常貧窮中解脫出來；隨著全球化帶來的財富和新技術的增加，發展中國家的環境品質隨著時間推移，實際上有所**改善**；在所得和工作條件方面，發展中國家的工人實際都比從前**要好**。並且，這些生活標準的改善，也並不一定以本土身分認同為代價。如表 16-4 所示，哪怕是麥當

12　作者注：本書的目的不在於討論政治自由與經濟自由之間的依存關係，但感興趣的讀者可自行翻閱兩本經濟學家所著的經典書籍，作者在書中深入討論了這一問題。海耶克所著《通往奴役之路》（*The Road to Serfdom*）（芝加哥：芝加哥大學出版社，1944），以及密爾頓．傅利曼所著《資本主義與自由》（*Capitalism and Freedom*）（芝加哥：芝加哥大學出版社，1962）。此外，還有兩個實證追蹤來源對這些話題也做了很好的分析：經濟自由指數（Economic Freedom Index）（菲沙研究所）和經濟自由度指數（Index of Economic Freedom）（《華爾街日報》及美國傳統基金會）。

勞這種最受標準化非議的公司，也會花工夫針對當地飲食習慣進行調整。

表 16-4　麥當勞各國菜單節選

國家	產品
摩洛哥	阿拉伯麥香雞
印度	麥香薯堡
日本	月見漢堡
馬來西亞	雞肉粥
紐西蘭	奇異漢堡
賽普勒斯	希臘堡
義大利	義大利堡
智利	帕爾塔堡

16.13 ｜ 公眾意見的力量

如果事情是這樣，為什麼全球化傷害了窮國的觀點，仍然如此流行和普遍呢？

當然，每個人都有發表自己意見的權利，而且似乎每個人對全球化的意見都很強烈，無論贊成還是反對。我們關注的不是意見（opinion），而是人們用於支持意見的**分析**（analysis）。❸ 很多對經濟問題有鮮明意見的人，完全沒有受過經濟學訓練。學習經濟學——像獲取任何稀缺品一樣——是要付出成本的，顯然很多人認為為此付出成本並不值得。不要忘了經濟學的思考方式是一長串推理中的一部分，而在得出結論之前，人們可能就對這種推理厭倦了。設想一下，在看到全球化問題這一章**之前**，你已經閱讀和消化了多少個章節；而如果在本書一**開始**就討論這章的焦點問題，你也無法真正弄明白。那樣我們必須返回到傑克和吉姆交換籃球和棒球手套的例子，然後經過比較利益、供需、競爭、貨幣和銀行等問題才能一路推理過來。相反，我們先花了若干章節介紹基本的知識，並進一步發展和運用這些知識，直到能夠（我們希望如此）熟練地思考複雜的全球問題。

13　作者注：強烈的意見並不等於有效的論證。

成為出色經濟學家的成本

公眾意見通常關注公眾政策顯而易見的後果。但是好的經濟學不僅僅關注公共政策即時的、顯而易見的後果，而且還試圖闡明長期的、而且是隱蔽的**無意後果**。這就是為何把我們的學科定義為對選擇及其無意後果的研究。我們強調隱蔽的、看不見的、意料之外的東西，這種對無意後果的強調，讓我們在用經濟學的方式思考日常但卻複雜的問題時，具有了「跳出常規」的特點。這需要時間和練習來掌握，並確實要付出成本。與不是經濟學家或者視經濟學為「純理論」的人爭論經濟學問題，也需要大量的耐心和體諒。

拉回問題。包括經濟學家在內，沒有人懷疑全球化會帶來改變，因而某些傳統的生活方式，在全球一體化的過程中可能分崩離析。但是這種「創造性毀滅」所帶來的貿易和生產模式，相對於先前的存在有時是一種顯著的改進。我們必須記住，個體實際所得的成長，不只是單純的貨幣功能而已。實際所得的增加只來自於實際生產力的提高，而生產力的提高有三個來源：①勞動技能的進步；②技術知識的增加；③經濟組織的改進。全球化把這三者從發達國家帶入到發展中國家，由此帶來的變革力量，可以讓成千上萬的人民擺脫貧困，並擺脫讓他們貧困的生活方式。

16.14 ｜ 特殊利益的力量

經濟學思考方式的基本資訊，之所以在民眾認知和傳播中遇到如此大的困難，既是源於亞當·斯密以來經濟學家的溝通技巧不足，也與特殊利益團體的詭辯有關。第 11 章中解釋過，特殊利益團體的力量，導致了好的政治交易不一定是好的經濟政策。我們已經論證過，政客在決策中容易表現出短視近利的偏頗（bias），這種偏頗在統治位置不穩的非民主政府中更加嚴重。[14] 如果統治者的地位相對穩固（即軍事政變的可能性低），那麼該統治者很有可能會推行「利益共享」。這意味著他會採用帶來長期經濟成長的政策，而不是僅僅追求自己的「狹隘利益」，實施

---

14 作者注：在研究時間範圍對政客們的經濟決策（民主決策與非民主決策均包含在內）以及經濟發展政策的影響時，曼瑟·奧爾森（1932—1998）比其他所有同時代的經濟學家及政治學家都要更為深刻。試舉一書為例，可見《權力與繁榮》（*Power and Prosperity*）（紐約：基本圖書公司，2000）。

只能增加自身財富和權力的短期政策。

16.15 │ 外包的爭論：脫口秀還是分析

　　基本的經濟學推理讓我們質疑這樣一種解釋，即國家之間的貧富差異，是民眾間**自願貿易**機會增加的結果。自願貿易是互惠互利的，不論是鄰里的哈利和山姆之間交換棒球卡，還是喬和史密斯先生在食品店裡的交易，或者維吉尼亞州的史密斯太太從北卡羅來納州的瓊斯先生那裡購買家具，或是瓊斯先生從義大利生產商那裡買西服、從法國生產商那裡買葡萄酒。這對於購買**勞動服務**也一樣，不管服務是來自拉丁美洲的工人，還是來自印度的放射科醫生。

　　對於政治性的誇張，我們確實必須小心謹慎。與美國經濟的整體規模相較，外包造成的工作單位損失微乎其微。即便許多工作轉移到海外，甚至包括金融服務和資訊科技等領域的白領職位，也只意味著稀缺資源正被引導到更加具有建設性的方向。不論我們是藉由陸路、海上、空中還是網際網路來進行跨國交易商品和服務，比較利益法則都會發生作用。海外新的工作職位，又會回過頭來給美國帶來不同的新職缺和更高的所得。簡而言之，國家間的貿易是一個正和遊戲。我們是實現跨國貿易的潛在收益，還是實施貿易保護放棄這些收益，取決於政治領導人所採取的公共政策。

　　經濟學家在政治過程中的角色，在於說出他們目前所能看到的真相，而不必考慮在特定的政治氛圍中，在政治上是否可行，是否合乎人們的口味。[15] 從亞當·斯密到格雷戈里·曼昆（Gregory Mankiw），經濟學家們一直都是這麼做的，而他們的建議總是以政治權宜、顧全大局的名義被忽視。即使這樣，人類從原始交換、以物易物到現代交易的歷史過程中，一直表現出強烈的貿易天性。加之經濟全球化的力量如此強大，以至於即使在民主世界裡，貿易保護甚囂塵上，那些追求相對自由貿易的國家仍能累積大量財富，並在經濟發展史上留下引人注目的一頁。顯然，不是所有人都同意這個結論，其中很多人並沒有看過相關研究。然而，資料不會為自

15　作者注：不受歡迎是做一位優秀經濟學家的又一項成本。

己說話，我們要用經濟學的思考方式，解釋資料背後的因果關係。

本章回顧

　　經濟成長（即實質 GDP 的長期成長，往往用人均形式衡量）僅在近幾個世紀內才真正出現，與勞動分工或者說專業化的迅速擴大相伴，經濟成長最早出現在歐洲及其移民國家之中。

　　經濟成長依賴於專業化，而專業化增加的一個重要前提條件，就是能以低成本的方式運輸人員、貨物並交換想法。

　　社會經濟成長的另一個必備條件是法治，即建立起一套明確的、被普遍承認並且執行良好的遊戲規則。

　　經濟成長依賴於資本的累積，因為可以提高勞動的生產率，並且使技術進步，後者對經濟成長過程貢獻巨大。

　　經濟上對外開放促進了經濟成長。除了能夠更好地開發自己的比較利益，開放還使得發展中國家的原始經濟，能夠借鑑先進國家已取得的技術進步。如果一個國家創設了良好的投資條件，外國投資還可以為發展中國家的初始資本累積，做出巨大的貢獻。

　　國民積極的儲蓄意願，可以為基本累積和經濟成長做出顯著的貢獻。

　　人力資本是社會所得資本存量的重要組成部分。在民眾受過教育的社會中，經濟成長得更迅速。越來越多的證據顯示，知識是帶來經濟成長唯一最重要的因素。

　　對經濟成長必要的知識中，包括如何有效組織政治生活的知識。一個國家的經濟是迅速成長，或是總成長率不如人口成長率，大致上取決於它能否建構起適宜的治理機構。

　　在比較不同國家使用各自貨幣計價的人均 GDP 時要特別注意，否則對 GDP 總量分析的可信度會大打折扣。

| 後記 |
經濟學家知道什麼

經濟學的思考方式使用需求、機會成本、邊際效應、比較利益和企業利潤及虧損等概念，從日常世界中整理出規律。經濟學家對於真實世界細節的了解，並不比企業高階管理者、技工、工程師、出版商、官僚、律師和其他實際操作者多。但經濟學家確實知道一些事情。

經濟學家知道**事情是如何組合在一起發揮綜效**，因而也知道**事情如何運轉失靈而分崩離析**。經濟學概念讓我們更清楚地理解觀察到的事物，更有系統地思考大規模而且複雜的社會互動——從日常高速公路的車流到突然的金融災難。

這實際上表現為我們取得的大量負面知識，告訴我們對於陌生社會下的交易「不該做什麼」。可能你已經注意到了，對於更了解家庭和小團體內部的關係，經濟學的思考方式貢獻有限，因為這些團體內部的人憑藉熟稔關係，可以足夠了解彼此以達成合作。雖然人們彼此完全不認識，然而卻能夠有效地在一起工作，經濟學家主要解釋的是這種協調是如何發生的。讀完本書你可能還發現，我們更多強調的是**不該做什麼**，而不是**該做什麼**，但這些消極結論是重要的。經濟學家弗蘭克・奈特曾經引用一句話，為經濟學推理相當消極的特徵辯護：「造成最大破壞的不是無知，而是對錯誤的結論深信不疑。」

太多的人聲稱「知道」如何解決緊迫的社會問題，頭腦裡對經濟世界的認識圖像十分簡單，認為人們的意圖很容易實現，對於建設更好的社會，唯一的障礙是缺乏善良的意圖。於是他們常常排斥經濟學家，視其為「純理論家」，認為他們不僅把事情複雜化了，而且還質疑其善良的意圖。約翰・斯圖亞特・彌爾（John Stuart Mill）在 1831 年發表的一篇名為〈時代精神〉（The Spirit of the Age）的文章中，反駁了外行人的指控，為經濟學以及所有社會科學辯護。他觀察到：

每個初學者都認為自己的想法不比別人遜色。事實上，一個從來沒有系統學習過政治學或政治經濟學的人，可能懷著最沒有邊際的自信，認為自己那其實最為粗陋的見解被埋沒；反倒指控將終生奉獻給艱苦科學研究的人，認為他們是

最可鄙的無知和愚蠢。實情到底如何，每個人都可以做出評價。系統**學習過**這門學科的人，反而被認為沒有討論的資格，因為他是個**理論家**，這個表示人類智慧至高無上成就的詞，變成了嘲諷的代名詞。

社會行為的後果，遠遠超出人們能夠輕易預言或預見的範圍。經濟學的思考方式——毫無疑問，這一種理論——讓我們有「洞察力」，幫助我們預測或解釋意料之外的結果。例如，限制紡織品進口到美國，至少在當時這確實保住了紡織品生產者的工作和所得，從而將效益集中於這部分利益團體。但只有經過訓練的眼睛才看得出，這麼做將提高紡織品價格，減少美國的出口機會，而且在總體上阻礙了比較利益的發現，從而讓**其他**美國人損失更多，這一措施將成本分攤轉嫁給無數的其他人。再舉一個例子，不難看出，租金限制降低了租戶須向房東支付的租金。但是有多少限價政策的支持者能意識到，租戶一定會在其他地方付出成本，**新**形式的差別待遇，會取代建立在價格基礎上的差別待遇，以及該政策對租屋供給的影響。政府的救市計畫可以幫助某些人，但其他人對此要支付成本，許多人已經知道這些了，但沒有意識到的是，這樣幫企業承擔虧損，可能會誘導經理人在未來陷入更大的麻煩，並要求更大的援助。在這些以及其他類似的問題上，很多好心人缺乏跳出常規思考的概念工具。

人們很容易對這些人失去耐心：他們警告說一些行為的失策會讓事情變得更糟，但又沒有提出解決辦法。在像美國這樣的社會中，人們已經習慣了科學與技術近乎神奇的成就，對「做些什麼」的需求，往往超過對社會問題的應對能力。設想可以像掌控技術問題一樣處理社會問題，這樣的設想可能錯了。我們承認衝突的利益給社會政策制定者帶來難題，但是仍然低估了將社會變革計畫付諸現實的難度，主要是由於我們低估了社會系統的複雜性——在這個交互的網路中，社會中的行為得以協調，並促使人們藉由相互協調達到他們的目標。在亞當·斯密關於美德的著作《道德情操論》（*The Theory of Moral Sentiments*）中，對於一種「掌控系統之人」，他警告說：

他似乎想像自己能夠輕鬆地安排一個龐大社會中的不同成員，就像手在棋盤上

安放棋子一樣。他沒有考慮到，除了手施予棋子的行動準則，棋盤上的棋子沒有其他的行動準則，但是在人類社會的棋盤上，每個棋子都有自己的行動準則。

也許這就是經濟理論通常對經濟體系的改革提議如此不友善的原因：它假設每個棋子都有自己的行動準則。不是因為經濟學家自己對改革不感興趣，更不是說他們是特權階層的御用奴僕，而是經濟學理論揭示了決策的相互依賴，要求人們對改革提議未經仔細研究的後果加倍注意。「那樣是不會解決問題的」，這成了經濟學家對於諸多善意的政策提議的標準回答。現實主義並不必然是保守主義，但它們通常看起來很相似，而且確有這樣一種見識，在其中知道的越多反而越謹慎。甚至物理學家，也被自詡可以發明永動機械的人指責為毫無希望的保守主義者。

超越純粹的經濟學

凱因斯曾經在一段祝酒詞中，把經濟學家稱為「文明可能性的守護者」。文明可能性——這就是全部。在複雜問題上，資源的高效配置和複雜任務的有效社會協調，拓展了可能性的領域，但是它們自身並不確保文明的進步。一個協調良好、運轉順利的社會，可以給個體更多的選擇機會，但是並不確保個體會做出適當的選擇。.

經濟學家絕大多數時候，都準備承認他們使用的概念有時會歪曲所研究的現實，他們願意讓自己的分析和結論接受理性的批評。但是，不論是在自然科學還是在社會科學中，**某些**看問題的角度對於探索來說是不可或缺的。如果經濟學的思考方式有時帶來扭曲、錯置了重點，甚至帶來徹底的錯誤，那麼恰當的糾正就是理性的批評。在過去，這種糾正錯誤的應用常常改變了經濟學的結論，將來很可能還會繼續下去。

讓我們加上最後一句建議：要做一名出色的經濟學家，不僅僅意味著精通經濟學的思考方式。當然，數學和統計學的知識是必備的，因為任何一位像樣的經濟學家必須會說專業語言。但是，一名**更出色**的經濟學家應該意識到，與其他學科的專家**交流和貿易**一樣可以增加彼此的**收穫**。掌握經濟學思考方式的專家，藉由與其他

研究人類狀況的專家**交換思想**，能夠極大地充實自己，他們中既包括哲學家、政治理論家、社會學家，也包括各類文學家、藝術史學家、文化人類學家等。即使你決定繼續學習經濟學，也不要完全忽視或放棄其他的人類科學，你或許應該考慮提防這種傾向。如果你選擇學習經濟學以外的其他學科，我們希望你不要忘記在本書中學到的一些東西。選擇哪條路，最終取決於你自己。

問題與討論

第 1 章

1. 人們如果想有效的合作，彼此得有多少了解？比較下面兩種情況：其一，兩個家庭成員計畫去度假；其二，兩個摩托車騎士同時經過路口。在這兩種情況下，如何避免「撞車」？為了供應你今天的早飯，有多少人參與了合作？你對他們的興趣、性情和品格了解多少？

2. 如果達拉斯的城市規畫者決定在所有高速公路上留出一條車道給「緊急車輛」，你能預測一下會出什麼事嗎？「緊急車輛」的定義是：常規車道發生堵車，車上的人可能因此耽誤重要的事情。你覺得人們會待在緊急車道以外嗎？還是緊急車道也像其他車道一樣堵？如果人們都不那麼自私，都能顧及他人，這樣的想法在實務上成功的可能性會變大嗎？

3. 當德蕾莎修女在 1979 年 10 月獲得諾貝爾和平獎時，想用 19 萬美元的獎金建立一所麻瘋病院，她是不是在根據自己的利益行事？這樣做是不是利己？這是不是優化的過程？美國前副總統高爾（Al Gore）承諾將他獲得 2007 年諾貝爾獎金的 150 萬美元中的部分捐贈氣候保護聯盟又是如何？

4. 有報紙報導說三分之二的母親在外面工作是「為了錢，而不是自願的選擇」。這兩者都是真正的選擇嗎？不是為了錢，就是自願的選擇嗎？

5. 金錢的誘因有多重要？1995 年 5 月 1 日的《華爾街日報》報導了卡普蘭教育中心的一項調查結果，調查對象是即將參加法學院入學考試的學生。所提的問題是，什麼東西吸引他們從事法律事業。只有 8% 的人回答說他們是受到高薪的吸引，但有 62% 的人稱別人是受到高薪的吸引。你如何解釋這種不一致？

6. 為什麼大多數人都想要更高的所得？英國前首相瑪格麗特・柴契爾有一次以委婉的口吻談到，人們之所以被金錢驅使，並不是因為貪婪，而是因為金錢能使他們更好地支配自己的生活。當大多數人為了得到高所得而付出代價時，你認為他們追求的到底是什麼？

7. 如果遊戲規則規定（無論是否以書面的形式），重要的學生會會議必須等人都到齊之後才能開始，但遲到不會受到懲罰，會發生什麼事？守時符合每個人的利益嗎？一段時間以後，大家會對這種遊戲規則的結果感到滿意嗎？

8. 對於參與經濟學課程這個「遊戲」的人們來說，有哪些規則協調他們的行為？誰來決定什麼時間上課、在哪上、誰來教、哪些學生選修、用哪本書當教材、什麼時候考試……誰決定每個學生坐在哪？很少見到兩個學生搶同一個座位，你覺得奇怪嗎？

9. 你注意過沒有，市立公園的地面往往比鄉村俱樂部的地面污染嚴重？
   （1）這只不過是因為去公園的人和打高爾夫球的人相比，不太關心污染問題。這種說法對嗎？
   （2）這和產權分配有關係嗎？誰擁有城市公園？誰擁有鄉村俱樂部？
   （3）儘管鄉村俱樂部的環境衛生無懈可擊，但卻經常用強力肥料，這些肥料最終將滲入地下，污染地下水，給附近社區的人帶來問題。地下水是誰的財產？

10. 當我們說「那只是個巧合，什麼也證明不了」，想表達的是什麼意思？理論是如何幫助我們區分相關的證據和純粹的巧合？

11. 如果一個醫生不經試驗就拒絕相信針灸療法，你能說這個醫生有偏見嗎？如果有人告訴你，你這門課不用學，只要一直念「看不見的手」這句咒語就能得滿分，你信嗎？儘管這門課你非常想得高分，但卻完全忽視了這個建議，這又算不算是一種偏頗或成見呢？

12. 有人統計出，受過四年大學教育的美國婦女的子女，要比受過五年大學教育的平均多一倍。假設這個資

料是對的，你能得出什麼結論？你會不會推斷多上一年大學會使女性生育能力下降？如果一個大四女生決定要孩子，你會不會警告她不要上第五年？你用的是什麼理論？

第 2 章

1. 塞麗娜·迪皮蒂很幸運，早上她一醒過來，就在枕頭下發現了一盎司金子，她很高興。因為她不需要付出任何代價，所以金子對塞麗娜來說是免費品。後來，她知道這些金子值 400 美元，只要她想賣就可以賣掉。如果她選擇繼續擁有金子而不賣掉，那麼這些金子對塞麗娜來說還是免費品嗎？

2. 假設某加油站在 7 月 4 日打出以下的促銷廣告：「只此一天：中午至下午 3 點免費加油，祝美國生日快樂！」汽油對加油站老闆來說是免費品嗎？對那些在加油站門口排長長隊伍的所有司機來說，汽油是免費品嗎？許多人也許會避開「免費」汽油，而在其他地方加油，每加侖要付 4 美元。在你看來，他們放過這個機會是不是很傻？按照經濟學的思考方式，他們是不是沒做到優化呢？

3. 有人把傑克痛毆了一頓，並且搶走了他的新棒球手套。誰贏了？誰輸了？

4. 按照經濟學的思考方式，哪一個更有效率？
   （1）一把是 1956 年的 Fender Stratocaster 吉他，琴身非常光潔，音色美妙；另一把是 2014 年全新的 El Cheapo 電吉他，雖然新，但是聲音像敲洋鐵桶。（如果前者賣 1.2 萬美元，後者賣 175 美元，又有什麼差別？）
   （2）訂一張麥迪遜廣場花園的音樂會門票和在當地酒吧訂個座看爵士樂演出。（如果前者的主唱是大明星艾瑞克·克萊普頓，後者的主唱是你自己的車庫樂隊，又有什麼差別？）
   （3）在當地水果店裡買香蕉和去果園買香蕉。
   （4）一輛八汽缸 SUV 和一輛用太陽能電池驅動的車。

5. 家裡經常吃大量的冷凍食品是否有效率？商店裡這些食品價格不菲，在什麼情況下，它們是做成一頓晚飯成本最低的投入？有人說，這些冷凍食品比自己做飯採購的原料貴一倍，所以吃冷凍食品是一種浪費，這種說法的前提有什麼問題？

6. 很多美國人開私家車上班，不坐公共交通工具，也不互相邀約共乘。
   （1）你怎麼解釋，在交通尖峰期一個人開一輛車會是有效率的選擇？
   （2）坐公共汽車的人也是有效率的。（1）和（2）怎麼會同時正確呢？
   （3）有人說，這麼多人都開自己的車上班是缺乏效率的。他實際上做了什麼樣的論斷？

7. 為了顯示人口成長會造成世界農業資源枯竭，世界觀察組織指出，1988 年美國人消耗的食物多於本國生產的食物，這是美國有史以來第一次出現這種情況。
   （1）你覺得所謂「1988 年美國人消耗的食物多於生產的食物」是用什麼衡量的？體積？重量？熱量？還是貨幣價值？
   （2）如果官方貿易統計資料顯示，美國的食物進口量每年都比出口量多，這意味著美元計價的進口貿易額大於出口貿易額。為什麼這些資料不能成為論證美國沒有能力養活自己的證據？

8. 1970 年代到 80 年代初的「石油危機」期間，很多人質疑，為什麼在汽油短缺的時候還允許像賽車這樣「極其浪費汽油」的比賽存在。很多人主張按照公眾的利益，縮減這種「公然的浪費」。賽車是嚴重而公然地浪費汽油嗎？當汽油短缺的時候，試著給「浪費」下一個既明確又站得住腳的定義，使得可以僅僅控訴賽車，而其他使用汽油的用途則不算浪費。

9. 農民在耕種之前要先準備土地，這時他們有多種選擇。他們可以在播種之前先把地耕一遍，然後仔細耙一遍；也可以稍微翻一翻；也可以什麼都不做就直接下種。深翻土地可以消滅雜草和蟲子，而一點都不

翻，則要求仔細而大量地使用除草劑和殺蟲劑，而且產量會低一些。下列各項分別對深耕土地和不翻土地的相對效率有何影響？

（1）柴油漲價。

（2）較好的除草劑和殺蟲劑。

（3）政府對農用化學品對河流、湖泊造成的污染控制得更嚴（注意：沒翻過的土地更容易殘留化學品）。

（4）類似一些住在近郊的人看著一大片精心照料的土地，會對自己照顧的草坪有滿足感，而農民們對他們的土地也持同樣的態度。

（5）土地漲價。

10. 約莫一個世紀以來，猶他州的塞維耶河一直是該州中部農田的灌溉水源。現在有人建議在這一區域建一座 3000 兆瓦（megawatt）容量的火力發電廠，每年需從塞維耶河取水 5 萬噸。電廠的運行意味著農業用水將減少。

（1）塞維耶河的水用來灌溉更有效率，還是用來發電更有效率？

（2）這個問題你能否藉由比較食物的價值和電力的價值來回答？（提示：價值決定於邊際貢獻。）

（3）如果對塞維耶河水擁有產權的農民把產權賣給電力公司，河水是不是得到了最有價值的使用？

（4）如果農民把水權賣掉，誰可能會受到負面影響？

11. 你注意過嗎？市中心的加油站非常少，面對龐大的交通流量，在市中心開加油站應該會有極好的生意。

（1）為什麼大城市的市中心很少有加油站？

（2）如果市政府擁有土地的徵收權，為了開加油站而徵收市中心的一小塊地，周圍顯然對汽油有大量需求，這麼做對政府來說是否有效率？

12. 航空公司願意超賣機票，因為它們知道訂了票的乘客未必都來。但有時候，這導致了訂票在登機口等待的人數超過了飛機上座位的數量。

（1）從航空公司的立場看，超賣機票有效率嗎？

（2）從乘客的立場看，超額訂票有效率嗎？

（3）1976 年，拉爾夫·納德爾向法庭起訴航空公司「取消了他的預訂座位」。原告勝訴之後，聯邦政府要求航空公司，補償那些已經確認訂票但被拒絕登機的乘客。結果是，一旦某個航班發生超額訂票，航空公司就開始勸乘客自願延遲航班。誰在這個新制度中獲益了？

（4）如果當座位短缺時，乘客可以賣掉他們已經確認的座位，那當一個機場擁擠停機位短缺的時候，乘客為什麼不能賣掉他們在這個機場降落的權利？

（5）1976 年以前，航空公司經常拒絕那些有急事出差的人登機，卻不拒絕那些不急於抵達目的地的人。這似乎是一種協調的失敗。1976 年以前，航空公司拒絕那些最後到達的人，在現行制度下則是那些自願延遲出行的人。是什麼重要措施大大降低了交易成本，使以前令人沮喪的情況得以改變？

13. 法德律師是美國最受歡迎的律師。他也是一個能力驚人的打字員，每分鐘能打 120 字。如果他能雇到的秘書最快只能打 60 字，他要不要自己打字？你能否論證一下（不必畫圖），法德打字的效率並不比秘書高一倍；事實上他打字的效率比秘書低，因此他應該保留秘書。

14. 高默每 6 個月能生產 200 英斗（bushel）玉米或 200 英斗草莓；古博每 6 個月只能生產 100 英斗玉米或 50 英斗草莓。

（1）畫出他們各自的生產可能曲線。

（2）高默生產 1 英斗玉米的機會成本是多少？

（3）高默生產 1 英斗草莓的機會成本是多少？

（4）古博生產 1 英斗玉米的機會成本是多少？

（5）古博生產 1 英斗草莓的機會成本是多少？

（6）誰具有生產玉米的比較利益？

（7）誰具有生產草莓的比較利益？

（8）假定高默和古博都專業化生產他們有比較利益的產品並互相交換，請給出對雙方都有利的貿易條件。

15. 「專業化和國內自由貿易是好事，但是自由的國際貿易完全是洪水猛獸。進口便宜的外國貨不能擴大本國的生產可能曲線，也不能促進經濟成長。相反，廉價的進口貨會造成國內的就業機會減少。」仔細評論一下這段話。

16. 學生們常常抱怨校內收購舊教材的書店出價太低。

（1）既然如此，他們為什麼還要把舊書賣給書店？

（2）我們如何判斷書店是提供了一種二手書的有效服務，還是從學生身上不當牟利？

（3）為什麼校內書店在賣某一種舊書的時候，無論賣相好壞，都以同樣的價格出售？賣二手車的人就不這麼做。怎麼解釋賣二手車的人和校園書店的這種不一致？

17. 如果你在網上而不是商店購買所有的日用品，就能節約一成開銷，你會這麼做嗎？為什麼有些人不願意利用這個「節約」的機會？當人們「購物」的時候，他們到底在做什麼？你有多少次是在看商家擺出來的商品後，在其中發現了想要的東西？

18. 和普通的折扣店相比，你覺得跳蚤市場上類似品質的商品會不會有更大的價格差異？為什麼？這種價格差異是不是說明某人被騙了，或者某人在不當地利用其他人？

19. 在繁忙的候機室裡，一個人走到面前，拿出一支漂亮的手錶給你看。他說這支錶值 135 美元，願意 25 美元賣給你，你買不買？如果能得到更多的資訊，你是不是就更願意買呢？在這種情況下，你並不知道當地一家著名珠寶店的情況；假設你去這家店裡面買，又能「知道」哪些資訊？

20. 為什麼一輛新車在第一年中會貶值很多？難道是因為美國人對汽車有一種非理性的喜新厭舊心態嗎？

（1）哪種二手車更可能在二手車市場上出現：一輛讓主人風風光光的車，還是第一年就不斷送修的車？

（2）哪種待售的車更可能會有賣方知道而買方不知道的缺陷：新車還是舊車？

（3）相較於買賣雙方都有完全資訊的情況下，以上的這些可能，對於二手車賣主能接受的價格和買主的出價意味著什麼？

（4）為什麼有時候賣舊車的人會為他們賣的車提供保固，而在某些時候廣告上又說「無保固，一經售出，概不退換」？

第 3 章

1. 人們在談論「需要」時心裡想的是什麼？

（1）根據一項美國東北大學幾年前開展的全美國汽車安全研究，16% 的被調查者表示，如果 500 美元能安裝一套安全氣囊，他們「肯定會買」一套裝在車上。但是，如果一套要 1,000 美元，只有 5% 的被調查者「肯定會買」。對這些相信安全氣囊會起作用的人們來說，他們「需要」安全氣囊，上述調查結果說明了什麼問題？關於人們對救生物品的「需要」，這項研究告訴了我們什麼？

（2）一項調查顯示，有 60% 中等所得的美國人有「未滿足的法律需要」，你同意這個觀點嗎？有哪些

「法律需要」是人們只用低價請到律師時才會有的？

（3）在美國中西部的一次創記錄的持續高溫天氣中，《工人世界》頭版上發表了一篇文章，以下是其中的一段：

難道空調不應該是一項權利嗎？為什麼只應該給那些買得起的人用呢？只有在一個用個人財產來衡量人的價值的社會裡，人們才會把簡單的原則棄之不顧，就是說在這幾週的酷暑當中每個需要的人都必須有空調。

誰「需要」空調呢？在美國這樣富裕國家的人們，是不是比那些生活在更熱的貧窮國家（比如孟加拉和尼日）的人們更需要空調呢？在空調還沒有被發明出來以前，有人「需要」空調嗎？

2. 有人認為，某些物品是「人類基本需要」，這論點強烈地暗示了取得這些物品是人權的問題，而不是公民權的問題。但是，對於權利的主張在邏輯上就要求有相對義務的主張。例如，你的選舉權要求選舉官員有接受你的選票並計票的義務；你使用自己的傘的權利意味著別人有義務在使用你的傘之前徵得你的同意。

（1）美國醫學會公開宣稱「醫療是每一個人的權利」。你認為美國醫學會指的醫療的數量特徵和品質特徵是怎樣的？例如，是不是每一個有肝病的人都有權利進行肝移植呢？

（2）如果「醫療是每一個人的權利」，誰有義務給每個人提供醫療服務？現在是誰在承擔這一義務，給每個人提供醫療服務？他們是怎麼被說服承擔這項義務的？

（3）這裡有三個有關醫療成本的消息：①一家先進的健保機構，如果基礎健保服務每次加收 5 美元，就診人次會下降 11%；②在近幾年金融危機後的「大衰退」中，就業率始終低迷，相對殘疾人福利的申請則上升；③瑞典的病假保險制度以前全額理賠，後來改為病假的頭三天支付 75%，第四天以後支付 90% 的理賠額，改革之後病假的天數下降了差不多 20%。以上事實說明了醫療「需求」的什麼問題？

3. 當學生們被問及水是不是有替代品時，他們常常回答：「有啊——死！」請解釋為什麼這個回答誤解了經濟學家所謂的「替代品」。

4. 有人說：「不是所有東西都有替代品。如果你想吃煎蛋捲，你就得有雞蛋。對於煎蛋捲而言，沒有什麼東西能替代雞蛋。」如何回答這個問題？

5. 「《蒙娜麗莎》是無價之寶。」評價這一說法。

6. 如果化療的價格下降，會不會有更多的癌症患者選擇化療？如果化療的價格翻了三倍，選擇化療的人會不會變少呢？這說明化療的需求曲線是怎樣的？是垂直的嗎？

7. 「按照需求法則，一頓飯的價格越低，我吃的次數就會越多，可我還是一天吃三頓飯。顯然需求法則不適用於我。」這個人是不是找到了需求法則的例外呢？

8. 在沒有備用輪胎的情況下，你會不會開始長達 2,000 英里的山區之旅呢？當備胎的價格是 50 美元、500美元甚至 1,000 美元的時候，該怎樣回答這個問題？

9. 一位有志於抑制美國國民消費汽油的公民寫信給報社編輯，他認為應該立法削減不必要的汽油消耗，並且舉例說，鄉村的郵件每週送 6 天就夠了。如果鄉村的郵遞員每週六放假，是否減少了不必要的汽油消耗呢？乾脆連每週二、週四都不送郵件，這樣不就能節省更多汽油了嗎？

10. 根據美國計畫協會的報告，一個普通的四口之家每天用水 345 加侖。這份報告將其進一步分解為室內使用 235 加侖和室外使用 110 加侖。在室內用水當中，又有 95 加侖用來沖廁所。每天用於做飯和飲用的

水為 9 至 10 加侖。各地水價不同，但基本上都不超過每加侖 0.1 美分（即 0.001 美元，比這章的例子裡的水價低得多）。如果水價在現行的每加侖 0.1 美分基礎上增加一倍甚至增加兩倍，會不會給窮人造成嚴重困擾？

11. 「水價上漲的時候，房東就在馬桶水箱裡放幾塊磚頭，這樣可以省水。因此，在這裡磚頭是水的替代品。」對不對？

12. 在 2008 年，馬侃和希拉蕊都主張暫時取消對石油徵收的每加侖 10 美分聯邦稅，以便幫助消費者。評價下面這段反對他們政策的陳述：

取消對石油徵收的每加侖 10 美分聯邦稅，會刺激石油公司抬高價格。如果像石油公司認為的，油價的飆升是由於供給需求因素決定的話，取消對石油徵收的每加侖 10 美分聯邦稅，會在現有供給短缺的基礎上增加需求。增加的需求會導致油價勁揚。

以上的論述犯了什麼錯誤？

13. 某種商品的價格變化導致其需求量的變化，但不會導致該商品的需求曲線移動，這一說法正確嗎？
    （1）20 世紀 70 年代的汽油價格大幅上漲，你認為這對優化燃料的汽車的需求（曲線）有何影響？
    （2）幾年以後，這對原先汽油的需求（曲線）有何影響？
    （3）2003 年，家庭取暖用油的價格大幅上漲，這對建築隔熱材料的需求有何影響？取暖用油的需求曲線將如何移動？
    （4）你是否能想出其他的例子，即一種商品的價格變化會在一段時間以後導致其需求的移動？
    （5）如果一種商品在一段時間之後恢復原價，而需求量卻沒有恢復到原來的水準，這是不是需求在此期間發生變動的證據？

14. 圖 3-2 中，左圖表示某城市對公車的需求，右圖表示對市區停車位的需求。如果該城的公車票價從 P1 漲到 P2，需求曲線不變，但是，需求量會下降。搭公車的人少了，對市區停車位的需求會有什麼變化？這對市區停車費會有何影響？停車費一漲，搭公車的人又多了。公車票漲價對公車的需求到底有什麼影響？

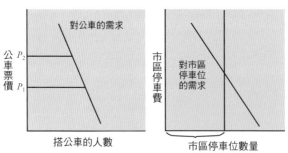

圖 3-2　對公車服務和市區停車位的需求

15. 如果顧客都是在價格高的時候買得少，為什麼商家還願意公開聲稱自己商品的價格是高的？
    （1）一種威士忌的廣告語是：「喝這酒就覺得貴……的確貴。」酒廠把高價公告周知，是不是很愚蠢？是不是人們認為這種酒比其他酒貴，買得就多呢？如果是，這是不是與需求法則相矛盾呢？

（2）華盛頓特區有一家尚路易餐館，常有著名政客光顧，並對其中的服務生說：「大家都知道這裡貴，這很好。人們知道，他們在這裡用餐能使客人印象深刻。」他們認為到尚路易餐館來吃飯的人買的是什麼？

（3）羅伯特・西奧迪尼（Robert Cialdini）在他的新書《影響力：讓人乖乖聽話的說服術》（*Influence: The Psychology of Persuasion*）中講到下面的一件事。亞利桑那州一家珠寶店的老闆，沒能在旅遊旺季把一批物美價廉的綠松石珠寶賣掉。在一次出差之前，她指示店員把這些珠寶半價處理。但是店員聽錯了，反而把這些珠寶以雙倍的價格出售。幾天後，當老闆回來時發現這些珠寶都賣光了。你能用一種不與需求法則相矛盾的方式解釋這件事嗎？

16. 預期的變化會導致需求的變化。為什麼有的時候價格上漲，人們想買的數量卻反倒隨之增加呢？解釋一下為什麼會發生這種情況。

17. 什麼因素使得需求曲線有彈性或缺乏彈性？

（1）你認為電子郵件對美國郵局的平信有什麼影響？你覺得郵局對現狀滿意嗎？

（2）在當前價格下，對阿司匹靈的需求是高度缺乏彈性的。如果阿司匹靈的價格相對其他物品漲 5 倍或者 50 倍，你認為其需求彈性會怎麼變？為什麼？

（3）對處方藥的需求是有彈性的還是缺乏彈性的？為什麼？有人說，處方藥可以由製藥廠任意定價，因為不管醫生開什麼藥，人們都得買。你同意這種說法嗎？

（4）對於傳統 CD 的需求價格彈性，iTunes 音樂下載服務對其有何影響？

（5）1980 年代，在 PC 業界有公司仿造 IBM 的個人電腦。這對 IBM 個人電腦的需求彈性有何影響？

18. 有人評估香菸的需求的價格彈性是 0.4，即價格上漲 10%，需求量降低 4%。

（1）這是否意味著徵收更高的香菸稅是一種減少吸菸的有效方式？

（2）這是否意味著徵收更高的香菸稅，是增加政府收入的有效方式？

（3）如果政府官員希望透過徵收香菸稅達到既減少吸菸人數，又增加政府收入的雙重目的，那麼他們希望對香菸的需求是有彈性還是缺乏彈性？

19. 研究指出，香菸稅較高的州青少年吸菸率較低。但隨後的研究（不包括北卡羅來納、肯塔基、維吉尼亞三個州）表示，沒有發現香菸稅和青少年吸菸率之間有顯著聯繫。你能想出合理的解釋嗎？為什麼當北卡、肯塔基和維吉尼亞三個州被排除在研究範圍之外時，香菸稅高和香菸稅低的州中青少年吸菸率就沒有顯著差異了？

20. 有些人建議用下面的方式區別奢侈品和必需品：奢侈品是需求彈性特別高的商品，必需品是需求彈性特別低的商品。你覺得這種用相對的需求彈性來區分奢侈品和必需品是有效的方法嗎？舉出一些例子，包括大家通常認為的奢侈品以及必需品，然後問問自己，每種東西的需求曲線是否有彈性或是缺乏彈性？

21. 1998 年 4 月 18 日的《經濟學人》（*The Economist*）發表了一篇文章，內容是關於濫用統計數字。墨西哥市政府在 1970 年代末，把四車道的高架路重新畫了線，變成了六車道：即通行能力增加了 50%。但事後發現重大交通事故增加了，所以市政府又畫回原先的四車道：即通行能力減少了 1/3，也就是 33%。市政府在其工作報告中聲稱，這兩次變化使通行能力增加了 17%，是這樣嗎？（如果不明白這跟經濟學有什麼關係，請看下一題。）

22. 需求的價格彈性的計算是用需求量的變化幅度除以價格的變化幅度。

（1）在表 3-3 中，需求曲線兩點間的彈性係數各是多少？

表　3-3

票價 （美元）	票的需求量 （張）	一杯咖啡的價 格（美元）	咖啡的需求量 （杯）
2	200	2.50	600
1	400	5.00	300

（2）如果你在票的例子裡用 100% 除以 50%，在咖啡的例子裡用 50% 除以 100%，你會得到完全不同的彈性係數（分別是 2 和 0.5），但實際上這兩個變化是一樣的。差別在於，在票的例子裡，用的是較高的價格和較小的數量作為比較的基礎，而在咖啡的例子裡，用的是較低的價格和較大的數量作為比較的基礎。但是，無論朝哪個方向變，這兩點之間的彈性係數應該是一樣的。怎麼解決這個問題？

（3）在這兩個例子裡，如果把計算變化百分比的基礎，換成價格和需求量變動區間的平均值，結果又會怎樣？

（4）在這兩個例子裡，當價格變化的時候，總支出（價格乘以數量）是不變的。這說明給出的兩點間的需求彈性有怎樣的特徵？這和（3）中的結果是否一致？（應該是。）

23. 圖 3-3 表示的是假想的草莓需求曲線。

（1）草莓多少錢一箱的時候，農民的總收入最多？〔看看問題（4），別浪費太多時間一個一個價格試。對於直線型的需求曲線，使總收入最大的價格水準應該是截距的一半。如果你看出來這是為什麼，很好；如果沒看出來，就得用一點數學知識證明一下。〕

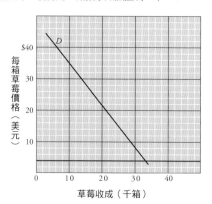

圖 3-3　草莓的需求曲線

（2）如果草莓的價格是由收穫量和需求共同決定的，那麼問題（4）中的價格對應著什麼規模的收成？

（3）如果產量是 3 萬箱，種草莓的農民的總收入有多少？

（4）你能否證明，當每箱草莓的價格在 24 美元以上時需求是有彈性的，低於 24 美元則缺乏彈性？

（5）如果種草莓的農民知道銷量低於 3 萬箱時能賺得更多，他們為什麼還要賣那麼多呢？為什麼不毀掉一些草莓，反而「把市場弄糟」呢？

24. 你能不能說明下面的分析：「如果我們的森林有半數毀於火災，剩下的木材的價值會比著火前全部木材的價值還要高。這種荒謬的事情——全部木材還不值它的一半的價值，說明在市場經濟中價值被扭曲了。」

第 4 章

1. 一件 T 恤、一張「聯合公園」演唱會門票或你的《經濟學，最強思考工具》教材的真正成本是多少？

2. 你在河邊釣魚時發現了一塊重達 8 盎司的金子。你會開價多少？為什麼？成本有多高？

3. 印度泰姬瑪哈陵周邊的草坪上，經常有一些年輕女孩手持廚房用的短刀，一把一把地慢慢割草。這種修剪草坪的方式的成本是高還是低？

4. 從甲地到乙地坐飛機要花 1 小時，同樣的路程坐汽車要花 5 小時。如果飛機票是 120 美元，汽車票是 30 美元，對於一個在這段時間裡每小時能賺 6 美元的人來說，哪種交通方式更便宜？對每小時能賺 30 美元的人來說呢？

5. 圖書館裡的影印機每月的租金是 295 美元。租金包括了修理費、碳粉和每月 2 萬張的印量。如果超量，每多印一張圖書館要交 1 美分，每張紙 0.5 美分。

   哈麗葉・馬蒂諾要讀期刊上一篇 20 頁長的論文，明天課上要講。她願意出 50 美分影印這篇論文，但是如果更貴的話，她就到圖書館閱覽室裡去讀了。

   （1）哈麗葉為了影印這篇論文，願意出的最高價格是每頁多少錢？

   （2）圖書館願意接受的最低價格是每頁多少錢？為了回答這個問題，你還需要知道什麼資訊？

   （3）假設哈麗葉現在要讀另一篇文章，明天課上也要用，這篇文章滿是複雜的圖表。她急於得到一份影本，花多少錢都不在乎。現在哈麗葉為了使用圖書館的影印機最多願意出多少錢？（你得從經驗中補充一些資訊才能回答這個問題。）

   （4）每月 295 美元的租金，會如何影響圖書館對影印機使用者的收費？

6. 如果老闆規定，你開自己的私家車跑公務，每英里補貼 20 美分，你應該開公務車還是開私車？下列哪些成本與你的決策有關？

   （1）你的私家車的買入價；

   （2）機動車駕駛證費；

   （3）保險費；

   （4）折舊費；

   （5）汽油。

7. 當政府要決定繼續打仗是否符合國家利益時，是否應該把已經陣亡的人考慮進去？這顯然不是個小問題。這個問題比一開始設想的要困難得多，特別是對一個依靠民眾支持的政府而言。

8. 經濟學家的原則──「沉沒成本和決策無關」，就像繞在手指上的繩子。它提醒你只考慮邊際成本就夠了，但是又不能指出邊際成本是多少。這就需要有知識的判斷。可以試一試下面的練習。估測並計算暑假時保留（或不保留）在學校租的房子的邊際成本。如果把房子轉租出去，算一算最低要收多少租金你才會保留房子，以免秋季開學重新租房。

9. 法蘭西斯・韋蘭德（Francis Wayland）寫的經濟學教材，在 1860 年以前是美國學校中最流行的教材，下面是其中的一段：

   各種自然力的性質及關係是上帝賜予的禮物，而且正因為是上帝的恩賜，所以我們不用花錢。這樣，為了使我們能利用瀑布產生的動量，我們只需要修水車及其附屬品，並把它們放在合適的地方即可。然後就能享受到落下來的水，用不著花費別的什麼。因此，我們唯一的支出就是使自然力得以利用的設備成本，這是政治經濟學家唯一應該注意的支出。

（1）如果一個 19 世紀的磨坊主人擁有一處瀑布，且瀑布能給磨坊提供動力，那麼磨坊主人使用瀑布要支付什麼成本？

（2）如果別人擁有這處瀑布，磨坊主人使用瀑布要支付什麼成本？

（3）在什麼情況下用瀑布作為磨坊的動力確實不需要成本？

（4）為什麼現代的「政治經濟學家」不同意法蘭西斯・韋蘭德的觀點，注意到了使用「自然力」的成本？

10. 一個徵兵人員說：「沒有什麼能比一次經濟衰退更容易解決徵兵問題了。」請解釋這句話。

11. 有人說，由志願役組成的軍隊會歧視窮人，因為窮人的其他選擇和從軍相比是價值最低的，因此窮人會在軍隊中占支配地位。

（1）你同意這種意見和分析嗎？

（2）一些批評者認為，如果軍隊只依靠志願役，武裝力量中就會充滿智力低下、技術落後的人，連操作複雜武器都不會。IBM 也是完全依賴「志願者」，它的員工大都不是智力低下、技術落後的人。軍隊和 IBM 的區別在哪兒呢？你會如何應對這些批評意見？

（3）另一項針對志願役制度的批評是，我們不需要「一支傭兵組成的軍隊」。工資高到多少，接受者就成了傭兵？難道軍官們是被迫留在部隊裡嗎？他們為什麼要留下？他們是傭兵嗎？老師是傭兵嗎？醫生是嗎？牧師是嗎？

12. 近年來，越來越多的美國人開始逃避陪審義務，有時問題嚴重到一些法庭因為找不到足夠數量的陪審員而不得不延遲開庭。

（1）一個公民當陪審員的成本有多高？

（2）對什麼樣的人來說，當陪審員的成本低甚至是負的？對什麼樣的人來說又是非常高甚至高得離譜？

（3）你能想出一套簡單的制度降低公民陪審的平均成本嗎？

（4）如果推行一套徹底的自願陪審制度，法庭付給陪審員足夠多的日薪，以招到法庭需要的合格的陪審員數量，請預測一下，這樣做會產生什麼後果？

（5）很多忠實地履行每一次陪審義務的公民抱怨，他們在法庭經常被怠慢，好像陪審員的時間完全沒有價值。例如，即將出庭的陪審員被要求坐在一間接待室裡，一坐就是好幾天，一眼都不能往法庭裡看。法院人員對候選的陪審員做出這樣有欠考慮的舉動，成本是多大？

13. 為什麼一家跨國公司在不同國家的相同工廠給付的工資不一樣多，即使兩國工人們的技術水準相同？你會認為這不公平嗎？為什麼所得高的工人們會反對？

14. 舊金山市的商辦房租上漲使得很多公司把辦公室搬出市區。如果一家公司在市區擁有自己的辦公大樓，它能忽視房租上漲嗎？

15. 為什麼美國各個城市的停車費差別這麼大？比如在曼哈頓，停車一天要付 50 美元，而亞特蘭大卻可能連 20 美元都不到。這個價格差別說明紐約的停車場老闆們更貪心嗎？

16. 如果球賽的門票非常搶手，面值 10 美元要炒到 100 美元，這時有人給了你一張票。你去看比賽的成本是多少？別人送了你一張票，你是不是因此比自己花 100 美元買高價票更願意去看比賽了呢？是不是因此比自己花 10 美元靠關係拿到一張票更願意去看比賽了呢？

17. 從機會成本的觀點看，花錢和放棄一個能賺錢的機會是沒有差別的。這和我們的很多直覺不相符，考慮下面的例子：

（1）大衛和彼得是好朋友。大衛向彼得借 1,000 美元，彼得借了。如果彼得自己還要借債還利息，那麼彼得是不是應該向大衛收利息呢？這合適嗎？如果彼得從銀行提領一筆存款，賺到了利息，他用這

筆錢借給大衛，這時彼得再向大衛收利息是不是不大合適？

（2）弗理德里希在一個大型畫展上買了一件特納的大幅作品，但是他同意直到 6 個月後，展覽結束時才能擁有這幅畫。當展覽結束，弗理德里希把這幅作品運回家，他發現了兩件事：其一，這個展覽大大提高了特納的知名度，這幅畫現在的價值已經是當初買畫時的兩倍；其二，畫幅太大，掛在哪面牆上都不合適。卡爾是弗理德里希的朋友，他家有更大的牆，而且有意從弗理德里希手裡把這幅畫買過去。弗理德里希向卡爾收多少錢比較合適？是當初出的價格，還是這幅畫現在市場上的價格？

18. 如果你修一門課的學費是 2,100 美元，那麼如果在 30 次課中你有一次從頭睡到尾，你的成本是多大？上課的成本是多大？

19. 學生們是不是對學費高的課花較多的精力？

20. 學校正在猶豫要不要放棄校際足球賽，並為此開展了一項成本研究。你認為以下在預算內的各個項目能代表真正的成本嗎？

（1）給球員的獎學金補助；

（2）體育場的折舊費支出；

（3）對所有全日制學生提供的免費票；

（4）球隊教練、負責票務的人員的工資。

21. 圖 4-4 的供給曲線表示的是某公司為了找人幫忙製作信封，願意支付的小時工資率。

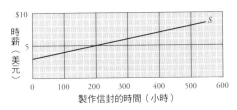

圖 4-4　製作信封的供給曲線

（1）如果公司需要 400 小時製作信封的工作量，每小時要付多少錢？

（2）公司總共要為製作信封支付多少錢？

（3）製作信封的人的總機會成本是多少？（提示：每個小方格代表 20 美元——20 小時乘以 1 美元。）

（4）在 4 美元和 6 美元之間的供給價格彈性是多少？在 6 美元和 18 美元之間呢？

22. 什麼時候放棄是有意義的？

（1）如果你每小時的價值是 5 美元，那麼你為了找一張 20 美元的帳單會花多長時間？假設你知道把帳單放了臥室的某個地方。如果找了超過 4 個小時，這樣找下去是否有理性？用預期邊際效益和預期邊際成本的概念解釋一下，一個有理性的、每小時值 5 美元的人怎麼能無休止地找一張 20 美元的帳單。

（2）1987 年，曼哈頓的一間「合作公寓」的租戶和公寓管理委員會發生了爭執，並告到法庭。爭論的焦點在於，誰應該負擔 909 美元的兒童防護窗安裝費。7 年後，問題仍未解決，可是律師費已經超過了 10 萬美元。你覺得這是否反映出一種固執的愚蠢？在什麼情況下，人們花十幾萬的律師費解決一件 909 美元的爭端是合乎理性的？

第 5 章

1. 這裡有一個很好的例子可以思考，供給和需求是一個互相協調的過程。在美國，每年都有很多人搬家，搬到遙遠而陌生的地方去。他們是怎麼尋找新住所的？

   （1）對每個遷往另一個州的人或家庭來說，是怎麼在這個州裡找房子的？既要找到一個願意把房子或公寓賣給或租給他們的人，又要使這處房子符合他們的要求，誰來負責這件事？

   （2）在那些發展最快的州中，誰來負責建設規畫，使房屋的成長和人口成長相匹配？

   （3）如果一個美國人想從一個城市搬到另一個城市，他就得賣掉原來的房子，再買一處新房子，請列出一些能降低交易成本的制度。

   （4）在中國，很長一段時間裡全國的房屋都歸政府所有，在所有大城市裡，存在房屋調配機構。為什麼當老百姓要搬家時，它的交易成本比房產私有、價格自由浮動的制度高得多？

2. 1990 年代時，俄羅斯紅十字會副主席抱怨說，西方社會支援俄羅斯的食品經常被盜。援俄委員會副會長指出，需要一個集權制度確保正當的配給。你覺得，怎樣配給才會使這些食品更快地分到饑餓的人們手中，怎樣才能少糟蹋一點：是藉由政府機構和慈善機構配給還是藉由偷？為什麼？

3. 如果愛財是自私和拜金主義的象徵，可能很多人都這麼想，那為什麼教會和慈善機構還在努力增加自己的財產呢？（如果你的第一反應是「他們和別的人一樣貪」，你就還得好好想想。）

4. 在一個以物易物的經濟中，為什麼生產衛生紙的人要比做吉他的人在交換時方便一些？

5. 換一個燈泡只要一個人就夠了，但是生產一個燈泡要多少人？

6. 掌握經濟學的思考方式，就是要學會用供給和需求的術語推理。這裡還有問題供你練習，其中一些比較難。在開始分析每一個案例時，你可以先畫一張需求和供給的小圖，然後問自己，題中描述的事情會怎樣影響需求曲線或供給曲線，曲線往哪個方向移動，曲線移動會怎樣影響價格和數量的變化。不要滿足於推出價格會上漲或下跌。你預期的價格或數量的變化是大還是小？你總是要從日常經驗中補充一些資訊。記住，答案往往取決於給人們留多長時間調整自己的行動。你考慮的是短期效應還是長期效應？

   （1）在下列情況下，圖 5-1 中木吉他的市場結清價格會如何變化？

      1）人們著迷於手風琴，漸漸喪失了學吉他的熱情。

      2）電吉他的價格大幅度下降。

      3）許多製作木吉他的琴師決定改行製作小提琴。

   （2）假設科學家發現多吃大豆可以防癌，可以預防心臟病。

      1）你預期大豆的價格會有什麼變化？

      2）你預期玉米（通常在適宜種植大豆的土地上也適宜種玉米）的價格會有什麼變化？

   （3）你預計下列幾項對美國棉花市場會有什麼影響（或已經產生了什麼影響）？

      1）發明尼龍。

      2）發明軋棉機。

      3）棉鈴蟲絕跡。

      4）外國棉農大豐收。

   （4）假設所有州對交通事故都實行嚴格的無過失責任規則，這樣在事故發生後就不可能起訴肇事者並索賠。

      1）想像雇律師擬遺囑的成本會有什麼變化？

      2）如果只有一個州實行無過失責任的規則，你想在這個州雇律師擬遺囑的成本會有什麼變化？和所有州都實行這一規則相較，哪種情況導致的變化大？

（5）假設全國的牙醫建議每人每天要用牙線清理牙齒三次，牙線的價格會有什麼變化？

（6）有兩種健康的食譜：一種是直接食用穀物；另一種是先把穀物餵牛，然後吃牛肉。假設這兩種食譜提供同樣的營養，但後者消耗的穀物是前者的 5 倍，世界上窮人的饑餓是吃牛肉的人造成的嗎？

（7）這個問題和其他問題不一樣，你沒法從自己的經驗中補充資訊。假設你發現目前的人喜歡買一種小玩意兒，購買量是 10 年前的 20 倍，你估計現在的價格高還是 10 年前的價格高？在什麼條件下你認為是現在的價格高？在什麼條件下 10 年前的價格高？

（8）如果幾家新的大企業開始在一個地方營業，設想周圍出租房的價格會有什麼變化？

（9）如果市政府通過了法令，要求所有建在鬧市區的公寓的房東每出租一間公寓必須提供一個不臨街的停車位，這個地區的房租會有什麼變化？公寓的出租數量會有什麼變化？

（10）如果不要求房東提供不臨街的停車位，只是禁止把車停在鬧市區的馬路邊，房租會有什麼變化？公寓的出租數量會有什麼變化？

（11）如果汽車製造商能把油耗降低一半，即每加侖汽油能跑的里程比現在多一倍，汽油價格會有什麼變化？

（12）越來越多的學校採用網上測驗程式，這對原來常用的 2B 鉛筆的價格有何影響？你覺得這一價格變化的幅度會大還是小？這說明 2B 鉛筆的供給價格彈性是怎樣的？

7. 「蘋果降價時，供給下降，需求上升。」評論這句話。

8. 「如果白金短缺，白金的價格會上漲。短缺最終會消失，因為較高的價格會降低需求，增加供給。」評論這句話。

9. 如果汽油的價格一直維持在每加侖 4 美元以上，對八汽缸 SUV 的需求會發生什麼變化？市場上 SUV 的價格會怎麼變化？

10. 很多人認為，如果中東或其他地方發生戰爭，使汽油再次出現供應危機，政府就應該對汽油實行按需配給的制度。你覺得這個配給機構會怎麼確定需要呢？

11. 在很多市區的高速公路上，交通尖峰期不收過路費。那麼如何決定誰可以走？

12. 在很多大學校園，停車是不要錢的，甚至當車位很少的時候也不收錢。

（1）停車位少意味著什麼？是說沒有停車位可用嗎？

（2）在不收停車費的前提下，如何分配這些本來就少的停車位？

（3）如果向每個想在校園停車的學生每年收 200 美元的停車費，這項收費能不能有效地配給停車位？

（4）假設學校在校園主幹道上設置了電子計時表。應該怎樣用這些電子計時表來有效地配給停車位呢？要知道某些停車位的需求要比其他停車位高得多。

13. 最初，演唱會門票往往以先到先得的原則出售。以前還沒有網路售票，那時孩子們蹺課通宵排隊，還做了一些我們都不知道的事情，趕在售罄之前拿到門票。

（1）他們是在和誰競爭？表演者？管理者和促銷員？贊助商？票務代理？音樂廳？他們算得上是在競爭嗎？

（2）現在，人們可以在網路上透過票務代理和網站購買門票，如 eBay。決定誰能得到票的標準是什麼？

14. 現在美國可供收養的嬰兒數量遠遠少於想領養孩子的夫妻數量。你願意讓一個孤兒跟出價最高的人走嗎？如果制度是這樣，你覺得會有什麼後果？現在稀缺的嬰兒是藉由什麼樣的規則分配給領養者的？

15. 美國聯邦政府法律禁止為了器官移植的人體器官買賣。目前，一些人處於瀕死狀態，又等不到適合的器官移植。2012 年諾貝爾經濟學獎的獲獎者艾爾文・羅斯（Alvin Roth）提出，可以建立一個器官的實物交換市場。如果引入金錢激勵制度，幾乎可以肯定，越來越多的人會願意捐出自己的器官。羅斯的想法

遭到了很多人的反對。你同意這麼做嗎？你認為會有什麼後果？

16. 之前，猶他州每年出售 27 張在 1,500 平方英里的土地上獵殺水牛的許可證，價格是本州居民 200 美元，非本州居民 1,000 美元。因為州政府每年都收到 1,000 多份申請，所以最終要靠抽籤來決定誰能得到這 27 張許可證。

　　（1）你覺得為什麼猶他州不把這些許可證賣給出價最高的人？

　　（2）你覺得抽到許可證的人是否有權把許可證轉賣別人？

　　（3）如果許可證由抽籤決定，同時又允許**自由買賣許可證**，會有什麼後果？

17. 如果某年 11 月火雞的供給量特別小，你覺得會不會出現火雞短缺？為什麼？❶

18. 如果你夏天在美國西部旅遊，你更可能會遇到露營營地的短缺，而不是汽車旅館的短缺。為什麼？

19. 這是一個供應方的競爭。2011 年，在佛羅里達州的湖城，兩位達美樂披薩特許經營部的經理，燒毀了幾個街區之外新成立的棒約翰披薩店。他們說看膩了汽車經過他們的商店，駛向棒約翰的停車場。雖然這樣的暴力活動在速食行業十分罕見，但筆者知道有另一個市場，藉由暴力來清除競爭對手實際上每天都在發生。你能猜出它是什麼嗎？

20. 1 盎司金子和 1 盎司塑膠相較之下，哪個更稀缺？得到這個結論，你用了什麼資訊？

21. 「中央制定計畫的人們，比你們這些熱愛自由市場的教科書作者更明白，蘇聯的計畫部門從來就沒想過用白金造鐵軌，或者用黃金造輪船。他們早就知道，那樣做是浪費稀缺資源。他們從國際市場上就能知道白金和黃金的價格。」我們倒是沒說造船的事，我們說的是造公共汽車。但是，你該對這些話做何反應？這段話到底對市場過程和市場價格的重要性持什麼觀點？

22. 在現在的美國，最大面額的鈔票為 100 美元，500 美元的紙鈔已不再流通。請你解釋一下，為什麼當局會取消大面額的紙鈔，作為打擊組織犯罪的一部分。

23. 如果利率在很大程度上是由儲蓄者和借款人的時間偏好傾向決定的，那麼說美國聯邦準備理事會會提高或降低利率時是什麼意思？

第 6 章

1. 價格管制是否使富人得到的比窮人少？地方政府實施租金管制的原因之一，是避免用價格分配稀缺的居住空間。管制成功了嗎？紐約那些租金受管制的公寓裡，住的都是相對富裕的人，你覺得這是怎麼回事？

2. 有些城市制定的租金管制條例，旨在把租金的上漲，限制在房東成本的上漲範圍內。用本章講過的思路來考慮下面的問題：

　　（1）如果有人願意出 600 美元租一間公寓，那麼房東如果以 500 美元的價格租給你，他的成本是多少？收益是多少？

　　（2）如果房東願意讓公寓閒置、自己住或者讓給親戚住，但不收房租，那租金管制條例會對房東放棄出租的成本產生什麼影響？

　　（3）當支持租金管制的人說，租金應該基於房東的成本收取時，他們的成本概念是什麼樣的？

　　（4）分期付款表現了購買房產的成本。當存在租金管制時，房東如果想提高租金，通常可以把付房貸的錢算作正當的成本。假設某人想買一間公寓出租，什麼因素決定了購買公寓的成本？

1　譯注：11 月的第四個星期四是美國傳統節日感恩節，火雞是感恩節的傳統食品。

（5）當房東要求提高租金時，購買暖氣燃料的成本總能被算作正當的成本。什麼因素決定了燃料的價格？

（6）假設一個房東在鄰近的停車場租了幾個停車位給房客使用。如果對停車位的需求上升了，他可能就得多交停車位的租金。為什麼當房東要求提高房租時，以停車場的需求上升為由容易被房租管制委員會認可，而以對房子的需求上升為由反而不容易被認可？

3. 西雅圖有一處小船塢，租給船主使用。市政府計算了更新設施的成本，並把租金設定為在收回成本的基礎上再加 5% 的收益，他們說，這會使今後三年的租金差不多翻倍。

（1）他們估測的更新設施的成本和出租碼頭泊位的成本有什麼關係？

（2）在所有設施當中，最重要的是填充河口的海水，鹹水與淡水在河口交會，船塢就建在上面。更換海水的預估成本是不是也得包含在價格裡呢？（如果你認為，海水是大自然送的免費禮物，所以不應該包括在內，那你最好回到第 4 章「問題與討論」第 9 題，檢查一下你的答案。）

（3）當政府公布租金上漲的意向時，他們預估泊位的使用年限是 17 至 20 年。這和出租泊位的成本有什麼關係？

4. 在 ACME 學院的宿舍裡喝酒是違規的。為什麼學生們願意偷偷帶進一兩瓶墨西哥龍舌蘭酒，而不願意帶成箱的啤酒，儘管學生們大都愛喝啤酒？

5. 在電影《教父》中，維托‧柯里昂（Vito Corleone）（即教父）有好幾項罕見的才能，從組織「家族」到打架殺人都很在行。那他後來為什麼只花心思管理家族，雇別人來做其他事了呢？

6. 成本和價格是什麼關係？請分析下面四個案例：

（1）裝備一艘捕撈比目魚的漁船要花很多錢。這是不是比目魚特別貴的原因？比目魚的價格和一艘裝備精良、專門捕撈比目魚的漁船的成本是什麼關係？

（2）人們在貧民區買食物要貴一些，是不是因為食品店要多收費，以彌補高犯罪率造成的損失？食品的價格和高犯罪率地區的保險成本有什麼關係？

（3）美國政府對種植某些作物的農民實行價格支持政策，是不是因為種植這些作物的成本高？或者反過來，種植這些作物的成本高是因為政府給農民提供價格支持？

（4）用紅杉木手工雕刻的紅鶴要賣到 150 美元一隻，如此值錢是因為要花很大工夫嗎？人們花這麼多時間用紅杉木雕一隻紅鶴只是因為能賣高價嗎？一個東西的價值是不是取決於人們對其生產過程的了解程度呢？如果這隻紅鶴是教宗若望‧保祿二世親手雕刻而成，會不會比你雕的更值錢呢？

7. 一陣猛烈的颶風吹過一片人口稠密的地區，會颳破很多人家的窗戶，使得對修窗工人的需求急遽上升。如果修窗工人提高他們的收費，那麼各家各戶修窗戶的成本就會上升。但是，颶風是否增加了工人修窗戶的成本呢？漲價是在乘人之危、不當牟利嗎？下面的問題會幫你想清楚。

（1）修窗工人為什麼能漲價？

（2）誰最可能給修窗工人施加壓力，使他們漲價？

（3）修窗工人是怎麼知道他們的邊際機會成本上升的？

（4）為什麼修窗工人有可能不願意漲價？

（5）為了不激怒社區的居民，修窗工人在漲價時應該怎麼做？

（6）漲價如何可能使更多的人給社區居民提供修窗服務？

8. 奶奶聽說你在學經濟學，就想你的知識用一用。她正考慮賣房子，房子保養得很好，社區也逐漸成熟，她不知道該賣多少錢合適。你需要更多的資訊：當初是多少錢買的？她說，房子是 40 年前買的，花了 20,000 美元。請根據這些條件，出個主意。

9. 丹尼爾・卡尼曼（Daniel Kahneman）、傑克・尼奇（Jack L. Knetsch）和理查・塞勒（Richard Thaler）做了一項研究，內容是人們在市場交易中如何使用公平概念。他們寫了一系列論文，其中一篇題為「公平作為追逐利潤時的一項限制：市場中應得的權利」。這篇論文報告了一次民意調查的結果，調查內容是人們評價企業行為時所使用的公平原則。下面是調查中提到的一個虛擬情景：

一家食品行儲備了夠賣幾個月的花生醬，有些在貨架上，有些在倉庫。老闆聽說花生醬的批發價漲了，於是立刻提高了這一批花生醬的售價。

在被調查的 147 人當中，只有 21% 認為這一行為是可以接受的，其餘 79% 都覺得這麼做不公平。

（1）入庫的這一批花生醬的批發價是沉沒成本。如果一個老闆對於公平定價的看法和大多數人一致，他的定價決策和批發價的高低有關嗎？

（2）如果一個老闆持少數派觀點，但是他知道顧客會發現他把以前進的貨按照現在的價格賣，這時批發價的高低與定價決策有關嗎？

（3）經濟學的思考方式，通常對一筆**付出去**的錢和一筆**沒收到**的錢不做區分：兩種都是成本。大部分民眾會明確區分二者，因為他們認為，賣方如果是為了收回批發的成本，就可以漲價；如果只是為了消費者情願出這麼多錢，那就不可以漲價。你能說明民眾觀點的合理性嗎？或者你認為這是因為大家沒有理解到底是怎麼一回事？

10. 依靠高額助學貸款完成學業的醫生，在開業初始就要大量還債。

（1）假設有三個剛剛開業的年輕醫生：第一個是依靠助學貸款完成學業的，開業之後每年要還 9,600 美元，要還 15 年；第二個是父母出的學費；第三個是靠政府提供的獎學金和補助念下來的。你覺得他們在收費方面會有哪些差異？

（2）醫學院的一位業務經理說，政府可以為醫學院的學生出學費，這樣人們看病的費用就會下降，因為學生畢業之後就不必藉由漲價來收回他們的教育成本（加利息）。評論一這說法。

（3）上述那位經理認為「你和我」支付的診療費都要用來為醫生償還貸款，因為他們償還貸款的錢是「執業的合法成本」。是不是「執業的合法成本」的款項，有什麼區別？假設每個醫生每年都要向所在地的黑社會交 5,000 美元作為保護費。這筆錢是不是「執業的合法成本」？這筆錢會對醫生收費有影響嗎？

11. 醫療資源不進行分配可不可以？1948 年，每個英國家庭都收到一份宣傳材料，說新成立的國有醫療服務體系將「為您提供全面的醫療服務，包括牙醫和護理。每個人都可以使用醫療服務，不論貧富、性別、年齡，除幾個特別項目之外一律免費」。

（1）1998 年，這一前衛的醫療保障體系舉行 50 週年紀念會，這個體系建立的前提是在價格為零的時候，對醫療資源的需求是有限的。英國的實踐證明，這個前提是錯。後來又有些國家建立過類似的醫療體系。它們無一例外地發現面臨醫療資源短缺的問題。在這種情況下，短缺會以什麼樣的形式表現出來？

（2）如果每個人都能以零元價格獲得醫療資源，而且在這一價格水準下，需求量大於供給量，應該怎樣分配醫療資源？

（3）你建議用什麼樣的制度來分配？

12. 前面的正文提到，如果人們不需要付出代價就能得到寶貴的資源，比如城市裡的公路資源，人們就會盡量用，直到資源的價值降到零。對於那些對邊際的思考方式還不熟的人來說，這往往會造成一個錯

誤印象。為什麼人們會如此行事，以至於使得活動的價值降為零呢？他們之所以困惑，是因為沒有搞清楚降到零的是**邊際價值**，跟**總價值**、**平均價值**不同。假設你喜歡吃巧克力餅乾。現在是上午 10 點，肚子餓了，正好有人叫賣新出爐的巧克力餅乾。你發現有對巧克力餅乾的需求。一塊巧克力餅乾最多賣 3 美元，在任何情況下你能吃的餅乾都不會超過 4 塊（我們排除了存起來以後再吃的可能性）。表 6-1 是你的需求表。

（1）如果價格為零，你每天吃幾塊？

（2）這樣你每天獲得的價值是多少？以美元衡量。

（3）餅乾的平均價值是每塊多少錢？

（4）如果餅乾免費，餅乾的邊際價值是每塊多少錢？

表　6-1

價格（美元）	每天對餅乾的需求量（塊）
3.00	1
1.50	2
0.40	3
0.10	4
0.00	4

13. 圖 6-5 畫的是對醫生的供給曲線和需求曲線。市場結清價格是 300 美元。

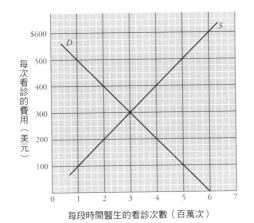

圖 6-5　對醫生的供給曲線和需求曲線

（1）如果政府支付所有的醫療費用，需求曲線將移到哪裡？接下來市場結清價格會怎麼變化？（提示：人們在價格為零時會有多大的需求量？）

（2）如果政府承諾支付一半醫療費用，需求曲線和市場結清價格會發生什麼變化？（提示：當醫生**收取**的費用是 300 美元時，消費者**支付**了多少？在這個價位上，他們想購買多少？）

（3）如果政府支付 80% 的醫療費用，市場結清價格是多少？

14. Reason-Rupe 的民意調查顯示，2/3 的美國人對歐巴馬總統提出的每小時 9 美元最低工資非常支持。

（1）如果最低工資漲到每小時 9 美元，那麼將非技術工作為一個整體，或將全社會作為一個整體，你認為他們的經濟狀況會變好嗎？

（2）一些占領華爾街的示威者，要求將最低工資提高到每小時 20 美元。這能從總體上提高貧窮工人的所得嗎？

（3）為什麼設定在 20 美元？如果他們要求 50 美元呢？這樣每個人都會更加富有嗎？

（4）儘管工會代表的是**技術**工人，不能從最低工資的增加中直接受益，但他們還常常要求更高的最低工資。回憶第 3 章，替代品價格的增加如何使商品需求增加，你能不能說說，為什麼非技術工人、非

工會成員的最低工資提高，工會工人的工資也會增加？

（5）在《歧視黑人的國度》（*The State Against Blacks*）一書中，經濟學家沃爾特‧威廉斯（Walter Williams）觀察到如下現象：

即使在繁榮時期，青年人的失業率也是一般勞動力的 2 至 3 倍。從全國來看，十幾年來，黑人青年人的失業率是白人青年人的 2 至 3 倍。據悉，在一些大城市，黑人青年人的失業率超過 60%。

為什麼青年人，特別是黑人青年人的失業率這麼高？威廉斯認為這是最低工資法直接導致的。你能論述一下這個觀點嗎？

15. 對於價格「敲竹槓」這種說法，你能給出一個有用的定義嗎？什麼時候需求引致的價格上漲會被看成是「敲竹槓」，什麼時候不會？答案是否取決於看價格上漲得有多快，或者有多高？還是說取決於商品的類型？前幾年房地產價格上漲時（即所謂的「房產泡沫」），為什麼很多人樂意稱之為「資產升值」，而非「敲竹槓」？

第 7 章

1. 查克‧瓦金擁有一家小型會計及稅務事務所，辦公地址是他家的地下室。

（1）在查克把地下室用作辦公室之前，地下室一直是閒置的。他說他的事務所比其他的會計事務所更能獲利，是因為他不用交房租。你認為房租是不是查克的生產成本的一部分？

（2）查克最近拒絕了一家大公司的聘約，年薪是 45,000 美元。查克在自己的事務所裡每年所得只有 35,000 美元。你認為查克的事務所是獲利的嗎？

（3）查克說，他喜歡自己當老闆，他願意每年犧牲 25,000 美元的所得，就是不願意給別人打工。這一點是不是改變了你對（2）的回答？

（4）查克最近從他的積蓄中拿出了 10,000 美元投資辦公室電腦系統。這項投資支出該如何計入成本？

（5）查克如果不把這筆錢投資電腦，他的儲蓄可以獲得 12% 的利息。如果沒有這筆積蓄，他也可以買電腦，他可以向銀行申請貸款，年息 18%。是不是因為他有自己的積蓄，他擁有電腦的機會成本就比較小呢？如果查克要支付 18% 的貸款利息，同時又不放棄 12% 的存款利息，那麼，這 6% 的利息差是為了支付什麼東西？查克出錢買電腦是否降低了他的成本？

2. 有些人認為，阿拉斯加的西特卡每年春季的鯡魚魚汛，是全世界最有利可圖的捕魚機會。有時，漁船 3 小時的捕撈作業就能捕獲價值 50 萬美元的鯡魚。漁民捕撈鯡魚並不像捕撈鯡魚卵那麼多，因為日本對鯡魚卵有很大的需求。基本的問題是：在西特卡的海面上捕撈幾個小時真的可能賺到大量利潤嗎？

（1）為了防止正在產卵的鯡魚被過度捕撈，州政府對捕撈做出如下限制：只允許捕撈幾個小時，只允許在一小塊海面上作業，只允許有執照的漁船捕撈。多年來州政府一共只發放了 52 張執照。如果新的漁民想取得執照，必須從有執照的人手中購買。一張執照大約值 30 萬美元。為什麼？什麼因素決定了執照的價格？這對捕撈鯡魚的獲利能力有何影響？

（2）漁船的船長雇人駕駛飛機在海面上觀察，以提高在 3 個小時中捕撈鯡魚的成功率。在一塊狹小的海面上，幾十架小飛機來回穿梭，駕駛這種飛機是極其危險的工作。飛行員能在 3 小時中賺到 3 萬美元。為什麼漁船船長願意支付這麼高的額外費用？

（3）如果一艘有執照的漁船的捕魚裝置臨時故障，船長會向別的漁民租一艘漁船，費用是 10 萬美元。為什麼他們願意付這麼高的租金？為什麼會有一切就緒的漁民在海上待命？

（4）一艘有執照的漁船能在 3 小時中捕撈到價值 50 萬美元的鯡魚。當然，也有可能什麼都撈不到。請估計一下一艘有執照的漁船如果撈不到魚每年會產生多少虧損？

（5）船員的所得取決於漁船的捕獲量。他們是企業家嗎？他們的工資是真正意義上的工資嗎？他們的利潤（或虧損）是真正的利潤（或虧損）嗎？

（6）如果船長雇用了 5 個船員，並同意把捕到的鯡魚每人分 10%，又把 20% 的鯡魚（價值 10 萬美元）分給了駕駛飛機的人，他自己能獲利嗎？

3. 課文裡說如果一項活動的獲利能力人所共知，那麼越來越多的人會從事這項活動，利潤最終會消失。這個結論適用於古柯鹼銷售嗎？

（1）銷售古柯鹼的成本包括被逮捕和坐牢的風險。為什麼 10 年徒刑的嚇阻力沒有 5 年徒刑的兩倍大？為什麼 1/5 的 10 年徒刑的可能性約等於不到兩年的徒刑？販賣古柯鹼的人在衡量主觀的坐牢成本時，會使用較高的折現率還是較低的折現率？為什麼坐牢的嚇阻力對有些人來說要比對另一部分人大？

（2）販賣古柯鹼的另一項威脅是被競爭者殺掉。對某些人來說，這項成本比對另一些人大。想一想這項成本對哪些人相對低？

（3）對什麼人來說，販賣古柯鹼是有利可圖的？

4. 大約半數的餐館在開業一年之內就得倒閉，85% 的餐館在五年內倒閉。這些數據說明餐飲業的獲利能力有什麼特點？為什麼每年還有很多的企業家開新餐館？

5. 「每個人都知道」勞動者得到工資，老闆得到利潤。果真如此嗎？

（1）如果職員在經營困難時同意暫時不拿薪水堅持工作，為了幫助企業渡過難關，他們是為了工資還是為了利潤而工作？

（2）如果有人想做剪草坪的生意，向你借割草機，並同意每借一次付給你兩塊錢，你同意了。你是資本家嗎？這兩塊錢是不是利潤？如果他同意把他的毛利兩成給你，你的回答會改變嗎？

6. 窮國的政府往往有所謂的「大工程情結」：它們熱中於修路、水壩以及其他設施，但又不給予足夠的維護。

（1）你能用剩餘請求權的概念解釋這一現象嗎？

（2）如果道路歸私人所有，道路所有者會對修路持什麼態度？

7. 企業家一定是資本家嗎？

（1）課文中對企業家的定義是，企業家要保證其他合作者都能得到固定回報，這是他們應承擔的責任。為什麼別人會相信企業家的保證？什麼時候相信？如果你覺得這個問題太抽象了，你可以自問，如果你給某人打工，三週才能拿到工資，你會為他認真做嗎？為什麼你會不相信企業家的保證？什麼時候不相信？

（2）除了職員，還有一些人會從企業家那裡得到保證，如果他們想和企業家合作，就必須信任企業家。這類人是誰？他們對企業家的保證的信任基礎是什麼？

（3）為什麼職員從來都同意企業家獨占全部利潤？

（4）為什麼企業家從來都保證職員能得到一定數額的工資，不管情況多麼糟糕？

8. 假設你明天要去很遠的地方出差兩週，半公事半休閒。你要坐飛機去。

（1）你會用什麼方式預先收拾行李？

（2）你更可能犯哪種錯誤——帶了太多衣服，拖著箱子到處跑；或者帶的東西太少，等到要用的時候才發現什麼東西沒有帶？

（3）如果你要去的地方是一個大城市或者很遠的旅遊勝地，你對上一題的回答會不會改變？

（4）假設你只帶了一雙正式皮鞋，卻不小心把墨水濺到一隻鞋上，而你馬上要參加重要的商務會談。你衝去又買了一雙鞋。請解釋為什麼鞋店老闆承擔風險的意願減少了你只帶一雙鞋的風險。

9. 在一篇論述美國人貯藏行為的文章中，作者引用了幾位社會科學家的話。一位社會學家說，貯藏汽油是非理性的，是美國人對汽車的利害關係的情緒反應。一位歷史學家說，貯藏行為是美國人典型的民族性。還有人把貯藏行為歸因於「短缺造成的精神失常」或「恐慌性購買」。另一位社會學家說，得有強有力的領導人來遏制這種「競爭行為」。

（1）怎麼能確定貯藏行為是非理性、精神失常、民族性、情緒和恐慌的結果，還是對不確定性的明智反應？

（2）貯藏和維持適當水準的存貨有什麼區別？

（3）為什麼企業和家庭都要有存貨？對於特定的商品，如何確定合理的存貨量？

10. 你給你們家買火災保險是不是投機？如果你和幾個朋友組成一個保險合作社，這樣就沒有必要再向中間人（保險公司）交錢，這樣做是不是省錢了？保險公司提供了什麼樣的重要資訊？

11. 你可能已經熟悉了《舊約‧創世紀》中約瑟的故事。約瑟給埃及法老解夢：他告訴法老，埃及必來 7 個大豐年，隨後又要來 7 個荒年，全地必被饑荒所滅。約瑟建議，當 7 個豐年的時候，徵收 1/5 收穫的糧食，積蓄五穀，派官員管理，以防備將來的 7 個荒年。法老對約瑟的遠見印象深刻，遂派他執行這一計畫。約瑟按計畫做了，在荒年之中，他打開糧倉，把糧食賣給埃及人。

試比較約瑟的行為和現代投機者的行為，他們都預測將來會有糧食大量短缺。

（1）約瑟想要完成的是什麼？

（2）職業投機者想要完成的是什麼？

（3）當約瑟貯藏糧食並派人管理時，他的行為對於糧食的供給曲線有何影響？

（4）當職業投機者簽署只在將來出售糧食的合約時，對當下的糧食供給曲線有何影響？

（5）在荒年中，約瑟的行為對糧食的供給曲線有何影響？

（6）職業投機者對未來的糧食供給曲線有何影響？

（7）二者的結果差異大嗎？

（8）約瑟的消息來源是什麼？職業投機者的消息來源又是什麼？

12. 新聞媒體報導佛羅里達州遭受了嚴重的霜害，致使柳丁大幅減產，受此影響，冷凍柳橙汁將會嚴重短缺。你對下列行為做何評價？有四種選擇：完全公平、可能公平、可能不公平、極其不公平。

（1）食品店老闆一聽到這個消息就立刻提高冷凍柳橙汁的售價。

（2）家庭主婦一聽到這個消息就立刻衝到商店裡買了夠喝 3 個月的柳橙汁。

（3）沒受到霜凍災害的農民一聽到這個消息就立刻提高了自己柳丁的售價。

（4）受到霜凍災害的農民一聽到這個消息就立刻提高了剩下的柳丁的售價。

（5）柳橙汁生產商一聽到這個消息就立刻盡其所能採購了大量柳丁。

你的所有答案都一致嗎？

13. 5 月時，你認為今年夏天的玉米產量會大大高於往年，所以秋季的玉米價格就會比別人預測的低得多。

（1）根據你的判斷，你應該買 12 月的玉米期貨還是賣 12 月的玉米期貨？（**期貨**是一種合約，你需要按照合約在將來某一時刻以現在約定的價格買進或賣出一定量的商品。）

（2）如果很多聰明人和你有同樣的想法，都認為今年夏天玉米會大豐收，12 月的玉米期貨價格將會怎樣？

（3）玉米期貨價格的變化，會給現在的玉米持有者和使用者傳遞什麼資訊？

（4）這一資訊對他們將來銷售或使用玉米的決策會產生什麼影響？

（5）基於 12 月玉米期貨價格變化的資訊，上述決策會對 6 月的玉米消費產生什麼影響？

（6）投機者能不能逆時間轉移豐收，即從相對豐富的時期轉移到過去的相對短缺的時期？

14. 世界觀察組織經常預測全球下一年會面臨糧食供應緊張，並警告說世界將遭受饑荒。

（1）你能用報紙上的商品期貨版來評價這一預測嗎？

（2）如果職業投機者不同意世界觀察組織的預測，你對誰的預測更有信心？為什麼？

（3）你認為世界觀察組織的人在發布預測報告的時候購買小麥期貨嗎？他們**該不該買**？

15. 你向學校申請在每年春季畢業典禮上擺一個賣檸檬水的攤位，學校同意了。在支付了所有材料成本（檸檬、糖、杯子等）後，你一算帳，發現一下午淨賺 250 美元。

（1）你的利潤是不是 250 美元？

（2）你明年是不是還會獲得檸檬水經營權？別人是否知道你的所得情況對此有何影響？

（3）如果校方明年公開拍賣檸檬水經營權，你願意出價多少？誰會從這個檸檬水攤位中得利？

16. 在 1980 年之前，美國州際商務委員會很少批准運輸公司在各州之間運輸貨物，已有的經營權就變得特別寶貴。在運輸公司的帳本上，經營權被作為一項重要資產列示。當運輸公司被出售時，經營權也是售價的一大部分。

（1）什麼因素決定了經營權的市場價值？

（2）當 1980 年「運輸法」生效後，在各州之間跑長途運輸變得容易多了，於是原來經營權的市場價值就降低了，為什麼？

（3）經營權的市場價值降低是不是一種虧損？

（4）虧損和利潤是不確定性的結果。什麼樣的不確定性造成了 1980 年之後運輸公司的損失？

（5）如果在 1970 年代，所有人都預見國會將在 1980 年後對州際運輸市場放鬆管制，那麼 70 年代的經營權的價值會發生什麼變化？

（6）1980 年的「運輸法」改變了遊戲規則。哪些資源的產權受到了影響，其結果如何？

17. 美國農業部曾經限制蛇麻草的生產。農業部向每一個種植蛇麻草的農民分配一定的金額，並控制全國總產銷量。其他農民，如果也想加入這一行業，則必須向擁有配額的農民購買或租賃配額，價格相當高。後來，農業部宣布放棄這種制度，同時反對新種植者花錢向老種植者購買配額，因為該配額是無償配給的。農業部的這個意見有意義嗎？如果配額沒有獲得市場價值，這說明原來限制蛇麻草生產的決定有什麼問題？

18. 下面一段話是寫給某大城市報紙編輯的一封長信的大意：

如果你真的想快速發財，可以買一處房車停車場。停車費你可以想定多高就定多高，因為租停車位的人一般都沒有錢再換地方，就算他們有錢，通常也沒地方可去，因為能停房車的停車場不足以滿足需求。

（1）對於擁有房車的人來說，如果真的像這封信的作者說的那樣迫切，房車停車場的價格將發生什麼變化？這種停車場的所有者把停車位出租，得到巨額利潤了嗎？

（2）如果經營現有的房車停車場能賺很多利潤，或者能以高價轉手，為什麼企業家不多開發這種停車場呢？

（3）如果城市當局對這封信的作者及其他人的抱怨採取措施，對停車場的停車費實施價格管制，那麼現在已經停在那裡的房車的價格會怎麼變化？

19. 那些持有大型企業股票的股東能防止經理人把個人利益置於股東利益之上嗎？他們怎麼才能有效監管經

理人的行為，並說服董事會換掉只知自己的權力、特權和津貼，卻將所有者淨收益置之不顧的經理人呢？經理人能不能利用自己的權力和公司的資源來影響董事會的組成，提名那些偏向管理層、不注重股東權益的人作為董事？（下一道題繼續探討這個問題，但是是從另一個角度。）

20. 那些持有大型企業股票的股東能防止經理人把個人利益置於股東利益之上嗎？

(1) 當經理人只顧自己的利益，忽視股東的利益時，公司的股票價格會有什麼變化？

(2) 如果某個人或某幾個人獲得了董事會的投票權，並把經營層換成願意且能夠為股東實現淨收益最大化的人，公司的股票價格會有什麼變化？

(3) 這些事會使人們產生什麼樣的動機，投入一些資源來監管經理人的行為？

(4) 經理人所謂的「惡意購併」的前景，會對經理人的行為有什麼抑制作用？

(5) 那些專門從事購併業務的人是不是企業家？

21. 企業家的利潤是藉由強制還是說服獲得的？（術語的定義：**強制**——威脅人們要減少其選擇，迫使人們合作；**說服**——向人們保證增加其選擇，使與之合作。）如果你不知道怎麼回答問題，想一想在這個句子中對強制和說服的定義是否充分。

22. 有人贊成對價格「敲竹槓」這樣飛來橫財的利潤徵稅，你能舉出這類論點的例子嗎？你可以預見這樣做長期會產生什麼後果嗎？

23. 有人說：「留著，別賣，現在值不了多少錢，20 年以後就會漲到現在的 5 倍。」你會留著還是賣掉？用現在的 1 美元按無風險債券的利率投資，20 年之後值多少錢？

第 8 章

1. 淨收益（總收益減去總成本）最大化的法則是：僅期望邊際收益超過期望邊際成本時才採取行動。什麼是邊際收益？它與需求有什麼關係？你可以藉由分析莫林·薩普萊茲的例子檢驗對這個重要概念的理解。莫林·薩普萊茲代理遊艇經銷權。她有 5 位潛在客戶，而且她知道每位客戶願意為遊艇支付多少錢（見表 8-2 和表 8-3）。

表 8-2

J. P. 摩根	1,300 萬美元
J. D. 洛克菲勒	1,100 萬美元
J. R. 尤英	900 萬美元
J. C. 潘尼	700 萬美元
J. P. 甘迺迪	500 萬美元

表 8-3

遊艇價格 （美元）	需求量 （美元）	總收益 （美元）	邊際收益 （美元）	在理想的差別定價情況下	
				邊際收益 （美元）	總收益 （美元）
1,300 萬	___	$___	$___	$___	$___
1,100 萬	___				
900 萬	___				
700 萬	___				
500 萬	___				

(1) 在表 8-3 第二欄中填寫這些資料中隱含的需求量。

(2) 在表 8-3 第三欄中根據所列的不同價格，填寫莫林出售遊艇的總收益。

（3）在表 8-3 第四欄中填寫當莫林降低銷售價格時，每多賣一艘遊艇所獲得的額外收益。

（4）如果莫林的目標是讓總收益最大化，她該賣多少艘遊艇？（先不要考慮把遊艇以不同的價格賣給不同的人，之後再考慮這個問題。我們暫時假設，莫林無法對不同的顧客收取不同的價格。）她應該制定什麼樣的價格？

（5）現在假設，莫林的目標是讓**淨**收益最大化，她銷售一艘遊艇的邊際成本是 600 萬美元。換句話說，每多賣一艘遊艇，總成本就增加 600 萬美元。現在她該賣多少艘遊艇？應該制定什麼樣的價格？

（6）如果你前面的步驟都正確，現在應該能發現一些讓莫林失望的事情了。尤英和潘尼都願意用高出莫林定價的錢購買遊艇，但是她無法在不減少淨收益的條件下把船賣給他們。為什麼？

（7）現在假設，莫林的客戶互相都不熟，這樣莫林就可以根據每個客戶願意支付的最高價，分別對每人收取不同的價格。在這種情況下，即我們所說的「理想」的差別定價情況下，莫林的邊際收益如何？請填入表 8-3 第五欄。

（8）現在莫林該賣多少艘遊艇？

（9）填寫「理想」的差別定價下莫林的**總**收益。

2. 「詢價者應該讓邊際收益盡可能高於邊際成本。」說明為什麼這種說法是錯的。有人認為，邊際收益與邊際成本相等時的銷售量帶來的淨收益為零，這種想法錯在哪兒？

3. 找出在圖 8-5 中每種情況下讓銷售者獲得最大利潤的統一價格，以及他們應該生產和銷售的商品數量。然後將表示此種定價政策帶來的淨收益的增加部分畫上陰影。如果價格提高，每種情況下的淨收益會有什麼變化？如果價格降低呢？（注意：如果銷售者的邊際收益曲線和需求曲線相同，提高價格的話，會發生什麼情況？）

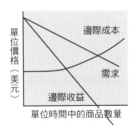
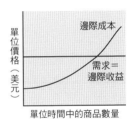

圖 8-5　找出讓銷售者獲得最大利潤的銷售價格

4. 安克雷奇土豚繁殖公司和休士頓土豚繁殖公司的邊際成本曲線是一致的，但是它們面對的需求曲線不同，如圖 8-6 所示。

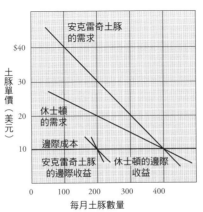

圖 8-6　兩家公司的邊際成本曲線和需求曲線

（1）兩個公司應該各自制定什麼樣的價格？

（2）假設某些原因使每個公司的邊際成本提高到 20 美元，其他條件不變。現在，兩個公司應該各自制定什麼樣的價格？

（3）需求彈性和讓利潤最大化的比例加成之間有什麼關係？

5.　你是否曾經感到奇怪，為什麼同樣的書，精裝本通常比平裝本貴？在裝配線上安裝一個硬質封皮花不了多少錢，試圖為這個問題給出合理的解釋，並且給你一個應用邊際成本和邊際收益概念的實踐機會。

　　一本新書的潛在購買者渴望書一出版就能買到，而且願意支付高價。那些想要把這本書當成禮物的人也願意支付高價，顯示他們的慷慨大方，他們會把硬質封面當成品質的象徵。還有其他購買者想買精裝本，如圖書館，是因為精裝本更為耐用。這些購買者願意付出更高的價錢，支付安裝硬質封皮產生的花費。圖書館為了滿足渴望看到暢銷書的讀者，也會在出版後就立刻購買。然而，還有很多潛在購買者，願意在價格變低的時候再買書，他們不是很在乎是精裝本還是平裝本。

　　圖 8-7 中，左圖中的需求曲線顯示的是在這種情況下對這本書的需求情況。需求曲線最上面的部分是由願意支付額外費用快速讀到書或買到精裝書的人創造的。一旦價格降到 20 美元以下，「普通讀者」也會願意購買這本書（需求曲線不會有如此劇烈的轉折，但是直線比曲線更容易操作）。假設出版商多印刷和運輸一本書的邊際成本一直為 4 美元。

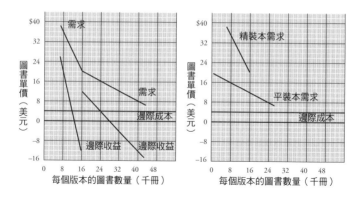

圖 8-7　圖書出版商的邊際成本曲線和需求曲線

（1）出版商給這本書制定什麼樣的價格，才能獲得最大利潤？與每段需求曲線相對的邊際收益曲線，利用圖 8-3 中提到過的訣竅畫出來了。

（2）讓利潤最大化的定價，應該能讓出版商剛好賣掉所有這些圖書，按照這個價格，邊際收益應該超過邊際成本。此處的問題是，為了出售 16,000 至 24,000 冊邊際收益超過邊際成本的圖書，出版商必須也出售 12,000 至 16,000 冊邊際收益低於邊際成本的圖書。在什麼位置停止銷售，可以讓利潤得到最大化？出版商應該把價格定在 28 美元，出售 12,000 冊圖書，還是把價格定在 16 美元，出售 24,000 冊圖書？

（3）假設出版商在最初的時候推出的是精裝本，過了 6 個月或 8 個月，又以較低的價格推出了平裝本。出版商應該為兩個版本各自制定什麼樣的價格？一種合理的辦法是，假設所有願意花 20 美元以上的潛在購買者不是不願等，就是想要精裝本，而想花 20 美元以下的潛在購買者願意等，而且接受平裝本。為了計算為各種版本制定的價格，你必須先將兩條需求曲線分開。把需求曲線的下半段與

上半段裁開，將下半段拖到左邊，讓它的頂端靠在價格軸上，這樣它就能顯示當平裝本出版時，在不同價格下平裝本的需求數量。圖 8-7 的右圖已經完成這一步。請為每條需求曲線畫出邊際收益曲線，找出每個市場中邊際收益和邊際成本的交點，制定合適的價格。

6. 很多企業在確定即將上市的新產品應該定價多少時，使用一種叫作**目標定價**的技巧。目標價格是能讓企業收回一定比例的產品開發及生產成本的價格。為了計算某個特定價格所產生的回報，除了成本，銷售者還需要知道些什麼？如果產品銷售收入沒有達到目標，企業應該提高價格嗎？如果收入超過預期，企業應該降低價格嗎？

7. 英國和法國的協和超音速客機製造商，在確定對航空公司的要價時，是如何計算飛機的開發成本的？如果沒有得到足以收回開發成本的價格，他們應該暫停生產嗎？

8. 當大學的體育部主任宣布明年要提高美式足球票價時，他很可能說，是成本的提高不得不提高票價——也許是女子體育項目的成本提高了。女子體育項目的成本是如何影響美式足球門票銷售的邊際成本？如果想不出這個問題的答案，問問你自己，一個勝利賽季的前景是如何影響美式足球門票的銷售成本？在確定可以讓利潤最大化的美式足球票價的時候，哪個因素發揮更大的作用，是體育部的女子體育預算，還是一支表現優異的美式足球隊？

9. 在美式足球主場比賽的日子，大學將停車費的價格從每輛車 1.5 美元提高到了 10 美元。根據交通委員會的說法，這麼做，停車場的平日使用者就不用為球迷補貼提供車位的成本了。如果在有美式足球比賽的週日，停車費仍然是 1.5 美元，停車場的平日使用者會為球迷補貼成本嗎？

10. 廣告成本能夠影響產生最大收益的產品價格嗎？

   （1）因為啤酒商花了一大筆錢在電視上做廣告，所以酒客就必須為喝的啤酒支付更多的錢嗎？

   （2）一家早餐食品公司付給著名運動員 100 萬美元，購買在麥片盒子上使用他的肖像權時，會帶來麥片價格的上升嗎？

11. 一家石油公司能藉由提高石油價格，來為該公司負有責任的石油外洩事故分攤成本嗎？當其他煉油公司沒有漲價時，一家煉油公司，如埃克森美孚公司，提高汽油價格，會發生什麼情況？

12. 小型便利店比大型超市收取更高的價格（平均），是因為小型便利店每單位銷售的管理成本更高嗎？當某種商品在別處的價格更低時，銷售者如何能讓顧客支付更高的價格？

13. 密蘇里州開始徵收商業地產稅，與住宅地產相較，「公平市場價值」的比例更高，在這時，5 個房間以及 5 房以上的公寓被劃分為商業地產。於是，此類建築的地產稅迅速上升，而 4 個房間以及 4 個以下房間的公寓的地產稅不變。

   （1）這種變化會使得大型公寓的租金比 5 房以下的租金高嗎？稅收的升高是會影響房東的邊際成本，還是會影響租戶對公寓的需求？

   （2）你認為稅收變化會對現有公寓房間的平均規模有何影響？稅收變化對未來公寓的平均規模有何影響？

   （3）這種評估方式的變化，對租金水準會有何影響？

   （4）有人曾經引用聖路易公寓住宅協會主席的話：公寓所有者不會支付增加的稅金，他們會用提高租金的方式解決問題。如果地產稅提高後，公寓所有者可以這種方式提高租金，那麼為什麼不在地產稅提高**之前**調租，從而增加所得？如果公寓所有者可以將地產稅轉嫁給別人，為什麼一些密蘇里州的公寓所有者花錢提起訴訟，否決這種新的徵稅呢？

14. 為什麼相機零售商常常以接近批發成本的價格出售相機，而將配件（背包、鏡頭清潔劑、濾鏡等）價格提高 100% 或更多呢？

15. 一些舞台劇的劇院開始實驗，對某些表演實施「付你能付的錢」的定價政策。聖地牙哥的一家劇院，對週六的日場表演採取了這種定價政策。正常票價從 18 至 28 美元，特別演出票價從 25 美分至 18 美元。

 （1）這些劇院如何防止每個人利用較低的價格牟利？

 （2）一個人為什麼要花 18 美元買一張花 25 美分就能買到的票呢？

 （3）你認為在這種制度下，人們真的能只支付他們能付的錢嗎？大致說來，較富的人會比較窮的人付更多的錢嗎？

 （4）很多劇院會在表演當天銷售折扣很高的票。戲院如何能不讓觀眾等到表演當天才買票？

16. 紐約市有一條法令，要求零售商對銷售的商品明碼標價。當消費者事務部開始對藝術畫廊實施這條法令時，眾多畫廊老闆提出了激烈抗議。為什麼？

17. 報紙上的一篇新聞報導了一件「怪事」。海德雪橇的製造商和地區經銷商代表，從一家低價銷售海德雪橇的連鎖折扣店購買所有存貨。他們在店裡買下雪橇之後，立刻在停車場上把所有雪橇都砸了。你能解釋這件怪事嗎？

 下面的資訊是否提供了一些線索？銷售海德雪橇的運動用品商店的經理說，這一舉動是銷售商清除市場有缺陷的雪橇的行動。折扣商店的主管說，這些雪橇沒有毛病，但是它們的標準生產型號最初是為出口到其他國家而設計的。製造商和銷售商想要幹什麼？什麼地方出了問題？

18. 專欄作家安·蘭德斯（Ann Landers）在她的讀者詢答專欄中，數度指責一些服裝零售商的做法。這些零售商會把賣不出去的衣服剪破或撕破，把它們扔掉，而不是送給職員或者所得人群。安對這種行為感到疑惑，她也想到的唯一解釋，來自內布拉斯加州一個讀者的看法：商店想要保護自己，以免人們免費獲得這些商品後，再賣給商店用來償還賒購的款項。你能提供其他的解釋嗎？

19. 在本章末尾關於午餐價和晚餐價的討論中，忽略了一件重要的事。晚餐顧客幾乎總是比午餐顧客花更多的時間用餐。這會提高晚餐的供應成本嗎？在什麼樣的情況下，**不會**提高成本？如果長時間用餐成本很高，餐館可能會想辦法防止或限制這種事情發生，如何能夠在避免讓顧客不高興的情況下做到這一點？餐館有**鼓勵**長時間用餐的時候嗎？它們如何做到這一點？

20. 你想拍賣一套古董餐廳家具。有 3 個人想買這組家具，他們分別願意支付 8,000 美元、6,000 美元和 4,000 美元。你的保留價（在成交前，如果未達到這個價格，就要繼續出價）是 5,000 美元。沒有人知道其他人的估價資訊。

 （1）這組家具的銷售價格大概會是多少？

 （2）假設你舉行一場拍賣，拍賣官宣布的價格遠遠高於所有人願意支付的價格，於是逐漸降低價格，直到成交。這種情況下，這組家具的銷售價格大概會是多少？

 （3）為什麼商店有時在廣告上加上這樣一句話：售完為止？

21. 你和未婚妻去買結婚戒指。珠寶商在展示了樣品之後問你：「你心中的價位是多少？」

 （1）為什麼他要問這個問題？

 （2）如果你告訴他你計畫每個戒指最多花 200 美元，你是在幫他找到能賣給你的戒指，還是在幫他為你喜歡的戒指指定價？

 （3）找出珠寶商對你喜歡的戒指定出的最低售價的技巧是什麼？

第9章

1. 在政府開放對航班定價的管制後不久，一家大型航空公司開始要求飛行途中的乘客填寫一份很長的「乘客調查表」。這份調查表的封面上印有該公司資深行銷副總裁的話，指出完成調查的乘客能夠說明航空

公司提供「最佳服務」。調查表中的問題涉及乘客此次旅程的目的、搭乘飛機的頻率、付費類型，如果費用沒有折扣會怎麼做，如何買到機票的，乘客的所得，等等。航空公司想要做什麼？

2. 儘管一些觀察者認為美國經濟中的競爭正在減弱，但是廠商仍然堅稱面臨激烈的競爭，你如何解釋這一現象？

3. 思考**寡頭壟斷**的理論定義：少數人之間的競爭。根據定義，商業航空公司是寡占嗎？小鎮加油站的老闆是寡占嗎？根據定義，列舉其他寡占銷售者和非寡頭銷售者。

4. 銷售者試圖讓產品對消費者更具吸引力，這有時被稱為**產品差異化**。
   (1) 產品差異化給銷售者帶來的成本高於帶給購買者的利益，這個過程是一種浪費嗎？想想，從這個意義上講，哪些情況下產品差異化是浪費，哪些情況下不是？
   (2) 評價下面的觀點：「從社會角度來看，銷售者發起的產品差異化新舉措很可能會是一種浪費，因為它很可能帶來高邊際成本和低邊際效益。但是，這僅僅意味著生產者利用了低成本－高效益的產品差異化戰術，並不說明整個產品差異化過程是浪費。」

5. 為什麼銷售者之間的有效定價協議，必須包括產出限制或銷售地域劃分等銷售方面的限制？

6. 如果說壟斷令人不悅，那麼政府為何還經常會保護賣方，避免新進者的競爭？舉例而言，為什麼美國政府不允許其他人在一類郵件（平信）投遞業務上與國營郵局競爭？

7. 當聯盟得不到政府的支持，可以懲罰違反協議的成員，組織往往會解體。為什麼？協定的目標是使聯盟組織獲得最大的淨收益，遵守這個協議不是為了每個聯盟成員的利益嗎？為什麼組織成員必須靠政府強迫才能遵守協議？了解聯盟解體原因的一種方法是問問自己，如果 4 個人玩下面的遊戲，會發生什麼情況。

   每個玩家持有兩張紙牌，一張是 L，另一張是 S。當給出訊號時，所有玩家同時打出自己手中兩張紙牌中的一張，然後根據打出紙牌的組合給出不同的現金獎勵。
   如果是 4 張 S 牌，每個玩家得到 5 美元。
   如果是 3 張 S 牌和 1 張 L 牌，出 S 牌的玩家輸 5 美元，出 L 牌的玩家贏 15 美元。
   如果是 2 張 S 牌和 2 張 L 牌，出 S 牌的玩家輸 10 美元，出 L 牌的玩家贏 10 美元。
   如果是 1 張 S 牌和 3 張 L 牌，出 S 牌的玩家輸 5 美元，出 L 牌的玩家贏 5 美元。
   如果所有玩家都出 L 牌，所有人都輸 5 美元。

   (1) 假設每個玩家分別自由出牌，而且都想讓自己贏得最多的錢，會發生什麼情況？
   (2) 在沒有對出 L 牌的人進行懲罰的「執法者」的情況下，為什麼對玩家來說，避免輸錢比贏錢更難？
   (3) 現在假設 4 個「玩家」實際上是某個行業中 4 個獨立的權威生產商，「出 L 牌」意味著決定大量生產，「出 S 牌」意味著決定少量生產。再來看看回報，現在把回報想成生產商多收入的利潤，這取決於①為了有更高的價格，他們是否分別決定限制其產量，以及②其他生產商有何決定。為什麼生產商總是選擇大量生產來製造更多的利潤，而不顧其他人的選擇呢？
   (4) 向該行業的成員提供什麼樣的措施，可以讓該行業內的每個生產商都選擇少量生產，從而使整個行業產生的利潤達到最大化？

8. 上面兩個問題又衍生了一個有趣的問題：為什麼石油輸出國組織能如此出色並且長時間地成功提高世界油價呢？答案大部分會局限於生產和銷售石油的邊際成本這個概念。從建好的油田採油，成本其實可以很低，低到幾乎可以忽略不計。但是相關的邊際成本是煉油成本和**銷售**成本。在 1970 年代，很多權威

預測，由於對石油生產的需求非常缺乏彈性，世界的石油儲備很快就會耗盡，到 20 世紀末，石油價格可能會上升到每桶 1,000 美元。對未來價格上升如此驚人的預計會如何影響目前石油銷售的機會成本？這樣的預計將怎樣解決石油輸出國組織的「作弊」問題？為什麼這些過高的預計在 1970 年代非常普遍，而到 80 年代中期就消失了呢？

9. 某州議會在考慮一項提案，該提案要求所有銷售瓶裝酒的食品店和藥店要為酒類銷售區域提供一個單獨的入口。該提案的支持者認為這對防止未成年人進入酒類銷售區是很必要的。你認為誰會為該提案遊說？為什麼？

10. 一項研究指出，一個中西部人口稠密的州的職業許可證中，有 73% 要求被許可人擁有「優良的品質」。為什麼？優良的品質如何確定？誰最能確定殯葬業者的品質是否無可指責，足以頒發職業許可證？

11. 某州議會正在就一項提案辯論，該提案允許驗光師在視力檢查時使用眼藥水。50 名眼科醫生湧至國會大廈進行遊說，反對這項提案。該州眼科學會的主席對記者說：「無論如何都不會有什麼經濟利益。」如果提案通過並生效，眼科醫生唯一關心的事情是「更多的人將成為不當用藥的受害者」。你認為這 50 名眼科醫生一整天不上班，到國會大廈遊說立法機構，僅僅是出於對公眾健康的關注嗎？

12. 華盛頓州公共事業和交通管制委員會定期制裁未經許可的搬家公司。

(1) 委員會的執行主管說，進行制裁是因為顧客投訴物品遭到損壞以及遭遇價格欺騙，也因為獲得許可的運輸公司投訴未經許可的搬家公司讓競爭加劇。哪種投訴帶給管制委員會更大的壓力？多少消費者聽說過州公共事業和交通管制委員會？多少搬家公司聽說過該管制委員會？

(2) 州政府官員曾經說過，立法機構在 1930 年代對運輸行業制定了嚴格的准入要求，因為議員們擔心「缺乏管制、你死我活的競爭會導致服務退步、安全問題、市區競爭過度和郊區沒有服務等情況發生」。缺乏管制就很可能出現這些問題，你同意這種說法嗎？競爭**通常**會導致服務退步嗎？競爭什麼時候會「你死我活」和「過度」？如果你向運輸業的業內人士提出上述問題，他們可能會如何作答？

(3) 對於申請搬家公司許可證的新公司，都要實施一個「嚴格的公眾方便性和必要性測試」，讓申請許可證的公司證明服務是存在需求的。這能被證明嗎？

(4) 記錄顯示，州管制委員會的交通主管認為目前「獲得許可的搬家公司的數量多於必需數量——就其服務而非費率而言」。高費率和充分的服務之間有什麼樣的關係？

(5) 該州有數十家搬家公司未經許可營運，就交通主管的觀點而言，這樣的事實說明了什麼？

13. 經過了 25 年，美國司法部同意終止一項針對喜互惠公司（Safeway）的判決令，該判決令禁止喜互惠公司低於其食品製品採購成本銷售或者以高於成本但「不合理的低價」銷售。該判決令來自一個政府訴訟，該訴訟指控喜互惠公司低於成本銷售，目的是為了壟斷德州和新墨西哥州的食品零售市場。

(1) 喜互惠公司或其他任何一家公司能夠壟斷兩個州的食品零售市場的可能性有多大？

(2) 所謂的壟斷企圖讓喜互惠公司對顧客降價。誰會向美國司法部投訴喜互惠公司的行為？

(3) 如何能夠恰當地確定各項食品的成本？當零售商向顧客免費提供紙袋時，零售商是在低於成本銷售紙袋嗎？零售商有交叉補貼紙袋嗎？

14. 對於一家有掠奪式定價的公司來說，必須擁有三個基本條件：①定價低於成本；②定價的目的是消滅對手；③定價的意圖是在之後提高價格補償。什麼因素讓這個過程的最後一步難以完成？在哪種情況下它會相對容易？你能舉出實例嗎？

15. 1980 年的「斯塔格斯鐵路法案」（Staggers Rail Act），大幅削減了州際商業委員會對於鐵路向託運人收費費率的控制權。

（1）美國煤炭工業協會主席聲稱該制度「讓鐵路根據交通的運輸能力收取費用」，並且要求恢復費率管制。但是，很多其他託運人支持大範圍解除對鐵路費率的管制。為什麼煤炭工業支持費率管制，而其他大部分託運人反對呢？

第 10 章

1. 紐澤西州里弗埃奇市的官員通過了一項法令，根據該法令，居民將帶有商業車牌或車門標記的車輛停在其住家車道上過夜的行為是非法的。
   （1）停車者製造了負外部性嗎？
   （2）為什麼那些不喜歡在住家附近看見這種車輛的人會選擇支持新法令，而不是直接跟車主協商呢？
   （3）該法令讓有些人生活得更好，有些人則更糟。我們怎麼能知道該法令的效益是否超過了其成本？

2. 下列行為中，哪些行為製造了負外部性，同時**也製造了社會問題**？
   （1）把花生殼扔在人行道上。
   （2）把花生殼扔在職業棒球大聯盟比賽的場地上。
   （3）把糖果包裝紙丟在人行道上。
   （4）在市中心的遊行期間，從辦公樓上丟碎紙花。
   （5）在獨立紀念日大肆燃放鞭炮。
   （6）在獨立紀念日施放煙火。

3. 為什麼人們有時會在看電影的時候講話，打擾其他人？這些講話的人和被打擾的人對購買電影票時獲得的權利看法一致嗎？電影院的所有者如何解決這個衝突？為什麼他們無法解決？

4. 下列所描述的每個情境中，相互衝突的產權主張是什麼？你希望它們如何得到解決（假設你是沒有偏見的觀察者）？
   （1）摩托車的所有人想要拆掉消音器，讓發動機的運行效率更高，但是法律對所有摩托車發出的噪音進行限制。
   （2）一個團體想要禁止鄉村公路旁的看板，但是農民認為他們有權在自己的地產上豎立任何種類的標誌。
   （3）密蘇里州有位議員提出一項議案，規定如果有人在餐館中毫不客氣主動攻擊並朝你的鼻子揮拳，就是犯罪。
   （4）康乃狄克州有位議員提出一項議案，禁止在婚禮上撒米，因為沒煮過的米有害鳥兒的健康。
   （5）餐館所有者想要把衣著不符合一定標準的人擋在餐館門外。（這應該是合法的嗎？）
   （6）從來不洗澡的人想要搭乘城市公車。從來不梳頭的人想要在公園裡走走坐坐。（應該禁止不洗澡的人上公車嗎？應該禁止頭髮亂糟糟的人進公園嗎？）

5. 鄰居家院子裡的一棵高大的桑樹為你提供了舒適的樹蔭，但是給你鄰居帶來的只是一大堆髒亂的桑椹，而且不能吃，她想砍掉這棵樹。
   （1）她有這麼做的法律權利嗎？
   （2）你對她說：「我知道你討厭這些髒亂的桑椹，但是你的討厭比不上我對失去樹蔭的痛恨。」你能證明你的話嗎？如果你不能證明你對繼續享有樹蔭的重視高於**她**對擁有乾淨院子的重視，你能讓**她**覺得留下樹帶來的效益比砍倒它更有價值嗎？（提示：你如何讓下水道清潔工決定，他寧願在星期天下午來清潔你的下水道，而不是看他最喜愛的足球賽？）
   （3）對你來說，另一種辦法是質疑她砍樹的法律權利。你可以想辦法讓這棵樹被宣布為歷史地標，或者

到法院要求讓她在獲得砍樹許可之前申請環境影響評估。在這種策略中，對你來說存在什麼危險？（提示：如果你認為在將來你可能被阻止行使你現在擁有的某項權利，你會等著看你的權利產生什麼變化，還是會在明確擁有權利的時候行使該權利？）

6. 對著家裡唯一的電視機，兩個孩子為了誰能選擇節目而吵架。這是一種產權衝突的情況。
   (1) 家長應該告訴他們要自己解決問題嗎？在哪種情況下，這樣做可能讓衝突得到滿意解決？
   (2) 在這種情況下，不明確的產權是如何讓人們難以藉由協商的方式使得問題得到完滿解決的？
   (3) 說明家長如何能夠藉由裁定幫助衝突的解決，又是如何能夠透過立法幫助衝突的解決。

7. 根據《華爾街日報》和 NBC 新聞的一項民意調查，10 個美國人中有 8 個自稱「環保人士」。他們的購買和消費行為支持這種說法嗎？
   (1) 67% 的被調查者說，如果某種汽油能比現在的汽油調和配方產生更少的污染，他們願意為每加侖這種汽油多付 15 至 20 美分。一家大型的煉油公司回應說，已經開發出了這種調和配方，但是沒有上市出售。在有這種汽油販售的時候，這 67% 的人中有人沒有買這種污染較少的汽油，你認為他們在說自己是環保主義者的時候不是真心誠意的嗎？
   (2) 當被問及是否贊成為了鼓勵人們更少地開車、更多地保護自然環境而增加 25 美分的汽油稅時，69% 的被調查者反對，只有 27% 的人支持。你能讓這種狀況與三分之一的被調查者聲稱是環保主義者的說法相符嗎？
   (3) 85% 的被調查者希望政府規定汽車的燃料效率更高、污染更少，即使這會讓汽車變得更貴。只有 51% 的人願意看到，為了保護環境，把汽車造得「更小、更安全」。你能為人們這樣的態度給出合理的解釋嗎？

8. 海灘上的告示牌寫著「亂丟垃圾，罰款 25 美元」。然而，一名遊客還是將空汽水瓶扔在沙灘上，而不是走到遠處的垃圾桶把它丟掉。他知道海灘巡邏員已經看到他了，會給他開一張罰單，但是他非常有錢，所以賦予貨幣很低的邊際價值，而給予時間很高的邊際價值。如果他願意支付罰款，你會稱他為亂丟垃圾的人嗎？還是他購買了在沙灘上扔垃圾的權利？

9. 密西根州公路管理局的調查顯示，當州政府對啤酒和罐裝飲料實施強制押金法時，飲料類垃圾減少了 82%，垃圾總量減少了 32%。根據一項評估該法對價格影響的調查說，由於該法，密西根州的消費者每年要為啤酒和飲料多支付 3 億美元。
   (1) 如果這些數據是正確的，根據判斷該強制押金法具有成本效益嗎？你會如何判斷？
   (2) 假設我們知道密西根州的公民實際上認為減少垃圾的價值超過 3 億美元。這能證明強制押金法的成本效益嗎？
   (3) 多少人能被雇用來每年全職撿 3 億美元的垃圾呢？假設清潔工每小時的所得為 5 美元，每星期工作 40 小時，一年 50 個星期的所得就是 10,000 美元。你認為這支全職的垃圾清潔工隊伍能減少超過 32% 的垃圾嗎？

10. 在吵鬧市，如果持有噪音許可證，就可以不帶消音器駕駛機動車輛，持有該噪音許可證，每月需要支付 20 美元。在寧靜高地市，不帶消音器駕駛機動車是非法的，違反者罰款 100 美元。大約每 5 個月會有一個違反寧靜高地市法令的開車人被抓住並罰款。換句話說，吵鬧市允許機動車藉由付費製造噪音，寧靜高地市禁止機動車製造噪音，而且會對違法者罰款。如果我們將罰款數額乘以每個月 0.2 次的違法發生率時，上述收費和罰款在錢數上就相等了。
    (1) 既然收費和罰款在錢數上相等，對於消音器和機動車製造噪音的問題，吵鬧市的解決辦法和寧靜高地市的解決辦法有何不同？

（2）很明顯，吵鬧市不帶消音器駕駛機動車的人是獲得許可製造噪音的。當寧靜高地市不帶消音器駕駛機動車的人被罰款時，他們也得到了製造噪音的許可嗎？寧靜高地市的議員會同意支付罰款就是授權某人不帶消音器駕駛機動車嗎？

（3）「你付了錢就可以製造噪音」和「你不可以製造噪音，如果製造了噪音你就得付錢」之間的區別是，在後一種情況中，製造噪音的一方所做的事情是社會公認的錯誤行為。這對人們的行為有影響嗎？個人堅持採取在法律上被認為是錯誤的行為時，社會通常如何應對？罰金會像藉由付費獲得行為許可時的費用一樣保持不變嗎？

（4）這種區別能幫助我們了解污染費的反對之聲背後是些什麼嗎？當人們認為按照向空氣或水中排放的污染物數量進行收費是一種**污染許可**的時候，他們是在反對法律對排放的授權嗎？他們想讓排放者同時承擔道德職責和更多的貨幣成本嗎？為什麼對更清潔的空氣或水非常關注的人，想讓這個問題成為一個道德問題？

（5）把向空氣或水中排放污染物看成加在其他人身上的成本，可以藉由繳費獲得允許，什麼時候這樣做會受到歡迎？把向空氣或水中排放污染物看成犯罪，應該被處以罰款，什麼時候這樣做更好？

11. 人們常常在歷史書中悲歎美國西部草原上消失的龐大野牛群，這些野牛群在外地來的獵人到來之前，曾漫步在西部草原之上。

（1）為什麼這麼多的人樂於槍殺這些動物，把它們的肉留下來，藏起來爛掉？這不是非常浪費嗎？為什麼這麼多人獵殺這些動物，是出於運動瞬間的興奮感，除此之外沒有其他什麼原因？是不是因為他們對此賦予了更高的價值？

（2）當獵人從路過的火車車窗射擊一頭野牛或水牛時，誰承擔成本？

（3）水牛的瀕臨滅絕是不可逆轉的嗎？還是如果存在適當的動機，我們能恢復這些龐大的水牛群嗎？

（4）什麼動物取代了西部草原上的水牛？為什麼這些遍布全美、數量龐大的畜牛群沒有遭受水牛的命運？如果美國人不再喜歡吃牛排，而對水牛肉鍾愛有加，你認為畜牛群和水牛群的相對規模會發生什麼變化？

12. 所有權有什麼樣的影響？回過頭看看第 1 章「問題與討論」的問題 9。然後試著回答下列這些問題：

（1）如果一家石油公司要求獲得許可，從聯邦政府擁有的一塊荒地開採天然氣，你預計鄉村俱樂部會有什麼反應？

（2）如果由於這塊荒地可以提供大量的天然氣，石油公司願意向聯邦政府支付巨額的開採費，你認為這對鄉村俱樂部的決策有何影響？

（3）如果石油公司承諾用對環境影響很小的方式開採天然氣，你認為這會有何影響？

（4）如果這塊荒地不是屬於聯邦政府的，而是屬於鄉村俱樂部的產業，你認為會有何影響？

（5）為什麼你認為奧杜邦協會會允許三家石油公司，從其位於路易斯安那州的 26,800 英畝的雷尼野生動物保護區進行開採呢？

（6）雷尼保護區裡的石油公司，每年向奧杜邦協會支付的開採費將近 100 萬美元。你認為這會有助於奧杜邦協會達成目標嗎？這有助於天然氣消費者的生活福利嗎？〔經濟學家約翰・巴登（John Baden）和理查・斯特魯普（Richard Stroup）在 1981 年 7 月號的《理由》（*Reason*）雜誌上講述了關於雷尼保護區的故事極具啟發性。〕

（7）奧杜邦協會允許在自己的土地上開採天然氣，同時反對在其他地方進行天然氣開採，這合理嗎？

13. 我們需要法律阻止農田土壤侵蝕嗎？農田侵蝕會帶來負外部性嗎？

（1）帶來土壤侵蝕的耕種行為會影響農田當前的價值嗎？

（2）農田的所有者想要讓農田當前的價值最大化，他如何決定是否採取特定的土壤保護措施？

（3）為什麼通常佃農比農田所有者採用更少且不那麼有效的土壤保護技術？

（4）佃農提高了當前的農田產量，但是也提高了土地的受侵蝕程度，佃農這麼做會降低農田的價值，為什麼農田所有者總是允許佃農這麼做呢？

（5）土壤侵蝕的哪些後果向農田所有者之外的人身上造成了成本？所有者自己耕種的話，在決定是否以及如何耕種受到侵蝕的土地時，會充分考慮這些成本嗎？

（6）假設耕種自己土地的人難以賺到足夠多的所得來支付抵押貸款，他們開始擔心會丟掉土地所有權，讓貸款機構得到土地權。這種擔心如何影響在增加產量和減少土壤侵蝕之間選擇的決策？

（7）蒙大拿州的一個農場主人從長期牧場經營者那裡購買了幾十萬英畝的牧場土地，然後耕耘土地，種植小麥。為什麼牧場主人要賣地？為什麼買地的農場主人要放牧牲畜的牧場變成種植小麥的農田？如果農場主人知道，當把牧場變成農田時，會帶來沙塵暴，他必須為此賠償本地的居民，農場主人會發現飼養牲畜比種植小麥利潤更高嗎？

（8）農場主人的行為使得沙塵暴問題更加惡化，空氣中帶來了更多的灰塵，應該要求這些農場主為此賠償其他人嗎？如何管理這種賠償制度？

14. 請思考一個多選題。「常春藤學院」建築和場地的垃圾，遠比「常春藤購物中心」建築和場地的垃圾多得多，是因為下列哪一個：①學生天生懶惰；②常春藤學院的使用者比購物中心的使用者多；③購物中心的顧客扔垃圾的機會更少，因為他們不抽菸或者不購買能邊走邊吃的食品；④購物中心的顧客扔垃圾的動機更少，因為對成為「常春藤購物中心的購物者」感到自豪，因此對他們的「場地」保護得很好；⑤購物中心裡有人希望從保持建築和場地清潔之中獲得大量的財務收益，學院裡沒有這樣的人。

15. 在你買房子的時候，平均每天只有 5 架商業航班經過。這個數據以幾乎察覺不到的緩慢速度增加，然而現在這個數字已經增加到 150 架。從 5 至 150 架是劇烈變化還是根本變化？因為數量是以幾乎察覺不到的速度緩慢增加的，你就更能承受每天有 150 架飛機飛過你頭頂嗎？如果變化是在很短的一段時間內發生，你獲得某種賠償的可能性更大嗎？我們不知道是哪根稻草壓垮了駱駝，這意味著讓駱駝馱其他更多的稻草不是導致它的背被壓斷的原因嗎？

16. 很多大型市區機場有既定的計畫，收買受機場噪音影響最嚴重的屋主。

（1）一些住宅在起降航線正下方和在距離跑道 5,000 英尺範圍內，這些人應該因為飛機起降造成的噪音得到賠償嗎？如果你認為他們應該得到賠償，問問你自己該在何處劃定界限？一些人的住宅距離跑道起點 15,000 英尺或者住宅離起降航線很近但不在其正下方，這些人應該得到賠償嗎？

（2）如果屋主把住宅出租，獲得賠償的應該是屋主還是租戶？為什麼？

（3）目前的屋主是適當的賠償對象嗎？如果房子是在過去幾年中買的，目前的住戶在購買價中沒有獲得賠償嗎？

（4）當房子易手時，人們會相信機場會收買受噪音影響最嚴重的屋主的說法嗎？對你上個問題的答案有何影響？

17. 如果航空公司必須支付降落費，降落費根據特定飛機的噪音排放水準、降落的時間是白天還是晚上、機場周圍的居民人口密度調整，航空公司如何採取措施，降低其營運對居住在機場附近居民的影響？

（1）一家政府機構計算了 23 家機場的周邊房產，由於噪音造成的年租金的下降值，再用下降值除以一年的飛機起降總次數，得出的平均值最高的是紐約的拉瓜迪亞機場，為 196.67 美元；最低的是俄勒岡州的波特蘭機場，每次起降的成本為 0.82 美元。這意味著每次起降，都對拉瓜迪亞機場附近的住戶們施加了將近 200 美元的綜合成本，但是對於居住在波特蘭機場附近的住戶來說，這個成本

卻不足 1 美元。如果航空公司增加了上述數量的起降費，它們會為了自己的利益較多地使用某些機場，而較少地使用其他一些機場嗎？

（2）如果航空公司必須為噪音更大的飛機支付更高的費用，它們可能安裝改進過的噪音控制裝置，還是購買更安靜的新型飛機？

（3）這種附加收費制度，如何使得航空公司讓噪音更大的飛機飛波特蘭，讓更安靜的飛機飛紐約市，或者在飛華盛頓特區的時候使用杜勒斯機場而不是國家機場？（杜勒斯機場遠在維吉尼亞州的鄉村地區，上述研究顯示，每次起降的成本為 5.64 美元。）

18. 臭氧控制應該嚴格到什麼程度？聯邦立法制定了妨礙臭氧高濃度地區作業人員健康的臭氧標準。

（1）是否有科學方法，可以確定嚴格的臭氧標準的效益超過成本？

（2）根據《紐約時報》文章所述，每年帶來地面臭氧的揮發型有機化合物，51% 是來自機動車駕駛。因此，我們可以減少機動車駕駛，或者少在臭氧水準一年中有幾天會超標的地區鍛鍊身體，來保持健康。哪種辦法能更有效地保護我們的健康？

（3）假設工業溶劑製造 4% 的有害物質，家用溶劑製造 5% 的有害物質。如果透過立法減少使用這些溶劑，立法更可能限制使用工業溶劑還是家用溶劑？對工業溶劑使用的限制說明是否人比利潤更重要？

19. 華盛頓州塔科馬市的一家電力公司花費了 265,000 美元，從一家製造廠購買每年向空氣中多排放 60 噸某種「特殊物質」的權利。製造廠藉由更新改進，在幾年前就已經將年排放減少了 69 噸。一個環保組織的代表提出抗議，認為這種購買污染權的行為意味著「只要一個空污者退出了，就馬上會有另一個補上」。

（1）這種批評忽略了該制度的哪些好處？

（2）電廠使用貸款更新並繼續營運了一家發電廠，這家發電廠可以把垃圾當成燃料，因此減少了固體垃圾處理問題。是填埋垃圾對環境更好，還是焚燒垃圾更好？

20. 假設政府環保部門確定了在既定範圍內的大氣中，每種工業污染物可排放的確切數量，然後將排放這些污染物的權利賣給出價最高的企業。

（1）哪些企業會給出最高的出價？

（2）如果把環保部門換成關注空氣品質的公民，他們如何使用該制度達成目標？

21. 「稅收不能控制污染。它們只會讓小企業破產，而有能力交稅的大企業卻可以堂而皇之地進行污染。」你同意這種說法嗎？

22. 下面這段話摘自眾議院健康和環境事務委員會主席寫給《華爾街日報》的一封信：

最便宜、最好的潔淨空氣的辦法，是確保新建工業設施修建得宜。修建清潔的新焦爐或鼓風爐比用污染控制措施改造舊設施要容易得多。就像用乾淨的新車更換不乾淨的舊車能夠減少汽車污染一樣，週轉美國的資金存量也能夠潔淨空氣。

要求新車或新建工業設施必須「乾淨」的法律，會增加生產新車或修建新工業設施的成本，因此價格會提高。這是如何延長使用不乾淨的舊車或舊設施呢，還是說明法律是如何藉由對新車或新建工業設施制定太嚴且費用太高的控制措施，導致空氣品質更差的？

23. 假設圖 10-1 顯示了每輛車每年藉由強制性排氣控制裝置降低不同比例的汽車排放所花費的成本。

（1）為什麼曲線一開始上升緩慢，而隨著排放水準下降，上升速度加快了？這是汽車排氣控制制度的特性，還是一種更為普遍的聯繫？

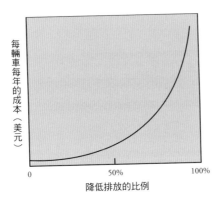

圖 10-1　降低汽車排放的成本

（2）該曲線告訴我們應該減少多少排放了嗎？該曲線對該領域公共政策的制定者提供了任何訊息嗎？

（3）如果把這條曲線想成供應更清潔空氣的邊際成本，你需要哪類數據來建立對更清潔空氣的需求曲線？這兩條曲線之間的相互作用有何意義？

（4）假設你想找出在所處的地區有多少人重視更清潔的空氣。於是你委託別人做了一次調查，在調查中人們被問及，為了讓社區的有毒汽車排氣的數量有不同水準的降低，**願意付多少錢**。你能相信他們講的都是實話嗎？記住，他們知道不必堅持估價，也就是說，他們不會真的被要求支付所願意付的費用。在這樣的調查過程中，主要的偏見來自何處？

（5）假設你的調查是為政府做的，被調查的人知道他們會真的被要求交納年度稅款，其數額將與在調查中所說的，願意支付的費用數額相等。這會給你計算社區對更清潔空氣的需求量帶來何種偏見？

24. 哪裡是處理固態垃圾的最佳地點？最普遍的回答是：不要在我這裡。

（1）當一個城市選擇了新的垃圾處理場地的時候，該市如何對一些人給予不公平的差別對待？

（2）是什麼讓人們希望讓其他人在他們的「後院」裡處理固態垃圾？

（3）如果一個城市把新的固態垃圾場地「授予」最願意接受它的社區，會發生什麼情況？如何取得這種自願，如何衡量？

第 11 章

1. 一封寫給《華爾街日報》的信抨擊了一項提案，該提案提出要將國家空中交通控制系統私有化，這封信得出如下結論：

企業為了經濟報酬最大化而存在。政府為了公共利益最大化而存在。任何可以想像的效率上的改善，都無法彌補城鎮紅綠燈系統或國家空中交通系統的公共控制權的喪失。

（1）企業為了經濟報酬最大化而存在，政府為了公共利益最大化而存在，這是指什麼？這說的是目的（誰的）還是結果？

（2）如果企業不帶來大量的公共利益，它能賺取大量的經濟效益嗎？

（3）如果空中交通控制系統的使用者必須為產生的效益支付成本，我們可以怎樣計算系統帶來的公共利益？如果系統的使用者無需付錢，所有成本都將由稅收支付，又可以怎樣計算？

（4）這封信的作者說自己是飛機所有者及飛行員協會的主席。這是否告訴了你他反對將空中交通控制系統私有化的原因呢？

2. 政府官員追求的利益和私人部門追求的利益，在整體、系統的方式上有何不同？試想下列各種情況：

（1）公立大學的校長、私立大學的校長；

（2）渴望進入參議院的眾議院議員、一名出差銷售代表，想要成為公司旗下某工廠銷售經理；

（3）想成為美國總統的著名政治人物、想得奧斯卡獎的著名演員；

（4）城市警察、受雇於私人保全公司的制服保全員；

（5）小企業管理部的撥款人員、銀行的貸款人員。

3. 在下列各例中，政府所有的企業和非政府所有的企業間有何重大差異？為什麼政府擁有下列企業？對於政府擁有的企業，有哪些不同的競爭方式？哪些不同的經營方式是因其政府所有制而採用的？

（1）投資人所有的企業部門、國營機構或市政府所有的單位；

（2）國立大學、私立大學；

（3）市政府擁有的巴士公司、長程巴士公司，如灰狗巴士公司和旅遊巴士公司；

（4）國家公園森林露營地、私有露營地；

（5）公共圖書館、私人書店。

4. 一種支持政府生產產品的常見說法是，政府生產的產品是社會福利必需的，因此依靠市場的「一時衝動」來供應這些產品是不可靠的。這種說法是否解釋了為什麼公園和圖書館通常是市政設施，而食品和醫療通常由市場提供？對此，你能給出更好的解釋嗎？

5. 政府管制政策的支持者常常抨擊「不受限制」或「不受約束」的競爭，證明政府管制的合理性。競爭有過「不受限制」的情況嗎？一些記載顯示，在19世紀，競爭是「不受限制」的，當時美國經濟體系中對競爭實施哪些重要限制？

6. 反對政府管制的人常常試圖證明「自由」市場的合理性。市場有過完全自由的時候嗎？自由是因為不受什麼的約束？如果參與者的經營遵守法律，禁止使用不精確的度量衡工具，市場就「不自由」了嗎？如果是禁止誤導性廣告的法律呢？如果是還沒有經過政府機構批准的禁止漲價的法律呢？你如何劃分自由市場和不自由市場或受管制市場之間的界限？為什麼要這麼劃分？

7. 本書裡提醒說，把政府說成「它」是有危險的，容易讓人誤以為政府可以像工具一樣被操縱，用來做我們想做的任何事。在上一句中使用「我們」一詞不也是誤導嗎？「我們」想要政府做這做那，「我們」是誰？每個人？大多數人？所有見多識廣、熱心公益的公民？還是和我有一樣利益、對局勢有一樣理解的人？當人們說「我們必須利用政府控制自私和貪婪的影響」時，人們指的是什麼？根據社會的運行方式，誰應該控制誰？

8. 越來越多的美國人居住在被嚴密管控的共同管理社區、合作社區，甚至單親家庭社區。這些社區通常由被選舉出來的住戶委員會管理，管委會建立和實施保護房產價值的規章。社區裡的一些學生認為，這些社區是私人政府，擁有徵稅、提供服務和規範行為的能力，因此，它們應該接受憲法限制政府行為條款的管轄。

（1）管委會在禁止居民張貼標誌、安裝衛星天線、在街上停靠小貨車或忽略其草坪和花園時，是使用強制，還是說服的辦法？

（2）管委會的支持者認為，遵守規章是自願的，因為居民在買房前就同意遵守這些規章了。你同意這種說法嗎？如果管委會頒布了一個新的規章，某位住戶對此強烈反對呢？這位業主還是自願遵守規章的嗎？

（3）一位管委會的批評者認為，同意並不是自願，因為這種共同產權的開發專案通常是人們最能買得起的住宅，因此沒多少選擇，只能住在這裡。這位批評者指出這是美國成長最快的新建住宅形式，他認為這些開發專案是私人政府，應該接受憲法限制一般政府行為條款的管轄。你同意嗎？

9. 作為促成協調的方法，說服和強制擁有勝過對方的內在優勢嗎？

（1）被說服進行協調的人們，通常希望維持這種協調關係。被強制進行協調的人，一般會想辦法切斷協調關係。對於在每種情況下與協調者相關的交易成本水準，這意味著什麼？

（2）強制可以用來拒絕給予人們自願協調的機會。這會發生嗎？為什麼有人要強制阻止別人進行自願協調？

10. 亞當・斯密認為，君主或國家有義務建立並維持某些公共機關和公共工程。這類機關和工程，「對於一個大社會當然是有很大利益的，但就其性質說，假設由個人或少數人辦理，那所得利潤絕不能補償成本。所以這種事業，不能期望個人或少數人出來創辦或維持」（《國富論》，第五篇第 1 章）。

（1）這段關於政府產品的描述，和課文中對於受搭便車問題支配產品的描述有何不同？

（2）斯密討論了四種至少部分滿足其標準的公共設施或工程：為了「國防及司法行政……為便利社會商業，促進人民教育的公共設施和工程」。斯密認定政府的義務，如何與當今普遍賦予政府的義務相比？斯密忽略了什麼重要的政府義務嗎？

11. 對於拒絕為消防服務出錢的人，義勇消防隊的成員應該拒絕撲滅其家中的火災嗎？（假設火災沒有威脅到出過錢的人的財產。）

12. 搭便車現象總是一個麻煩嗎？有時它不是也防止人們藉由合作利用他人嗎？為什麼寡占組織得不到政府強制力量的支持，通常就會解體？

13. 大多數開車的人在認為自己能夠不被處罰的時候，很可能會超過法定限速駕駛。這是否意味著，如果有機會，他們會投票支持更高的限速？

14. 一項關於改善美國大都市的中學教育聽證會的出席者甚少，一篇報紙社論在文章開頭悲鳴：「有那麼多的人對公共教育怨聲載道，然而出席改善學校辦學的相關會議的人卻如此之少，這著實讓人驚訝。」很多人抱怨，但是很少人出席會議，這確實讓人驚訝嗎？

（1）抱怨的成本是什麼？出席會議的成本是什麼？

（2）一個關注這個問題的公民花一個晚上的時間出席聽證會，就能確實影響一個大型都市學區的可能性有多大？

（3）抱怨和出席會議的相對成本一效益比，似乎充分說明了社論作者所稱的事實。但是少數人似乎總是願意出席會議，哪怕是在時機最不合適的時候，我們怎樣解釋這些「積極分子」的行為呢？

15. 一個郊區社群，每 10 家人中就有一家有自己的電動割草機。為什麼各家不共用一台割草機呢？如果採取這種協調方式，試列舉主要的交易成本。

16. 藝人只把服務供應給付費觀看娛樂節目的人是很難的。

（1）那麼，藝人如何保證從他們提供給電視觀眾的服務中獲得報酬呢？想想廣播和電視轉播中的搭便車問題是如何解決的。藝人把他們的服務出售給什麼人？電視觀眾藉由什麼樣的交易程序接收到娛樂節目？每個階段的搭便車問題是如何解決的？

（2）如今，有些屋主試圖用自己的接收天線接收衛星訊號，不付費觀看有線電視節目。付費電視公司對擾頻器和解碼器的使用，如何說明其承擔了消除搭便車問題的交易成本？

17. 為什麼法院要求被選中的公民必須參加陪審團的工作，不論他們是否願意？如果法院提高陪審員的勞務費，就不能在自願基礎上獲得足夠的陪審員嗎？為什麼我們不提高陪審員的勞務費，讓志願者組成陪審

團，而要把陪審工作這個沉重的成本，施加在必須放棄其他有價值的活動而來履行「陪審義務」的人身上？你認為全志願陪審員制度對陪審團的構成會有什麼影響？參與陪審團工作是每個公民的義務，在這種情況下使用強制合理嗎？如果合理，為什麼不處罰那些不參與投票的人？參與投票不是公民的義務嗎？甚至更進一步，為什麼不處罰那些沒有通過嚴格的時事考試或者不參與投票的人？這樣的話，我們就能強制公民在資訊完備的情況下參與投票。我們會這麼做嗎？

18. 你同意美國憲法定義總統、國會議員和最高法院法官的產權嗎？

（1）為什麼憲法禁止國會在總統或聯邦法官任職期間降低其薪水？

（2）總統的第一個任期與第二個任期相比，我們得到的統治是更好還是更糟？（憲法禁止總統有第三個任期。）

（3）眾議院每兩年改選一次，最高法院法官終身任職，你認為誰的決策會更具政治家風範？

（4）如果所有美國國會議員都有任期限制，你認為決策會更具政治家精神嗎？

19. 「你付錢，我得到頂級沙朗牛肉」，這是經濟學家拉塞爾·羅勃茲（Russell Roberts）在《華爾街日報》上一篇社論文章的標題。羅勃茲使用了一個人們所熟知的例子，準確地抓住了搭便車問題帶給國會支出困境的關鍵。

（1）假設你在獨自吃午飯的時候，一般不吃甜點，不喝額外的飲料，因為這兩項會給原本 6 美元的餐費增加 4 美元，對你來說，它們不值這麼多錢。但是現在假設你和三個朋友一起吃飯，你們同意分攤帳單。在第二種情況下，甜點和額外的飲料會花掉你多少錢？為什麼在第二種情況下你會決定享用甜點和額外的飲料呢？

（2）假設即使知道你們會分攤帳單，你在點餐的時候還是限制了自己，因為你不想占朋友的便宜。如果你要和在餐館裡吃飯的 100 個人一起分攤帳單，你的這種自律會有多大效果呢？在這種情況下，點甜點和額外的飲料會給你帶來多大的金錢成本？

（3）如果你十分喜歡牛排和龍蝦，這是目前為止價目表上最貴的菜，你自己買單和你與餐館裡的所有 100 個人分攤帳單這兩種情況相比，如果是自己買單，你是不是就不會點這道菜了？

（4）一些地方支出項目的期望財務效益遠遠低於期望成本，請用拉塞爾·羅勃茲的比喻，解釋為什麼國會如此頻繁地撥款給這些地方預算項目。

20. 我們如何能夠保留民主政府的優點，消除因徒困境帶來的問題呢？下面是一個激進的提案，提供思考和討論。

革除所有國會人員，建立一個單一議院立法機構。該機構共 600 名成員，任期為 6 年，不能繼任。每年挑選 100 名新議員。25 歲及 25 歲以上的公民，工作滿 4 年或獲得高中文憑，就自動獲得參與選舉的資格。給每個議員支付豐厚的報酬，在每個議員 6 年任期結束後，就有豐厚的退休金。然後藉由抽籤徵召他們為國家服務。

（1）這是民主制度嗎？

（2）在這種制度下，哪些資訊和誘因能夠影響立法過程的結果？

（3）與現在的政府相比，這種制度會帶來更好的政府還是更差的？

第 12 章

1. 這個發生在加州的案例已廣為人知：有位醫生的前妻向他提起訴訟，要求獲得價值他醫學學位一半價值

的東西，理由是他在醫學院求學期間曾受她幫助。因此，她認為自己有權獲得他們依加州物權法擁有的所有物品的一半。

（1）該醫生的律師堅持認為，在獲取教育時，教育不具備任何價值，因此不構成財產，也就不能被共享。律師聲稱，如果醫生在即將獲得文憑時不幸離世，妻子就拿不到一分錢。你同意這一觀點嗎？

（2）假定有棟房子是夫婦倆共同所有的，但在離婚時這棟房子被焚毀了。人們可以採取什麼措施來保護自己免受這類意外損壞或其他貴重有形資產損失？年輕醫師會採取什麼樣的措施來保證即使自己不幸去世了，家人也能所得不菲？

（3）醫生說：「我不覺得她對我的未來也有一半所有權。」前妻則說：「我從對這段關係的投資理應得到回報。」婚姻生活持續了 10 年之後，雙方才決定離婚。期間妻子一直從事會計工作，而丈夫則完成醫學院學業、實習，並最終成為一名住院醫師。你會如何裁決這個糾紛？

（4）有位紐約最高法院法官裁定，當一名前職業足球球星辭掉紐約噴射機隊的工作時，他浪費了婚姻資產，因而理應支付給前妻他損失所得的一部分。該球員在該賽季缺席了六場比賽，因為他說想花更多時間和未婚妻星在一起。假設他遵照醫生所言退役的話，他或許就不必被指控背上一項揮霍婚姻資產的罪名。然而，法官顯然決定，他按自己給出的這個理由選擇退役是不負責任的表現。針對法官的裁決，有位家事法律師做出了如下評價，「我原以為，早在 150 年以前林肯就已解放了奴隸」。你如何評價這一決定？在不違背美國憲法第 13 條修正案禁止非自願奴役條款的情況下，是否可以把某人的人力資本一部分判定為前妻所有？

2. 國家公園歸誰所有？是政府，還是人民？又或者是內政部公園服務管理處的官員？如果牌子上寫著「美國政府財產：請勿擅入」，該如何理解？

3. 聖塔莫尼卡市，有位公寓屋主決定不再繼續在租金管制下營運，而是拆掉他所有的一棟內含六間屋子的公寓。然而，市政府駁回了他申請拆除公寓的請求，宣稱保護出租房屋的利益優先於他拆除自己財產的權利。加州最高法院支持聖塔莫尼卡政府駁回申請的這一決定。究竟誰擁有該公寓？在這一案例中，請分辨實際產權、合法產權和道德產權。

4. 聯邦政府實施的「福利計畫」即為「向依法享有資格的個人提供福利支付的計畫」。因為合格標準是由現行法律規定的，所以支出不受國會撥款流程控制。

（1）是否可以這麼說：福利計畫的受益人之所以能夠獲得所得，是因為他們擁有特定產權？

（2）某些福利計畫的標準不在受益人選擇範圍之內，根據年齡進行福利支付的項目便是其中之一，退伍軍人的福利也是如此。至於其他計畫使用的標準，則可以或多或少自己選擇是否符合，正如本章所分析的一樣。在你看來，需求定律會不會影響第二類計畫開支增加的速度？

5. 經歷了許多年對服務需求的不斷攀升之後，老師們近年來也因為僧多粥少遭遇嚴重的就業短缺，緊隨其後的是對設立工會的興趣大為增強。在一個就業市場形勢極為不利的情況下，設立工會能為老師達成什麼？誰是可能的受益者？誰又將蒙受損失？

6. 在排外性雇用協議規定下，雇主只能雇用已經是工會成員的工人。而在非排外性工會協議規定下，雇主可以按照自由雇用中意之人，但所雇之人必須隨即加入工會。這些替代性的協議各自對工資會產生什麼樣的不同影響？對就業呢？對工會針對少數族裔成員的歧視呢？為什麼？

7. 在一所重要的美國州立大學裡，人文學科的教授和足球教練的工資自然會有差異。他們的相對工資是否反映了足球和人文科學的相對價值？是否反映了教授和教練必須花在受教育上的年數？是否反映了他們工作的小時數？是否反映了工作的難度或者不愉快程度？為什麼足球教練的薪水通常要高很多？

8. 在何種意義上，可以說相對價格反映了相對價值？下述問題或者能幫助你思考。假設理髮師的平均工資是幼兒保育員的兩倍，這一現象引發了評論：「付給理髮師的錢是付給保育員的兩倍，社會在藉此告訴我們，就價值而言，滿足人類虛榮心的人是照料孩子的人的兩倍。」圖 12-1 中總結的情況是否屬實？理髮師的市場均衡工資為 20 美元，保育員則為 10 美元。

（1）從何種角度上說，這個社會理髮師的價值是保育員的兩倍？

（2）對保育員的需求看起來似乎遠大於對理髮師的需求，那麼為什麼理髮師還能獲得兩倍高的工資呢？

（3）**供給**曲線是否給了我們提示，人們判斷的頭髮造型和照顧兒童的相對價值是什麼？如果某一特定工作的社會聲望上升，會對願意從事該工作的合格人才的供給帶來什麼影響？相對地，這又會給該工作的市場結清工資率帶來什麼影響？

（4）使用圖 12-1 中提供的資訊，來論證如下觀點：社會在幼兒保育服務上投入的貨幣價值，實際上是它投在理髮服務上的兩倍有餘。

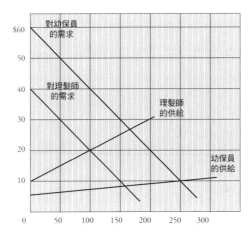

圖12-1　理髮師或幼保員的人數

9. 有時候雇主和工會會達成勞資協約，按照協約規定，現有員工享受較高工資水準，而新進員工則須接受低得多的工資水準。

（1）雇主、現有員工、工會領袖和新進員工這四個群體當中，這種協議起初會給他們分別帶來什麼樣的福利？

（2）對於這四個群體來說，勞資協約是否會隨著時間流逝而滿意度逐漸下降？

10. 鋼鐵、汽車這些行業裡，工會的實力往往較為強大。這些行業的高工資是否會拉高其他無工會、工資低行業的工資？如果你認為會的話，這一過程是怎樣進行的？如果這些行業簽訂協約、不得不支付較高工資，但這些協約減少了這些行業的就業機會，那麼失業的工人又該往何處謀生？

11. 在第 6 章曾探討過，聯邦政府規定的最低工資所帶來的影響。如果法定最低工資大幅提高，以下三個群體各自會受到什麼樣的影響？

（1）加入工會的工人；

（2）青少年；

（3）不具備技能的工人。

12. 可比較價值這一說法始於 20 世紀 80 年代，人們提出這種觀點以決定不同工作的價值，進而根據不同工作的相對價值，來調整相對工資率。這一觀點吸引了不少擁護者，尤其是那些認為女性在勞動力市場上受到歧視的人。一部分女性從事的職業，如秘書、護士等，被廣泛當作是「女人的工作」。這一看法是不公平的，並且依其申述，女性獲得的薪水也要少於她們的「可比較價值」。比較的對象是那些傳統上由男性從事的職業。

(1) 工作是否具有內在價值？你是否能想出這樣一種情況，其中工作的價值與其薪水，對具體情境下的某特定當事人而言並不契合？

(2) 假設一個醫療診所共有 20 名醫生、1 名護士和 1 個實驗室技術員。在這種情況下，若新增 1 名護士或 1 個實驗室技術員，是否能推斷該新增人員對診所而言比新增一個醫生更有價值？這一推斷是否合理？

(3) 影響決策的價值或價格永遠是邊際意義上的。如果某經濟部門只雇用了 1 個秘書，那麼新增 1 個秘書對這個經濟部門而言，她的價值就比那些雇用了 8 個秘書的部門要大。這是為什麼呢？試描述什麼情況下會出現這樣的情景：對某經濟部門而言，1 個秘書可能比 1 個全副武裝、博士學歷的經濟學家價值更大。

(4) 第 8 章講述了最大化原則。雇主若遵循最大化原則，則會在邊際收益超過邊際成本時繼續下去，在邊際成本超過邊際收益時喊卡。雇主為什麼想付給員工等於他們邊際價值的工資？如果說某雇主付給員工的工資少於員工的邊際價值，從這一斷言中能解讀出什麼？

13. 高中歷史老師與英語老師的薪水應不應該和科學老師與數學老師的一樣？

(1) 假設某一學區的老師只要教學時長相同，工資也就相同，不管他教的是什麼領域的學科。在此影響下，歷史老師和英語老師出現人員剩餘，科學老師和數學老師又人手不足。這是否會造成薪資差異？

(2) 人員剩餘和人手不足同時存在，怎樣才能解決這一問題，但又不讓科學和數學老師的工資高過歷史和英語老師？

(3) 為什麼工資統一政策反而會造成科學和數學老師人手不足，歷史和英語老師又人員剩餘？哪些因素在需求者方面發揮了作用？又有哪些因素在供給者方面發揮了作用？

14. 據美國醫學會聲稱，家庭醫生的平均所得近年來有所下降，專科醫生的所得卻在上升。其中外科專家是所得最高的，他們的平均所得現已為全科醫生所得的兩倍。

(1) 這種所得差距大都得歸咎於長期以來，保險公司為各項醫療服務支付的費用之間的差別。美國內科醫學協會聲稱，保險公司的收費標準是不公平的。你該如何判斷這一說法的準確性？一場成功的外科手術，和一次精準的診斷以及之後的有效藥方，是否存在一種公平的方式來判斷上述兩者的相對價值？

(2) 外科醫生聲稱，他們的高所得是合乎情理的。因為比起全科醫生來說，他們在醫學院多花費了四年光陰。但如果說花在學校裡的額外四年能為高所得正名的話，究竟是因為上學費用昂貴，還是因為上學期間提升了自己的知識和技能水準？

15. 在下述的各情況中，每一次家庭貨幣所得的增加，反而導致原有家庭成員滑落至所得更低的家庭分組內。試解釋這種情況發生的原理。這是否意味著家庭的相關個人情況都變得更糟糕了？這對於理解家庭所得資料，又提出了什麼樣的重要問題？

(1) 一對年邁的夫婦和已婚的兒子住在一起，夫婦倆的社會保障金數額提高了，他們因而得以住到自己的公寓裡。

（2）一對已婚夫婦整日爭吵不休，之所以還沒分開就是因為無力維持兩個獨立的家庭。當他們各自升職加薪之後，兩人欣然分手，各自撫養一個孩子。

（3）當妻子的事業開始獲利變好時，丈夫放棄了整形外科醫生的職業，選擇待在家裡料理家務，並且照顧孩子。

16. 計算接受社會福利者的所得時，該如何處理實物轉移支付？

（1）計算一個接受福利的家庭的所得時，若把食品救濟券、房租補貼和學校免費午餐的貨幣價值包括在內，這種演算法是否合理？

（2）這種做法將如何導致對他們所得的誇大其詞？（提示：你是情願要一個購物車，裡頭裝滿了別人幫你選好的東西，還是要等同於這些商品價值的貨幣？）

（3）醫療福利是對許多年邁美國人福祉的重大貢獻。如果一個老年人做了價值 5,000 美元的手術，是否應該把他的所得算高 5,000 美元？

17. 所得稅會減少人們賺取所得的誘因——這一說法常被人們提起，也常常受到嘲笑。

（1）如果你須把在暑假賺的全部所得的 50% 上繳給政府，比起你的所得不須徵稅的時候，你是會選擇工作更多還是更少的時間？你會不會尋找其他途徑來提高所得，但又避免提高金錢所得，也就是應納稅所得？

（2）高達 50% 的邊際稅率（靠額外所得劃分的附加稅）會如何影響一個醫師的開支，讓他寧可自己動手修建房子，也不願意雇一個承包商？

第 13 章

1. 最終產品和中間產品的區別是什麼？「完成」的產品和最終產品的區別是什麼？

2. 思考下列問題：

（1）一名美國公民受雇在一間位於伊拉克的公司，做管線工作。這將如何影響美國的 GDP？如何影響伊拉克的 GDP？

（2）一位來自法國的教授今年受雇於美國的常春藤學院，教授法語。這對美國的 GDP 有何影響？對法國的 GDP 有何影響？

（3）「美國人一年支付的跟抽菸相關的衛生保健費用有 300 億美元。」這些花費如何影響 GDP？

3. 「用人民的貨幣所得來衡量一個國家人民的財富或幸福，支持這種說法的理由比評論家所設想的多。不論是什麼帶來幸福，錢都能幫你得到它。錢可能無法買到幸福，但是總比不論什麼都屈居其次要好得多。」你贊成還是反對這種說法？

4. 思考這一串簡單的事件：一開始農民有一些小麥，他把小麥以 20 美分的價格賣給磨坊主人；磨坊主人把小麥磨成麵粉，以 50 美分的價格賣了麵包師；麵包師把所有的麵粉做成麵包，以 2 美元的價格賣給了食品雜貨商；食品雜貨商則以 3.35 美元的價格將麵包賣給顧客。GDP 成長了多少？所有這些生產階段的總附加價值是多少？

5. 如果可以顯示出成長的 GDP 與人們的焦慮、緊張和矛盾的成長水準相關，你是否同意減少這些心理成本，以獲取 GDP 的真實價值？你是如何做的呢？你如何用 1 美元的價值衡量增加的焦慮？

6. 無效率低度開發的增加可能導致 GDP 的成長，請舉一些例子。你能列舉多少對 GDP 總量做出貢獻的產品，其產出的成長明顯反映了福利的降低？

7. 1991 年年末，美國經濟分析局採用了與其他眾多國家一致的標準，修改了複雜的國民所得和產出的計算方式，從計算 GNP 變成計算 GDP。為了從 GNP 中得出 GDP，人們要減去其他國家獲得的所得，加上

支付給其他國家的費用。例如，一個美國人擁有一家英國公司的股票，獲得了紅利。儘管這屬於美國的所得，但它並不是在美國產生的，不能計入美國的 GDP。因此，要計算美國的 GDP，就應該把它從美國的總所得中減掉。同時，支付給美國投資的外國人的所得是被排除在 GNP 之外的，這部分必須計入 GDP，因為它們是在美國生產的產品的相對所得。

1960 至 1976 年，每年美國 GNP 都高於 GDP。1983 至 1998 年，每年的 GDP 都超過 GNP。這意味著什麼？這是個需要關注的問題嗎？

8. 資源回收商人是否對 GDP 做出貢獻？古董商人呢？他們怎樣做出貢獻？為什麼？

9. 假設蘋果公司在 2013 年 12 月製造了 1 萬台筆記型電腦，估計市場價值為每台 2,000 美元。但是直到 2014 年春季這批電腦還沒有賣出一台。

（1）2013 年 GDP 因此成長多少？

（2）2014 年 GDP 因此成長多少？

（3）假設蘋果公司決定在 2014 年年初漲價，而且在 2014 年成功地將所有這批電腦以每台 2,100 美元的價格全部售出。這如何影響 2013 年的 GDP？

10. 確定你理解了名目 GDP、實質 GDP 和 GDP 平減指數之間的關係，填寫下表：

年份	名目 GDP	實質 GDP	GDP 平減指數
1	4.4 兆美元	4.0 兆美元	＿＿＿＿
2	5.6 兆美元	＿＿＿＿	140
3	＿＿＿＿	4.4 兆美元	160

11. 根據本書所說，通貨膨脹不會提高生活成本，而僅僅是貨幣價值的下降。如果你對這種說法存疑，那麼問問你自己，在一個不使用貨幣而是只依靠物物交換的社會，通貨膨脹如何發生。在這種社會裡，通貨膨脹會是什麼樣的形式？你如何能夠識別？

12. 如果民意調查顯示，大部分的美國人認為通貨膨脹比失業造成的威脅還要大：

（1）這是否意味著絕大多數美國人寧可在物價穩定的時候失業，也不願意在物價上漲的時候就業？

（2）如果一家公司的管理層允許職員投票表決，決定是公司裁員 10% 還是減薪 5%，你認為他們會如何選擇？投票的結果是否取決於職員事先知道誰會被裁掉？

13. 有些人認為經濟衰退是由部分民眾過度儲蓄造成的。如果人們決定更多地儲蓄，他們就是決定要減少消費。這不會造成一些產品賣不出去嗎？這不會造成生產商減產、裁員，從而減少其所得，導致這些人更少消費，從而形成螺旋式下降的情形？奢侈消費的人創造繁榮，節省的人帶來經濟衰退，你如何評價這種說法？

14. 你贊成將家庭主婦的服務納入 GDP 計算中嗎？如果你贊成，有什麼理由？有什麼好的理由，繼續將這些服務排除在 GDP 計算之外？你認為這種排除是男權主義者的觀點嗎？如果更多的男人留在家中主持家務，你認為經濟分析局會改變目前的 GDP 計算方法嗎？經濟分析局在計算 GDP 的時候，會把某位受聘在爐邊烤肉排的人的勞動力計入，為什麼不把一位丈夫在後院燒烤所付出的勞動計入呢？

15. 很多小家庭的「現金」生意都會隱藏部分所得，力圖避稅。在填報稅單的時候，他們不申報全部的所得。如果這是一個普遍現象，它會對 GDP 的數字有何影響，特別是在計算國民所得的時候？

16. 醫療用的大麻生產和使用在加拿大是合法的，這些活動對加拿大的 GDP 有何影響？持續地非法使用大麻的（非醫用的）活動對加拿大的 GDP 有何影響？

17. 回想一下第 2 章中的例子，布朗用一些黑啤酒向瓊斯交換淡啤酒。結果兩者都獲得了更多的財富。他們藉由專業化和交換使兩種啤酒組合產生更多的財富。

（1）你同意這是為了追求利益的一種「經濟活動」嗎？換句話說，他們的專業化和交換活動是整體經濟體系的一部分嗎？

（2）國民所得統計人員認為，在計算 GDP 數字的時候，不應該考慮這一活動，即使這些 GDP 數字是用來計算整體經濟績效的真實情況。你同意嗎？

（3）如果你**不同意**國民所得統計人員的看法，那麼回答這個問題：對他們在 GDP 中計算和納入該活動，你有何建議？考慮到這個新問題，你如何看待自己在（2）裡給出的最初回答？

18. 根據以下虛構人物的表示，他們應該被歸為失業者，還是非勞動力？

（1）「我辭職了，除非我找到每週工作 10 小時，薪水為 1,000 美元的工作，不然我會一直保持失業狀態。」

（2）「上個月我被解雇了。我為一家特許連鎖企業做銷售顧問，工作很不錯，一週工作 10 小時，薪水為 1,000 美元。我要繼續尋找這樣的工作。」

（3）「我辭職了，因為我決定不願再當暴力和剝削系統的一部分。現在我正在尋找一個工程師職位，不需要再為軍事工業集團工作。」

（4）「當我被解雇時，我不知道是否還能輕易找到和這一樣好的工作。但是現在我不在乎了。只要能和以前賺的一樣多，我就可以接受。」

（5）「我失業已經六個月了，我非常絕望。只要是合法的，我願意做任何事來養活家庭。但我妻子身體殘疾，還有五個小孩，因此我不能接受每週 500 美元以下的工作。」

（6）「如果我願意，明天隨便就能找到一打工作，但我並不想做。我可以領取三個多月的失業補助了，所以我打算在這些錢花完之前過得輕鬆一點。當然，如果真的有非常好的工作出現，我是會接受的。」

（7）「如果我願意，明天隨便就能找到一打工作，但我並不想做。我可以領取三個多月的失業補助了，所以我得好好利用這段時間找工作。這三個月裡，我一定會努力找到我能找到的最棒的工作。」

19. 在前蘇聯失業根本沒有定義，任何失業都被認為不符合社會主義。然而，失業不僅僅是定義問題。共產黨報《真理報》敦促通過法律，禁止許多與其相關工作的勞工在沒有充分理由之下辭職，如果體能健全的勞工失業兩週以上就會被逮捕。你認為，在美國似乎總是勞力過剩的同時，前蘇聯是工作機會過剩嗎？

20. 瓊斯是一名工具與模具製造師，每小時賺 30 美元，他突然被解雇了。

（1）他常常到職業介紹所去，閱讀招聘啟事，並且還堅持製造工具與模具，已經兩週了。根據勞工統計局的定義，在這段時間裡，他是否算是失業？

（2）兩週後，他得到了一個工作，是運送麵包的司機，每小時 9 美元，但他拒絕了。他還算失業嗎？

（3）他還得到了一個工具與模具製造的工作，遠在 125 英里外的另一個城市。他也拒絕了，因為他的孩子不想換到另一所高中上學。他還算失業嗎？

（4）經過了三個月的尋找，瓊斯已經放棄了希望，不再找工作。他算失業嗎？

21. 假設 2,000 萬人就業，500 萬人失業。失業率是多少？如果說，還有另外 3,000 萬人沒有算在勞動力人口中，那麼這個數字會變化嗎？

22. 下面是一個簡單的例子，可以看出當經濟狀況變差，沮喪的工作者增加時，失業率是如何降低的。假設失業人員為 4，就業人員也為 4，勞動力人口為 8。

（1）失業率是多少？

（2）現在假設兩個人成為了沮喪的工作者，不再尋找工作。那麼失業的人數是多少？

（3）勞動力人口是多少？

（4）新的失業率是多少？

23. 最近的一次經濟衰退常被稱為「經濟大衰退」，當時美國政府將個人領取失業補助的時間從最多 26 週增加到最多 99 週。這將如何改變人們面對失業時的激勵機制？（要想領取失業補助，必須「尋找工作」，並且不拒絕「合適的工作」。）從經濟總體衡量，這將如何影響失業率？

第 14 章

1. 錢得到了眾多關注，但是名聲卻不好。下列說法中討論的錢是我們定義的貨幣嗎？還是人們把錢當成其他東西的同義詞或象徵？如果你認為某些說法中錢不是真正的談論對象，那麼它所代表的「其他東西」是什麼？

（1）「對錢的鍾愛是萬惡之源。」（通常被人錯誤地引用為「錢是萬惡之源」。）

（2）「健康是錢買不到的。」

（3）「如果這不是愛，這就是瘋狂，就可以被原諒。而且，比這一切更確定的表示是：我給你我的錢。」

（4）「美酒帶來歡娛，但是錢解決所有問題。」

（5）「語言是通用的表意符號，為人們所接受，就像錢是通用的價值符號，為人們所接受一樣。」

（6）「錢是所有國家通用的語言。」

（7）「美國人對錢太感興趣了。」

（8）「保護自然環境比賺錢更重要。」

2. 密克羅尼西亞雅浦島上的人們使用巨大的圓形石頭作為貨幣，已經有接近 2,000 年的歷史。不同的人擁有自己那部分的石頭。

（1）石頭破了就沒有價值了，而且石頭很重，所以人們把較大的石頭留在原地，只關心所有權的變更。這和用支票作為支付手段有何類似？

（2）有些石頭列隊放在村子的「銀行」裡。假設住在「銀行」隔壁的人被委託記錄誰擁有每塊石頭的哪個部分。這個人如何利用自己的職位放貸，從而擴大雅浦島上的貨幣數量呢？

3. 1945 年，經濟學家 R.A. 拉德福（R. A. Radford）發表了一篇文章〈戰俘集中營裡的經濟組織〉，來描繪第二次世界大戰後囚犯集中營裡的經濟狀況。人們用香菸來交換紅十字會包裹和個人配給裡各種各樣的東西。

（1）為什麼在拉德福描述的戰俘營裡香菸很快被接受成為交易媒介，甚至對不抽菸的人也是如此？如果沒有香菸，你能想出什麼其他的東西可能成為集中營裡的貨幣嗎？

（2）假設集中營中的某個人沒有香菸了，但是想從集中營裡另一個人的手中買一瓶果醬，果醬的擁有者同意如果買主給他一張 8 支香菸的書面承諾，就把果醬給買主。在集中營這張書面承諾如何能夠變成貨幣？

4. **法定貨幣**這個詞是用來形容沒有黃金或其他東西作為後盾的紙鈔，它擁有價值，僅因為某官方組織（authority）宣布「讓它變成貨幣吧」。

（1）法定貨幣是不如金幣的貨幣嗎？什麼樣的「官方組織」能讓「沒有價值的紙片」變成貨幣？

（2）美元在加拿大是貨幣嗎？加拿大元在美國是貨幣嗎？為什麼美元受到世界上很多國家零售商店的熱情歡迎？你能想出在什麼情況下，一個國家的人們拒絕接受用自己國家的貨幣付款而歡迎用美元付款嗎？關於創造法定貨幣的政府權威，所有這些說明了什麼？

5. 亞當‧斯密在《國富論》中說，很多人把錢和財富混為一談。這是混淆嗎？

　（1）當任何人得到了更多的錢時，財富不是會隨之增加嗎？

　（2）如果任何人獲得了更多的錢，財富也隨之增加，從邏輯上看，這不就是說，對所有人而言，更多的錢意味著更多的財富嗎？

　（3）如果印度政府藉由印製更多的盧比並慷慨地分發給這個國家裡最窮的人來解決貧窮問題，會發生什麼情況？

6. 如果不先提款，也就是說不把存款轉換成現金或者支票存款，通常無法花費在商業銀行儲蓄帳戶裡或金融機構裡的存款。但是人們幾乎不用任何成本就可以達到這個目標，因此這些儲蓄存款是與貨幣很接近的資產。

　（1）你認為美國在某段時間內的消費毛額與 M1 更有關係，還是與 M2 更有關係？

　（2）如果金融機構允許客戶藉由電話轉帳，將他們的存款轉入其他人的帳戶，你的答案會變嗎？

7. 任何時候，都有一些印刷好的美鈔：①在民眾的錢包裡；②在商業銀行的金庫和現金抽屜裡；③在聯邦準備銀行的金庫裡。上述各種情況下的美鈔，如何進入或者影響貨幣供給總量？

8. 從支票提取現金會如何影響貨幣存量？如何影響銀行準備金？如何影響銀行擴大放貸的能力？提取存款帳戶最後會對貨幣存量有何影響？

9. 商業銀行藉由擴大放款創造貨幣。銀行業者並不把自己的行為看成真正「製造」了更多的貨幣，但這是他們放貸行為的結果。你作為學習經濟學的學生，清楚了解為什麼他們能這麼做，了解貨幣通常不是由其他機構的放貸行為創造的，這是很重要的。

　（1）商業銀行有什麼樣的優勢，讓它們可以藉由創造貸款來創造貨幣？信用合作社和消費貸款公司沒有這個優勢，因此在貸款給客戶時無法創造貨幣。什麼是它們缺乏而商業銀行擁有的？

　（2）如果能夠任意地藉由創造貨幣借錢給朋友，你願意嗎？你可以幫助朋友，提高聲望，如果你學會如何賺取利息，甚至可以賺到一點利息。秘訣是什麼？

　（3）假設鎮上的每個人都認識你，認識你的簽名，並且完全地信任你。一個朋友要向你借 10 美元，你只是在一張紙條上寫下「我會付給這張紙條的持有者 10 美元」這句話，在上面簽名，然後把紙條交給朋友。這個朋友能把你的紙條當成貨幣使用嗎？收到紙條的商人能把它花出去嗎，也許是在為 20 美元的鈔票找零時把它給出去？你是否成功地創造了貨幣呢？這和你寫的可以兌現的支票在人們手上流通而沒有存入銀行的情況有何不同嗎？

　（4）狹義的貨幣存量，或者說 M1，是由美鈔、支票存款和旅行支票構成的。所有這些都是有信譽的金融機構的負債。一個人或一個機構必須做哪些事，才能創造貨幣？

　（5）在 20 世紀 80 年代，加州政府曾經計畫用欠條支付部分帳單，因為州長和州議會無法對預算達成一致意見。州政府的欠條是否和貨幣有一樣的功能？假設你是州政府的供應商或者你有一筆應得的退稅，但你收到的信中寄來的是欠條而不是支票。你能花掉它嗎？如果你必須支付租金、購買食品，無法等到州長和州議會化解歧見，你會怎麼做？

10. 看待美國聯邦準備理事會改變全美國 M1 貨幣供給能力的一種方式，是看它對整個銀行體系中的超額準備造成的影響。簡而言之，任何增加超額準備的措施，都能提高貨幣供給，任何降低超額準備的東西，都能減少貨幣供給。按照這種觀點，如果聯準會採取如下措施，銀行體系的超額準備會出現什麼變化？

　（1）降低法定存款準備金比率。

　（2）提高法定存款準備金比率。

（3）大量買進美國政府債券。

（4）大量賣出美國政府債券。

11. 為什麼美國聯邦準備理事會會發現在經濟繁榮時期比在衰退時期更容易擴大貨幣供給？如果聯準會希望民眾手中的貨幣數量增加，它必須能夠做到什麼？

12. 本書提到，社會中的紙鈔要具有價值且作為交易媒介，不必找到其他什麼東西，讓紙鈔可以按需兌換，並以此作為紙鈔的「後盾」。要做到這一點，唯一的要求是紙鈔被人們接受作為交易媒介。

（1）如果美鈔無法兌換成黃金或白銀，你認為它在發行之初能被人們接受嗎？

（2）要讓發行的紙鈔被大眾接受，除了承諾可以按要求用紙鈔交換認為有價值的其他資產，政府還可以做些什麼？

（3）什麼可以導致已被所有社會成員接受的政府發行的紙鈔不再被接受，不再起到貨幣的作用？

13. 如果貨幣不必有某種「後盾」，為什麼有這麼多人有著相反的看法呢？有磚頭作為後盾支持的貨幣，會比沒有任何商品支持的貨幣更受歡迎嗎？

14. 有關國會議員及 2012 年美國副總統候選人萊恩·保羅（Rom Paul）堅持聲稱，「黃金就是貨幣」。他的這種說法是否正確？

第 15 章

1. 卡爾·馬克思認為，繁榮—衰退週期是資本主義市場經濟固有的本質特徵。今天約翰·梅納德·凱因斯的一部分死忠追隨者（他們自稱「後凱因斯主義者」）認為，企業經營風險不斷增加，將不可避免地產生繁榮和相對的崩潰現象。實際上，這些人認為大蕭條驗證了他們的說法。但是以下說法也是正確的：國家的中央銀行控制了貨幣供給，通常這些銀行受政治壓力必須發行低價貸款。作者認為這一措施會導致無法持續的繁榮景象。你認為這一說法能夠說明繁榮和衰退是資本主義的本質特徵嗎？

2. 是否**所有**經濟衰退都是由過度擴張的貨幣政策導致的？假設一個國家受到戰爭的沉重打擊，無論從短期還是長遠看，戰爭是否會使該國的實質 GDP 減少？

3. 下面是一則流傳已久的笑話：「教授，衰退與蕭條之間有什麼區別？」教授回答道：「你失業了，說明經濟出現衰退。如果**我**失業，那便是蕭條了。」拋開笑話不講，「衰退」與「蕭條」二者間的區別是什麼？

4. 作者用了幾個比喻來描述這一週期，其中一個是在圖 15-1 中提到的「咬一口、咀嚼和嚥住」的比喻。另一個，由於政府干預大開綠燈導致的指示錯誤，是關於交通、訊號和規則的比喻，這可以追溯到第 1 章的內容〔關於「綠燈」的比喻最初出現在史蒂夫·霍維茨和彼得·勃特克所著的《山姆叔叔建造的房屋》（The House That Uncle Sam Built）（經濟教育基金會，2009）——讀者可在網上搜索此書〕。這裡還有一個作者很喜歡的比喻（並非作者原創）：將繁榮現象比喻成政府偷偷在聚會的雞尾酒杯中加料的結果。夜宴的過程中，客人們非常盡興，沒有意識到自己已經喝醉了。但是到了一定時間，衰退的表現方式（宿醉）在身體發生反應，並對「酒精」引起的繁榮進行自我調整時是無法避免的。如何能夠遏制宿醉帶來的痛苦？（提示：可以考慮「以酒解酒醉」。）

5. 最後有多久？約翰·梅納德·凱因斯批評前人設想經濟衰退能夠在「最後」完成自我調整，因而忽略了經濟衰退問題。在《一般理論》發表之前幾年寫成的一本書中，他尖刻地說，「最後我們都死了」。

（1）假設你認為有 0.25 的可能性，政府本來是想對經濟衰退採取補救措施，但是實際上讓情況變得更糟，但是「最後」經濟衰退自己治癒了自己。在接受情況變得更糟的風險之前，你願意等多久？

（2）在驗證經濟衰退不僅僅是「暫時」混亂的假設前，經濟衰退會持續多久？或者說經濟恢復會延遲多久？

6. 貨幣和財政政策間相互獨立的程度是多少？

（1）在什麼情況下，聯邦政府能夠在不增加貨幣存量規模的前提下，實行高額的財政赤字？

（2）假設美國聯邦準備理事會決定實行「緊縮」的貨幣政策，不允許商業銀行增加準備，而聯邦政府剛好需要資金支援財政赤字。這種情況下會發生什麼？

（3）假設在可貸資金的供給和需求決定了利率水準，在什麼情況下，聯邦政府增加借款數額時不會導致利率上升？

（4）假設聯準會試圖藉由擴張商業銀行貸款增加可貸資金供給量，從而防止因政府對可貸資金需求增加而產生的利率上升。聯準會的這一措施能夠成功遏制利率上升嗎？聯準會的擴張性政策在何時能夠增加通貨膨脹率？

（5）假設在許多生產原物料閒置的情況下——多數行業的廠家生產能力受到嚴重遏制，幾乎經濟的各個領域都存在勞動力剩餘，聯邦政府開始面臨鉅額財政赤字。閒置生產原物料，如何能夠防止政府增加借款後利率上升？

7. 如果美國國會想用財政政策對抗經濟衰退，國會應該在何時削減稅收，經濟衰退還不確定的時候？人們普遍認定經濟衰退的時候？還是官方正式宣布經濟衰退的時候？

8. 經濟學家並不都是缺乏幽默感，他們喜歡告訴自己說，如果世界上所有的經濟學家聚在一起，他們無法達成任何結論。哈瑞‧杜魯門總統據說仰慕一位獨臂的經濟學家，因為所有給他提建議的經濟學家都喜歡說：「一手……但是另一手……」也許上述經濟學家的兩個特點是相關的。

（1）現在還沒有生效的政策，你希望它的實施**不會**帶來你**不**希望看到但卻有可能出現的結果，你能想出一條這樣的政策嗎？

（2）「這個政策現在不管用，但是我們應該試試，因為我們必須做點**什麼**。」說這句話的人寧可堅持相信這個政策**管用**，反對者堅持相信這個政策不管用，這有多大可能？

（3）評價其他政策的標準辦法，是預測和評估這些政策可能產生的後果。對於某個特定社會政策的後果，有確定的量化限制嗎？

（4）有人說：「這個問題會自己得到解決的，不需要政府干預。」這個問題需要**多長時間**才能「讓自己得到解決」，這個問題重要嗎？如果這個政策的支持者和反對者都同意問題會最終「自己得到解決」，你認為他們可能就問題達成一致嗎？

9. 假設國會的所有成員都確信政府開支超額了，應該削減至少 10%。為什麼這不足以保證開支削減 10%？

10. 有這樣一個提案：將 1 億美元的稅金用於一個灌溉水渠的工程，這個工程能為幾百名牧場主帶來 1,000 萬美元的效益。假設一名國會議員投票反對提案，為什麼這個舉動會導致議員在選票和競選募款上都受到損失？

11. 為什麼這麼多國會議員認為聯邦政府應該補貼地方專案，比如改善大城市的公車系統或者地鐵系統？

（1）在大城市裡，誰會從地鐵系統的建設中獲益？

（2）你能從**公眾利益**的角度出發，想出讓全國的納稅人為一個地方地鐵系統買單的理由嗎？

（3）如果你知道你交的稅一年要增加 10 美元，目的是為了資助某個遙遠城市的地鐵，你會寫信向議員抗議嗎？

（4）如果有一大筆聯邦資金將要用於補貼改善地方公車系統，你的城市在資金補貼的考慮之列。你希望你所在地區的政府官員去首都華盛頓積極遊說，爭取這筆補貼嗎？你希望你的國會代表給予支持嗎？如果你的城市成功地申請到補貼，你會對本地的官員和國會代表產生好感嗎？

12. 如果你支持政府削減開支，你也支持政府減少對大學生的財政補助嗎？

13. 選民不希望自己的納稅額上升，他們對於民主政府增加財政收入的能力設下明顯的限制，然而還有其他的限制。

（1）人們如何合法地避免州所得稅或銷售稅？

（2）選民對於提高營業稅沒有特別敵視，為什麼州政府和地方政府不能藉由提高營業稅，獲得想要得到的全部財政收入？

（3）為什麼這些限制對於聯邦政府的約束，不如對於州政府和地方政府的約束那麼有效？

14. 你認為過著超過自己所得生活的人，是否顯示出一種性格缺陷？如果政府無法將其支出限制在其稅收收入數額之內呢？

15. 假設財政部在總統競選年的 9 月借了 200 億美元，用以提高社會保障金、福利金和失業賠償金的額度，這些錢將於 10 月 1 日支付給受益人。這對貨幣供給有什麼影響？對 10 月份的消費支出呢？對失業率呢？對價格水準呢？對選舉呢？什麼時候你會期待產生這些影響？

16. 聯邦準備體系被建立成一個聯邦政府的獨立機構——也就是說，獨立於官員以及能被官員降職或撤職的委任官員，所感受到的政治壓力之外。

（1）擁有像美國聯邦準備理事會這樣一個不需回應選民的強權組織，是不是「不民主」？

（2）如果聯準會必須回應官員，這能讓它也回應選民嗎？

（3）在這三種條件中，你認為哪一種條件下，貨幣政策最可能／最不可能有助於公眾利益：①當前制度；②在此制度下，總統可以像讓內閣成員解職一樣讓聯準會官員解職；③公投制度，聯準會的政策必須獲得大多數選民投票同意，才能夠得到批准通過。

17. 獨立的美國聯邦準備理事會有多獨立？由於聯邦政府借了大筆貸款用於彌補赤字，償還國債，聯準會官員和財政部官員定期合作，調整聯邦政府籌資和再籌資的行為。

（1）合作的人通常對問題都會有相近觀點或者至少以一致的方式看問題，不是嗎？如果某個貨幣政策碰巧減輕了財政部的籌資難題，聯準會很可能認定這個貨幣政策就是最佳的政策，對嗎？

（2）財政部想要縮減借貸和償債的成本。聯準會如何達到這個目標？

（3）如果聯準會試圖向銀行體系提供足夠的準備金，確保財政部在大筆借貸的時候成本不會提高，聯準會必須做什麼？為什麼聯準會接連這種合作行為，最終會導致利率和國庫借貸成本急遽上升？

18. 2013 年美國政府負責人冒險發行了價值 1 兆美元的白金鑄幣，並由美國聯邦準備理事會購入這批貨幣。聯準會可以印製 1 兆美元的紙鈔轉給財政部（或者藉由電子交易轉帳）。這些措施可以幫助政府避開債務天花板。為什麼聯準會建議印製帶有米老鼠頭像的硬幣甚至發行價值 1 兆美元的塑膠硬幣呢？無論政府使用什麼材料鑄幣，這一提議是否會造成通貨膨脹？

19. 拉塞爾·羅勃茲和約翰·帕伯拉（Jon Papola）共同出品的一段饒舌節目《漲落可懼》（Fear the Boom and Bust），YouTube 上的點擊量超過了 400 萬次。這段節目輕鬆詼諧，貼合當前形勢，表現了約翰·梅納德·凱因斯和海耶克有關經濟週期的觀點立場（本章對漲落形勢的分析，受到海耶克及其導師米塞斯的影響很大）。查看此節目及其續集《世紀之戰：凱因斯和海耶克的第二輪論爭》（Fight of the Century: Keynes vs. Hayek Round Two），你對這兩集節目的感想如何？你認為誰會贏？這節目是否成功採用通俗方式將複雜的觀點闡釋清楚了？

第 16 章

1. 經濟成長有多重要？它最終真的能讓人過得更好嗎？這個問題有時被人用一種帶有誤導性的方式提出來：「錢能買到幸福嗎？」

   (1) 為什麼後一個問題是帶有誤導性的？

   (2) 幾乎所有人的表現都表明，人們相信如果賺取更多的所得，他們會過得更好，因為更多的所得意味著有能力獲得更多他們想要的東西，而幾乎不用考慮想要的東西是什麼。這種願望與其他人擁有的東西有多大程度的關聯？如果這個社會中的所有人都獲得更多，那麼獲得更多能帶給我們多少滿足感呢？邊際效益會超過邊際成本嗎？

   (3) 我們的欲望與滿足感通常不僅和其他人擁有的東西有關，還與我們自己的習慣有關。沒味道的食物，即使只有一點點，對餓壞了的人來說是滿足感的來源。從鱈魚升級到大蝦或者從加工乳酪升級到布利乳酪（brie），這樣獲得的邊際滿足感，和從每天一杯白米升級到兩杯白米獲得的邊際滿足感一樣多嗎？後者的邊際成本肯定少得多。

   (4) 在我們做出了所有國際調整之後，人均 GDP 還是衡量福利的適當工具嗎？用於計算 GDP 的方法，充分考慮了與產生更大 GDP 相關的社會和心理成本嗎？

   (5) 可以藉由增大 GDP 或縮小人口提高人均 GDP。如果上升的人均 GDP 說明社會裡的人民生活過得更好，那麼每個新生兒都會使社會福利的平均水準降低。父母通常會這麼想嗎？畢竟，新出生的孩子讓他們的人均所得顯著下降。

   (6) 零經濟成長的支持者，主要關注的是經濟成長對環境的有害影響。經濟成長一定會降低環境品質嗎？

   (7) 上升的 GDP 讓原來很多不可能的東西變得可能了。這些東西是什麼，主要取決於已經達到的 GDP 水準。在衣索比亞或孟加拉，上升的 GDP 可以讓數百萬人得到充足的營養，讓人們治療牙病，避免劇烈疼痛，讓人們到老都能保住牙齒。美國人均 GDP 如果能保持 2% 的成長速度，在接下來的 35 年裡美國的 GDP 就會翻倍，那麼在這 35 年裡這 2% 的成長速度，能讓美國人民做些什麼呢？❷

2. 歐洲國家及其附屬國家的經濟成長，是以亞洲、非洲和拉丁美洲的貧窮國家為代價取得的嗎？同意這個觀點的人常常指出，歐洲國家在過去利用軍事力量征服弱小國家，有些時候還強迫產生不公平的貿易關係。不同意這個觀點的人則指出，實際上很多最貧窮的國家直到近期才與外部世界有接觸，對於一些國家，西方國家還導入資源，激發經濟成長。哪些證據可以解決這個有爭議的問題？

3. 美國和加拿大，在 19 世紀和 20 世紀比拉丁美洲國家經歷了更快速的經濟成長，你如何解釋這個現象？

4. 本書多次強調法治的重要性。法治的對立面是獨裁統治，或者完全根據掌權者意願的統治。

   (1) 民主政治提倡法治嗎？

   (2) 韓國、臺灣、香港和新加坡在 1950 至 1990 年經歷了快速的經濟成長，在這段時期，民主並不是其政府政治制度的顯著特徵。法治比較可能建立在高度民主的社會中，還是比較可能建立在有些獨裁的政府統治的社會中？

5. 世界上的富裕國家應該像很多人說的捐助貧窮國家嗎？

2　作者注：對於十分懷疑當今世界經濟成長的價值的人，我們強烈推薦彼得・伯格（Peter Berger）的《資本主義革命：關於繁榮、平等和自由的 50 個命題》（*The Capitalist Revolution：Fifty Propositions about Prosperity, Equality, and Liberty*）。彼得・伯格是社會學家，對經濟學和文學有廣泛研究。伯格讓人們的某些懷疑更加深，但是同時他也能讓人們克服更多的懷疑。

（1）你能舉出哪些理由支持這種捐贈？

（2）你能舉出哪些理由反對這種捐贈？

6. 富裕國家或國際機構發放給貧窮國家的外國援助，是應該不加限制，還是應該有所控制？

7. 對於貧窮國家來說，私人投資可能比外國政府或國際機構的援助更好，本章對此給出了兩條理由：一條是技術援助通常是隨著私人投資一起來的；另一條是私人投資者更堅定地要看到投入的資金獲利，因此不大可能資助那些對推動經濟成長無益的計畫。對貧窮國家來說，為什麼政府援助或國際機構援助，會比私人投資更好，你能為這個觀點想出什麼理由嗎？

8. 一些貧窮國家有反對婦女工作的傳統，有些地方甚至只對婦女提供非常有限的教育。

（1）你認為潛在的援助者應該堅持讓這些國家改變政策，並且將其作為提供援助的一個條件嗎？

（2）有些人認為這是對其他國家及其文化（甚至是宗教）事務的無理干涉，對此你如何回應？

重要詞彙

A

accounting profit　會計利潤　總收入減去總（外顯）成本。不考慮與利潤尋求者持有資源相關的機會成本。與「經濟利潤」（economic profit）區別。

arbitrage　套利　藉由低價買進高價賣出的方式獲取經濟利潤的嘗試。

B

bad　劣品　越少越好的東西。與「好貨」（good）相對。

barter　以物易物　不使用貨幣，直接交換商品。

budget deficit　預算赤字　政府的總支出超過了總稅收。這個差額必須由發行國債填補。

budget surplus　預算盈餘　政府徵收的總稅收超過了政府總支出。

C

capital　資本　用來製造其他產品和服務的產品。參見「人力資本」（human capital）。

cartel　寡占　一組賣方之間達成的協議，用來控制價格、產出或兩者兼顧。

checkable deposits　支票存款　存在金融機構的存款，可以藉由寫支票的方式轉移給他人。

Civilian Labor Force　勞動力人口　16 歲或以上合適工作人口，無論是就業或失業。參見失業人口（unemployed）。

coercion　強制　藉由威脅減少人們的選擇來促成協調。與「說服」（persuasion）相對。

commercial society　商業社會　建立在發達市場經濟基礎上的社會，擁有高度專業化的勞動分工、對獲利和虧損的貨幣計算以及私有產權交換。

comparative advantage　比較利益　和其他潛在生產者相比，有能力以較低的機會成本生產某種商品或服務。參見「比較利益法則」（law of comparative advantage）。

competition　競爭　為了達到稀缺品分配的要求（無論是價格、地位還是排隊意願），人們努力的過程。

D

deadweight cost　無謂成本　購買者為了獲得商品必須承擔的成本，但其不會轉移為銷售者的效益。

deflation　通貨緊縮　貨幣購買力的持續上升，常常在商品和服務的平均貨幣價值下降時發生。

demand　需求　把人們想獲得某種東西的數量，與為了得到這些數量要付出的代價聯繫起來的一個概念。參見「需求法則」（law of demand）。

demand curve　需求曲線　在其他變數不變的情況下，商品價格和需求量之間反向變動關係的一個圖示。在**給定的需求曲線**中，商品價格的變化只會帶來此商品**需求量**的變化。參見「需求法則」（law of demand）。

depression　經濟蕭條　異常嚴重和長期的經濟衰退。參見「經濟衰退」（recession）。

discount rate　貼現率　美國聯邦準備理事會在向商業銀行發放貸款時收取的利率。美國聯邦準備理事會可以用貼現率操縱經濟體系中的貨幣供給總量：如果美國聯邦準備理事會降低貼現率，貨幣供給量

趨向於上升；如果美國聯邦準備理事會提高貼現率，貨幣供給量趨向於下降。

discouraged worker　沮喪的勞工　工作前景不佳而放棄找工作的人，因此退出勞動人口。失業者中不計入沮喪勞工。參見失業人口（unemployed）。

disinflation　反通貨膨脹　通貨膨脹率的減緩（降低）。

division of labor　勞動分工　專業化（specialization）的另一種說法，或者說遵循自身比較利益的做法。

E

economic growth　經濟成長　一段時間內實質 GDP 的持續成長。

economic profit　經濟利潤　總收入減去總成本（包括外顯成本和隱藏成本）。考慮了利潤追求者持有資源的相關機會成本。與「會計利潤」（accounting profit）相區分。

economics　經濟學　關於選擇及其後果的研究。經濟學家之外的人常常忽略無意後果，因此經濟學家為了加以強調，常常把經濟學定義為關於選擇及其**無**意後果的研究。

economizing behavior　優化行為　個體因為面對稀缺性而進行選擇的行為方式。一個人藉由選擇一系列行動來優化，使期望額外效益超過額外成本。優化行為實際上是「有效率行為」的另一種說法。參見「效率」（efficiency）。

economy　經濟　人們在其中協調生產和消費計畫的制度集合。

efficiency　效率　對經濟學家來說，這個詞指對期望額外效益與額外成本的比較。如果在選擇者的眼中，其感到額外效益超過了額外成本，這一行動或計畫就被視為是有效率的。

elasticity　彈性　選擇者對價格變化的敏感程度。參見「需求的價格彈性」（price elasticity of demand）和「供給的價格彈性」（price elasticity of supply）。

employment rate　就業率　就業人口數量除以非專門機構人口數量。

entrepreneur　企業家　試圖賺取經濟利潤的人，同時也面對承擔經濟虧損的可能性。因此企業家也被稱為「剩餘擁有者」（residual claimant）：當所有事先訂立的協議都已兌現後，企業家有權利獲得剩餘物（利潤或虧損）。

entrepreneurship　企業家行為　在追求經濟利潤的過程中進行套利和創新的行為。

externality　外部性　對於沒有直接參加市場交易的協力廠商，其意外享有的效益或承擔的成本。參見「負外部性」（negative externality）和「正外部性」（positive externality）。

F

federal funds market　聯邦基金市場　商業銀行間的短期借貸過程。

federal funds rate　聯邦資金利率　商業銀行借給其他商業銀行的短期貸款（同業拆借）利率。

Federal Reserve　聯邦準備銀行　美國的中央銀行，1913 年根據一項國會法案建立。

fiat money　法定貨幣　政府以法律形式宣布成為貨幣的東西。但是在一些情況下，法定貨幣實際上根本不被用作貨幣！

final good　最終商品　在國民所得計算當中，最終商品指由最終需求者購買的商品，也就是說並非以轉售為目的購買的商品。

fiscal policy　財政政策　利用政府預算使整個經濟體系的總支出達到期望的水準。

foreign-exchange rate　外匯匯率　用一個國家的流通貨幣表示的另一個國家流通貨幣的價格。

free good　免費品　不用付出代價就能獲得的東西。

free rider　搭便車者　搭便車者消費某商品，但不分攤此商品的製造成本。

futures contracts　期貨合約　在未來某個特定時間，以簽訂之時約定的價格交付或接受一定數量商品的協議。

futures market　期貨市場　藉由期貨市場，期貨合約得以訂立和結算。區別於「現貨市場」（spot market）。

G

good　好貨　多多益善的東西。參見「免費品」（free good）、「稀缺品」（scarce good）、「劣等財」（inferior good）、「正常品」（normal good）、「最終商品」（final good）、「中間商品」（intermediate good）。

government　政府　在一定地理區域內，受到人們普遍性認可的強制專政。

gross domestic product，GDP　國內生產毛額　一定時期內，在一國境內生產的最終商品和勞務的總市場價值。參見「名目 GDP」（nominal GDP）、「實質 GDP」（real GDP）。

gross national product，GNP　國民生產毛額　一定時期內，由一國永久性居民生產的最終商品和勞務的總市場價值。

H

hedge　避險　減少風險和不確定性的行為。

human capital　人力資本　人們藉由教育、培訓或者經驗累積的知識和技能，讓人們能夠為他人提供有價值的生產性服務。

I

inferior good　劣等財　與需求隨著所得變化而變化的方式有關。根據定義，如果當一個人的所得減少（增加）時對某種商品的需求增加（減少），那麼這種商品就是劣等財。區別於「正常品」（normal good）。

inflation　通貨膨脹　貨幣購買力的下降，通常表現為商品和服務平均貨幣價值的上升。

interest　利息　人們為了更早地獲得某種資源而支付的價格。利息是為了現在就享有資源的支配權而支付的費用。參見「時間偏好」（time preference）、「名目利率」（nominal interest rate）、「實質利率」（real interest rate）。

intermediate good　中間商品　在國民所得計算當中，中間商品是指為了進一步加工製造和／或轉售而購買的產品。

L

labor force　勞動力　16 歲及以上就業或失業的非專門機構人口。

law of comparative advantage　比較利益法則　藉由專門從事自己更有效率的活動，並以此和其他人更擅長的產品和服務交換，社會中的個體可以獲取更多財富。

law of demand　需求法則　當影響需求的其他因素（如品味、所得、預期、替代品和互補品的價格）不變時，商品相對價格下跌則需求量上升，商品相對價格上漲則需求量下降。

law of supply　供給法則　當影響供給的其他因素（比如生產要素的價格或產品的預期價格）不變時，商品相對價格上漲則供給量上升，商品相對價格下跌則供給量下降。

M

margin　邊際　在經濟學中，邊際指「邊緣」，是採取行動的特定瞬間。處於邊際上就像站在「道路的分岔口」。

marginal　邊際的　指額外的。

marginal benefit　邊際效益　採取某項行動，預計產生的額外效益。

marginal cost　邊際成本　採取某項行動，預計產生的額外成本。與「沉沒成本」（sunk cost）比較。

marginal revenue　邊際收益　銷售更多產品帶來的額外期望收益。

market　市場　人們藉由交換私有產權，協調他們的消費和生產計畫的過程。

market clearing　市場結清　需求量（消費者的計畫）和供給量（供給者的計畫）完全協調。與「短缺」（shortage）、「過剩」（surplus）比較。

middleman　中間人　中間人專門從事降低供給者和需求者之間交易成本的工作。

minimum wage　最低工資　法定的非技術性勞動力市場的價格下限。

monetary calculation　貨幣計算　使用貨幣和基於市場的價格，計算項目預期（和已經實現的）成本和效益。商業會計就是使用貨幣計算的一個明顯例證。

monetary policy　貨幣政策　一國中央銀行操控總貨幣供給的嘗試，目標通常是影響經濟體系內的整體支出。

money　貨幣　用作普遍或通用交易媒介的任何東西。參見「法定貨幣」（fiat money）。

money supply　貨幣供給　經濟體系中的貨幣總量。M1 貨幣供給包括流通中的所有通貨，加上支票帳戶中的所有存款，以及所有已經發行的旅行支票。M2 貨幣供給是 M1 加上儲蓄帳戶和貨幣市場帳戶中的存款毛額。

monopoly　壟斷　如同其英文的字面含義，指「單一賣家」。

N

national debt　國債　聯邦政府欠下的本金加上利息的美元毛額。

negative externality　負外部性　施加在交易之外協力廠商身上的成本，也被稱為「外溢成本」。

nominal GDP　名目 GDP　使用美元現值計算的 GDP，沒有考慮通貨膨脹或通貨緊縮的情況。與「實質 GDP」（real GDP）比較。

nominal interest rate　名目利率　合約上注明的利率。與「實質利率」（real interest rate）相對。

normal good　正常品　與需求隨著所得變化而變化的方式有關。根據定義，如果當一個人的所得增加（減少）時對某種商品的需求增加（減少），那麼這種商品就是正常品。與「劣等財」（inferior good）比較。

not-for-profit　非營利（機構）　一個沒有剩餘請求權的企業。實際上當邊際收益大於邊際成本的時候，該機構可以創造會計利潤，但是沒特定個人有權擁有這些利潤。

O

open market operations　公開市場操作　為了操控整體貨幣供給，美國聯邦準備理事會對美國政府債券進行的買賣。美國聯邦準備理事會買進債券會提高貨幣供給量（並降低利率），而賣出債券則會降低貨幣供給量（並提高利率）。

opportunity cost　機會成本　採取某個選擇或行動時所犧牲的次優選擇。

P

perfect competition　完全競爭　一種假設狀態，特點是：①擁有大量購買者和銷售者；②完美信息；③同質（或同樣）的產品；④零交易成本；⑤所有參與者都是價格接受者。與「競爭」（competition）比較。

positive externality　正外部性　交易之外的協力廠商享有的意外效益。

predatory pricing　掠奪式定價　藉由降低價格與對手進行競爭，目的是希望將對手擠出市場，從而為未來漲價提供機會。

present value　現值　未來所得流折算到當前的價值。

price ceiling　價格上限　某種商品或服務法律強制的最高價格。

price control　價格管制　「價格上限」或「價格下限」的另一種說法。

price elasticity of demand　需求價格彈性　需求量變化的百分比除以價格變化的百分比。用於衡量消費者對價格變化的敏感程度。

price elasticity of supply　供給的價格彈性　供給量變化的百分比除以價格變化的百分比。用於衡量銷售者對價格變化的敏感程度。

price floor　價格下限　某種商品或服務法律強制的最低價格。

price searcher　詢價者　擁有一定程度市場力量的供給者，能夠提高或降低其價格。在這種情況下，供給者必須為他的商品或服務「尋覓」最佳價格。比較「價格接受者」（price taker）。

price taker　價格接受者　作為整體市場中如此小的參與者，這樣的供給者既沒有能力提高價格，也沒有動機降低價格，只能「接受」既定的市場價格支配。

private property rights　私有產權　指派給特定個體的法定權利，允許其使用、損耗其權利，或將權利交易給其他人。比較「社會產權」（social property rights）。

production　生產　廣義上講，生產就是創造價值，創造財富。

production possibilities frontier　生產可能曲線　在給定資源下生產兩種商品，可能最高產量的圖示。

profit　利潤　總收入減去總成本，也稱為「剩餘」或「淨收益」。在非獲利組織中，被稱為「私利」（inurement）。參見「會計利潤」（accounting profit）、「經濟利潤」（economic profit）。

property rights　產權　用來規定誰擁有什麼以及財產應該如何使用的法律規則。參見「私有產權」（private property rights）、「社會產權」（social property rights）。

purchasing power parity　購買力平價　一種理論上的情形：一個單位的某國貨幣經過兌換後，能夠在

所有國家購買同等數量的商品。

R

rarity　稀有性　衡量某個特定物品存在的數量。比較「稀缺性」（scarcity）。

real GDP　實質 GDP　使用某個基準年的價格水準計算的 GDP。實質 GDP 考慮了通貨膨脹或通貨緊縮，對名目 GDP 進行了調整，目的是為了更加清楚地展現經濟體系的實際績效。與「名目 GDP」（nominal GDP）比較。

real interest rate　實質利率　名目利率（合約注明利率）減去通貨膨脹率。

recession　經濟衰退　傳統的定義是實質 GDP 連續兩個季度（6 個月）下降。近年來，經濟成長率減緩也被稱為經濟衰退。參見「經濟蕭條」（depression）。

rent　租金　藉由把財產租賃給他人而獲得的所得。

required reserve ratio　法定存款準備金比率　在銀行所有的存款中，必須在金庫中或在聯邦準備銀行帳戶上存儲的現金比例。

residual claimant　剩餘請求權擁有者　對企業利潤擁有所有權的人。參見「企業家」（entrepreneur）。

S

scarce good　稀缺品　必須犧牲別的有價值的東西才能得到的商品。

scarcity　稀缺性　為了獲得更多其認為有價值的東西，個體必須做出選擇，相對必須付出代價或進行取捨，這種狀況就是稀缺性。

seignorage　鑄幣稅　鑄造硬幣的淨收益，是硬幣面值和硬幣所含金屬價值的差額。

shortage　短缺　一種計畫不協調的情況，商品的需求量大於供給量。比較「過剩」（surplus）。

social property rights　社會產權　將所有權指派給整個社會而非特定個體。

socialism　社會主義　建立在全面經濟計畫和生產原物料社會所有基礎上的經濟制度。

specialization　專業化　各人追求自己的比較利益，是「勞動分工」（division of labor）的另一種說法。

speculator　投機者　廣義上講，投機者是任何面對未知未來的人。在這個意義上，每個人都是投機者。另一方面，職業投機者是利用期貨市場牟利的專業人士。

spot market　現貨市場　即時支付和交付的商品和服務交易。比較「期貨市場」（futures markets）。

sunk cost　沉沒成本　發生在過去的不可恢復的成本，不能反映當前的選擇機會。比較「邊際成本」（marginal cost）。

surplus　過剩　一種計畫不協調的情況，商品的供給量大於需求量。比較「短缺」（shortage）。

T

theory　理論　一種思考我們周圍世界中的因果關係的系統性方式。

time preference　時間偏好　對個體一種傾向的描述：人們對於越早獲得的某種商品和服務，會對其賦予更高價值。

transaction cost　交易成本　在買賣雙方之間安排交易的成本。

U

unemployed　失業人口　目前沒有就業，正在找工作、等待新工作開始或回到工作崗位的人。具體來說，這是美國官方 U3 失業率的定義。U6 則是更廣泛的失業率，包括沮喪勞工及兼職者。

unemployment rate　失業率　失業人口數量除以勞動力人口。

W

wage　工資　人們藉由將其勞動力出售給他人而賺取的所得。

wealth　財富　廣義上講，財富是任何人們認為有價值的東西。

經濟學，最強思考工具【暢銷經典版】

作者	保羅・海恩、彼得・勃特克、大衛・普雷契特科
譯者	史晨
商周集團執行長	郭奕伶
商業周刊出版部	
責任編輯	林雲
封面設計	Javick
內頁排版	邱介惠
出版發行	城邦文化事業股份有限公司-商業周刊
地址	115020 台北市南港區昆陽街16號6樓
	電話：(02)2505-6789　傳真：(02)2503-6399
讀者服務專線	(02)2510-8888
商周集團網站服務信箱	mailbox@bwnet.com.tw
劃撥帳號	50003033
戶名	英屬蓋曼群島商家庭傳媒股份有限公司城邦分公司
網站	www.businessweekly.com.tw
製版印刷	中原造像股份有限公司
總經銷	聯合發行股份有限公司　電話：（02）2917-8022
初版1刷	2018年7月
二版1刷	2024年2月
二版2.5刷	2024年6月
定價	500元
ISBN	978-626-7366-62-2（平裝）
EISBN	9786267366585（PDF）／9786267366615（EPUB）

Authorized translation from the English language edition, entitled ECONOMIC WAY OF THINKING, THE, 13th Edition, ISBN: 9780132991292 by HEYNE, PAUL L.; BOETTKE, PETER J.; PRYCHITKO, DAVID L., published by Pearson Education, Inc., publishing as Pearson, Copyright © 2014

簡體中文譯文編譯來源為中國機械工業出版社 北京華張圖文信息有限公司

版權所有・翻印必究（本書如有缺頁、破損或裝訂錯誤，請寄回更換）

商標聲明：本書所提及之各項產品，其權利屬各該公司所有

國家圖書館出版品預行編目(CIP)資料

經濟學,最強思考工具 / 保羅・海恩(Paul Heyne), 彼得・勃特克
(Peter Boettke), 大衛・普雷契特科(David Prychitko)著 ; 史晨譯.
– 二版. -- 臺北市 : 城邦商業周刊, 2024.02
　面 ;　公分
譯自 : The economic way of thinking, 13th ed.
ISBN 978-626-7366-62-2 (平裝)

1.經濟學

550　　　　　　　　　　　　　　　　　113001500

藍學堂

學習・奇趣・輕鬆讀